# 창조의 본성

# The Nature of Creation: Examining the Bible and Science

# 창조의 본성

**1판 1쇄 발행** 2016년 1월 15일
**2판 2쇄 발행** 2020년 9월 20일

**지은이** 마크 해리스
**옮긴이** 장재호

**발행인** 이성현
**디자인** 참디자인
**펴낸곳** 도서출판 두리반

**주 소** 서울특별시 종로구 사직로8길 34 경희궁의아침 3단지 오피스텔 1104호
**편집부 TEL** 02-737-4742   **FAX** 02-462-4742
**이메일** duriban94@gmail.com
**등 록** 2012. 07. 04 | 제300-2012-133호

**ISBN** 978-89-969287-3-7 03210

* 책값은 뒤표지에 있습니다.

# 「창조의 본 성」

## 성서와 과학 사이에 다리 놓기

마크 해리스 지음 | 장재호 옮김

두리반

## 머리말

과학은 최근 성서에 많은 호의를 베풀지 않았다. 즉 성서가 틀렸음을 과학이 입증했다고 종종 일컬어진다. 하지만 내 생각에 이것은 잘못된 표현이다. 신학적 주제인 '창조'에 초점을 맞춰 성서와 과학의 관계를 탐구하는 이 책은, 어떻게 성서가 과학 세계에서 규범적 지위를 유지할 수 있을지를 제안하는 나의 첫 시도이다.

과학-종교 분야를 연구하는 많은 학자들처럼, 나는 전적으로 쉬운 길을 선택하지 않았고, 이것이 내 연구를 특징짓는다고 생각한다. 그러나 이 주제 또한 전적으로 간단하지 않다. 나는 실험 물리학을 수년간 연구한 후에, 신학적 훈련을 하며 영국 성공회에서 안수 받은 성직자로서의 소명을 따랐다. 나는 이것이 물리학만큼 활기 넘치는 일임을 발견한 후, 여러 대학에서 성서학을 수년간 가르쳤다. 이것이 내게 다소 지킬과 하이드의 성격을 남겼지만 – 나는 때때로 과학이 마치 종교적 통찰인 듯 접근하고(10장), 성서가 마치 실험 자료인 듯 접근한다(1장) – 나는 내가 과학-종교 분야에서 많은 내 동료 학자들보다 더 별나거나 또는 더 중립적이라고 여겨지지 않길 바란다. 나에게 좀 특별한 것이 있다면 그것은 성서에 대한 관심이다. 나는 과학-종교 분야에서 너무 오랫동안 성서가 무시되어왔고, 학자들은 주류 과학과 신학에서 성서의 풍부함을 드러내는 데에 거의 관심을 보이지 않았다고 생각한다. 물론 창조론과 기독교 근본주의는 과학을 논하면서 너무나 심하게 성서를 자신들의 통치 영역으로 주장해서, 우리 중 일부는 종종 여기에 관여하지 않는 것이 신중하다고 판단한다. 이 책의 목적은 근본주의 영역 밖에 있는 사람들을 2,000년 동안 너무 근본적이었던 성서의 영역, 즉 성서의 창조 본문으로 되돌아오게 하는 것이다.

나는 이 책을 쓰는 동안 많은 이들에게 큰 빚을 졌다. 성서와 사회 그룹(Bible and Society Group)의 동료들에게 귀중한 영감을 받았는데, 특히 존 로저슨(John Rogerson), 월터 휴스턴(Walter Houston), 다그마 윈터(Dagmar Winter), 존 빈센트(John Vincent), 스티븐 바턴(Stephen Barton)의 도움이 컸다. 특히 스티븐 바턴은 내가 원래 취하려고 했던 관점보다 훨씬 강한 신학적 관점을 취하도록 나를 응원하였다. 비록 이 관점이 전통적인 성서 연구에서 벗어날지라도 그의 조언이 이 책에서 잘 피어났기를 바란다.

초기 원고에 상당히 중요한 논평을 해준 존 로저슨에게 감사하고, 다양한 초고의 전부를 읽어준 아내 해리엇(Harriet)에게도 감사하며, 도움을 주고 힘을 준 편집자 트리스탄 팔머(Tristan Palmer)에게도 감사한다. 그러나 가장 큰 감사를 전하고 싶은 사람은 나의 집필 기간 동안 인내해준 내 아이들, 벤(Ben), 아이작(Isaac), 르우벤(Reuben), 수산나(Susanna)다. 나는 이 책의 수천 자 분량을 딸 수산나가 태어나기도 전에 썼다. 다음의 이어지는 글들을 써가는 과정에 수산나가 두 살이 되었고, 이제는 여섯 살이다. 나는 이 책을 더 이상 미룰 어떤 이유도 발견할 수 없기에 집필을 마치고, 이 책을 수산나와 세 아들에게 헌정하고자 한다. 이 아이들이 이 책을 충분히 이해할 때가 되면, 우리들이 신앙이 자료로서 성서의 역할을 더욱 분명하게 이해하는 수준에 도달해 있기를 희망한다.

옮긴이의 말

"태초에 하나님이 천지를 창조하시니라"(창 1:1)
"보좌에 앉으신 이가 이르시되 보라 내가 만물을 새롭게 하노라"(계 21:5)

　성서는 하나님이 세계를 창조하신 것에서 시작해서 새로운 창조를 하시
는 것으로 마무리된다. 창조야 말로 성서를 관통하는 주제이자, 신학과 과학
의 대화에서 가장 많이 언급되는 주제다. 따라서 창조의 본성을 제대로 이해
하기 위해서는 성서에 기반한 신학적 연구와 더불어 현대 과학에서 말하는
세계의 기원과 진화를 함께 연구할 필요가 있다.
　과학과 신학의 대화는 최근 몇 십 년간 상당히 활발하게 전개되었다. 특히
과학 혁명의 발상지이자 기독교가 오랜 기간 주류 종교였던 영국에서 존 폴
킹혼, 아서 피콕, 토머스 토랜스, 알리스터 맥그라스 같은 학자들이 배출된 것
은 우연이 아니다. 과학-신학 분야는 이미 상당한 논의의 진전을 이뤘고, 수많
은 관련 서적들이 출간되어 있지만, 이 책을 소개하기로 마음먹은 이유는 이
책만이 갖고 있는 여러 장점들 때문이다.

　첫째, 저자는 과학과 신학의 대화 가운데에서 그동안 성서가 간과되었음

을 지적한다. 과학-신학 대화에서 전통적으로 등장해온 주제들(진화가 신의 존재를 부인하는지, 과학은 인격적인 신을 배제하는지, 우주는 목적을 갖고 있는지, 우주는 창조되었는지 등)과 요즘 부각되는 주제들(인간이 하나님의 형상으로 만들어졌다는 것은 진화론적 측면에서 무엇을 의미하는지, 인간이 정말로 특별한지, 외계 지성체의 존재와 이것의 신학적 의미, 인간의 기원, 인간 의식의 등장, 의식의 본성, 인지 과학이 신학적·영적·윤리적 이슈들에 어떤 영향을 미치는지 등)에서 성서가 차지하는 비중보다는 신학적 논의가 차지하는 비중이 훨씬 높은 것이 사실이다. 많은 과학-신학 분야의 학자들이 신학적 이슈들과 진화 생물학이 모순되지 않음을 증명하는 데에 관심을 쏟은 반면, 저자는 진화 생물학과 대화가 쉽지 않은 난해한 성서 본문들을 직접 다룬다.

둘째, 과학-신학 대화에서 창조에 대한 논의는 종종 창세기에 집중되는 경향이 있어 왔다. 하지만 저자는 창세기뿐만 아니라 성서의 도처에 창조에 관한 이야기들이 등장함을 지적하며, 포괄적으로 창조를 논한다. 창조는 단지 성서의 한 주제가 아니라, 창세기(태초 창조)에서 시작해서 요한계시록(새로운 창조)에 이르기까지 성서를 꿰뚫는 중심 주제임을 강조한다. 저자에 의하면 창조는 구속을 포함하는 주제이자, 하나님의 본성에 대해 가장 잘 설명해주는 주제다.

셋째, 저자는 창조 본문을 다룸에 있어서 너무 문자적으로 해석하는 것도 경계하지만, 반대로 상징적(은유적)으로만 해석하는 것도 경계한다. 창조 본문이 신학적 의도로 기록되었다는 것을 분명히 하면서도, 과학으로 접근할 수 있는 부분은 최대한 접근해보려는 노력이 돋보인다.

넷째, 저자는 수많은 자료를 바탕으로 상당히 신중하게 성서와 과학을 논한다. 창조과학에서 제기되는 주장부터 무신론적 진화론자들의 주장에 이르기까지 다양한 이론의 검토를 바탕으로 성서의 본래 의미를 발견하고자 노력한다. 성서를 과학에 비추어보았을 때 얻을 수 있는 장점도 잘 드러내며, 과학과의 단순한 비교가 드러내지 못하는 성서 해석의 풍부함도 놓치지 않는다.

결국 저자가 이 책에서 말하고자 하는 내용은 성서가 과학과의 대화를 통해 더욱 풍성한 의미를 지닐 수 있다는 것이다. 과학이 성서의 창조 사상을 직접적으로 설명하지는 못하지만, 과학이 성서의 창조 사상을 새롭게 평가하는 데에 중요한 부분을 감당하고 있다는 말이다.

저자는 이 책을 통해 과학-신학 대화에서 성서가 지속적인 관심을 받을 수 있도록 여러 시도를 한다. 특히 저자의 삼위일체적 창조관, 초월적 · 내재적 신관, 관계적 의미의 창조 이해는 성서의 중심이 되는 창조 이야기를 새롭게 볼 수 있게 해준다.

이 책에서 보여준 방법론과 비슷한 방법론으로 저자는 성서의 다른 부분에도 관심을 갖고 연구 중이다. 현재 집필 중인 책은 성서에 등장하는 기적들(특히 출애굽)을 신학적 · 과학적으로 세세히 짚어보는 것이다. 그 작업이 끝나면, 이 책의 9장을 확장시켜 예수의 부활과 종말을 신학적 · 과학적으로 다뤄볼 예정이라고 한다. 옮긴이가 보기에, 저자의 시각은 성서를 문자적으로 해석하려는 창조과학적 입장과 성서를 은유적 · 상징적으로만 해석하려는 입장의 중간에 위치한다. 성서의 내용을 문자적으로 입증하려고 하는 것도 아니고, 반대로 은유적으로만 보려 하지도 않는다. 물론 과학이 설명할 수 있는 것은 하게 하고, 아닌 부분은 신학적으로 받아들이는 '틈새의 신' 같은 입장을 취하는 것은 결코 아니다. 저자는 성서에 드러나는 내용들을 과학적 연구에 비춰서 보게 될 때, 성서의 해석학적 연구가 더 깊어질 수 있다는 것을 말하고 있다. 과학과 신학 두 분야의 전문가인 저자가 과학계는 물론 신학계에서도 받아들여질 수 있는 탁월한 성서 해석을 이 책에서 보여주고 있다. 이 책이 과학-신학 대화에 관심이 있는 분들은 물론, 성서에 관심을 갖고 과학시대를 살아가는 모든 분들에게 새로운 통찰을 주리라 확신한다.

이 책을 번역하는 데에 많은 노력을 기울였지만, 얼마나 저자의 의도를 왜곡 없이 잘 드러냈으며, 가독성 있게 번역했는지는 독자들 판단의 몫이다. 내용 이해가 쉽지 않은 부분이 있다면 전적으로 옮긴이의 책임이니 미리 용서를 구한다. 이 책에 귀한 추천사를 써주신 감신대 심광섭 교수님(신학), 서울대 우종학 교수님(과학)께 진심으로 감사드린다. 책을 출간할 수 있도록 여러 가지로 애써주신 두리반 출판사에도 감사를 표한다. 또한 늘 제 마음의 고향인 아현중앙교회 이선균 목사님과 성도님들께 감사드리며, 마지막으로 항상 기도와 관심을 아끼지 않으시는 부모님(장용운 장로, 임정희 권사)께 사랑한다고 말씀드리고 싶다.

2016년 1월
에든버러에서 장재호

# 차례

머리말 · 4
옮긴이의 말 · 6

## 1장 서론

과학과 종교는 대립하는가? 아니면 서로 관심이 없는가? · 14 / 실재에 대한 질문 · 16 / 기독교 창조 교리 · 18 / 과학의 발전과 종교의 쇠퇴 · 19 / 성서와 역사 · 23 / 성서에 등장하는 창조 · 27 / '과학'의 관점에서의 '창조' · 30

## 2장 현대 과학에서의 창조

과학적 구조 · 36 / 태초에 대한 현대 과학적 설명들 · 48 / 우연과 법칙, 우발성과 돌연변이 · 55

## 3장 성서에서의 창조 1 : 창세기

첫 번째 창세기 창조 설명 : 창세기 1:1–2:4a(P문서) · 66 / 두 번째 창세기 창조 설명 : 창세기 2:4b–3:24(J문서) · 88 / 결론 · 97

## 4장 성서에서의 창조 2 : 창조 주제

창조와 이야기 · 100 / 창조와 시 · 104 / 창조와 신화 · 108 / 창조와 지혜 · 111 / 창조와 그리스도 · 117 / 창조와 삼위일체 신관의 시작 · 125 / 결론 · 130

## 5장 성서 창조의 구조

자연적 그리고 초자연적 · 136 / 고대 이스라엘인들의 '사고방식'? · 141 / 시간 · 147 / 공간 · 164 / 결론 · 175

## 6장 창조주와 피조물의 관계

무로부터의 창조 · 178 / 이신론 · 181 / 계속적 창조 · 184 / 과학이 무로부터의 창조와 계속적 창조의 이해를 도울 수 있는가? · 187 / 성서는 무로부터의 창조와 계속적 창조에 대해 무엇을 말하는가? · 192 / 결론 · 205

## 7장 타락

과학적 도전들 · 210 / 역사적 아담 · 214 / J문서와 죽음 · 218 / 바울과 죽음 · 223 / 역사적 타락? · 228 / 요약 · 233

## 8장 고통과 악

고통과 죽음의 문제 · 236 / 자연악과 타락 · 238 / 어두운 면 · 240 / 피조물의 구속 · 244 / 종말론적 관점 · 249 / 종말론적 도전 · 253 / 결론 · 255

## 9장 과학적 종말론과 새로운 창조

과학적 종말론 : 세상 종말 모델 · 258 / 성서의 종말론 · 267 / 결론 · 290

## 10장 결론

과학과 창조의 복잡한 관계 · 294 / 창조주 하나님은 누구인가? · 295 / 성서와 과학 · 307

미주 · 308
찾아보기 · 324

【일러두기】

1. 원서에서 강조의 목적으로 사용된 이탤릭체는 고딕 볼드체로 표기하였습니다.

2. 'God'을 번역함에 있어서, 과학자들의 초월적/궁극적 실재를 의미하는 곳에서는 '신'으로, 성서의 야훼를 의미하는 곳에서는 '하나님'으로 번역하였습니다.(이 둘의 구분이 원칙상 불가능해서 혼용된 곳이 있습니다. 또한 '하느님'이란 호칭이 어법상 옳다고 생각하나, 보다 많이 쓰이는 언어를 선택하였습니다.)

3. 본문에 있는 각주(a,b,c)는 '역자 주'이며, 원서의 주는 미주(1,2,3)로 처리하였습니다.

4. 성서 번역은 '새번역'을, 외경 부분은 '공동번역'을 참고하였고, 본문에 사용된 성서의 약자는 다음과 같습니다.

   창(창세기), 출(출애굽기), 민(민수기), 신(신명기), 수(여호수아), 삿(사사기), 왕상(열왕기상), 왕하(열왕기하), 대하(역대하), 스(에스라), 욥(욥기), 시(시편), 잠(잠언), 사(이사야), 렘(예레미야), 겔(에스겔), 단(다니엘), 호(호세아), 욜(요엘), 암(아모스), 합(하박국), 슥(스가랴), 말(말라기), 마(마태복음), 막(마가복음), 요(요한복음), 행(사도행전), 롬(로마서), 고전(고린도전서), 고후(고린도후서), 갈(갈라디아서), 엡(에베소서), 빌(빌립보서), 골(골로새서), 살전(데살로니가전서), 히(히브리서), 벧전(베드로전서), 벧후(베드로후서), 요일(요한일서), 요이(요한이서), 계(요한계시록) 1마카(마카베오상), 2마카(마카베오하), 지혜(지혜서), 집회(집회서).

제1장
서론

## 과학과 종교는 대립하는가? 아니면 서로 관심이 없는가?

현대 과학과 종교 신념의 관계에 대한 논의는 우리 시대의 가장 활발한 논의 중 하나가 되었다. 누구라도 이에 대한 논의들 중 하나는 지지할 것이다. 과학이 종교 신념을 별로 중요하지 않게 만들었다고 주장하는 사람들도 많고, 반대로 신앙이 아직도 건재하다고 주장하는 사람들도 많다.

이와 동시에 종교와 과학을 연결하는 다리를 만들려는 시도가 학문 분야에서 활발해졌다. '과학과 종교' 또는 '신학과 과학'이라 불리는 이 분야는, 어떻게 과학과 종교가 과거에 서로 관계를 맺었는지에 대한 **역사적** 논의에 집중해왔다. 또한 과학과 종교가 어떻게 현재 서로 영향을 주고받을 수 있는지에 대한 **철학적** 연구에 집중해왔다. 여기에서 역사와 철학은 과학과 종교 사이의 중재 역할을 했다. 그러나 이는 과학과 종교의 대화가 기저에 있는 기본 자료와 핵심 관찰에서 한 발 물러나 '메타(meta)' 수준에서 행해졌음을 의미한다. 그러므로 논의는 대부분 핵심 자료와 **그 자료**의 해석에 대한 것이 아니라, 어떻게 고차원의 과학적이고 종교적인 해석들을 서로 연결시키는지에 대한 것이었다. 과학-종교 대화의 대부분은 '종교'가 기독교와 동일시되는 서양에서 발생했다. 이 경우, 핵심 자료 대부분이 성서에 한정된다. 특히 과학과 종교의 대화에 일반적으로 관련이 적어 다루기 힘든 책이 바로 이 성서다.

하지만 성서를 이렇게 상대적으로 등한시한 이유 중 하나는 모순적이게도 창조론(Creationism)에서 기인한다. 창조론은 과학-종교 대화에서 상당히 중요한 성서의 창조 본문이 문자적으로 해석되어야 한다고 주장한다. 창조론 중 가장 엄격한 '젊은 지구 창조론(young earth creationism)'[a]을 주장하는 사람들은, 지구가 수천 년 전에 글자 그대로 6일 동안 창조되었다는 믿음을 지키기 위해 현대 과학의 거대한 물결을 거부한다. 그 결과, 과학-종교 대화는 성서의 해석보다는 과학적 자료와 이론에 초점을 둔 과학의 영역에서 논의되는 경향이 있었다. 여기에서 핵심은 성서가 '오류가 없고' 모든 과학과 역사 연구를 초월한다고 보는 근본주의자들의 확신이 간과되어왔다는 것이다.[1] 그리고 과학-종교 대화가 논쟁이 되는 성서의 주요 부분들은 피하는 반면, 주류 학자들이 실제적 관심을 보이는 철학적인 단계에서 창조를 논의해왔던 것에 대한 격렬한 비판이 (특히 북아메리카에서) 있었다. 이것은 성서 비평에서 드러난 많은 미묘하고 복잡한 것들이 거의 눈에 띄지 않았다는 것을 의미하거나, 또는 이 미묘하고 복잡한 것들이 '아담과 하와가 실제로 존재했는지'와 같은 질문에 대한 끊임 없는 논의에 의해 모호해졌다는 것을 의미한다(7장 참조).

이 책의 목적은 과학-종교 대화에 있어서 성서가 등한시되었다는 것을 지적하면서, 과학과 종교 사이의 대립에 대해 논하는 것이다. 성서 학자들의 최근 연구가 이런 논의 분위기를 조성했다. 구약의 창조 신학을 우리가 더 잘 이해하게 되었고,[2] 구약의 창조 본문이 현대 과학의 세계관과 조화를 이룰 수 있다는 논의가 계속되었다.[3] 이 책은 두 가지 새로운 관점을 제시한다. 첫째, 과

---

a 젊은 지구 창조론은 창세기의 기록을 문자적으로 해석해서, 우주, 지구, 그리고 모든 생명체가 6,000~1만 년 전 최초의 6일 동안 신에 의해 창조되었다고 주장하는 종교적 신념이다.

학의 영향을 고려하여 성서 **전체**를 비평적으로 해석함으로써, 창조에서 그리스도의 역할과 같은, 과학-종교 분야의 중요한 논의들이 드러나게 한다. 둘째, 이 책은 대단히 중요한 **신학적** 관점, 즉 삼위일체 신관이 궁극적으로 비평적 성서 연구와 과학 사이의 연결 고리를 제공한다는 것을 보여줄 것이다. 물론 이것은 과학을 언급하는 것이 아닌, 성서 연구와 기독교 신학의 측면에서 다루는 것이다. 그러므로 이 연구에서 우리는 특히 성서 해석에 있어서 까다로운 주제들을 간략히 언급할 것이다. 그 이유는 우리가 이미 존재하는 연구를 요약해서 제공하려는 목적보다는 새로운 연구를 위한 범위를 설정하려는 목적이 있기 때문이다.

이 연구가 과학과 종교가 서로 전쟁 중이라는 보편적 인식을 홀로 변화시킬 수 있다고 생각하지는 않는다. 또한 이 연구는 창조론자들의 논쟁도 해결하지 못할 것이다. 바라는 것은 이 접근이 과학과 종교가 창조에 대한 시각을 통해 무엇을 공유할 수 있는지, 그리고 어떻게 종교와 과학이 다르고, **달라야 하는지**에 대한 보다 근본적인 차원을 논의하면서, 논의 기저에 있는 더 깊은 수준의 통찰을 얻고자 하는 것이다.

## 실재(Reality)에 대한 질문

과학과 종교 사이의 대립 중 상당수는 실재를 구성한다고 알려진 것에 대한 상반된 주장에서 비롯된다. 전통적으로 성서 비평은 방법론적 측면에서 그 자체로 '과학적(scientific)'이라고 여겨지는데, 이는 성서 비평이 반드시 생생한 종교적 주장에만 몰입하지 않고, 성서 본문 기저에 있는 **역사적** 실재를 밝히려 하기 때문이다. 대신 이런 주장은 **신적** 실재들과 창조에서 신적 실재들의 역할을 알아내려는 목적이 있기 때문에, 보다 직접적으로 자연 과학을 침해하는 신학적 작업이다. 그렇다고 해서 성서 연구가 회피되는 것은 아니다. 왜냐하면 신학은 성서 본문의 근원을 이루는 역사적 실재들에 특별한 관심을 갖고 있을 뿐 아니라 이 실재들이 초기 신앙 공동체에 대해 증언한 정도에 대해 특별한 관심을 갖고 있기 때문이다. 교회는 성서의 한 부분인 이 증언들이 성화되었다고 믿는데, 바로 이 증언들이 신적 계시의 매개체다. 이 증언들은 근본적이며 권위가 있는데, 그것들은 무엇보다 기독교 신학이 알아내고 이해하고자 하는 유일한 실재(the one reality)를 가리킨다.

월터 브루그만(Walter Brueggemann, 1933~)은 이것을 강하게 표현했다. "성서의 하나님은 '어딘가 다른 곳'에 존재하는 분이 아니고, 오직 성서 안에, 성서와 함께, 성서의 기저에 존재하는 분이다."[4] 이 말이 성서 밖에는 어떤 신적 실재도 있지 않다는 말은 아니며, 성서가 '성사(sacrament)'라는 말도 아니다. 또한 이 말은 구원에 대한 지식이 **오직 성서**(sola scriptura) 안에서만 발견될 수 있다는 종교개혁 원리를 말하는 것도 아니다. 오히려 성서가 말하는 하나님에 대한 '객관적인' 접근은 교회 전통에 근거해서 성서를 해석하고 재해석하는 해석학적 과정, 즉 신학적 해석을 통하게 되어 있다. 회의론자는 이것이 하나님을 심리학적 혹은 수사학적 언어로 만들어버린다고 이해할 수도 있으나, 종교적 주장은 본성상 항상 그런 환원주의의 공격을 받게 된다.

이것은 단지 학문적으로만 중요한 것이 아니다. 하나님이 누구인가에 대한 이해는 하나님의 창조 행위의 영역으로서, 창조가 무엇인가에 대한 이해에 영향을 미칠 것이다. 그 반대도 당연히 성립한다. 기독교에서 성서는 항상 창조주와 피조물의 관계에 대한 중요한 접근 원리 중 하나였다. 우리는 다양한 성서 창조 본문들을 연구하면서 '창조'란 단어를 쓰는 것이 곧 창조주를 암시하는 것이며, 또한 피조물과 창조주의 관계를 말한다는 것을 반복적으로 살펴볼 것이다. 또한 우리는 성서 본문들이 창조주-피조물의 관계에 대해 다른 많은 관점들을 제시한다는 것을 살펴볼 것이다.


## 기독교 창조 교리

현대 과학의 발전 이전, 서양 기독교 문화는 오랜 기간 대체로 성서의 창조 본문에 근거해서 자연 세계를 바라보았다. 하나님은 자연 세계의 중심으로서, 자연 세계를 창조했을 뿐만 아니라 계속해서 유지시킨다고 여겨졌다. 창조에 대한 일치된 교리는 아래의 간단한 진술로 요약될 수 있다.

- 하나님은 세계를 **무로부터**(ex nihilo) 창조했다. 즉 하나님은 세계를 '아무것도 없는 것으로부터(from nothing)' 창조한 것이다. 그러므로 하나님은 세계에 의존하지 않을뿐더러, 반드시 세계의 한 부분이 되어야 하는 것도 아니다.
- 반면 세계는 하나님에 의해 무로부터 창조되었기 때문에, 다른 어떤 존재나 사물에 의존하는 것이 아니라 **전적으로** 하나님에게 의존한다.
- 그러므로 하나님은 세계의 최초 창조자일 뿐만 아니라 계속적인 보존자다.
- 하나님은 세계를 좋게 창조했다. 이는 창조주로서의 하나님의 본성을 반영한다.
- 그럼에도 불구하고 하나님으로부터 유래한 것은 아니지만, 세상에 악이 들어왔다.
- 하나님은 세계를 창조하고 보존하면서, 또한 세상의 종말을 위한 준비를 했는데, 종말의 때에는 '새 하늘과 새 땅'이 될 것이다.
- 종말의 때까지 하나님은 창조 세계의 생명을 '섭리'를 통해, 즉 역사 속에서 행해지는 특별한 신적 인도함과 기적들을 통해 지원하고 보살핀다.

이 간단한 요약은 지난 몇 세기까지 대체로 지지받아온 자연 세계에 대한 보편적인 기독교의 관점이다. 그러나 그 이후, 근대 이전을 특징지었던 문화적, 미학적, 지적 가치들의 상당수가 의문시되었고 계속해서 약화되었다. 더 중요한 점은 자연 세계를 상당히 과학적으로 이해하게 되면서, 한 때 최고 자리에 군림했던 신학이 꾸준히 주변으로 밀려나고 있다는 것이다. 신에 의해서만 설명이 가능했던 많은 세계의 특징들이 이제는 과학적으로 설명이 가능해졌다.

## 과학의 발전과 종교의 쇠퇴

지적인 관점의 변화는 보통 17세기, 그리고 18세기 계몽주의에까지 거슬러 올라간다. 객관적이고 보편적인 진실을 이끌어내기 위해, 이성적 사고의 힘과 과학적 절차에 새로운 신뢰가 점차 생겨난 때를 '근대'의 시작으로 볼 수 있다. 우리는 이 혁명을 데카르트(René Descartes, 1596~1650)와 칸트(Immanuel Kant, 1724~1804) 같은 사상가들과 연결시킬 수도 있지만, 이런 전반적인 철학 특징들은 적어도 어느 정도 실험 과학자들에 의해 세워진 토대에 기반을 두고 있었다. 코페르니쿠스(Nicolaus Copernicus, 1473~1543), 케플러(Johannes Kepler, 1571~1630), 갈릴레이(Galileo Galilei, 1564~1642)가 발견한 천문학 이론은 당시에는 거의 무시되거나 억압되었지만, 그들의 발견은 점차 중요해졌고, 지구가 (즉 인류가) 우주의 중심이고 하늘은 신에게로 향하는 계단이라는 일반적 논리에 의문이 확산되었다.

뉴턴(Isaac Newton, 1643~1727)의 《프린키피아Principia》에서 시작된 과학적 발견은 특히 종교에 상당한 영향을 끼쳤다. 과학적 발견이 점차 논의되고 문화에 동화되면서, 과학적 발견은 신이 피조물과 관계 맺는 방법을 변화시켰다. 비록 뉴턴이 자신의 연구가 신학과 완전히 조화를 이룰 수 있다고 생각했지만, 그의 이론 체계의 완성도는 상당히 높아서 신을 가장자리로 내몰 수밖에 없게 되었다. 만약 자연 세계가 이성적으로 신의 개입 없이 설명될 수 있다면, 아마도 신은 결국 세계에 밀접하게 관련될 수 없다. 분명 뉴턴 이후 100년이 지난 라플라스(Pierre Laplace, 1749~1827) 시대까지, 자연 세계는 신을 원인으로 언급하지 않고도 설명될 수 있는 것처럼 보였다.[5]

이런 발전은 세계와 신의 관계가 어떻게 이해되는지에 영향을 미칠 뿐만 아니라 기독교 교리에도 강력한 영향을 끼쳤다. 나사렛 예수 안에 전적인 인간성과 전적인 신성이 함께 존재한다는 성육신 교리는 하나님이 성부, 성자, 성령의 삼위로 존재한다는 삼위일체 교리와 마찬가지로 상대적으로 약화되었다. 유니테리언(Unitarianism, 오직 성부만이 전적으로 신성하다고 믿음)은 이신론(deism, 신이 창조 이후 세계에 개입하지 않기 때문에, 계시 혹은 기적을 믿는 것보다 이성이 신앙의 근거가 되어야 한다는 사상[6])처럼 인정받는 하나의 종교적 형태로 등장했다. 이신론은 우주가 물리 '법칙'에 의해 지배받고 결정된다는 믿음이 지배적이었던 17~18세기 영국에서 등장했다. 비록 이신론은 18세기 이래 역사적으로 성공을 거두지 못했지만, 이신론 기저에 있는 사상은 현대 종교 사상에 영향을 미쳤다. 이 내용을 이 책에서는 앞으로 여러 번 다룰 것이다.

이런 종교 사상의 변화로 말미암아 신이 세계에 참여한다는 것에 의심이 들 뿐만 아니라, 신의 근본적 존재 자체도 의심받게 되었다. 그래서 무신론이 20세기에는 지적 · 도덕적으로 비난받는 이론이었지만, 현재에는 특히 '새로운 무신론(New Atheism)'이란 말로 가장하여 널리 관심을 끌 뿐만 아니라 잘 받아들여진다.

서양에서 오늘날 많은 사람들이 자연 재해, 기근, 질병 등으로 인해 신을 믿지 못하게 되었다고 말하는 것은 상당한 설득력이 있다. 이 말은 모순적이게도 신이 직접적으로 세계에 구원을 베푸는 분으로 믿어지기 위해서는 강하게 개입하는 전통적 유대-기독교 유형의 신이 되어야 한다는 말이다. 그러나 유대-기독교 전통에서 오랜 기간 신의 심판의 징조로 해석되었던 재난과 고통의 발생은, 최근 들어 신이 존재하지 않는 것의 증거로 여겨진다. 이런 경우에 무신론이 명백히 도덕적 우위를 점하는 듯 보이는 한편, 전통적 유신론은 신앙을 지키려 애써야 하는 형국이다.

그러나 항상 자연 세계의 아름다움과 질서를 창조주의 존재 증거로서 주장하는 학자들이 있었는데, 이들의 주장을 '설계 논증(argument from design)'이라고 한다. 특히 물리학자들은 우주를 구성하는 듯 보이는 엄밀한 법칙의 균형과 우아함에 강하게 호소한다. 물리학자 존 배로(John Barrow, 1952~)는 한 인터뷰에서 다음과 같이 말한다.

> [자연의] 법칙은 상당히 정확하지만, 매우 신비롭습니다. 당신은 자연법칙을 보거나 만질 수 없습니다. 우주에는 신비로운 대칭들이 존재합니다. 리처드 도킨스(Richard Dawkins)와 같은 생물학자들은 자연의 혼란스러운 복잡성을 다루기 때문에, 종교와 해결되지 않는 질문들에 대해 매우 불편해하는 것은 우연이 아닙니다. …… 생물학자와 물리학자 사이에는 실제로 문화적 차이가 있습니다.[7]

배로는 물리학과 생물학 간의 무시되어서는 안 되는 견해 차이를 말한다. 과학은 결코 종교를 대하는 태도에 있어서 일치되지 않으며, 종종 생물학자가 물리학자보다 더 회의적이라고 일컬어진다. 생화학자인 아서 피콕(Arthur Peacocke, 1924~2006)은 이렇게 말한다. "오늘날까지도 여전히 생물학자가 기독교인이 되는 것은 직업적으로 상당히 바람직하게 여겨지지 않는다."[8]

그러나 좀 더 복잡한 문제가 있는데, 그것은 물리학자가 종교를 대하는 방식이 있고, 생물학자가 종교를 대하는 방식이 있다는 것이다. 우선 첫째로, 많은 물리학자들은 과학이 창조주를 끌어들이지 않고도 자연 세계를 성공적으로 설명해왔다고 생각하며, 설계 논증과 **정반대**로 자연 세계의 아름다움과 질서를 설명하는 이론을 받아들인다. 이 입장은 스티븐 호킹(Stephen Hawking, 1942~)의 베스트셀러인 《시간의 역사》에 기고한 칼 세이건(Carl Sagan, 1934~1996)의 서문에서 잘 나타난다.

> 이 책은 또한 신 …… 혹은 아마도 신의 부재에 대한 책이다. 신이란 단어가 이 책에 가득하다. 호킹은 아인슈타인의 유명한 질문인 '신이 세계를 창조할 때 어떤 다른 선택의 여지가 있었는지'에 대해 답하기 위한 탐험을 시작한다. 스스로 명백히 밝힌 것처럼, 호킹은 신의 정신(mind)을 이해하려 시도하고 있다. 이 시도는 공간상으로는 무한한 우주를, 시간상으로는 시작과 끝이 없는 우주와 창조주가 할 일이 없는 우주 개념을 탄생시키며, 오히려 연구의 결론을 적어도 현재로서는 더욱 예측 불가능하게 만든다.[9]

이와 같은 급진적인 진술은 과학이 종교를 대체했거나 혹은 기껏해야 종교와 상충된다는 (이미 널리 퍼진) 인식을 강화하며 인기를 끌었다. 그러나 많은 과학자들과 신학자들은 이런 생각이 잘못된 것이며, 실제로 과학과 신학의 관계는 더욱 복잡하다고 주장해왔다. 즉 과학과 신학의 관계를 설명하는 많은 타당한 방법들이 있기 때문에 과학과 신학이 반드시 대립한다고 볼 수는 없다는 것이다. 이안 바버(Ian Barbour, 1923~2013)는 네 가지 모델을 제시했는데, 각 모델은 과학과 종교의 관계를 보다 긍정적인 시각으로 본다.[10] 첫째는 **갈등**(conflict) 모델로, 과학과 종교가 서로 대립한다는 보편적 개념을 말한다. 둘째는 **독립**(independent) 모델로, 과학과 종교가 전적으로 독립하여 작용한다고 본다. 즉 과학과 종교는 다른 종류의 실재를 말하기 위해 대조되는 방법과 다른 언어를 사용한다. 셋째는 **대화**(dialogue) 모델로, 과학과 종교가 서로 대화하는 것으로 여겨진다. 즉 과학과 종교는 서로의 차이점과 유사점을 통해 서로에게 유익한 영향을 미칠 수 있다. 넷째는 **통합**(integration) 모델로, 아마 과학과 종교의 상호 유익을 위해 이 둘의 통합 가능성을 암시하며, 과학과 종교의 보다 긍정적인 관계를 추구한다. 테야르 드 샤르댕(Pierre Teilhard de Chardin, 1881~1955)의 총체적 연구가 통합 모델에 속하는데, 그 이유는 그가 부활한 예수를 생물학적 진화의 목표로 간주하기 때문이다(8장 참조).

그러나 많은 학자들은 과학과 종교의 관계가 바버의 네 가지 모델보다 상당히 더 복잡하게 세분되며, 네 가지 모델 중의 어떤 하나를 정답으로 구분할 수 없다고 본다. (우선 한 가지 이유는) 과학과 종교의 관계가 과학적 질문들과 종교적 질문들에 상당히 의존적이기 때문이다. 결과적으로 과학과 종교의 관계는 역사를 통해 급격히 변했을 뿐만 아니라, 우리가 심지어 각 학자들 사이의 일치를 발견하지 못할 정도로 복잡하다.[11]

## 성서와 역사

성서는 역사와 어떤 관계가 있는가? 계몽주의와 19세기 지질학, 진화 생물학의 놀라운 발전 이전에, 의심의 여지가 없는 신앙의 진실로서의 성서의 지위는 **역사적** 진실에 대한 신뢰할 만한 자료로 인정받았다. 1648년 제임스 어셔(James Ussher, 1581~1656)가 제기한 창조와 홍수의 날짜는 종종 이런 사고방식의 전형적인 예로서 인용된다. 어셔는 성서에 나오는 다양한 족보들과 날짜들을 비교하고, 또한 그것들을 다른 고대 근동 자료와 비교하면서, 창조가 기원전 4004년 10월 22일 토요일 저녁에 발생했고, 대홍수는 기원전 2349년 12월 7일 일요일에 발생했다고 계산했다.[12]

어셔가 성서 기록의 정확성을 확신하는 것이 (비록 그의 날짜 계산은 많은 '젊은 지구 창조론자들'에 의해 여전히 지지를 받지만) 요즈음에는 황당해 보인다. 그러나 어셔의 연구는 성서를 정확한 역사적 자료로써 이해하며 성서에 최고의 권위를 부여하는 당대의 전형적 모습이었다. 어셔 이전의 학자들은 그와 유사하게 성서적 자료를 근거로 세계의 연대를 계산했다. 어셔의 계산법이 관심을 받은 중요한 이유는 그의 날짜 계산이 18세기 킹 제임스 바이블(King James Bible) 판본에 주석으로 표기되어, 사실상 '확실한 것'으로 여겨졌기 때문이다. 그러나 19세기에 들어서면서 새로운 지질학의 등장으로 어셔의 날짜 계산에 심각한 의심이 발생했고, 지구는 그가 계산한 것보다 훨씬 오래 되었다는 것이 분명해졌다.

동시에 상당수의 성서 본문에 새로운 종류의 역사적 질문들이 쏟아졌다. 우리가 관습, 목적, 객관성을 바탕으로 성서를 읽는 전문화된 방법, 즉 '비평적' 방법이 필요할지 모른다는 생각은 새로운 것이 아니다. 두 사람을 예로 든다면, 필로와 오리겐(Philo & Origen)은 기원후 1세기에 특별한 방법론(알레고리적 해석)을 개척했다. 그러나 과거 수백 년 동안의 많은 성서 학자들에게 있어서, '성서 비평'은 '역사 비평'과 사실상 동의어나 다름 없었다. 역사 비평은 성서 본문을 해석하고 이해하는 데 있어서 역사적 조사를 가장 적절한 렌즈로 강조하는 철저한 지적 연구 방법이다. 역사 비평 방법은 본문이 특히 우리의 상황과 매우 다른 역사적 상황에서 기록되었으므로, 해석은 가능하면 이런 상황을 충분히 이해하며 수행되어야 한다고 주장한다. 즉 본문의 신학적 의미를 탐구하기 전에, 우리는 우선 본문의 역사적 배경과 저자의 본래 의도를 평가해야 한다는 것이다. 그러므로 근대 성서 연구는 역사적 질문에 몰두했다.

가장 중요한 예(특히 이 책과 관련이 있는) 중의 하나는 '문서설(Documentary Hypothesis)'이다. 비터(Henning Bernward Witter, 1683~1715)는 1711년에, 아스트룩(Jean Astruc, 1684~1766)은 1753년에 각각 모세오경이 여러 개의 유사한 자료들(문서들)이 함께 섞인 것처럼 보인다고 생각했다. 특히 창세기와 출애굽기에서 같은 자료가 여러 번 반복되고 이중으로 설명되지만, 종종 서로 모순된다. 예를 들면, 창세기 6~9장의 홍수 이야기는 두 개의 자료가 편집된 듯 보이는데, 여기에 보면 방주 안의 동물들의 수를 포함하여 수많은 세부 내용들이 서로 일치하지 않는다. 또한 이 자료들은 사용하는 용어도 다르다. 아마도 가장 분명한 예는 창세기 1~2장에 나오는 두 개의 창조 묘사다. 표현 방법과 내용에 있어서 많은 차이가 있을 뿐만 아니라, 첫 번째 창조 묘사(창 1~2:4a)에서는 하나님을 말할 때 히브리 이름인 **엘로힘**(Elohim)만 사용하는 반면, 두 번째 창조 묘사(창2:4b~25)에서는 **야훼 엘로힘**(YHWH Elohim)을 사용한다. 그러므로 학자들은 이것을 각각 '제사장' 문서와 '야훼' 문서로 알려진 두 다른 자료에서 기인하는 것으로 여긴다. 결국 모세오경에서 네 개의 자료가 발견되었는데, 이것들은 J문서(야훼), E문서(엘로힘), D문서(신명기), P문서(제사장)이다. 이 4문서설을 뒷받침하는 결정적인 역사는 1878년 벨하우젠(Julius Wellhausen, 1844~1918)에 의해 재구성되었고 (비록 끊임 없이 논의되고 개정되었으며, 심지어 일부 학자들에게는 완전히 거부되고 있지만) 여전히 모세오경에 대한 많은 현대 역사적 연구에 영향을 미치고 있다.

그러나 성서 연구 분야는 벨하우젠 이래 크게 발전했다. 자료 비평뿐만 아니라 다른 형태의 역사 비평들도 발전했다. 이 비평들은 성서를 구성하는 문학 **양식**(즉 장르)에, 즉 성서를 만드는 필사자들과 편집자들의 **편집** 경향과 그들의 **사회적·정치적** 상황에 초점을 맞췄다. 이런 노력은 성서 본문이 처음 기록되었을 때에 **본래** 말하고자 하는 바를 알아내려는 노력인데, 여기에는 **본래의 역사적 의미가 가장 진실된 의미**라는 전제가 있다. 그러나 1970년대 이래 등장한 포스트모더니즘은 본래의 의미를 탐구하는 데에 대한 환멸, 즉 '객관성의 위기'를 초래했다. 대신에 주로 역사적 의도를 갖지 않는 많은 대안적 비평들이 확산되었다. 독자 반응 비평(reader-response criticism), 수사 비평(rhetorical criticism), 서사 비평(narrative criticism) 같은 많은 비평들이 문학 이론으로부터 도출되었다. 그러나 동시에 정치·사회적 관심, 특히 페미니스트 관점과 해방 관점에서 자극받은 비평 유형들과 함께, 보다 명료한 신학 유형들이 발전했다(예, 정경 비평canonical criticism). 이런 초점의 변화는 필연적으로 과거에 학자들이 만든 역사적 방법에 대한 확고한 일부 주장을 완화시킨 반면, 성서 본문에 있는 수많은 풍부함과 새로운 관점이 드러나게 했다. 하지만 좀 더 주의를 기울인다면, 역사적 관점은 여전히 매우 중요하다는 것을 알게 된다. 역사적 관점은 성서가 종종 왜곡되거나 목적에 따라 변화되는 세계에서, 성서의 역사적 증거를 보존하는 데 있어서 상당히 가치 있는 역할을 한다.

> 교회는 때때로 성서의 메시지를 색다르게, 즉 신성한 종교적 기대에 의한 익숙함으로 인해 무뎌지지 않고 예리하게 들을 필요가 있다. 교회와 성서의 매일의 대화로부터 한 발자국 떨어져 있는 역사적 연구는 가치 있는 역할을 한다.[13]

이것이 이 책의 가장 중요한 부분이다. 만약 지금까지의 과학-종교 대화가 성서와 거의 관련 없이 진행되었다면, 그것은 아마도 성서의 예리함(히 4:12)에 충분히 집중하지 않았기 때문이다. 이것이 이 책에서 내가 성서의 창조 본문이 무엇을 말하는지, 그리고 어떻게 성서가 현대 과학과 관계되는지를 일관되게 역사적으로 연구하고자 하는 이유다.

## 성서에 등장하는 창조

성서의 첫 몇 장(창 1~3)은 특히 주목할 만한데, 여기에서는 세상의 창조 이야기를 시간의 시작에서부터 "태초에" 첫 인류와 그들의 타락 이야기에 이르기까지 공감할 만한 이야기로 설명한다. 우리가 창조와 성서를 말할 때, 변함없이 떠오르는 구절이 바로 이 부분이다. 그러나 성서에 상당히 많은 또 다른 창조 자료들이 있지만, 그 자료들은 대부분 창세기의 창조 이야기와 관련이 없다. 예를 들면, 시편과 예언서 일부는 창조를 하나님과 바다의 신화적 전쟁의 측면에서 말하는 반면, 잠언은 창조를 의인화된 신적 존재인 지혜(Wisdom)를 통해 말한다. 그러므로 성서 창조 본문을 연구함에 있어서 주의해야 첫 번째 요점은, 이 연구에 단일한 신학적 이해가 존재하는 것이 아니라 다양한 이해가 존재한다는 것이다. 이런 다양성이 단일하고 조화로운 연합을 이룰 수 있는지는(혹은 이뤄야 하는지는) 분명하지 않다. 어쨌든 창세기 1~3장은 전혀 통일되지 않는 것처럼 보인다. 우리가 앞에서 살펴본 것처럼, 창세기 1~3장은 적어도 두 개의 구별되는 창조 전승이 포함되어 있는데, 아마도 이 전승들은 다른 이스라엘 역사적 상황에서 기록되었고, 다른 신학적 전제를 가지고 있다. 요약하면 성서에는 창조의 여러 이해들이 긴장감을 유지한 채 공존한다.

성서의 창조 본문에 대해 두 번째로 주의해야 할 점은 창조 자료가 신학적이긴 하지만, 그것이 기독교 창조 교리처럼 쉽게 받아들여지는 일련의 형이상학적 전제로서 간주될 수 없다는 점이다(앞의 "기독교 창조 교리" 참조). 오히려 창조 자료는 서로 밀접하게 관련되지 않은 서사적, 시적 주제들의 다양성을 보여준다. 뿐만 아니라 일부 창조 주제들은 성서에 반복적으로 등장하는 반면, 그렇지 않은 주제들도 있다. 예상과는 반대로, 창세기에 나오는 잘 알려진 창조 이야기는 성서의 다른 부분에서 반복되지 않는다.

세 번째로 주의해야 할 점은 우리가 '창조 주제'로 언급할 (4장의 "창조와 이야기" 참조) 이 다양한 자료들이 성서가 하나님에 대해 말하는 것의 핵심이라는 것이다. 이 자료들은 구속(redemption)과 같은 다른 신학적 주제들과 쉽게 분리되지 않으며, 분리되어서도 안 된다. 이는 성서가 하나의 창조 묘사(창 1)에서 시작해서, 구속의 관점에서 봐야 하는 **새로운** 창조 묘사(계 21~22)로 끝나는 간단한 사실에서 볼 수 있다. 기독교 성서 구성의 측면에서 보면, 창조는 처음과 마지막에 대한 신학적 진술이자 신학의 토대다. 창조는 하나님에 대해 제기될 수 있는 모든 진술들에 대한 시작과 끝이다. 바로 이 근본적인 창조주로서의 신 이미지에서 성서의 구속 신학, 윤리학, 종말론이 구성된다. 그러므로 이 책에서 창조 자료와 그 자료가 과학적으로 이해되는 방법을 살펴볼 때에, 우리는 창조 자료가 세계에 대해 무엇을 말하는지의 측면에서보다 하나님에 대해 무엇을 말하는지의 측면에서 가장 잘 해석된다는 것을 반복적으로 살펴볼 것이다.

그러나 현대 과학은 창조 본문을 읽는 데 있어서 중요한 영향을 미쳤다. 성서 창조 자료가 우리가 과학적 사고(자연의 구조와 메커니즘을 포함하는 우주론)라고 부를 수도 있는 흔적을 제시하지만, 그 자료는 거의 현 시대의 과학적 사고와 동떨어졌다. 젊은 지구 창조론자들은 현대 과학을 거부하거나, 세계의 기원에 대한 자신들의 시각을 알리기 위해 창세기 1~3장을 문자적으로 읽으며 이 난제를 해결한다. 이것은 특히 세계의 기원에 대한 미국의 보편적 접근 방법이다. 데니스 라무뢰(Denis Lamoureux, 1954~)에 따르면, 아마 미국 성인의 무려 60퍼센트가 세계가 6일 동안 창조되었으며, 창세기 1장이 '기록된 대로 창조되었다는 것을 의미하는, 글자 그대로의 사실'이라고 믿는다.[14] 물론 많은 다른 기독교인들은 세계의 물리적 기원에 대한 현대 과학의 관점을 선호하며, 창세기 1~3장을 보다 자유롭고 은유적으로 읽는다. 그러나 이 민감한 문제는 수많은 기독교인들과 수많은 무신론자들이 창세기 1~3장을 해석하기 위한 중요한 질문이었고, 지금도 끊임없이 논의되고 있다. 만약 이 문제를 해결하고자 보수적 기독교 관점에서 특별한 주장을 제기하면 그때 또한 새로운 무신론자들의 조소 섞인 공격이 이어지는데, 그 이유는 무신론자들은 누군가가 고대 종교 문헌을 매우 진지하게 받아들여 자신들의 토대 기반인 현대 과학의 발견에 의문을 제기하는 것을 원치 않기 때문이다. 스티븐 바턴과 데이비드 윌킨슨(David Wilkinson, 1963~)은 이 문제를 잘 강조했다.

> 6일 창조론으로부터 리처드 도킨스의 《만들어진 신》에 이르기까지, 과학과 종교의 공적 대화에서 창세기 첫 몇 장은 소박하고 단순한 방식으로 언급되거나, 동시대의 관심사와 연결 짓는 것이 거부된다. 이런 현상은 다윈의 영향으로 인해 창세기 1장을 지적으로 읽기 어려워졌다는 믿음(myth)에 의해 가속화되고, 이로부터 대부분의 기독교 신학이 이 본문에 대한 자신감을 잃었다.[15]

정말로 자신감을 잃었다. 이 논의를 피하고자 하는 기독교인들은 보통 창세기 1~3장을 과학적·구체적 용어로 생각하는 것을 피하고, 보다 시적·은유적으로 이해하려 한다. 그러나 우리는 이런 은유적 이해가 저자가 말하고자 했던 중요한 점을 간과한다는 사실을 살펴볼 것이다. 다시 말하면, 비록 창조론자들의 논의가 거의 이루어낸 것이 없고 의견만 양극화되었지만, 우리는 이 성서 본문들을 해석하기 위해서 진정으로 현대와 고대 과학 사상을 활용해야 한다는 것을 알게 될 것이다. 우리는 또한 과학의 영역을 곧 넘어서게 될 것이다. 예를 들면, 창세기 1장은 세계의 시작을 단계적으로 묘사하는 듯 보이고, 이는 현대 진화 사상과 비교되었지만, 이 본문은 창조가 어떻게 도덕적·심미적 용어로 하나님에 의해 **질서 지어졌는지**를 설명하는 것에 관계된다. 하나님은 종종 창조된 것이 '보기 좋았다'고 평가한다(창 1:4, 10, 12, 18, 21, 25, 31). 이것은 인정과 만족을 나타내고, 과학적 진술이라기보다 가치 판단에 속한다. 만약 우리가 성서의 창조 이미지를 보다 넓게 본다면, 그 이미지는 우리가 '과학적'이라고 해석할 수도 있는 어떤 것을 넘어선, 도덕적·심미적·영적 가치를 반복적으로 가리킨다는 것을 알게 된다. 성서의 창조 이미지는 세계에 대한 하나님의 풍부함, 신뢰성, 불변성을 드러낸다. 그러므로 유사한 속성들이 세계와 인류의 관계에 부여되었다. 인간은 가장 넓은 환경에 정착하고, 일해야 하며, 환경을 보호해야 한다. 그리하여 인간은 하나님이 정한 방법으로 수확을 거둘 것이고 기쁨을 누릴 것이다. 이런 시각에서 보듯, 현재 우리가 자연 세계를 지나치게 이용함으로써 자연 세계 재발견의 필요성이 제기되기 오래 전에, 성서는 이미 인류에게 중요한 생태적 도전을 제기했다.

## '과학'의 관점에서의 '창조'

단지 지구뿐만이 아닌 전 우주를 '창조주'의 존재를 암시하는 단어인 '창조'로서 언급하는 것은 종교계에서 일반적이다. 그러나 과학자들은 종교적 신념이 있더라도, 과학의 영역에서 그런 용어 사용을 꺼리는 경향이 있다. 현대 자연 과학은 정의상 **초자연적** 존재인 창조주에 대해 어떻게든 말하는 것이 불가능하다. 자연 과학은 세계를 설명하는 다른 세상적인 방법이 있음을 말한다. 그리고 여기에서 과학은 크게 성공했고, 이는 새로운 무신론자들에게 신의 존재를 반대하는 근거를 제공했다. 즉 만약 세계가 신을 말하지 않고 설명될 수 있다면, 이는 신이 존재하지 않음을 암시할 수도 있다는 말이다. 이 주장은 종종 인정받지 못하고, 심지어 이해되지도 않으며, 논리적으로도 잘못되었다. 즉 자연 과학은 정의상 초자연적 존재의 가능성이나 불가능성을 분별할 수 없고, 분별할 수단을 갖고 있지도 않다. 대신 이 부분은 과거에 '과학의 여왕'으로 불렸던 신학의 영역에 해당한다.

하지만 이제 상황이 많이 달라졌다. 베스터만(Claus Westermann, 1909~2000)은 중요한 신학 비평을 수행했는데, 그는 종교 개혁 때 신학이 창조 본문을 부적절하게 이해했기 때문에 과학과의 관계가 좋지 않았다고 주장했다. 부적절하게 이해한 이유는 논쟁 중인 중요한 신학적 이슈들이 창조보다는 **구원**에 관련되었기 때문이며, 이는 과학이 신학의 영역을 꾸준히 침범할 여지를 남겼다. 신학은 하나님과 인류 사이의 구원 관계에 집착하면서, 창조주와 모든 피조물의 관계를 말하는 상당히 넓은 범위에 걸친 근본적 성서 본문들을 무시해왔다. 그러므로 만약 하나님이 인간의 죄의 용서 혹은 의인화(justification)에 국한되어 세계를 근시안적으로 대하는 것처럼 보인다면, 그것은 오직 하나님이 세계를 대하는 그 상황에서만 그런 것이다. "이것은 하나님이 지구에 사는 벌레나 혹은 은하계에서 새로운 별이 등장하는 것과는 관계가 없다는 것을 의미한다."[16]

이 책의 우선적 목적은 현대 과학과도 맞물리는 더 넓은 관점에서 성서 창조 본문을 신학적으로 분석하는 것이다. 이런 점에서, 이 책은 어느 정도 환경과 생태적 문제들에 민감하게 반응하며 현대 창조 신학을 발전시키는 현대의 다양한 신학 흐름의 일부다. 이 노력이 베스터만의 수많은 지적을 다 바로잡을 수는 없지만, 이 책이 성취할 것을 기대해볼 수는 있다. 분명 창조주를 믿기 어렵게 만드는 것으로 가장 많이 언급되는 이유 중 하나는 성서의 창조 이야기들이 과학에 의해 대체되었다는 것이다. 그리고 젊은 지구 창조론은 심지어 신학과 과학 사이의 간극을 더 깊게 만든다. 이처럼 창조 본문들이 현대 과학과 어울린다고 이해하는 정도보다 더 깊은 단계로 이 본문들을 보는 시도는, 그 간극을 제거하는 데 도움이 될 수 있다.

사실 이 노력은 그 이상의 도움을 줄 수도 있다. 비록 '과학'이 통일된 독립 체로, 또한 신학을 앞지른 것으로 일반적으로 말해지지만, 현대 과학은 너무 전문화되었고 세분화되어서 어떤 과학자도 피상적인 단계를 넘어 세계 **전체의** 과학적 실재를 이해할 수는 없다. 다시 말하면, 우리는 과학의 한 분야에서 전문가가 될 수는 있어도, 결코 과학 전체를 통달할 수는 없다. 따라서 '과학'이 우리가 세계를 이해하는 지적 체계가 된다면, 이때 과학은 더욱 혼란스럽고 이해하기 어려운 체계가 된다. 그러나 이것을 생각해보자. 만약 고대 성서 저자들의 경우, '창조'의 종교적 개념이 혼란스럽고 이해하기 어려운 실재를 이해하도록 도왔다면, 이는 또한 창조의 종교적 개념이 그 실재를 이해함에 있어서 파악하기 쉽고, 대단히 중요하며, 통일된 체계를 제공한 경우였다. 베스터만의 요점은 '창조'의 종교적 개념이 다시 자연 과학의 광대한 복잡성을 정렬하는 가장 적절한 체계를 제공할 수도 있다는 것이다.[17] 그러나 우리는 성서의 창조 본문에서부터 시작해야 하고, 과학의 신학을 향해 나아해야 한다. 이를 위해 이 책이 적절한 출발점을 제공할 것이다(10장 참조).

이 연구는 근대 이전에 그랬던 것처럼 어떤 형태로든 다시 신학을 과학의 여왕으로 만들고자 하는 것이 아니다. 분명 성서의 창조 자료가 시계를 되돌려 다시 중심 위치를 차지할 수는 없다. 대신 창조는 현대 과학과 현대 성서 학자들의 통찰을 통해 해석되어야 할 뿐만 아니라 신학적으로도 해석되어야 한다. 이런 방법으로 과학과 성서 연구는 살아있는 하나님이 우리의 중요하고 현대적인 체계와 관계를 맺게 할 수 있다.

이 책에서 우리는 관련된 과학적 개념들을 간략히 살펴본 후에(2장), 창세기 창조 본문과 성서의 창조 주제에 내재된 여러 요소들을 살펴볼 것이다(4장). 우리는 고대와 현대의 사고방식의 차이점과 유사점을 강조하며, 창조 자료를 이해하기 위해 과학적 체계를 세울 것이다(5장). 이 체계는 어떻게 성서의 창조 주제가 창조주와 피조물의 관계를 설정하는지를 탐구하는 데에 사용될 것이다(6장). 이어서 우리는 과학과 신학의 대화에서 가장 논란이 많은 일부 분야들을 성서적 관점에서 연구할 것인데, 그 분야들은 특히 진화(7장), 악의 문제(8장), 먼 미래(9장)이다. 10장에서는 창조의 본성을 위한 성서적 모델을 제시하기 위해 다양한 주장들을 함께 논할 것이다.

제2장
현대 과학에서의 창조

## 과학적 구조

### *공간, 시간, 물질*

시간과 공간에 대한 우리의 사고방식은 몸에 깊이 배어 있어서, 우리는 거의 시간과 공간에 대해 의문을 갖지 않는다. 아우구스티누스(Aurelius Augustinus, 354~430)가 《고백록》에서 우리의 일상 대화 속에 어떤 단어도 '시간'보다 더 친숙하거나 더 쉽게 이해되는 단어는 없다고 지적한 것은 유명하다. 그러나 만약 우리가 스스로에게 '시간'이 무엇인지를 묻는다면, 우리는 곧 당황하게 될 것이다. 아우구스티누스는 말한다. "만약 아무도 제게 묻지 않는다면, 저는 시간이 무엇인지 충분히 잘 압니다(《고백록》 11권 14장)." 그리고 그는 시간을 정의하려 할 때, 자신과 관계된 사건의 측면에서 정의한다. "저는 다음의 것을 안다고 분명히 말할 수 있습니다. 만약 아무것도 지나가지 않았다면, 과거는 없는 것입니다. 만약 아무것도 발생하지 않는다면, 미래는 없는 것입니다. 만약 아무것도 존재하지 않다면, 현재는 없는 것입니다." 이 말이 중요한 이유는 아우구스티누스가 아마도 뉴턴에 의해 우리에게 더욱 친숙한 개념인 보편적 실체로서의 **절대적** 시간 개념을 갖고 있지 않았음을 의미하기 때문이다.

뉴턴에게 있어서 시간과 공간은 어떤 좁은 준거 틀(frame of reference)로부터 독립된 절대적 개념이었다. 시간과 공간은 보편적이었고, 이러한 점에서 뉴턴은 운동(motion)을 변치 않는 준거 틀에 관계된 물체의 움직임, 즉 시간과 공간의 움직임으로 정의할 수 있었다. 시간과 공간은 모든 사건들과 생명체가 존재하고, 움직이며, 작용하는 것이 드러날 수 있는 변치 않는 기반이 되었다. 그러나 뉴턴은 시간과 공간을 분리될 수 없는 하나의 독립체인 '시공간(spacetime)'으로 생각하지는 않았다. 이 개념은 후대 아인슈타인에게서 나오는데, 아인슈타인의 일반 상대성 이론(general theory of relativity)은 시간과 공간의 물리학에 대변혁을 일으켰다. 그러나 뉴턴에게 있어서, 시간과 공간에 대한 대단히 중요한 보편적 준거 틀은 거의 신의 속성을 취하지 않을 수 없었다. 뉴턴 당대에 살았던 버클리 주교(Bishop Berkeley, 1685~1753)는 뉴턴이 공간을 변함없고, 무한하며, 영원하다고 생각했다고 비판했다. 또한 버클리는 뉴턴에게 질문했다. "그럼 공간이 신이 되는 것을 무엇이 막을 수 있단 말인가? 신이 낮아져 공간이 되든지, 공간이 높아져 신이 된다."[1] 뉴턴은 이에 대해 공간이 소위 말하는 그런 사물이 아니며, 혼자 존재하지도 않고, 신이 존재하는 모든 곳에서 발산하는 신의 결과물이라고 대답했다. 존재하는 것은 공간을 필요로 하기 때문에 신이 세계 어디에서나 항상 존재한다고 말해진다면, 영원한 공간이 세계 어디에나 존재해야 한다.[2] 이것은 뉴턴의 사고에서 시간과 공간이 보편적으로 언급되는 그런 **사물**(things) − 창조된 사물이거나 사물과 함께 존재하는 신성 − 이라기보다는 **효과**(effects), 즉 신 존재의 유출이라는 것을 의미한다. 여기에 뉴턴의 신 이해가 중요하게 함축되어 있는데, 뉴턴에게 신은 어디에나 존재하며, 신의 존재로 인해 모든 존재와 운동이 가능하다. 실제로 뉴턴은 자신의 유명한 중력 법칙을 신성한 힘을 묘사하는 것으로 이해했다. 즉 사물들이 자신들의 타고난 힘에 의해서가 아니라 신의 의지에 의해서 서로에게 끌린다는 것이다.

한 발 더 나아가 뉴턴은 시간과 공간이 직선으로 되어 있다고 보았다. 다시 말하면, 시간과 공간은 꾸준하고, 계속적이며, 규칙적으로 발전하고 있고, 항상 그렇게 발전할 것이며, 도약·뒤쳐짐·순환·부분적 불규칙성은 없다는 것이다. 이 세계관에는 불변하고 보편적인 '자연법칙'이 존재한다는 생각이 강하게 자리잡고 있다고 볼 수도 있다.

반면 20세기 초 아인슈타인의 상대성 이론은 완전히 다른 관점을 제시했다. 아인슈타인에게 있어서 시간과 공간은 더 이상 절대적이지 않다. 왜냐하면 새로운 절대적 기준이 바로 빛의 속도이기 때문이다. 시간과 공간의 측정은 측정하는 사람에 따라 다르고, 결코 측정이 보편적으로 비슷한 결과를 가져오지도 않는다. 게다가 시간과 공간은 '시공간'이라 불리는 4차원의 독립체에서 서로 관계를 맺지만, 물질 그 자체와도 관계를 맺는다. 그러므로 시간과 공간은 거의 독립된 준거 틀이 될 수 없다. 또한 시간과 공간은 직선으로 되어 있지도 않다. 왜냐하면 물질은 시공간을 굽게 만들고, 계속해서 움직이는 물체의 궤도가 곡선이 되게 하기 때문이다. 이것이 아인슈타인이 중력을 자신의 일반 상대성 이론에 통합시킨 이유다. 중력은 더 이상 별개의 힘이 아니고, 시공간에서 물질과 에너지가 확산됨에 따라 시공간이 구부러지면서 발생한다. 더욱이 시공간은 구부러질 뿐만 아니라, 특정한 조건 하에서 특이하게 되는데, 우리의 눈으로 볼 수 없는 빅뱅(Big Bang) 같은 초기 특이성이 그 예다. 시공간은 분명 더 이상 뉴턴 때와는 달리 불변하거나 절대적이지 않다.

상대성 이론은 단지 시간에 대한 이해뿐만 아니라, 세계에 대한 우리의 '상식'에 많은 도전을 제기한다. 특히 지구에서 인간이 공통적으로 경험하는 '지금(now)'이라는 중요한 개념은 세계를 설명하는 확실한 과학적 속성이 아니다. 왜냐하면 그것은 관찰자의 준거 틀에 의존하기 때문이다. 실제적으로 우리의 현재 경험은 상대주의적 관점에서 보면 환상에 불과하다. 이런 이유에서, '블록 타임(Block time)'이란 개념이 보다 유용한 시각을 제공하는데, 이것은 태초부터 종말까지의 모든 시간이 '한번에' 함께 존재하는 것처럼 보인다는 개념이다. 이 개념은 만약 과거, 현재, 미래를 구별하는 우리와 같은 사고방식이 존재하지 않았다면, 그야말로 단일한 독립체로 존재하는 4차원의 시공간 우주가 되었을 것이라는 전제에서 출발한다. 만약 그렇다면, 우리에게 보다 친숙한 '시간이 흐른다(flowing time)'라는 개념, 즉 우리가 열린 미래로 이동할 때 과거가 직선적으로 계속해서 늘어난다는 개념은 우리 인간 의식의 주관적인 착각이다.[3]

이 모두는 신학적으로 타당하다. 우주에서 신 경험은 모두 동시에 인지되는, 본질적으로 '통합(block)' 개념이라고 논의되었다. 이러한 접근은 신과 시간에 대한 논의에서 발생하는 역설들을 해결할 수 있다는 장점이 있다[4](5장 참조).

상대주의적 물리학뿐만 아니라 20세기 초, 실재의 보편적 개념을 뒤흔들었던 또 다른 새로운 과학적 패러다임이 발전했는데, 이것이 바로 양자 역학(quantum mechanics)이다. 세계에 대한 양자(量子) 관점은 지금까지의 실험에 근거해, 전자(電子)와 광자(光子) 같은 원자와 아원자(亞原子) 단계에 있는 기본적인 물리적 독립체들이 아주 정확히 파동 또는 입자로 묘사될 수 있다는 인식에서 출발했다. 예를 들면, 좁은 항구 어귀를 통과하는 파도가 퍼져서 전 항구에 분산될 때처럼, 전자는 매우 넓게 분산될 수 있다. 그러나 전자는 또한 당구공처럼 서로 튕기며 흩어질 수도 있다. 이것은 모두 관찰자의 측정 방법에 따라 결정된다. 만약 관찰자가 전자를 파동으로 간주하고 보면, 파동의 속성들을 볼 것이지만, 관찰자가 전자를 입자로 간주하고 보면, 입자의 속성들을 볼 것이다. 그러나 뉴턴과 그의 계승자들의 고전 물리학에 따르면, 파동과 입자는 서로 배타적이어야 한다. 물질이 가장 기초적 단계에서 관행대로 움직이지 않는다는 것에 대한 인식은 세계에 대한 양자 관점의 발전을 이끌었다. 이는 하이젠베르크(Werner Karl Heisenberg, 1901~1976)의 불확정성 원리－만약 우리가 양자 물체(전자 같은)의 특정한 속성을 더 정확히 측정하고자 한다면, 우리는 다른 속성들이 더 불확실하게 되는 것을 발견하게 된다－로 간단히 요약된다. 결국 전자는 기존의 용어로 정확하게 묘사될 수 없다. 이것은 물리학자들로 하여금 때때로 '퍼지(fuzzy)'[a]에 대해, 그리고 양자 세계의 부정확한 본성에 대해 논의하게 했다. 양자 세계가 정확히 잘 묘사될 수 있다는 것을 고려하면, 이런 용어 사용이 정확한 것인지는 불분명하다. 그러나 우리가 양자 세계를 일상 세계에 대한 간단한 고전 물리학 개념(예, 파동이냐 입자냐, 둘 다일 수는 없다)으로 이해하고자 한다면, 문제가 발생한다. 이 문제는 실재의 본성에 대해, 그리고 우리가 실재를 개념적으로 이해하는 능력에 대해 많은 철학적 토론과 미해결된 질문들을 야기했다. 심지어 양자 역학이 시작된 이래 한 세기가 지난 지금도 전자와 같은 양자 독립체들을 생각해볼 때, 여전히 우리가 그런 사물을 '객관적 실재'로 말할 수 있는지도 불분명하다. 이 질문에 대한 가장 잘 알려진 대답 중 하나인 '코펜하겐 해석(Copenhagen interpretation)'은 양자 단계에서 관찰의 결과에 영향을 미치는 관찰자의 역할을 강조했고, 심지어 우리가 소위 말하는 그런 독립된 실재를 말하지도 못하게 했다.

> 원자 사건(atomic events)에 대한 실험에서, 우리는 일상생활의 현상만큼이나 실제적인 현상인 사물(things)과 사실(facts)에 관계를 맺고 있다. 그러나 원자와 기본 입자 자체는 실제적이지 않다. 그것들은 사물 혹은 사실의 세계를 형성하기보다는 잠재성 또는 가능성의 세계를 형성한다.[5]

---

a 1964년에 미국 버클리 대학의 수학자 자데(Lofti A. Zadeh 1921~) 교수가 제안한 이론이다. 인간의 사고, 판단, 측정 등에 본질적으로 포함되어 있는 애매모호함을 수학적으로 다룬다.

간단히 말하면, 우리는 양자 세계 관점에서 관찰과 측정을 하고, 측정 자료를 해석하지만, 우리가 소위 말하는 그런 정확하고 객관적인 '사물(things)'을 갖고 있는지가 명확하지 않다.

그러나 코펜하겐 해석 외에 양자 역학에 대한 다른 해석들이 있다. 아마 가장 잘 알려진 해석은 다중 세계 해석(many-worlds interpretation)이다. 다중 세계 해석은 양자 실재의 기저가 되는 것을 규정하기 어렵다거나 심지어 소위 말하는 그런 정확한 객관적 '실재'도 아니라고 주장하기보다는 많은 세계의 존재를 상정하며 그 난해한 문제를 풀고자 하는데, 이는 평행 우주(parallel universes) 이론과 다소 유사하다. 양자 사건(quantum event)이 발생할 때, 전자는 파동처럼 움직이는 것으로 관찰되는데, 이때 전자가 입자처럼 움직이는 또 다른 우주가 존재한다. 양자 역학을 이렇게 해석하면, 각 양자가 드러날 때, 우주의 수는 빠르게 증가하게 된다. 이런 생각에 관련된 지나친 추측을 언급할 필요는 없다. 그러나 많은 과학자들이 양자 세계를 이해하려 할 때, 기꺼이 이런 생각을 지지하는 것은 좀 이상하다. 만약 코펜하겐 해석이 실재, 인과 관계, 결정론과 같은 기본적 과학 개념에 의심을 제기한다면, 비록 다중 우주 (multiverse) 형태에서 잘 알려지지 않은 많은 것들을 소개해야 하는 어려움이 있지만, 다중 세계 해석과 이와 비슷한 이론들은 그 기본적 과학 개념들을 지지할 수 있다. 정말로 이 다중 세계 해석은 우주의 기원에 대한 현대 우주론 연구에 있어서 중요한 해석적 기능을 수행한다. 여기에서 다른 우주들이 우리 우주 옆에 존재하는 것으로 상정되는데, 이것은 '다중 우주'로 알려진 장대한 앙상블이다. 이런 생각이 신학에서처럼 모두 사색적이며 실험적으로 증명될 수 없다는 사실은 신학자들의 관심을 끌기에 충분했다. 그리고 심지어 어떻게 이것들이 소위 말하는 그런 과학적 문제로 간주될 수 있는지도 불분명하다. 다시 말하면, 이것들은 상당한 믿음을 요구한다.[6] 현대 물리학과 신학은 우리가 인지하는 것보다 더 많은 공통점이 있다.

다중 우주 사상은 또한 소위 '인류 원리(anthropic principle)'가 제기한 도전에 대한 주요 대답 중 하나였다. 우주의 진화를 생각할 때, 다음의 결론에 이른다. 만약 빛의 속도나 전자의 전하(電荷) 같은 근본적 물리 상수가 약간이라도 달랐다면, 우리가 존재하는 지구 같은 행성(비옥하고 살기에 적합한)이 있는 우주는 존재할 수 없었을 것이다. 다시 말하면, 물리 상수는 우리가 존재하기에 딱 맞게 '잘 조절된' 듯 보인다. 유신론자들에게 있어서 '인류 원리'는 물리 상수를 조절해서 지금 같은 행성과 생명체가 정확히 만들어질 수 있도록 조율한 창조주의 존재를 암시한다. 이 설명에 동의하지 않는 사람들은 신적 창조주가 개입하지 않는 다른 설명을 발견해야 한다. 주요한 대체 설명은 물리 상수가 다른 많은 우주들이 있고, 우리가 단지 생명체가 살기 적합한 곳에 우연히 있게 되었다고 말하는 것이다. 인류 원리와 다중 우주 이론에 대한 많은 토론이 계속되었고, 여전히 활발히 논의 중인데, 그 이유는 특히 이런 주제들이 물리적·신학적 실재를 구성하는 것이 무엇인지 그리고 어느 정도까지 인간 이성이 실재를 인지할 수 있는지에 대한 단서를 제공하기 때문이다.[7]

여기에서 우리가 성서 해석에 필요한 범위를 훨씬 넘어선다면, 그것은 적어도 현대 우주론 연구가 수행해온 추측에 근거한 진술을 강조하는 것이다. 이런 우주론 연구는 일반적으로 창세기 1장과 성서의 다른 창조 본문들을 현대적으로 읽는다고 평가받는 우주론 연구인데, 이 우주론 연구는 현대적 해석을 종종 비판하기도 하고 지지하기도 하지만, 기저에 있는 심오한 형이상학적 질문에는 거의 집중하지 않는다.

## 자연법칙

    17세기 자연 과학의 탄생의 결과 중 하나는 우주가 과학 연구에 의해 드러날 수도 있는 수학적 혹은 개념적 원리들, 즉 '자연법칙(the laws of nature)'을 따른다는 강한 믿음이 생겨난 것이다. 처음에는 이 생각이 창조주를 이해하는 더 심오한 개념으로서 지지를 받았다. 즉 신은 신적 본성이 드러나는 세계를 만들었고, 따라서 세계는 이해될 수 있고 신뢰할 만하며 한결같다는 말이다.[8] 모순적이게도 바로 이 법칙들의 상당한 일관성이 신을 점차 과학과 무관하게 만들었다. 비록 과학이 일상 업무를 하는 데 있어서 더 이상 근본적 신학 기반에 의지하지 않지만, 신적 법칙의 언어는 과학적 세계 이해 속에 상당수 넌지시 남아 있다. 많은 과학자들, 특히 물리학자들에게 있어서, '법칙'은 지구상의 생명에 대해 관측된 규칙들을 통계적으로 관찰하는 것일 수 있지만, 법칙이 반드시 더 넓은 우주에 대한 심오한 진리를 포함해야 하는 것은 아니다.[9] 그렇지만 많은 물리학자들에게 있어서, '법칙'에 대한 논의는 단지 세계의 규칙에 전체적으로 접근하는 정도가 아닌, 어떻게 우주가 **움직여야만 하는지**를 관할하는, 고정되고 변하지 않는 체계와 보다 유사하다.[10] 이런 경우, 법칙에 대한 논의는 보다 심오한 원리, 즉 세계가 지금의 모습으로 규정된 핵심적 이유를 가리키기 시작한다. 우리가 "어쨌든 왜 법칙이 존재하는가?", "왜 법칙들은 종종 수학적 형태를 지닐까?", "왜 그것들은 보편적이고 예외가 없어야 하는가?", "왜 다른 법칙이 아닌 이 법칙이어야 하는가?" 등의 질문을 제기할 때 우리는 과학의 한계점, 우리가 도달할 수 없는 과학의 가장 기본적인 전제들, 혹은 신학이 차지해야 하는 지점에 도달했다는 것을 발견한다.[11] 자연법칙만으로 존재하는 모든 것을 설명하기에 충분하다고 주장하는 사람들은[12], 자연법칙의 지위에 대해 자신도 모르게 신학적인(과학이 아닌) 주장을 한다. 이것은 특히 일부 이론가들이 주장한 가설적인 '초끈(superstrings, 'M-theory'로도 불림)'[b]의 연구인 '만물 이론(theory of everything)'[c]을 탐구하는 이론 물리학에서 사용된 수사법에서 분명히 드러난다. 세부 사항(details)은 주장(claims)보다 우리의 목적에 덜 중요한데, 묘사하고자 하는 실재(reality)보다 법칙 그 자체가 존재론적 의미에서 사실상 더 '실제적(real)'이 될 위험이 있다. 케이스 워드(Keith Ward, 1938~)는 이렇게 적었다.

> 일부 현대 과학의 최고의 모순은 과학이 인간에 의해 경험된, 풍부하고 특별하며 구체적인 세계를 설명하고 이해하려 하는 것에서 시작해서, 현상계(現象界)를 환상으로 보는 것으로 끝난다는 것이다. …… 이런 오류는 플라톤에서 라이프니츠까지, 그리고 그 이후의 철학자들을 덫에 걸리게 했고, 여전히 많은 주요 물리학자들도 덫에 걸리게 하고 있다.[13]

워드는 플라톤주의(Platonism)로 알려진 철학 연구 방법을 말하고 있는 것이다. 수학은 종종 자연의 구조를 잘 보여주고, 다른 방법으로는 불가능할 것 같은 완벽한 자연의 규칙에 길을 제공하는 묘한 능력을 갖고 있다고 일컬어진다. 수학의 성공은 수학이 인간의 발명이라기보다 과학적 발견이라는 의문이 종종 들 정도로, 세계에 심오한 이성적 본질이 있다는 것을 암시한다. 로저 펜로즈(Roger Penrose, 1931~)와 폴 데이비스(Paul Davies, 1946~) 같은 물리학자들은 수학적 진실이 인간이 만든 것이 아니라, 깊고 절대적이며 세계의 영원한

---

b 초끈 이론은 소립자 간에 움직이는 근본적인 네 개의 힘(중력·전자기력·약력·강력)을 초끈(superstring)에 의해 통일적으로 기술하고자 한 이론이다. 1990년대 초기에는 총 5개의 초끈 이론들이 알려져 있었고, 이들은 10차원에 존재한다. 1995년에 미국의 에드워드 위튼(Edward Witten, 1951~)은 이 5개의 초끈 이론들을 끈을 포함하지 않고 11차원에 존재하는 'M이론'으로 통합이 가능하다는 것을 보여주었다. M이론의 'M'은 magic, mystery, 또는 membrane을 뜻한다.

c '만물 이론(모든 것의 이론)'은 자연계의 네 가지 힘인 중력, 전자기력, 강력, 약력을 하나로 통합하는 가상의 이론이다. 모든 자연의 법칙을 설명하거나 통합하는 내용을 다루는 이론으로, 이론 물리학을 바탕으로 제안된 이 이론에 대한 많은 이론들이 있었지만, 지금까지 실험적으로 입증된 것은 없다.

사실이라고 주장하는 플라톤주의의 연구 방법을 받아들였다. 이런 관점에서 수학은 일종의 본질적 실재를 형성하는데, 이 본질적 실재는 물리적 대상에 의존하지 않은 채 존재하는, 일종의 세계 밖의 사실이다.[14] 이 경우, 수학자들은 수학적 정리(定理)를 **발명**한다기보다 **발견**하는 것으로 보인다. 이것은 수학이 과학이 접근할 수 있는 세계보다 더 깊은 세계 기저에 있는 구조적 실재를 나타낸다는 것을 암시한다. 수학에 대한 이런 이해는 신적 정신을 나타냄으로써 창조주 생각과 직결되는 것으로 보일 수 있기 때문에, 유신론자들에게 매력적이라는 것은 당연하다. 자연의 통일성, 규칙성, 명료함은 법칙을 통해 드러나든, 아니면 수학을 통해 드러나든, 기독교 창조 교리의 중요한 특징이다.[15]

우리는 이미 생물학을 연구하는 과학자들이 자연법칙의 지위에 대해 물리학을 연구하는 과학자들과는 다른 관점을 가지고 있다는 것을 넌지시 말했다. 대체로 물리학자들은 우주를 창조주에 관계된 것으로 해석하든 안 하든, 아마 자연법칙을 우주에 관한 심오하고 객관적인 진실을 반영하는 것으로 좀 더 보고자 할 것이다. 특히 물리학자들은 물리학이 가장 근본적인 과학이고 ─물리학이 가장 기본적 단계에서 물질을 다루고, 가장 근본적 물리 속성들을 다룬다는 점에서─, 모든 과학은 결국 물리학으로 정리된다는 것을 가정하며, 일종의 문화적 제국주의와 같은 죄책감을 느낄 수 있다. 다시 말하면 모든 자연법칙들은 복잡하든 단순하든, 생명이 있는 물질이든 없는 물질이든, 결국 물리 법칙으로 환원된다.

수학자들은 때때로 물리학이 궁극적으로 수학으로 환원된다고 주장하며 한 발 더 나아간다. 반면 생물학자들은 그런 환원주의가 전혀 도움이 되지 않는다고 주장한다. 즉 물리학이 물질을 가장 기본적 단계에서 묘사할 수는 있지만, 이것이 우리가 모든 고차원의 독립체들을 이해하기 위해서 가장 기본적 구성물로 환원할 필요가 있다는 것을 의미하지는 않는다는 말이다. 예를 들면, 제비와 같은 새들의 모든 근본적인 아원자 입자의 속성을 우리는 언젠가 이해할 수 있을지 모르지만, 이것이 우리가 제비의 이주 패턴이나 먹이 섭취 습성을 보다 쉽게 **이해할** 수 있을 것이라는 말은 아니다. 고차원의 과학에서 복잡한 현상들이 고려될 때, 모든 자연이 물리학의 법칙으로 환원된다고 말하는 것은 결코 타당해 보이지 않는다.

여기에 중요한 구별이 요구되는데, 이 구별은 우리가 진화 생물학과 같은 과학(우연적이고 우발적인 사건들의 중요성을 강조)을 물리학과 같은 과학(규칙적이고 법칙적인 작용을 찾음)에 비교할 때 특히 중요해진다. 간략히 말해서 진화 생물학은 우연(chance)에 골몰하고, 물리학은 법칙(law)에 골몰한다. 이런 접근 방법의 차이는 서로 대립하는 것이 아니라 상호 보완적이다. 진화 생물학이 정말로 궁극적으로는 물리 법칙으로 환원될 수도 있지만, 생명이 발전하는 방향을 이해하는 데에 관심을 갖게 하는 것은 바로 우연한 사건이다. 진화 생물학자인 스티븐 제이 굴드(Stephen Jay Gould, 1941~2002)는 다음과 같이 설명한다. "중력 법칙은 우리에게 왜 사과가 그 순간에 떨어졌는지, 왜 뉴턴이 영감이 떠오를 때 거기에 우연히 앉아 있게 되었는지가 아닌, 어떻게 사과가 떨어지는지를 말한다."[16]

이것이 핵심이다. 생물학적 생명은 충돌하는 은하들(물리학에서 크기의 규모를 말하는 한 면)만큼이나 많이, 또는 충돌하는 아원자 입자들(크기의 규모를 말하는 다른 한 면)만큼이나 많이 물리 법칙에 사로잡혀 있는데, 은하와 아원자 입자는 모두 물리학자들의 영원한 관심 주제다. 이제 물리학자들은 은하든 아원자 입자든, 두 충돌 유형에 관련된 과거의 수많은 우연한 사건들을 보고자 하고, 아마도 그런 많은 사건들의 통계적 평균에 의해 일종의 법칙을 발견하고자 한다. 그러나 생물학자에게 중요한 것은 바로 개별적인 우연한 사건들이다. 왜냐하면 우리에게 생명에 대한 정보와, 어떻게 생명이 환경에 적응하는지를 말해주는 것이 바로 각각의 우연한 사건들이기 때문이다. 아마 가장 잘 알려진 예는 약 6,500만 년 전 백악기 말기에 공룡이 갑자기 멸종한 사건이다. 매우 큰 운석이 지구와 충돌하면서 급격한 기후 변화가 있었고, 따라서 공룡이 적응할 수 없었다는 것이 보편적인 생각이다. 그 결과, 오늘날 파충류가 아니라 포유류가 지구를 차지했다. 운석 충돌은 전적으로 물리 법칙 내에서 설명될 수 있지만, 지구에서 생명의 방향에 전적으로 영향을 미친 것은 우연한 사건이다. 물론 유성이 물리 법칙을 따르는 것처럼, 생명의 진화는 넓은 의미에서 물리 법칙을 따라야 한다. 우리 행성에서 과거 우연한 사건들을 보기 위해, 그리고 법칙 같은 규칙들을 묘사하기 위해, 우리는 심지어 지난 6,500만 년보다 더 넓은 시기를 연구해야 할 수도 있다. 그러나 생물학자에게 우연한 사건들은 적어도 규칙들만큼 중요하다. 이와 같은 논의들은 일반적이고 확고부동한 원리들에 대한 연구가 아닌, 우발적이고 예상 밖의 사건들이 가장 큰 관심을 받는 역사 같은 과목에서 훨씬 강하게 언급될 수 있다.

우리는 우연과 법칙의 상호 작용에 대해 다시 살펴보고자 한다. 왜냐하면 이것은 과학-신학 대화의 많은 부분에 퍼져 있는 중요한 주제이기 때문이다. 이 상호 작용은 '빅뱅 모델'과 '생물학적 진화'에서 가장 분명하게 나타나는데, 이 두 모델이 과학과 신학 사이의 모든 관계를 독차지해왔다. 우리는 성서 해석에 관련이 있는 주제들에 특별한 관심을 기울이며, 이 두 모델을 여기에서 간략히 서술할 것이다. 과학-신학 분야의 일반적 관심 주제들에 대한 좀 더 포괄적인 내용은 폴킹혼(John Polkinghorne, 1930~),[17] 돕슨(Geoffrey Dobson),[18] 호지슨(Peter Hodgson, 1928~2008)[19]의 연구를 참고하면 도움이 될 것이다.

## 태초에 대한 현대 과학적 설명들

### 빅뱅 모델

지난 세기에 가장 널리 알려졌을 뿐만 아니라 가장 놀라운 관측 천문학의 발견 중의 하나는, 우주가 팽창하는 것처럼 보인다는 것이다. 실제로 우주는 놀라운 속도로 팽창하는 듯하다. 가장 멀리 있는 은하들이 빛의 속도의 1/3인 100,000km/s 이상의 속도로 우리에게서 멀어져 가고 있다.[20] 이 발견 또한 우주의 초기 역사를 이해하는 데 있어서 아주 놀라운 일이다. 이 팽창이 우주의 역사에서 계속되어왔다고 가정한다면, 우주가 대략 140억 년 전에 물질, 에너지, 심지어 한 지점에서 팽창된 공간과 함께 시작되었다는 것이 가장 설득력이 있다. 이 지점, 즉 '초기 특이점(initial singularity)'은 아인슈타인의 일반 상대성 이론에서 유래된 수학적 개념이다. 이것은 극도로 불안정한 상태에서, 엄청나게 밀도가 높고 극히 작은 물질 혹은 에너지 덩어리를 말한다. 그러므로 이 모델에서 우주는 이 초기 특이점에서 극도로 강한 폭발(빅뱅)과 함께 시작되었다. 에너지와 가장 핵심적인 입자들은 외부로 튕겨나가 지금에 이르기까지 천천히 냉각되었고, 보다 복잡한 아원자 입자들과 기본적인 원자핵으로 응축되었다. 우주가(또한 우주와 더불어 공간이) 팽창될 때, 중력이 영향을 미치기 시작했다. 물질은 무리를 이루기 시작했고, 별과 은하들이 형성되었으며, 별과 은하들은 차례대로 복잡성이 증가하는 원자들을 발생시키기 시작했고, 마침내 행성이 탄생되었다.

이 설명의 대부분은 우주론자들에게 잘 받아들여지고, 수많은 실험 관측에 의해 입증되었다. 가장 눈에 띄는 발견은 1964년 아노 펜지어스(Arno Penzias, 1933~)와 로버트 윌슨(Robert Wilson, 1936~)의 '우주 배경 복사(cosmic microwave background)'[d]인데, 이 발견으로 인해 최초의 가장 단순한 원자들이 형성된 빅뱅의 초기 단계부터 전 우주 공간이 상대적으로 낮은 에너지 전자기파로 가득 차 있다는 것을 깨닫게 되었다. 이 배경 복사에서 더 나아간 연구는 최근 수십 년 **최고의 실험**이었는데, 이것은 특히 하늘 배경 분포에서 조그만 불규칙성을 측정한 것이다.[e] 이 불규칙성은 빅뱅 이후 초기 우주가 수행해온 변동을 간단히 묘사하며, 빅뱅 모델을 지지하는 것으로 해석되었다. 시간이 흘러 이 변동은 우리가 오늘날 알고 있는 은하계가 되었다.

빅뱅 모델은 초기 몇십 년간 상당한 논란이 있었다는 것이 놀라울 정도로, 이제는 과학의 영역에서 확고한 지위를 얻은 듯하다. 빅뱅 모델은 원래 1920년대에 성직자이자 물리학자인 조르주 르메트르(Georges Lemaître, 1894~1966)에 의해 제시되었지만, 많은 우주론자들이 이 모델에 회의적이었다. 왜냐하면 이 모델은 너무 '종교적'이고, 시간의 절대적 시작점이 존재한다는 유대-기독교적 창조관과 너무 유사하게 생각되었기 때문이다(3장의 "창세기 1장과 현대 과학" 참조). 하지만 빅뱅 모델을 지지하는 실험적 증거는 중요한 영향을 미쳤다. 이 모델은 이제 일부 과학자들(예를 들어 스티븐 호킹이나 로렌스 크라우스Lawrence Krauss, 1954~)에 의해 종교적 창조관에 **반대되는** 증거로 사용될 정도의 모순적 반전이 있는 것으로 봐서, 소위 말하는 그런 성공을 거둔 것으로 보인다. 즉 빅뱅 모델은 종교적 주장을 약화시킬 만큼 세계의 기원을 잘 설명하는 듯하다.

---

d 우주 배경 복사란 우주 공간의 배경을 이루며 모든 방향에서 같은 강도로 들어오는 전파를 말한다. 0.1mm~20㎝에서 관측되는 마이크로파로, 높은 등방성(等方性, 우주 배경 복사가 우주의 모든 방향에서 같은 세기로 온다는 사실)으로 미루어, 어느 특정한 천체로부터 오는 것이 아니라 우주 공간에 가득한 전파의 배경을 이루는 것으로 생각된다. 1964년에 펜지어스와 윌슨이 초단파를 최초로 감지했다. 우주 배경 복사의 발견으로 빅뱅 우주론은 정상 상태 우주론(steady-state cosmology, 우주는 늘 같은 상태를 유지하며 변하지 않는다는 이론)보다 설득력을 얻게 되었다.

e 우주 배경 복사의 등방성을 발견한 후, 우주 배경 복사가 비등방성(우주의 한 부분에서 오는 복사선이 다른 부분에서 오는 복사선과 파장이 약간 다름)을 갖는다는 증거도 찾아야 했다. 왜냐하면 우주가 팽창하기 시작했을 때 완전히 균일했다면, 우주에는 다양한 화학 원소도 없었을 것이고 행성이나 생명체도 생겨날 수 없었을 것이기 때문이다. 따라서 빅뱅 우주론자들은 초기 우주가 매우 균일하기는 했지만, 완전히 균일하지는 않았을 것이라고 추측한다. 우주 배경 복사 탐사선(Cosmic Microwave Background Explorer)을 이용해 1992년 1/10만 수준에서 변화가 존재함을 관측하는 데 성공했다. 이 공로로 조지 스무트(George Fitzgerald Smoot, 1945~)와 존 매더(John Cromwell Mather, 1946~)는 2006년 노벨 물리학상을 받았다.

빅뱅 모델은 현재 널리 받아들여짐에도 불구하고, 이 이론의 세부 내용 상당수가 너무 개략적이라는 것을 기억할 필요가 있는데, 특히 우주의 최초 결정적인 순간을 설명할 때 그러하다. 실제로 우리가 아는 물리 법칙들이 초기 특이점에서는 적용이 안 된다. 한편 '양자 우주론(quantum cosmology)'으로 알려진 연구 분야는 엄청나게 밀도가 높고 극히 작은 우주를 의미하는 엄밀한 의미의 특이점이 결코 존재하지 않았다고 주장한다. 초기 상태는 굉장히 작고 밀도가 상당히 높으며 뜨거웠을지 모르지만, 소위 플랑크 온도($10^{32}$K)[f]를 초월한 온도에서는 양자 효과가 효력을 발휘하기 때문에, 일반 상대성 물리학은 더 이상 엄격하게 적용되지 않는다.[21]

초기 양자 상태에 대한 상세한 설명은 상당히 신비적이다. '플랑크 시대 (Planck era)'[g]의 물리학은 현재의 지식으로는 실험이 불가능하다. 뿐만 아니라, 어떻게 시공간과 중력에 대한 양자 처리(quantum treatment)를 초기 우주의 지속 이론으로 발전시킬 수 있는지 불투명하다. 비록 실험적으로 입증이 가능한지, 혹은 어떻게 입증될 수 있을지가 불분명하지만, 초끈(superstrings)의 존재를 가정하는 것이 하나의 대안으로 많은 주목을 받고 있다.

플랑크 시대의 물리학에서 제기되는 흥미로운 생각은 가장 잘 알려진 모델 중 하나인 '하틀과 호킹의 무경계 가설(hartle-hawking no-boundary proposal)'에서 기인한다. 플랑크 시대에서 시간은 공간의 속성을 띤다. 이것은 우주가 시간 혹은 공간에서 초기 경계가 없다('창조'의 순간이 없다)는 것을 의미한다. 정확한 시작 시간을 말하는 것은 남극이 지구의 공간적 시작이라고 말하는 것

---

f 플랑크 온도는 양자 역학에서 이론적인 온도의 최대값이며, 독일의 과학자 막스 플랑크(Max Karl Ernst Ludwig Planck, 1858~1947)의 이름을 딴 온도의 단위다. 이 이상의 온도에서는 모든 물질이 원자보다 작은 단위로 분해되어 에너지가 되기 때문에, 이보다 더 뜨거운 것에 대한 추측은 무의미하다고 간주된다.

g 플랑크 시대는 우주의 탄생부터 플랑크 시간(물리적으로 의미가 있는 측정 가능한 최소 시간 단위)까지의 시기를 말한다. 이 시기에는 네 가지 기본 힘(중력 · 전자기력 · 약력 · 강력)이 초힘(superforce)이라는 하나의 힘으로 통합되어 있었다고 추정된다.

처럼 무의미한 것이 되었다.[22] 보통 이런 설명은 창조주의 필요성을 없앤다고 여겨졌지만,[23] 이런 설명은 주장의 근거가 되는 양자 물리학의 궁극적 기원을 설명할 수 없다. 이것은 적어도 하나의 기본적 우발성이 설명되지 않은 채 남아 있고, 따라서 **무로부터의 창조**(6장 참조)라는 신학 사상은 세계가 존재하는 이유에 대한 훨씬 근본적인 설명으로서 거의 손상되지 않는다.

불행하게도 우주의 맨 처음 역사는 단지 어설픈 추측에 불과하고, 여전히 많은 의문들이 남아 있다. 일단 물리학자들이 자연의 네 가지 힘 모두를 하나의 일관된 이론에 통합하는 방법을 충분히 알게 되고, 그들의 실험 기법이 상당히 발전한다면, 상황은 보다 분명해질 것이다. 반면 다른 보다 흥미로운 가능성들이 생겨날 수도 있다. 그러나 이제 빅뱅 모델은 우주의 물리적 진화를 이해하는 데 있어서 우주론자들 사이의 합의 사항이 되었다.

### 다윈과 생물학적 진화

다윈이 제기한 자연 선택에 의한 진화 모델은 단언컨대 빅뱅 모델보다 상당히 더 획기적이다. 다윈의 업적은 상당히 오랫동안 대중 의식을 선도해왔고, 과학과 종교 사이에서 끊임 없이 충돌을 일으켰다. 생명이 수백만 년 동안 가장 단순한 단세포 형태로부터 단순한 식물과 연골어류를 지나, 첫 육지 식물과 곤충, 경골어류, 양서류, 육지동물, 큰 공룡을 거쳐, 현대의 조류, 어류, 포유류로 발전(진화)했다는 다윈의 사상은 널리 알려졌다. 이 모델에서 복잡성과 다양성이 계속해서 증가한다는 것이 중요한 특징이다.

돌이켜 생각해보면, 진화적 사고는 어느 정도 피할 수 없는 것이었다. 세계를 설명함에 있어 과학이 종교를 대체하기 시작하면서, 종(種)들이 기적적으로 완성된 형태로 생겨났다는 시각은 거의 지지받기 힘들게 되었고, 그래서 진화적 관점이 거의 유일한 선택이 되었다.[24] 새로운 지질학은 18세기 허턴

(James Hutton, 1726~1797)의 연구에서부터 19세기 라이엘(Charles Lyell, 1797~1875)의 유명한 저서 《지질학의 원리principles of geology》에 이르기까지 이런 사상을 이미 발전시켜왔다. 이들은 주로 균일설(uniformitarianism 지구는 역사를 통해 오늘날 우리가 경험하는 것과 같이 느리고 점진적인 지질 작용으로 구성되었다)ʰ로 알려진 사상에 기여했다. 이런 상황에서, 다윈과 같은 점진적이고 진화적인 관점이 생물학에서 발생한 것은 놀라운 일이 아니다.

다윈은 온갖 종류의 동물들이 적응하는 것을 보며, 어떻게 그 동물들이 주요 특징들—다윈 스스로 '적응에 의한 변이(variation under domestication)'라 부름—을 소유하게 되었는지를 살펴 보며, 1859년에 핵심적 저작인 《종의 기원 On the Origin of Species》을 저술했다. 다윈은 그때 더 넓은 자연 세계를 보았고, 유사한 표현인 '자연에 의한 변이(variation under nature)'로 묘사했다. 이것으로부터 다윈은 자신의 중심 사상인 '생존을 위한 투쟁'과 '자연 선택'을 이끌어냈다. 종이 다양하고 때로는 가혹한 환경에서, 또한 서로 경쟁하면서 생존하기 위해 투쟁을 할 때, 생존 경쟁에서 이긴 종은 자신의 역경을 극복할 생물학적 장점을 소유한 종이고, 특수한 상황에 가장 잘 적응한, 사실상 선택받은 종이다. 세계에서 발생하는 일들이 너무나 다양하기 때문에 오늘날 지질학적 기록에 존재하는 종들도 너무나 다양하다.

다윈의 사상은 **우연**과 **필연**의 상호작용으로 종종 일컬어진다.[25] **우연**은 종들 사이의 고도의 다양성을 유발하지만, 이들 중 오직 일부만이 생존을 위한 **필연적** 특성을 갖추게 된다. 이것이 지구에 존재했던 전체 종들 중, 약 99.9퍼센트가 현재 멸종한 이유다. 그러므로 강렬한 경쟁 속에서 생존하는 능력은 대단히 중요한데, 여기에서 자연 선택 개념이 발생한다. 이런 관점에서 자연

---

h '동일과정설'로도 불리며, 지질의 변화는 부단히 균일적으로 작용하는 힘에 의한 것이라는 학설이다. 반대되는 설명으로 '격변설'이 있다.

선택은 자연법칙의 본질의 일부다. 진화에 있어서 우연과 필연의 상호 작용은 앞에서 다루었던 우연과 법칙에 관한 논의에 관계된 것처럼 보일 수 있다. 생명 진화의 전체 구도를 지배하는 일반 법칙이 있지만, 각 생명체의 개별 접촉과 이로 인한 결과는 우연에 의해 지배되는 듯 보인다.

우연과 필연의 상호 작용은 예측 불허의 환경에서 생존의 문제에 풍부한 해결책을 계속 제공하는 진화를 가능하게 하며, "혼돈의 끝에서"[26] 매우 정교한 균형을 유지하고 있다. 만약 우연 쪽으로 균형이 기울게 되면, 안정적으로 새로움이 등장하게 하기 위한 너무나 많은 무계획적 해결책이 난무할 것이다. 반대로 필연 쪽으로 균형이 기울게 되면, 핵심 규칙들이 새로운 난관을 극복하는 데 필요한 창조성을 억압할 것이다.[27]

빅뱅 모델도 우주의 발전과 성과를 묘사하기 때문에 진화적 개념이다. 또한 빅뱅 모델은 우연과 법칙의 상호 작용을 포함한다. 그러나 빅뱅 모델과 생물학적 진화 모델은 서로 반대되는 신학 방향에서 사용되어 왔다. 빅뱅 모델은 종종 창세기 1장의 창조 이야기와 비교되었다. 그리고 기초 물리학 면에서 빅뱅 모델의 성공으로 인해 우주는 내재적 아름다움으로 가득 찼으며 이해 가능하다고 여겨졌다. 특히 인류 발생 원리와 결합될 때, 이것은 일부 학자들에게 **설계**(즉 신적 창조주)를 지지하는 것으로 받아들여졌다. 반면 생물학적 진화 모델은, 특히 창세기 2~3장에서 하나님에게 불복종하고 세상에 죄를 가져온 아담과 하와의 이야기와 함께 묘사될 때, 종종 기독교 창조관을 **훼손하는** 것으로 여겨졌다. 이 특별한 성서 이야기는 과학의 진화 사상과 일관성 있게 묘사될 수 있지만, 이것은 약간의 상상을 가미한 해석이 있어야만 가능하다(7장 참조).

생물학은 근대 이전의 인간 중심 사상이 잘못되었을 뿐만 아니라, 이 사상이 어느 정도 인류를 전 우주적 존재의 정점에 자리잡게 하는 듯 보이는 전통적 기독교 창조관과 성육신에 의해 발전했다는 것을 상기시켜주며, 어떤 다른 사상보다 더욱 인류에게 스스로의 위치를 깨닫게 했다. 한편, 진화는 지구와 인간이 우주의 중심이 아니라는 것을 깨닫게 해준 코페르니쿠스 혁명과 같이 사상의 대전환을 초래했다. 그리고 다윈이 묘사한 투쟁과 경쟁의 구도가 사랑의 신이 의도한 목적과 조화를 이루기는 상당히 어렵다. 적자생존의 원리가 그러하듯 신적 섭리, 평화, 자비가 아닌 우연, 폭력, 고통, 죽음이 정확히 존재의 중심에 위치한다. 다윈의 발견은 아마도 신의 사랑을 말하는 전통적 관점에 비슷한 도전을 제기한 20세기 유대인 대학살 같은 **인간**의 잔악한 행위만큼은 아니라 하더라도, 기독교 신학에 충격을 주었다. 그리고 최근 수십 년간 새로운 무신론은 전통 신앙에 도전하면서 진화 논제들을 공공연하게 사용했다.

이 모든 논의는 다윈의《종의 기원》출판 이래 150년 이상, 생물학적 진화가 여전히 일부 기독교계에서 상당히 논쟁적이라는 것을 의미한다. 이 논쟁은 빅뱅에 대한 논쟁보다 훨씬 더 격렬하다. 이런 논쟁은 대부분 창조론자들이 생물학적 진화에 대해 여러 형태로 저항하면서 생겨난다. 그러나 이 저항은 진화의 과학적 신뢰성보다는 하나님의 신성한 말씀인 성서의 진실성을 파괴하는 듯 보이는 부분에 더 집중하고 있다. 다윈 이후 생물학에서 중요한 발전이 있었는데, 이 발전에서는 다윈의 진화 관점의 핵심이 기본적으로 옳았음을 상당히 강조했다. 하지만 다윈의 특유한 **자연 선택** 모델은 여전히 활발한 토론 주제다. 또한 진화를 야기하는 부가적인(혹은 대안적인) 힘의 중요성이 제기되었는데, 이것은 특히 자율 형성(self-organization, 카우프만)과 전적으로 우발적인 우연(contingent chance, 굴드)이다. 그러나 대다수의 과학자들은 다윈주의에 근거한 진화 사상의 새로운 종합을 받아들인다(종종 '신다윈주의neo-Darwinsim'로 언급된다). 이 신다윈주의는 다른 사상과 결합되면서 다윈 사상의 상당 부분을 굳건하게 했다. 현대 유전 과학은 유전자의 돌연변이를 통해 종이 변하는 이유를 설명할 수 있기 때문에 특히 중요했다. 다윈은 이것을 기대할 수 없었고, 그는 DNA의 존재뿐만 아니라 DNA의 이중 나선 구조의 발견이 생화학 과정(생명에 대한 타당한 기원을 말하며 진화에서 우연과 필연의 기저를 이룸)의 이해에 가져온 거대한 혁명도 짐작하지 못했다.

현대 생물학은 거의 우연과 필연의 두 원리를 통해, 지구에서 생명이 단순한 형태에서 보다 복잡한 형태로 진화했다는 다윈의 일반적 생각을 지지하는 획기적인 증거 체계를 구축했다. 이 진화 과정의 정점이 우리 인류라고 믿을 근거는 없다. 우리는 명백히 태초에 단 한 번의 창조 산물이 아니고, 다소 생명의 긴 사슬에서 하나의 고리다. 이 고리는 오직 생명의 역사에서 아주 최근에 등장했고, 우리 이전 수많은 다른 진화 발전들의 결과다. 빅뱅 모델도 신학에 도전을 제기하지만, 생물학 연구가 제기하는 도전이 더 시급하다.


## 우연과 법칙, 우발성과 돌연변이


여기에서 **우발성**(contingency) 개념을 강조할 필요가 있다. 우발성은 우리가 우연과 법칙에 관련된 문제들을 해결할 수 있도록 도움을 줄 뿐만 아니라, 철학적·신학적 창조관에서도 중요한 보편 개념이다. 간단히 정의하면, 한 사건이 만약 확실성 또는 필요성이라기보다 가능성이면, 또한 그 사건이 하나의 특정한 방식으로 나타날 필요가 없다면 그 사건은 우발적이다. 기독교 창조 교리에도 기본적 신학 형태로서의 우발성이 존재한다. 왜냐하면 창조 교리는 세계의 존재가 창조의 첫 순간부터 현재에 이르기까지 하나님의 선택에 달려 있다고 말하기 때문이다. 세계는 완전히 하나님에게 의존적이지만, 하나님은 우발적이지 않고 어떤 것에도 의존하지 않는다. 하나님 홀로 변치 않는 확실한 중심이다.

세계가 우발적으로 보일 수 있는 다른 과학적 방법이 있는데, 그중 하나는 우리가 방금 살펴본 진화 모델로부터 나온다. 만약 세계가 계속해서 만들어지는(coming-into-being, '진화'란 단어의 본질) 상태로 존재한다는 것이 사실이라면, 세계의 정확한 형태는 매 순간 비결정적이고 우발적이라고 볼 수 있다. 우리는 이미 우연과 필연(법칙)의 상호 작용을 강조했고, 생물학적 진화에서 우연의 중요성을 지적했다. 진화는 지구에 있는 생명이 상당한 우발적 특징을 지녔음을 분명하게 제시한다. 그러나 우연이 빅뱅 모델에 어느 정도까지 존재하는가? 또한 보편적 척도로서 중요한 이런 종류의 우발성은 빅뱅 모델에 어느 정도까지 존재하는가?

이것을 주의 깊게 생각해보자. 빅뱅 모델은 종종 진화적이라고 여겨지지만, 만약 빅뱅이 우주의 진화를 매 단계마다 정확하게 정의된 법칙과 원리 측면에서 묘사한다면, 우주는 거의 우발적 방식으로 진화한다고 간주될 수 없다. 이때 우주는 그야말로 미리 정해진 고정된 계획대로 발전하는 것이다. 만약 이런 경우라면 그 법칙이 충분히 알려지는 한, 우주 초기 상태의 정보는 이어지는 매 단계에 전수될 것이다. 이것은 뉴턴 역학의 발전을 따르는 고전 물리학의 지배적인 우주관이다. 이는 왜 이신론이 뉴턴 시대 직후 신을 믿는 믿음의 중요한 형태가 되었는지에 대한 결정적인 이유였다. 즉 일단 신이 세계를 창조하고 나면, 세계의 발전과 역사에서 신의 개입은 더 이상 필요하지 않아 보인다. 이런 우주는 **결정론적인**(deterministic) 것으로 알려지는데, 이것은 모든 물리 과정과 사건이 이전에 발생했던 사건에 의해 결정된다는 말이다.

비록 뉴턴 물리학이 여전히 매우 가치 있고, 이신론적 경향이 현대 기독교 신앙에 남아 있지만, 우주에 대한 이 '시계장치(clockwork)' 관점은 이제 상당히 의문시된다. 그러나 우리가 살펴본 것처럼, 20세기에 과학의 많은 분야에서 놀라운 혁명이 있었고, 이것은 결정론의 결함을 반복적으로 보여주었다. 상대성, 양자 역학, 카오스 이론의 발전은 21세기에 세계를 더 이상 결정론적 방법으로 보지 못하도록 했다. 이 혁명의 결과, 자연 과학은 때때로 정확한 예측을 어긴 새로운 자연의 가능성에 대해 이전보다 더욱 관심을 갖게 되었다.

비록 우리가 빅뱅 이후에 지배적인, 가장 기본적인 물리 법칙들을 충분히 이해한다 할지라도, 많은 과학자들은 아마 개략적인 용어가 아니고는 세계가 어떻게 진화할지에 대해 정확하게 예측할 수 없다고 보는데, 이것이 핵심이다. 만약 우리가 물리 법칙들을 완벽하게 이해한다면 통계 결과가 산출될 수도 있기 때문에 우주의 진화를 전체적 규모에서 묘사할 수도 있을 것이다. 그러나 점점 더 작은 규모의 별과 행성에 초점을 맞추게 될 때 우리는 우연과 비결정성의 역할이 보다 중요해지는 것을 발견하게 된다. 또한 우리가 물리 법칙을 완벽히 이해할 수 있을지에 대한 보다 근본적인 의문이 남는다. 이런 관점에서 괴델(Kurt Gödel, 1906~1978)은 어떤 완벽한 수학 체계(추정상 완벽한 물리 법칙 같은)도 그 체계 자체의 정합성(整合性)을 포함할 수는 없다는 것을 논증했다. 이것은 입증될 수도 없고 안 될 수도 없는, 당연히 받아들여야만 하는 체계에는 항상 전제가 있다는 말이다. 만약 이런 사고방식이 정확하다면(그리고 논의된다면), '만물 이론(theory of everything)'은 용어 자체가 모순이며, 어떻게 세계가 현재의 모습으로 되었는지를 결코 정확히 설명할 수 없다.[28] 아무튼 이안 바버의 다음 말은 적어도 어느 정도는 옳다. "우주는 독특하고 되돌릴 수 없는 사건들의 연속이다. 우주에 대해 설명하려면 법칙에만 의존하기보다는 역사적 방식을 받아들여야 한다."[29]

체스 게임에 빗대어 설명하면 이렇다. 단지 소수의 규칙이 존재하지만, 우주에 존재하는 원자보다도 많은 체스 게임이 가능하다.[30] 규칙을 아는 것은 우리에게 각 게임을 위한 틀을 제공하지만, 어떻게 명인(grand master)이 되는지를 우리에게 알려주지 않을뿐더러, 각 게임이 어떻게 진행될지를 일반적인 용어를 제외하고는 설명할 수 없다. 특정한 게임 방법이 다른 방법보다 더 선호되기도 하고, 명인은 특정 방법을 이용하거나 재창조할 수 있지만, 이것은 기본 규칙의 인식을 초월한 경험의 단계로 이동한 것이다. 두 명의 명인이 게임을 할 때 어떤 결과가 나올지 결코 분명하게 예측할 수 없다. 요약하면 체스 게임에서 우리는 게임의 규칙이 암시하는 것보다 더 복잡한 것이 발생하는 비결정적(즉 비예측적) 실재를 본다. 우주의 진화도 의심의 여지 없이 이와 같다. 비록 '만물 이론'이 그럴 듯하게 판명된다고 해도, 이 이론이 세계의 형태를 충분히 예측하거나 설명할 수 있을지는 불분명하다. 환원은 설명과는 다르다.

게다가 '만물 이론'은 생명 과학과 많은 관련이 있어 보이지 않는다. 생물학적 생명은 보다 기본적인 물리학과 화학의 원리들로 쉽게 환원되지 않는 자연의 복잡한 속성들로부터 발생한다. 가장 기본적인 단계(아원자 입자 같은)에서의 사물의 인식이 반드시 실재의 더 높은 단계(생물 같은)에 대한 완벽한 이해로 이어지는 것은 아니다. 이것은 현대 과학 연구에서 상당히 중요한 과학 원리, 즉 '돌연변이(emergence, 창발)'로 연결된다. 돌연변이 사상은 과학 연구에 있어서 많은 이전의 분산된 사상 분야들을 일관적인 체계로 연결시키며, 과학 연구에서 하나의 신생 분야가 되었다. 돌연변이는 정확히 환원주의와 반대 방향으로 작용한다. 돌연변이는 단순한 법칙과 원리로 쉽게 예측될 수 없는 복잡한 속성의 출현을 강조한다.

비록 독립체들이 잘 알려진 법칙에 따라 각각 움직임에도 불구하고, 자연의 새로운 속성들은 결과가 각 독립체의 속성만으로는 분명하게 설명되지 않는 방식으로 상호 작용하는 많은 독립체들과 관계가 있다. 낮은 단계의 과학적 지식에서는 전적으로 분명해지지 않을지 모르는 것이 높은 단계의 체계에서는 분명해진다. 말하자면 결과는 '부분의 합보다 더 크다'. 다시 말해서, 각 독립체는 어느 지점까지, 심지어 독립체들의 관계와 상호 작용의 속성까지는 상당히 잘 이해될 수 있지만, 이들의 행위가 결합되면 무척 새롭게 될 수도 있다. 따라서 근본적이고 환원 불가능한 새로운 것들이 발생한다. 자연 세계와 인간 세계에 돌연변이의 예가 상당히 많다. 토성의 고리, 하늘의 구름 모양, 지구 환경의 구조, 물고기와 새가 떼지어 다닐 때 협력하는 행동 등 이것들은 모두 자체의 개별 요소로 쉽게 설명될(혹은 환원될) 수 없다.

생물학적 생명에 대한 이 간단한 사실이 돌연변이를 상당히 잘 설명해준다. 생명은 무생물로부터 발생했지만, 비교적 간단한 단세포 생명체도 너무나 복잡해서 무생물의 많은 속성과 특징을 잘 묘사할 수도 있는 물리학과 화학 법칙만으로는 제대로 설명될 수 없다. 그러나 단세포 생명체는 복잡함에도 불구하고 하나의 조직된 독립체로 작용하며, 따라서 물리학과 화학보다 '더 높은' 단계에서 작용하는 **생물학**의 영역이다. 돌연변이를 낮은 단계에서 높은 단계로 설명하는 것은 또한 하나의 생물학적 주제인 **인간의 몸**에서 잘 드러날 수 있다. 몸에서 각 세포는 생물학적 용어로 묘사되고, 분류되며, 이해될 수 있지만, 이것이 전 인류의 행동이 필연적으로 같은 방식으로 이해될 수 있다는 말은 아니다. 왜냐하면 특히 심리학과 다른 고차원 학문 분야들이 작용하기 때문이다. 인간의 몸은 각 세포의 행동을 초월해 작용하는 새로 생겨나는 행동의 예다. 인간 세계로 눈을 돌리면, 더욱 많은 예들을 발견하게 된다. 경제학 분야의 경우, 근본적인 돈의 원리를 이해한다고 해서 국제 주식 시장(특히 대폭락 기간)을 정확하게 예측할 수는 없다. 왜냐하면 주식 시장은 쉽게 저차원 원리에 관계되지 않는 고차원의 상호 작용을 나타내기 때문이다. 이것들은 모두 상당히 새롭고 일관된 조직의 구조와 형태가 어떻게 기본 법칙을 초월하는 방식으로 세계에 나타날 수 있는지에 대한 예들이다. 이것들은 세계가 계속해서 만들어지는(coming-into-being) 과정 중이라는 증거다. 세계는 정말로 진화하고 있다.

진화 생물학뿐만 아니라 다른 많은 과학 분야에서도 우발적인 속성들이 언급되고 있고, 세계에 기본적인 과학적 우발성이 존재한다는 것(기저에 있는 상당히 기본적인 신학적 우발성에도 불구하고)이 지적된다. 이것은 세계가 지금의 방식으로 드러날 필요가 없다는 말이다. 과학적 모델의 범위 내에서, 그리고 우주의 물리 상수와 자연법칙 내에서 어느 정도 다른 형태의 세계가 가능했을 수도 있었다.

그러나 얼마나 다른 형태의 세계인가? 특히 진화 생물학에서 우연-법칙의 균형과 우발성-필연성의 균형에 대한 세세한 논의가 계속되고 있다. 또한 이 논의에 대한 종교적 차원이 있다. 설계 논증의 현대적 형태로서 인류 원리를 옹호하는 사람들은 우연보다는 법칙을 지지하곤 한다. 따라서 지적 생명은 항상 신의 목적(그리스어로 telos)에 의해 '설계'되었다는 주장을 피할 수 없었다.

잠시 종교적 차원은 접어두자. 진화 생물학에서 우연을 법칙에 견주어 보는 논의는 두 명의 진화 고생물학자인 스티븐 제이 굴드와 사이먼 콘웨이 모리스(Simon Conway Morris, 1951~) 사이의 잘 알려진 불일치에서 드러난다. 이 두 과학자는 버지스 셰일(Burgess Shale)[i]에 대해 광범위하게 연구하며 저술을 남겼다. 버지스 셰일은 캐나다 로키 산맥에서 발견된 특이한 진화 형태를 보여주는 매우 독특한 화석들이 풍부한 퇴적암이다. 이 화석들은 캄브리아기(5억 7,000만 년 전) 초반에 생명 형태가 전례 없이 급증했고, 이들 상당수는 결코 후

---

i 버지스 셰일은 캐나다 브리티시 컬럼비아 주의 버지스 산에서 발견된 캄브리아기의 화석들(특히 이판암shale)을 말한다. 1907~1927년에 스미소니언(Smithsonian) 박물관의 관장으로 일했던 고생물학자 찰스 월콧(Charles Doolittle Walcott, 1850~1927)에 의해 1909년 8월 30일 발견되었다.

대에 다시 등장하지 않았다는 것을 보여준다. 굴드와 모리스는 이것을 해석하면서 동일한 경험 자료에 접근하지만, 서로 너무나 다른 결론에 도달한다. 굴드는 진화 과정이 전적으로 무작위적이라고 결론 내렸다. 자연 환경 속에서 버지스 화석들은 거의 도박처럼 무작위로 많은 다양한 특성들을 지니게 되었고, 그 화석들의 생존 여부는 단지 환경의 우연성에 관계가 있었다. 이 화석들의 상당수가 생존에 실패했다. 그리고 굴드에 따르면, 진화 과정이 "궁극적으로 예측 불가능하고 절대 반복될 수 없다"는 것이 진화의 매 단계에서 어느 정도 사실이다. 굴드의 다음 말은 유명하다. "버지스 셰일의 시대까지 생물의 테이프를 되감아라. 그리고 다시 동일한 시작 지점에서 작동시켜라. 인간 지성과 같은 무엇인가가 재생될 우연은 매우 적을 것이다."[31]

반면 콘웨이 모리스는 상당히 반대되는 결론에 도달했다. "당신이 원할 때마다 생물의 테이프를 되감아라. 그러면 최후 결과는 상당히 같아질 것이다."[32] 모리스에게 있어서 진화는 우연에 의해 진행될지 모르지만, 분명한 길을 따르게 되어 있다. 이것은 '진화적 수렴(evolutionary convergence)'의 원리인데, 여기에 생물의 문제들에 대한 수많은 적절한 해결책이 있고, 생물은 진화를 통해 이 해결책을 반복적으로 만나게 될 것이다. 실제로 이 해결책은 다른 방향에서 독립적으로 발생할 수 있고, 이것이 모리스가 예를 든 것처럼, 카메라 눈(camera eye)[j]이 다양한 동물들(인간과 같은 척추동물에게서 뿐만 아니라 오징어, 달팽이, 해파리, 심지어 거미에게서도)에게서 매우 다른 시기에 독립적으로 진화한 이유다. 모리스는 카메라 눈이 활동적인 육식 동물에게 선호되는 것은 우연이 아니라고 주장한다.[33] 카메라 눈은 그런 생활 방식을 고려해보면 시야 확보를

---

j 동물의 눈 중 가장 발달한 형태로, 눈의 밑부분에 있는 망막에 외계의 영상이 비침으로써 물체의 모양을 알 수 있으므로 상시안(像視眼)이라고 하며, 와안이나 안점의 경우는 빛의 세기와 방향을 알 수 있으므로 방향시안(方向視眼)이라고도 한다.

위해 공통적으로 발생(수렴)하게 되는데, 이와 같은 수렴의 예는 많다. 콘웨이 모리스는 지성을 포함하여 일부 특징이 진화에 내재한다는 것을 충분히 확신한다. 그는 인간의 등장이 지구에서 진화 과정의 필연적 결과였다고 믿는다.[34]

따라서 굴드는 우연의 역할을 강조하는 반면, 모리스는 필연을 강조함을 알 수 있다. 이들은 신학의 논제에 대해 독립적으로 자신들의 의견을 개진하고, 전적으로 과학적 증거에 근거해서 추리하려 한다(모리스는 스스로 신학적 결론을 도출하기를 꺼리지 않는다). 그러나 우리는 이들의 연구 방법을 평가하면서 고차원의 철학 사상이 작동하는 것을 필연적으로 발견하게 된다. 그것은 우주가 궁극적으로 결정론적인지 아닌지에 대한 질문과 유사하다. 심지어 '결정론(혹은 비결정론)'이라고 불리는 것은 과학의 영역을 넘는, 철학적 혹은 심지어 신학적 주장이라는 것이 지적되어왔다.[35]

예를 들면, '우연'의 개념에서 발생하는 매우 어려운 문제들이 있다. 우리는 우연을 마치 잘 이해되는 분명한 과학 개념인 것처럼 생각해왔다. 그러나 우연이 과학적 문제들만큼이나 많이 철학적 문제들에 의존하기 때문에, 더 이상 그렇게 생각할 수는 없다. 생물학적 진화에서 '우연'을 말할 때, 우리는 소위 주사위 놀이에서처럼 깨끗하고 순전한(pure) 우연을 의미하는가, 아니면 우연이 기후, 음식, 환경처럼 우리가 정확하게 찾아낼 수 없는 많은 복잡한 요인들의 결과를 일컫는 단지 편리한 포괄적 용어인가?[36] 순전한 우연은 양자 역학에서 작용하는데, 순전한 우연이 어떻게든 자연 선택 단계에도 해당될 수도 있다고 종종 언급되었다. 그러나 이것은 수많은 어려움에 직면한다. 가장 근본적으로 우리는 심지어 양자 역학이 순전한 우연을 수반하는지, 아니면 '우연'이 우리가 주로 현재 이해하지 못하는 결정론적 결과를 위해 편의상 사용하는 용어인지를 알 수 없다.[37] 기본적인 과학적 관찰이 이 질문에 똑같이 대답하는 것과는 반대로, 양자 역학에 대한 코펜하겐 해석(다중세계 해석에 반대)은 그 질문에 완벽히 다른 철학적·신학적 대답이 있다는 것을 보여준다. 우리가 현재 이해하지 못하는 무엇인가를 '우연'의 탓으로 돌리기는 너무 쉽다.[38]

질문이 갑자기 증가하고 있는데, 여기에서 더 복잡하게 되는 것은 우리가 의도하는 바가 아니다. 우리는 단지 철학적·신학적으로 생각해보기 전에, 우연과 법칙 같은 주제에 대해 과학적으로 좀 더 심도 있게 나아갈 수 있음을 논증하고자 하는 것이다.

'우연'은 신학계에서 골칫거리가 되어왔다.[39] 많은 신앙인들에게 있어서, 세계가 무작위로 진화되었다는 사상은 법과 질서의 신을 말하기 위해 세계의 규칙성과 조화를 강조하는 가장 오래 지속된 설계 논증 일부를 위협한다. 일부 사람들에게 있어서 인간 생명의 출현이 우연적이었다는 주장은 중대한 신학적 문제들을 발생시킨다. 그래서 많은 기독교 신자들, 심지어 신학자들도 우연의 역할을 최상위에 위치시키는 굴드와 같은 진화적 관점을 거부하는 것은 특별한 일이 아니다. 이들은 이런 관점을 단지 우연이 설계 논증을 위협하는 것처럼 보이기 때문에 거부하는 것이 아니다. 적어도 이들에게는 세계에 궁극적인 목적이 있다는 목적론적 믿음이 중요하기 때문이다. 기독교는 늘 인간 중심적이어서 인간 세계에 대한 궁극적 목적(특히 신에 의해 부여된 목적)을 부인하는 어떤 이념도 기독교인들 사이에서는 거의 보편적으로 받아들여질 수 없다. 예를 들면, 라무뢰는 우연을 '무목적론적 진화(dysteleological evolution, 즉 어떤 목적도 갖지 않고 전적으로 우연에 의해 지배된 진화)'라고 부를 정도까지 반대를 하고, 우연을 무신론과 동일시하며, 반기독교적이고, 비민주적이며, '교활한 가르침'이라고 주장한다.[40]

비록 우연이 여러 신학 영역에서 세계를 인도하는 사랑의 하나님에 대한 기독교 메시지에 대체로 적대적인 듯하지만, 꼭 그렇지만은 않다. 9장에서 우리는 성서적 종말론과 목적, 그리고 특히 새로운 창조 사상에 대해 살펴볼 것이다. 이 성서 자료는 비록 **과학적** 세계관을 잠재적으로 함축하고 있지만, 전적으로 문자적 방법으로 읽히도록 의도된 것이 아니라는 것이 논의될 것이다. 그 자료는 과학적이기보다 상당히 도덕적이고 영적이며, 아마 우리가 생각하는 것보다 더욱 암시적이고, 상징적이며, 제약이 없다는 것이 논의될 것이다. 아무튼 우연의 과학적 개념을 긍정적인 신학 관점으로 보는 것이 가능하다는 말이다. 진화에 대한 콘웨이 모리스의 목적론적 이해에 어울리는 신학적 연구들이 있는 것처럼, 생물학적 진화에서 굴드가 강조하는 우연과 어울리는 신학적 연구들이 있다. 굴드의 경우, 우연의 역할에 대한 강조는 자연안에서 창조적으로 일하고, 현재에 계속적으로 자연을 창조하며, 항상 과학이 미리 예측할 수 없는 새로운 가능성으로 자연을 이끄는 기독교 신관에 비유될 수 있다. 이것은 소위 세계와 신의 관계에 대한 **내재론적**(immanentist) 관점이다. 콘웨이 모리스의 경우 보다 직접적이고 법칙 같은 진화 관점은 태초부터 창조를 신이 초월적으로 이끈다는 전통적인 관점과 어울릴 수 있다. 이 두 관점은 소위 말하는 그런 반기독교적 관점이 아니라, 신이 세계와 관계를 맺는 다른 관점으로 해석될 수 있다. 이것은 우리가 성서가 창조에 대해 무엇을 말하는지, 그리고 성서가 어떻게 과학의 관점으로 해석될 수 있는지에 대해 살펴볼 때, 반복해서 논의할 주제다.

지금까지 우리는 빅뱅 모델과 다윈주의의 진화적 속성으로부터 나오는 우발성을 상당히 강조했다. 이 우발성은 창조 교리로부터 발생하기 때문에, 신학적 유비, 즉 우주의 끊임없는 참신함과 새로움 기저에 있는 창조적이고 더 높은 생각을 제시한다. 이 생각은 우리가 성서의 여러 창조 본문에서 발견하는 바로 그 생각이다.

제3장

성서에서의 창조 1 : 창세기

## 첫 번째 창세기 창조 설명 : 창세기 1:1-2:4a (P문서)

### 제사장 문서

창세기 첫 부분에 두 개의 구별되는 창조 설명이 있다는 것을 인식하는 것이 '문서설'의 핵심 중 하나다(1장 참조). 비록 벨하우젠이 체계화한 후 많은 비판과 개정이 있었지만, 문서설의 기본 사상은 성서 연구에 빠르게 침투했다. 그러므로 우리는 창세기의 핵심인 첫 몇 장을 볼 때, 본문의 기저에 있는 역사적 표현에 너무 집중하지 않은 채, '야훼(J)' 문서와 '제사장(P)' 문서 같은 용어를 계속 사용할 것이다. 편의상 우리는 창세기 1~2장의 창조 이야기를 P문서로, 창세기 2~3의 창조 이야기를 J문서로 언급할 것이다. 우리가 여기에서 적어도 두 개의 구별되는 창조 전승을 다룬다고 해서, 어떤 특정한 문서설을 정설로 받아들인다는 말은 아니다. 그러나 우리에게 전수되어 온 정경(canon)에서, 이 두 창조 이야기가 함께 논의된다는 것을 마음에 새길 필요가 있다. 실제로 이 두 이야기는 상당히 밀접한 관련이 있을지 모른다. 예를 들면, 한 창조 이야기(아마 P문서)는 어느 정도 다른 창조 이야기의 서론이자 부연 설명으로서 구성되었을 가능성이 높다.[1]

벨하우젠은 P문서가 바빌론 포로기에 대한 신학적 응답의 일환으로, 기원전 6~5세기에 구성되었다고 본다. 성서의 첫 부분에 등장하며 문학 작품을 암시하듯 반복적이고 리듬 있는 형태(P문서로 분류되는 이유 중 하나)를 지니는 창조는, '혼돈하고 공허한'(formless void, 거의 번역이 불가능한 히브리어 tohu wabohu의 가능한 번역 중 하나, 창 1:2) 상태에서 시작하여 규칙적인 단계로 묘사된다. 마침내 인류의 창조에서 정점에 이르는데, 인류는 하나님의 '형상(image)'으로 창조된 유일한 피조물이다(창 1:26~27). 창조는 저녁과 아침을 하루로 계산하여 총 6일 동안 진행되고, 7일째 날에 하나님은 안식한다.

P문서가 이전의 창조 이야기, 즉 아마도 바빌론 같은 다른 고대 근동 문화로부터 영향을 받았는지의 여부는 종종 논란이 된다. 이를 지지하듯, 유사한 내용이 바빌론 창조 신화인《에누마 엘리쉬Enuma Elish》에 등장한다. 그러나 《에누마 엘리쉬》와는 너무나 큰 차이들(특히 신을 묘사하는 데 있어서)이 있기 때문에, 우주관과 세계관의 유사성조차 직접적으로 차용했다고 보기는 어렵다. 이런 이유로 P문서가 바빌론 창조 신화를 반박하기 위해 쓰여졌다는 주장이 제기되었다.[2]

학자들은 또한 창세기 1장과 하나님의 창조 행위에 대한 화려한 찬송시인 시편 104편 사이의 밀접한 연관성에 주목했다. 둘 중 하나가 다른 본문에 의존하고 있는지에 대한 여부는 둘 사이의 유사성에 의해 결정된다. 시편 104편이 이집트 창조 자료와 일부 유사할 뿐만 아니라 보다 공공연하게 신화적인 속성을 포함하기 때문에(6~9절의 물의 인격화 같은), 창세기 1장은 이집트 신화에 영향을 받은 시편 104편의 '비신화화(demythologization)'라고 주장되었다.[3] 물론 이 논제는 창세기 1장이 바빌론 창조 신화를 반박하기 위해 쓰였다는 주장만큼이나 입증하기 어렵다. 이 두 주장 모두 옳을 수도 있고, 틀릴 수도 있다. 어떤 경우든 간에, 창세기 1장이 다른 고대 근동 창조 자료들과 밀접한 유사성을 보이는 것은 분명해 보인다. 비록 신화적 주제들이 분명하게 드러나지 않는다고 해도, 본문의 배경에는 신화적 주제들이 존재한다. 이 내용은 이어지는 논의와 다음 장에서 심도 있게 다룰 것이다.

창조 행위에서 질서, 행복, 내적 만족이 P문서에 분명히 드러난다. 이와 관련해서 학자들은 이 본문의 기저가 되는 보다 심오한 문학적 대칭이 있는지에 관심을 가졌다. "하나님이 이르시되", "~이 있으라", "그대로 되니라"와 같이 어구가 자주 반복되는 것과 이 본문의 체계적인 전개를 보면, 이 본문이 세심하게 구성되었다고 충분히 추론할 만하다. 문학적 패턴에 근거한 몇몇 주장들이 있었는데, 6일은 이등분(1~3일과 4~6일)되어 1~3일은 4~6일에 주제상 각각 연결될 수 있다고 종종 주장되었다.[4] 1일과 4일은 빛의 창조와 빛들(해, 달, 별)의 창조로 연결되고, 2일과 5일은 하늘의 창조와 새들의 창조로 연결된다. 3일과 6일은 육지의 창조와 육지에 사는 동물과 인간의 창조로 연결된다. 그러나 이것이 본문에서 드러나는 유일한 패턴은 아니다. 어떤 패턴도 이 단락의 '최종적인' 체계를 확실히 제공하지는 못하기 때문에, 아마 그것들 중 어떤 것도 너무 대단하게 여기면 안 된다.[5] 그러나 이 패턴들은 상당히 중요한 것을 말하는데, 그것은 세계의 창조주가 창조 행위를 기뻐하는, 질서와 규칙의 하나님으로 묘사된다는 것이다.

### 창세기 1장과 하나님

우리가 창세기 1장에 대해 무엇을 말하든, 그것은 창조하고, 감독하고, 구성하는 하나님에 대한 이야기다. 하나님은 거의 모든 문장에서 능동적으로 묘사된 반면, 세계는 전적으로 수동적, 즉 전적으로 하나님의 (구두) 명령에 따라 변한다. 이 본문이 리듬 있고 반복적인 특성이 있는 것, 그리고 하나님이 단계적으로 세계를 구성하고 질서 짓는 것은, 하나님을 잘한 일을 자랑스러위하는 숙련된 건축가로 생각하게 한다. 하나님은 매 창조 단계를 보기 "좋았다"(히브리어 tov는 '아름다운'을 의미할 수도 있다)고 평가하고, 모든 창조의 마지막에는 "심히 좋았다"(창 1:31)고 평가한다. 숙련된 건축가가 하는 것처럼, 창조 행위는 주의 깊게 평가되었고, 적절하게 진술되었다. 해밀턴(Victor Hamilton, 1941~)에 의하면, "창조 설명은 말하고, 평가하고, 의도하고, 형성하며, 활기를 부여하고, 규제하는 하나님을 묘사한다."[6] 그리고 창조 행위를 **평가하는** 분이 바로 하나님이다. 즉 '좋았다'는 가치 판단의 반복에는 순전히 사실적이거나 과학적인 한계를 넘어 미적인 판단이 작용했음을 의미한다. 이런 미적 판단은 피조물이 창조주를 찬양할(욥 38:4~7) 수밖에 없도록 한다.

P문서의 하나님을 다른 은유로도 적절하게 묘사할 수 있다. 우리는 하나님을 숙련된 건축가로서뿐만 아니라 인간의 설계자나 감독자로, 그리고 연설가, 평가자, 상담가, 승리자, 왕과 같은 다른 그럴 듯한 역할에 동등하게 비교할 수 있다.[7] 사실 창세기 1장에서 하나님이 직접적으로 우주를 만들었다기보다 우주가 생성되도록 **독려**한 것에 주목하면, 우리는 심지어 배우들이 하나님이 정해준 범위 내에서 스스로의 창조성을 통해 자신들의 역할을 해석하고 잠재력을 깨달을 수 있도록 독려하는 영화 감독으로서의 하나님을 생각해볼 수 있다. 창세기 1장의 하나님은 많은 속성을 지니고 있고, 따라서 어떤 하나의 인간 비유로는 하나님의 속성 모두를 완벽히 드러낼 수 없다.

창조주 하나님의 돌봄과 헌신은 인간 세계와 친숙할 수도 있지만, 그 규모는 어마어마하다. 피조물 전체는 계속적으로, 그리고 궁극적인 돌봄과 관심 속에서 창조되었다. 마치 하나님이 우주의 청사진과 세세하게 계획된 일정에 따르기라도 하는 것처럼 시간과 공간은 질서정연하게 창조되었고, 전개되었다. 물리학자의 신은 주의 깊게 우주 법칙과 질서를 설정하고 이후에 그 질서에 따르는 신일 뿐만 아니라, 인류를 마지막 최고의 단계에서 신의 형상(창

1:26~27)대로 창조해서 신처럼 피조물을 지배할 수도 있게 하는 인간 중심적인 신으로 간주되기 쉽다.

그러나 인류는 창조의 마지막 단계가 아니다. 하나님이 일곱째 날에 한 일이 하나 더 있는데, 바로 안식이다. 성서 본문에 보면, 하나님은 창조를 마친 후 숙련된 건축가가 그러하듯 안식을 취했다. 하나님의 안식이 갖는 특별한 의미는 분명하게 묘사된다. "하나님이 그 일곱째 날을 복되게 하시고 거룩하게 하셨다"(창 2:3). 하나님은 이미 모든 것이 "심히 좋았다"(1:31)고 선포했고, 인류에게 복을 베풀었다(1:28). 그러나 마지막 창조인 일곱째 날은 이제 복될 **뿐만 아니라** "신성시"(hallowed, 즉 거룩하고 돋보이게) 된다. 하나님은 시간과 공간, 그리고 이를 채울 물리 세계를 창조한 후, 그 한 주(週)와 특히 안식일을 거룩하게 했다.

그러나 이것은 창세기 1장에서 논란이 되는 하나님에 대한 묘사도 아니고, 일곱째 날의 지위에 대한 묘사도 아니다. 현대 과학의 영향으로 우리는 이 본문의 중심 주제가 하나님이라는 것, 그리고 이 본문에 대한 주장이 논란의 여지 없이 과학적이 아닌 신학적이라는 것을 거의 잊어버린 듯하다. 우리에게 주목을 받는 것은 바로 과학이다.

### 창세기 1장과 현대 과학

현대 과학은 세계가 수십억 년에 걸쳐 만들어졌다고 말하는 반면, 창세기 1장은 표면적으로 물질 세계의 창조가 6일(6×24시간)에 걸쳐 일어났다는 것을 말한다는 사실을 당분간 보류해두고, 창조 이야기와 현대 빅뱅 우주론, 진화 생물학 사이에서 수많은 유사성을 먼저 생각해보자. 예를 들면, "혼돈과 공허"(창 1:2)는 플랑크 시대의 초기 양자 상태를 상기시키고, 빅뱅의 초기 거대한 에너지 섬광은 하나님의 처음 창조 행위인 "빛이 있으라"(창 1:3)에 연결된다.[8] 실제로 일부 유명한 과학자들은 빅뱅 모델의 초기에 절대적인 시간의 시작이 있었다는 추론이 창세기와 너무 밀접하다고 생각했다.[9] 우주가 **과학의 영역에서 홀로** 절대적으로 시작되었다는 것이 최근 몇 십 년간 과학적으로 지지되기 전까지, 창세기 창조 설명은 어쨌든 우주의 신학적 기원을 옳게 설명하는 듯 보였고, 그래서 로버트 재스트로(Robert Jastrow, 1925~2008)의 다음 말은 깊이 공감할 만하다.

> 이성의 힘을 믿으며 살아온 과학자에게 이 이야기는 악몽처럼 끝난다. 그 과학자
> 는 무지의 산에 올랐고, 정상을 점령하고자 한다. 그가 최정상 마지막 바위에 도달
> 했을 때, 수백 년간 그곳에 앉아 있었던 한 무리의 신학자들이 그를 반갑게 맞이할
> 것이다.[10]

창세기 창조 묘사와 과학의 유사성은 창세기 1장에 계속해서 등장한다. 바다와 육지가 먼저 드러난 후, 식물, 바다 생물, 육지 동물, 마침내 인류로 이어지는 창조 순서는 현대 생물학적 진화 이론에 의해 묘사되는 패턴과 전반적으로 유사하다는 것이 주목받았다. 그러나 땅의 창조(10절)와 심지어 낮과 밤의 창조(5절) 이후에 해와 별이 등장(16절)하는 것은 P문서와 현대 우주론 사이에 거대한 불일치가 존재한다는 것을 보여준다.

일부 기독교(또한 유대교) 공동체에서 P문서와 과학 사이의 유사성을 얼마나 진지하게 받아들여야 하는지에 대한 열띤 토론이 계속되었고, 여기에서 수많은 복잡한 질문들이 제기된다.[11] 이 유사성이 현대 우주론자들이 등장하기 오래전에, P문서 저자가 세계의 기원에 대해 하나님의 계시를 받았다는 증거인가?[12] 그렇지 않으면 P문서 저자는 주변 문화의 창조 신화에 영향을 받아 일련의 과학적 추론을 했는데, 이 중 일부는 현대 과학의 발견과 우연히 일치

했고 다른 추론들(예, 6일 창조)은 저자에게 정보가 부족했다는 것을 드러낸단 말인가? 이것도 아니면, 저자가 말한 '하루'가 문자적 24시간을 말하는 것이 아닐지도 모른다고 이해하면 모순이 해결되는가? 만약 그렇다면, 하루를 지질 시대(geological periods)처럼 상당히 긴 시간의 한 부분을 비유적으로 말한다고 해석하는 것이 타당한가? 혹은 '6일'이 지구의 시간 척도와 다른, 하나님의 시간 척도를 가리킨단 말인가? 혹은 우리가 이 본문과 과학을 연결해 유사성을 발견하려는 시도를 포기하고, 그 본문을 단지 우화로서 읽어야 하는가?

이런 질문들은 계속해서 증가하고 있고, 이 질문들에 대답하는 방식에 따라 우리의 신학적 입장('진실'이 있다고 생각하는 곳)이 드러날 것이다. 다시 말하면, 창세기 1~3장은 우리 성서 이해의 꽤 흥미로운 시금석이 될 것이다. 이 과학적 질문들에 대한 두 가지 보편적 대답은 다음과 같다.

1. 많은 보수적 기독교인들은 창세기 1~3장의 내용을 글자 그대로의 진실이라고 '강하게' 믿고, '실제로 일어났던 일'을 묘사하는 것이라고 확신한다. 그런데 6'일'은 가장 곤란한 부분이다. 일부 학자들은 6일이 과학과 일관성을 갖게 하기 위해 상상력을 동원한다.[13] 반면 다른 학자들은 주류 과학을 완전히 거부하고, 세계는 글자 그대로 6×24시간 동안 창조되었다고 주장하는데, 이것이 기독교 신앙의 중요한 고백이라고 믿는다. 휘트콤(John C. Whitcomb, 1924~)과 모리스(Henry M. Morris, 1918~2006)는 고전 창조론을 다룬 《창세기 홍수》에서 이렇게 말한다. "하나님의 계시된 말씀에 창조가 6'일'에 걸친 것으로 묘사되었을 뿐만 아니라, 이 본문을 상징적인 의미로 해석할 아무런 정황적 근거가 없기 때문에, 이 본문을 문자적으로 받아들이는 것은 신앙적이며 합리적인 행위이다."[14]

2. 이 본문의 문자적 진실성에 대해 강한 신학적 관심을 보이지 않는 사람들은, 이 본문이 과학뿐만 아니라 과학이 묘사하는 물리적 실재와 얼마나 잘

연결되는지에 관심을 가질 가능성이 적다. 이 경우, 6일은 전혀 문제되지 않는다. 이런 해석은 이 본문이 독자에게 과학적 묘사로 받아들여지도록 의도되지 않았고, 창조 개념에 대한 은유 또는 심지어 '시'로써 오늘날 가장 잘 이해된다고 주장하며, 이 본문의 상징적·신학적, 그리고 심지어 예전적 차원을 강조한다.

어느 정도 개략적으로 묘사했지만 이 두 해석은 쉽게 해결되지 않는 대표적 논쟁이다. 비록 이 두 해석이 거의 상호 배타적이지만, **현대** 과학에 대한 태도를 해석의 열쇠로써 우선시하는 경향이 있다는 점에서 연결된다. 첫 번째 해석이 창조 본문을 현대 과학의 주장(비록 이 주장들이 주류 과학이라기보다 '창조 과학'으로 알려져 있기는 하지만)과 **연결**하려 하는 반면, 두 번째 해석은 창조 본문을 과학의 주장으로부터 **분리**시키고자 한다. 그러나 두 해석 모두 **고대** 과학, 그리고 **고대에** 작용했고 존재했던 범주들에 의해 알려진, 그 본문 자체가 제기하는 주장에는 관계되지 않는다. 사실상 그 본문은 처음 구성된 대로 존재하는 것도 아니고, 전혀 예상할 수 없었던 기준에 의해 판단되고 있다.[15]

만약 첫 번째 해석이 너무 문자적이라면 두 번째 해석은 문자적으로 불충분하다. 문자적 해석은 (1) 창조 본문이 단지 물리적인 것보다 본질적인 것을 말하는 다양한 의미들을 분명하게 포함한다는 사실을 설명하지 않는다. 반면 은유적 해석은 (2) 그런 본질적인 것들이 무엇일지에 대해 충분히 주의를 기울이지 않는다. 그러나 본문이 무엇에 대한 은유인지를 주의 깊게 설명하지 않고 본문을 은유로써 언급하는 것은 충분하지 않다. 은유는 아마 우리가 이해하지 못한 무엇인가에 대해 우리가 이해하는 구체적 용어로 구성된 모델이자 이미지다. 만약 우리가 그 모델에 사용된 용어들의 실재를 확인할 수 없다고 느낀다면(예, 창세기 1장의 고대 과학), 은유는 더 이상 은유가 아니라 비유 혹은 우화가 된다. 우리는 은유를 우화와 매우 다르게 해석하기 때문에, 이것은 단순한 의미론적 차이가 아니다. 은유는 이미지와 이미지가 지시하는 대상 사이의 유사성에 대한 진술인 반면, 비유는 기껏해야 직유(simile)이고, 때때로 심지어 그보다 더 제약이 없다. 우리는 예수의 비유에서 이것을 볼 수 있다. 가장 간결한 비유 중 하나는 겨자씨 비유다. "하늘나라는 겨자씨와 같다"(마 13:31). 만약 이 본문이 비유보다 은유로써 표현된다면, 우리는 "하늘나라는 겨자씨다"라고 읽을 것이다. 그리고 우리는 비유가 의도하거나 정당화하는 것보다 하늘나라와 겨자씨라는 실재 사이의 보다 밀접한 유사점들을 찾고자 할 것이다.

창세기 1장을 현대 과학의 관점에 밀접하게 연관시키는 사람들은 무의식 중에 이 점을 간과한다. 그들은 사실상 은유에 담긴 실재의 층(layers of reality)을 고려하지 않고, 창조 본문을 과학적 세계관에 대한 은유, 그리고 세계 물질의 근원에 대한 은유로서 읽는데 여기에서 문제가 발생한다. 다음은 창세기 1장을 현대 과학의 측면에서 다시 쓴 좋은 예다.

> 태초에 하나님이 "~이 있으라"고 말했다. 그리고 하나님은 완벽히 균형을 이루고 정확히 예측할 수 있는 연합된 물리학의 에너지(forces)를 만들었다. 하나님은 무로부터 자유 결정에 의해 새로운 시간과 공간에 입자들이 자연스럽게 생겨나도록 했는데, 이 체계로부터 지극히 작고, 어마어마하게 뜨겁고, 고요하면서 펄펄 끓는 천체가 생겨났다. **창조의 첫 단계에 진화와 돌연변이가 있었다.** 순식간에 폭발이 발생했고, 에너지의 완벽한 균형이 깨졌다. 점차 온도가 떨어지게 되었고, 오늘날의 자연 에너지가 생겨났다 …… **창조의 두 번째 단계에 진화와 돌연변이가 있었다.**[16]

P문서와 상당히 일치하는 듯 보이는 테드 버지(Ted Burge)의 이 말은 태초를 매력적인 현대적 방법으로 설명할지 모르지만, 이는 창세기 1장을 거의 혹

은 전혀 언급하지 않는다. 그러므로 과학적 세계관을 개입시키는 것에 주의가 필요하다. 즉 우리는 현대 과학 사상을 적용하기 전에, 이 본문이 지적하는 다른 단계의 실재를, 가능하다면 그 본문의 언어로 주의 깊게 탐구해야 한다. 이것은 자신도 모르는 사이에 그 본문을 우리의 산물로 만들기 전에, 그 본문을 당대의 산물로 바라보면서 역사적 상황에서 그 본문과 주의 깊은 관계를 맺는 것을 의미한다. 이 경우 우리는 창세기 1장과 세계의 기원에 대한 현대 과학 사상 사이의 유사성에도 불구하고, 창세기 1장과 주변 문화의 우주론적·신화적 사상을 포함하는 **고대** 과학 사상 사이의 유사성을 지적할 수 있다. 우리는 보다 자신 있게 그 본문의 장르를 표명하기 전에 그것이 역사인지, 과학인지, 은유인지, 우화 혹은 신화인지, 또는 실제로 이런 분류가 의미가 있는지에 대해 탐구할 필요가 있다.

### 우주론

종종 성서는 3층 우주론, 즉 세 층으로 된 세계를 제시한다고 일컬어진다. 첫째는 우리가 거주하는 땅, 둘째는 땅 위의 하늘, 셋째는 땅 아래의 지하 세계다. 5장에서 우리는 좀 더 자세히 이 우주론적 모델을 논의할 것이고, 그것이 실제로 고대 히브리 사상에서 실재를 문자적으로 표현하는 것으로 여겨졌는지에 대해 의문을 제기할 것이다. 사실 우리는 학자들이 3층 히브리 우주론으로 묘사한 것이 하나님의 초월, 그리고 확실히 구별되는 존재의 세 영역(살아 있는 것, 하나님, 죽은 것)을 묘사하기 위한 은유적 장치였다는 것을 주장할 것이다. 어쨌든 P문서는 우주를 3층 모델보다 더 복잡하고 모호하게 묘사한다.

세계는 처음에 물이 있는 일종의 황무지였던 듯하다(창 1:2). 창세기 1장 3~10절의 내용은 하나님이 이미 존재했던 물에 **질서**를 부여하는 과정을 묘사한다(이 본문이 현대 과학적 설명을 예시한다고 말하는 사람들의 주장처럼 무로부터의 창조가 아니다). 이런 우주론적 시각에서 중요한 점은 히브리 사상에서 혼돈의 상징인 초기의 물이 경계에 의해 질서 지어지고, 제한되며, 이 경계가 피조물이 머물 수 있는 대부분의 체계를 구성한다는 것이다.

하나님은 빛과 밤낮을 만든 후, 물을 아래위로 구분하는 단단한 표면을 만들었다(창 1:6~7). 표면(surface)을 의미하는 히브리 단어인 raqia는 쫙 펴진 종이 혹은 두들겨 평평해진 금속 덩어리를 의미한다. 주요 성서 역본들은 이것을 '둥근 모양(dorm, NRSV)', '둥근 천장(vault, NJB)', 혹은 '하늘(firmament, KJB)'로 번역했다. 우리는 표면이 이후에 해와 달이 움직이는 곳으로 언급된다는 사실을 제외하고는, 둥근 모양인지 혹은 반구형 모양인지에 대해 이 본문이 실제로 말하는 것이 없다는 것을 기억하면서, 당분간 '창공(dorm, 궁창)'ᵃ을 사용할 것이다. 아무튼 창세기 1장은 표면이 하늘(heavens, 1:8)이라고 말하고, 하늘은 NRSV 역본에서 'Sky'로 번역된다. 표면 아래 있는 물은 한 지점으로 모이고, 마른 땅이 드러나서(1:9), 식물들은 이 땅에서 번성할 수 있다. 해와 달은 창공에 위치한다(1:14~18). 동물들은 바다에서 떼지어 다니고, 공중에서 날며, 지상에 늘어나기 시작한다. 결국 인간은 하나님의 형상대로 창조되었고(1:26~27), 지구를 '정복'하며, 피조물 위에 '군림'한다(1:28).

여기에서 3층으로 추정되는 하늘을 증명하기는 무척 어렵다. 지표면·수면이 하나의 층으로 고려될 수도 있지만, 창공 아래 '한 곳에' 모인 물이 바다인지, 혹은 이 물이 마른 땅 아래와 주변으로, 심지어 마른 땅 **위로** 뻗어가는지는 불분명하다. 어떤 경우든 아래에 있는 층인 지하 세계에 대한 언급이 없다. 창공 그 자체가 하나의 층으로 고려될 수도 있지만, 창공은 실제로 물을 나누고, 해와 달이 이동하기 위한 일종의 고정된 표면으로 사용되는 방수 기능이

---

a 한글 역본의 경우, 궁창(개역개정), 창공(새번역/공동번역), 공간(현대인의 성경) 등으로 번역되었다. 역자는 원서의 'dorm'을 '창공'으로 번역한다.

있는 경계다. 상부 층(하나님이 이 층 위에 거할 수도 있다)으로 간주될 수도 있는 가장 바깥쪽의 경계인 상층 물을 넘어 또 다른 경계를 생각하는 것은 무의미하다. 만약 우리가 이것을 문자적으로 읽을 수 없다면, 이때 현대의 3층 우주론 연구가 정확히 어떻게 시작되었는가를 물어야 한다(5장 참조). 이 모두는 우리가 창조 본문을 면밀히 바라볼 때, 이 본문이 3층 하늘을 거의 묘사하지 않는다는 것을 의미한다. 이것은 물론 3층 하늘 묘사가 성서 어디에서도 입증될 수 없다는 것을 의미하는 것이 아니라, 우주론이 아마 다른 어느 부분보다 더욱 주의 깊고 체계적으로 시작되는 창세기 1장에서는 3층 우주론이 결코 분명하지 않다는 말이다. 심지어 3층 하늘 묘사는 비교적 애매모호하기 때문에, 창세기 1장의 우주론을 보다 느슨한, 즉 상당히 은유적인 방법으로 이해하는 것이 더 나을 수도 있다.

스탠리 재키(Stanley L. Jaki, 1924~2009)가 한 예인데, 그는 우리가 지금까지 '창공'이라고 부른 것이 실제로 천막의 표면으로 가장 잘 이해된다고 주장한다.[17] 다시 말하면, 세계는 피조물과 인류가 거주하는 공간을 에워싸는 경계를 가진 층이라기보다는, 땅과 하늘이 있는 친밀한 고대의 거주지로 여겨진다.

우리는 곧 P문서에 대한 은유적 해석을 살펴볼 것이지만, 당분간 P문서 안에 있는 물리적 요소들을 문자적으로 볼 것이고, 이 요소들이 어떻게 '고대 과학'을 묘사할 수 있는지를 볼 것이다. 중요한 부분은 창공 위에 있는 물과 창공 그 자체인데, 이 둘은 모두 현대 과학적 세계관과 어떤 연관도 없다. 창공 위의 물은 비를 만드는 것으로 보이며, 대홍수를 묘사하는 본문에는 "바로 그 날에 땅 속 깊은 곳에서 큰 샘들이 모두 터지고, 하늘에서는 홍수 문들이 열려서"(창 7:11)라고 기록되었다. 이 묘사는 단단한 창공에 비가 내릴 수 있는 '문들'이 있다는 것을 암시한다. 또한 "땅속 깊은 곳에서 큰 샘들"을 주목해야 한다. 이것은 창세기 1장 9절에서 말하는 창공 **아래** 물을 암시하고, 이 물은 바다를 형성할 뿐만 아니라 땅 아래로 스며들 것이다.

분명 이런 생각은 우리의 세계 이해와 전혀 일치하지 않는다. 심지어 창조론자들도 이 본문을 문자적으로 읽지 않는다는 것이 흥미롭다. 휘트콤과 모리스는 이 이야기를 '전적인 문자적 진실'로, 신성하게 영감을 받은 오류 없는 창조 기록이라는 것을 강하게 주장하고자 한다.[18] 그럼에도 불구하고, 그들은 이 본문을 문자적으로 이해하지 않는다. 예를 들면, 그들은 창공을 땅 위 공중의 '넓게 트인 곳(expanse)', 즉 당연히 고체가 아닌, 저층 대기와 동일시한다.[19] 이처럼 그들은 창공 위의 물이 본래 액체가 아니라, 결국 노아의 홍수 동안 폭우로 땅에 쏟아져 "땅속 깊은 곳의 큰 샘들"과 합쳐질 거대한 수증기였다고 믿는다. 현재의 구름은 사실상 전 지구적 홍수가 될 만한 충분한 물을 생산할 수 없기 때문에, 그들은 이 수증기 덩어리가 현재의 구름과 비교해서 매우 컸을 것이라고 주장한다. 그들에 따르면 지표면이 잠긴 동안 거대한 지질학적 변화가 발생했고, 그래서 마른 땅이 적절한 때에 결국 다시 나타나기 시작했다. 바다 유역은 깊어졌고, 산은 더 높아졌으며, 따라서 한때 수증기 덩어리였던 물은 우리가 아는 바다의 대부분을 구성했다.[20]

다시 말해, 휘트콤과 모리스에 따르면, 지구는 홍수 기간 거대한 지질학적·기상학적 변화를 겪었다. 그러나 성서 본문은 이에 대해 말하지 않는다. 사실 새로운 특징에 대한 유일한 암시는 무지개다(창 9:13). 그러나 창세기 8장 2절에 보면, 땅 아래의 물과 하늘에 있는 고체인 창공은 홍수 이후에도 여전히 존재하는 듯하다.

휘트콤과 모리스는 자신들의 생각이 추측에 기반한다는 것을 종종 인정하지만, 그들이 성서가 우리에게 말하는 것을 넘어서고 있다는 것을 인정하지는 않는다. 어쨌든 그들은 분명 창세기 우주론과 창세기 6~9장의 홍수 이야기를 전통적인 현대 지질학과 기상학의 용어를 차용해서 그들 자신의 과학 유형에 연결시키기 위한 시도를 하고 있다. 그러나 이 시도가 성서 본문을 공정하게 다루는지의 여부는 다른 문제다. 기원후 얼마 지나지 않아 유대 랍비들이 창조 이야기에 대한 해석을 상당히 많이 남겼는데, 그들은 일반적으로 창공이 하늘의 물로부터 땅을 지키기 위해 존재했던 매우 단단한 벽이었다고 이해한 듯하다.[21] 예를 들면, 노아의 홍수는 하나님이 플레이아데스(Pleiades) 성단으로부터 별 두 개를 제거했기 때문에 발생했고, 그래서 물은 창공에 만들어진 두 개의 구멍을 통해 쏟아졌으며, 땅을 완전히 에워쌌다고 생각했다.[22]

창공과 하늘 물에 대한 우주론적 요소들이 원래 어떻게 생겨났는지를 알아보는 것은 간단하다. 만약 물이 하늘에서 (비의 형태로) 내리고, 또한 땅 속에서 (샘과 강의 형태로) 샘솟는 것으로 보인다면, 하늘과 땅 속에 물의 저장소가 있다고 가정하는 것이 자연스럽다. 이런 의미에서, 여기에서 드러나는 '고대 과학'은 관찰과 가정에 의해 결론에 도달했다. 이것은 현대 과학에 사용된 방법론과 동일하다고 말해도 과언이 아니다. 비록 상당히 시대에 뒤떨어지긴 하지만, 고대 과학은 관찰과 설명에 기반한 세계의 작용 모델을 제시한다. 그리고 여기에서 우리가 우월감이 들려 할 때, 우리는 현재의 우주론이 미래 세대 과학에 의해 점차 시대에 상당히 뒤떨어질 수 있다는 것에 주목해야 한다. 과학의 역사는 우리의 과학적 패러다임에서 절대적으로 신뢰할 만한 것이 잘못된 것으로 판명될 수도 있다는 것을 반복적으로 보여주었다.

아무튼 우주론을 구상하고자 할 때, 우리는 분명 창세기 1장에서 이런 요소들을 다소 문자적으로 읽게 된다. 그러나 그것들이 그렇게 문자적으로 받아들여지도록 의도된 것이 아니라는 암시들이 있다. 창세기 1장 6~7절에서 물의 분리는 일종의 과학적 가정이라기보다는 바다를 정복한 신을 말하는 고대 신화적 주제와 잘 어울릴 수 있고(4장 참조), 이것은 아마 잠언 8장 28~29절이 암시하는 것과 유사하다.[23]

게다가 고대 히브리인들도 우리처럼 비가 구름으로부터 내리는 것으로 이해했다는 것을 보여주는 수많은 성서 구절들이 곳곳에 있다(예, 잠 16:15, 사 5:6, 렘 10:13). 한 흥미로운 구절은 심지어 영구적인 물의 순환(땅에서 물이 증발하여 구름의 형성되고 이어서 비가 오는)을 암시한다(욥 36:27~29). 만약 성서 저자들이 우리가 창세기 1장에서 도출하는 추정상의 우주론보다 자연 세계에 더욱 정교한 관점을 가지고 있었다는 것이 사실이라면, 우리는 분명 창세기 1장을 너무 문자적으로 읽어, 어떤 경우에도 변치 않는 물리 우주론(physical cosmology)을 구상하게 되는 범주 오인(category mistake)에 빠지게 된다. 요약하면, 창세기 1장은 우리가 '과학'이란 용어를 일반적으로 받아들이는 그런 의미에서, 즉 세계의 물리 형태에 대한 물질적 설명을 나타내는 의미에서의 '고대 과학'은 아닐 것이다. 그 이상의 무엇인가가 존재하는데, 우리는 이를 살펴볼 것이다.

## 시간

창세기 1장에서 공간과 물질을 묘사하는 물리 우주론을 보면, 우리는 그때 우리가 앞에서 논하기를 연기했던 **시간**의 묘사, 특히 모든 것이 창조된 기간인 6'일'에 대한 질문으로 되돌아가게 된다. 비록 6일 창조론자들은 이것을 문자적인 6일(6×24시간)로 받아들이고, 자신들의 과학적 세계관을 여기에 맞게 변화시키지만, 중도적인 학자들은 6일을 현대 과학에서 드러난 지구의 오랜 나이에 조화시키기 위해 다양한 시도를 해왔다. 이런 조화는 우선 19세기 새로운 지질학에 반응하여 시작되었지만,[24] 오늘날에도 여전히 계속 시도되고 있다.[25] 가장 분명한(그리고 부자연스러움을 최소화한) 조화 방법은 '하루'를 문자적 의미가 아니라 새로운 창조 단계의 상징으로 말하는 것이다. 이 경우, 우리가 원하는 한, 우리는 아마도 각각의 날들을 지구 역사에 있었던 지질학적 단계의 측면에서 개략적으로 받아들 수 있다. 사실 이것은 보수적인 학자들에게 비교적 보편적인 방법이다.[26]

창세기의 6일을 과학에 연결시키는 데 있어서 제럴드 슈뢰더(Gerald Schroeder)는 탁월한 시도를 했다.[27] 그는 시간이 다른 준거 틀에서는 다른 비율로 흐른다는 것을 지적하기 위해 아인슈타인의 상대성 이론을 적용했다. 만약 하나님이 지구와 다르게 거의 빛의 속도로 이동하는 상대적 틀에 거한다면, 하나님의 준거 틀에서 24시간씩 6일은 지구에서는 수십억 년에 해당될 수도 있다. 그러므로 창세기 1장은 우리의 시간이 아닌, 하나님의 시간에서 기록되었다는 것이다. 그렇지만 여기에 문제가 있다. 슈뢰더는 6일이 "전 우주를 포함하는"[28] 준거 틀에서 측정되었다고 말하는 것을 제외하면, 하나님이 왜 하나의 준거 틀에 거해야 하는지를 설명하지 않는다. 또한 하나의 상대론적 준거 틀이 전 우주를 포함한다고 말하는 것이 무엇을 의미하는지 물리 용어로 분명하지 않을 뿐만 아니라, 하나님이 거의 빛의 속도로 이동하는 이 준거 틀 '안에' 거한다는 것이 무엇을 말하는지도 신학적으로 분명하지 않다. 안타깝게도 슈뢰더는 이런 질문들을 제기하지 않을뿐더러, 여전히 거의 대답하지 않는다. 성서 이야기에 대한 많은 과학적 해석을 어렵게 하는 여러 문제들이 우리 앞에 놓여 있다. 즉 과학적 개념은 성서 이야기를 대략적으로 '설명'하기 위해 적용되지만, 신학적으로 앞뒤가 맞지 않는 제안을 하게 되면서 더 많은 문제들이 미해결된 채로 남게 되었다.

게다가 창세기 1장에서 문자적 6일을 온전히 지키려는 슈뢰더의 독창성에도 불구하고, 그가 연구한 전부는 6일을 수십억 년의 지구 나이와 연결해서 효과적으로 재정의한 것뿐이다. 6일을 과학에 연결시키려는 다른 시도들처럼, 그는 6일이 지닌 압도적인 상징의 중요성을 간과했다. 6일은 하나님이 일한 한 주가 정확하게 인간이 일하는 한 주와 같다는 것을 말한다. 6일을 지질학적 기간으로 또는 상대론적 물리학으로 재정의하는 것은, 6일이 지구에서 경험되는 것과 같은 문자적인 인간의 날로 보인다는 점을 놓친다. 왜냐하면 창세기 1장이 반복적으로 "저녁이 되며 아침이 되니, 이는 몇 번 째 날이다"라는 구절을 사용하기 때문이다(창 1:5, 8, 13, 19, 23, 31). 이 이야기는 일하는 한 주에 맞게 분명하게 배열되었는데, 여기에서 일곱째 날(즉 안식일)은 하나님과 인간에 의해 높게 평가된 한 주의 절정이다.

이런 난해함이 대부분의 성서 비평 학자들로 하여금 창조 이야기를 현대 과학과 조화시키려는 시도조차 하지 않게 하는 이유다. 창조 본문에 현대 과학 사상의 증거가 있지만, 우리가 살펴본 대로 그것이 문자적 물리 우주론을 말하도록 의도되었는지를 전혀 확신할 수 없다. 그리고 6일의 기간과 하루의 안식은 인간이 일하는 한 주를 생각나게 한다는 사실, 또한 하나님을 창조 이야기에서 이미 함축된 대로 숙련된 건축가로 묘사한다는 사실은, 어떤 경우이든 우리가 우주, 물질, 시간의 체계를 보다 상징적으로 바라봐야 한다는 것을 암시한다.

### 신화

우리가 창세기 1장에서 물리 우주론을 연구하기 전에 주의를 기울여야 하는 또 다른 것은 동일한 우주론적 요소들이 발견되는 수메르, 바빌론, 이집트와 같은 고대 근동 우주론이다. 사실 세계가 물로부터 시작되어 위의 하늘과 아래의 땅을 형성하기 위해 갈라졌다는 생각은 매우 일반적이다. 하늘에 실체적인 창공이 존재한다는 생각도 마찬가지다.[29] 그러나 우리는 학자들이 창세기 1장보다 훨씬 더 암시적인 종교적·신화적 본문들로부터 이런 우주론을 재구성했을 것이라는 점에 주목해야 한다. 그리고 학자들은 수월함을 이유로 도처에서 발견되는 3층 우주론을 거리낌없이 받아들였다.[30] 이것은 본말이 전도된 상황이 아닌지 의심스럽다.

창세기 1장과 다른 문화의 창조 신화들 사이의 연관성은 우리로 하여금 창세기의 우주론적 요소들이 '고대 과학' 대신 '신화'로 명명하는 것이 옳을 수도 있다는 생각이 들게 한다. 사실 창세기의 우주론적 요소들은 세계를 반드시 문자적으로만 보지는 않는 바빌론 신화와 우주론을 P문서가 격렬하게 비판하는 부분일 수도 있다. 학자들이 '신화'를 '신들에 대한 이야기'라고 정의했던 시대가 있었다. 창세기 1장은 절대적으로 일신론적이고, 그러므로 '하나님에 대한 이야기'이므로 신화의 단계 위에 존재한다고 여겨졌다. 하지만 이제는 더 이상 그렇지 않다. P문서가 다른 창조 신화들에 의해 영향을 받았다는 것은 창조의 신과 바다 사이의 대립 주제처럼 비평 학자들에 의해 널리 받아들여진다(4장 참조).

더군다나 '신화'는 의미가 수시로 변하는 용어일 뿐만 아니라, 정확하게 정의하기가 매우 어렵다.[31] 예를 들면, '신화'에 대한 일부 정의는 세계를 설명할 때, 우리가 사용하는 '과학'이라는 용어와 공통 부분이 있다. 마찬가지로 현대 과학은 실재를 표상하는 상상의 모델을 널리 사용한다는 점에서, 어느 정도 신화에 관계된 창조적 유추를 활용한다.[32] 현대 과학과 신화의 차이는 과학이 실험적 방법에 의존하기 때문에 과학의 창조적 모델과 이야기는 실험에 의해 원칙적으로 **수정이 가능하다**는 데에 있다. 하지만 일부 중요한 과학 사상이 적어도 현재에는 **검증될 수 없다**는 것을 생각해볼 필요가 있다. 여기에 가장 잘 맞는 주제는 다중 우주 이론이다(2장의 "공간, 시간, 물질" 참조). 이 이론은 현대 과학, 고대 과학, 신화 사이의 차이가 우리가 생각하는 것만큼 항상 뚜렷하지는 않다는 것과 현대 과학, 고대 과학, 신화가 각각 실재를 어느 정도 잘 설명한다는 것을 나타낸다.

비록 우리가 창세기 1장에 묘사된 물리 요소들로부터 우주론을 구상하고자 시도했지만, 그 물리 요소들이 세계에 대한 포괄적이고 문자적인 묘사로서 이해되는지 여부를 결정하는 데에 어려움이 있다는 것을 발견했다. 이 어려움의 일부는 우리가 '신화'와 '고대 과학'을 확실히 이해하지 못하는 데에 있을 뿐만 아니라, 고대 히브리 문화에서 신앙에 근거한 것과 질문, 실험, 개정의 여지가 있는 것을 확실히 구별하지 못하는 데에 있다.

### 우주 신전(The cosmic temple)

창세기 1장과 신화의 관련성은 좀 더 논의될 수 있다. 최근 창세기 1장에 대한 역사 비평적 방법들은 이 본문이 물질 세계에 대한 고대 과학관이라기보다, 정복자 신의 즉위식을 위해 우주 신전의 건축을 묘사하는《에누마 엘리쉬》[b]나 《바알 신화집Baal Cycle》[c]과 같은 고대 근동의 신화적 설명과 같이, 하나님이 세계를 우주 신전으로 신성화한 것이라고 주장했다. 창세기 1장과 다른 신화들의 차이는 창세기에서는 갈등 부분이 경시되거나 완전히 사라진다는 것인데, 이는 아마 다른 신화들을 의도적으로 비판하는 것이다.

존 월턴(John H. Walton, 1952~)은 창세기 1장이 태초에 대한 **물리적**(material) 관점이 아닌 **기능적**(functional) 관점을 보여준다고 주장한다. 다시 말하면, 하나님은 무로부터 물질을 만드는 분으로 묘사되기보다는 이미 거기에 존재했던 것을 질서 짓고 새롭게 시작하는 분으로 묘사된다는 것이다. 이 경우 창세기 1장의 6일을 문자적으로 24시간씩 6일로 해석해도 무방하게 된다. 즉 하나님

---

b 바빌론 창세 서사시인 《에누마 엘리쉬》는 앗수르바니팔(Asshurbanipal, BC 668~630) 왕의 궁중 도서관에서 발견된 일곱 개의 토판 문서로, 바빌론 주신인 마르둑(Marduk)이 최고신의 자리에 오르는 과정을 보여준다. 신이 천지를 창조한 후 휴식을 취했다는 점과 창조의 순서가 빛에서 시작해서 인간으로 끝나는 점 등이 창세기와의 유사성으로 지적된다.

c 우가릿(Ugaritic) 지역에서 1920년대에 발견된, 가나안 신 바알과 사랑의 여신 아낫에 대한 이야기 토판들을 일컬어 《바알 신화집》이라 부른다. 이 신화집의 주제는 우가릿 만신전의 변두리에 처해 있던 바알(비, 폭풍, 풍요의 신)이 혼돈의 세력들인 얌(Yam, 바다), 나하르(Nahar, 강), 모트(Mot, 죽음) 등을 패배시킴으로써 신들의 왕으로 부상하는 것이다.

은 인간이 보통 일하는 한 주 동안 (이미 존재한) 세계에 기능을 부여해서, 세계는 우주 신전으로서의 역할을 할 수 있게 되었다. 월턴은 고대 근동에서 신전이 신이 지구에 있을 때 휴식하는 공간으로서, 세계와 비슷한 이미지로 만들어진 세계의 축소판으로 종종 여겨졌다는 것을 지적한다.[33] 따라서 창세기 1장에서 일곱째 날은 하나님의 신성한 휴식의 날로서 중요하게 되었다.[34]

마거릿 바커(Margaret Barker, 1944~)도 월턴과 유사한 주장을 한다. 바커에 의하면, 창세기 1장은 고대 과학이라기보다 예루살렘 신전의 실재에 의해 영감을 받은 세계에 대한 거룩한 비전이다. 월턴과 같이 바커는 예루살렘 신전(왕상 6~7)과 사막에서 모세의 장막(출 25~27)의 설계가 창조의 패턴을 반영한 것이라고 본다. 같은 방식으로, 그곳에서의 예배는 하나님과 모든 피조물의 관계를 표현하고, 특히 피조물과 인류 사회의 행복을 표현하도록 구성되었다.[35] 이것은 우리가 피조물에 관심을 가져야 한다는 것을 분명히 암시할 뿐만 아니라, 우리로 하여금 하나님이 창조한 세계를 향한 경외감과 책임감을 회복할 필요성을 분명하게 느끼게 한다.

또한 윌리엄 브라운(William. P. Brown, 1958~)은 창세기 1장을 예루살렘 신전의 건축학적 구조와 유사하게 본다. 6일은 예루살렘 신전의 거룩한 공간을 잘 보여주는 도식 배열에 들어맞는다. 비록 신전에서 하나님의 형상을 묘사하는 것이 금지되었지만, 인간은 여섯째 날에 하나님의 형상대로 창조되었다고 선포되었다. 일곱째 날은 신전의 중심에서 최고의 거룩함을 드러내는 가장 거룩한 날이다.[36]

이 세 연구는 모두 창세기 1장을 물리적 기원에 대한 설명으로 보는 보편적 이해를 거부하고, 이 본문이 사회 질서와 세계의 관계 형성을 묘사한다고 보며 상징적으로 설명한다. 이런 설명은 역사 비평적 접근에 근거를 두고 있으며, 원 저자가 의도했을지 모르는 무엇인가를 제안하고자 한다. 또한 이 설명은 창세기 1장에 대한 사회적·생태적 관심을 강조함으로써 환경 문제에 대한 우리의 관심과 잘 맞기 때문에, 우리 시대를 향한 메시지를 담고 있다.

### 실재의 층(Layers of reality)

우주 신전 연구는 가장 현대적인 사고방식이지만, 창조 본문에 물리적 기원보다 더 많은 잠재적 의미의 층들이 있다는 것을 보여준다(앞의 "창세기 1장과 현대 과학" 참조). 현대 과학은 제한된 해석학(물리적 실재가 어떻게 존재하게 되었는지에 한정)을 고무시켰지만, 우리는 창세기 1장을 포괄적인 시각으로 읽을 필요가 있다. 창세기 1장이 고대 신화적·종교적 주제뿐만 아니라 고대 과학과 연관되어 이해될 수 있다는 사실은, 이 본문이 언뜻 보기에 드러나는 것보다 훨씬 복잡하다는 것을 의미한다. 창세기 1장을 창조의 '은유(혹은 심지어 '시')'로서 분류하는 것은 순전히 혼동을 야기하는 것이다. 왜냐하면 그 본문이 무엇에 대한 은유인지가 분명하지 않기 때문이다. 게다가 이 복잡성은 가려지고, 독자들은 단지 그 본문의 다양한 의미 중에서 빙산의 일각만 접하게 된다. 창세기 1장이 단순히 '우주론', 심지어 고대 우주론으로 명명된다면, 이것도 빙산의 일각만 접하는 것이다. 보다 세심한 고려를 통해, 창세기 1장을 태초에 대한, 그리고 하나님, 창조, 인류의 복잡한 관계에 대한 풍부한 설명으로 간주해야 한다.

우리의 논의 대부분은 창세기 1장의 **장르**와, 어떻게 이 본문을 고대와 현대의 과학관과 연결시킬 수 있을지에 관계된다. 우리는 장르에 대한 대답이 얼마나 다층적이 되어야 하는지를 살펴보았다. 이런 관점에서, 장르는 아마도 사용하기에 유익한 용어가 아니다. 왜냐하면 우리가 우연히 정확한 범주를 생각해내야만, 그 본문이 적절하게 범주화될 수 있다는 것을 말하기 때문이다. 우리는 이것이 그 본문을 오독하는 것이라고 주장해왔다. 즉 창세기 1장은 범주화되기 어렵다. 그러나 꼭 설명을 해야 한다면, 다른 설명에 앞서 창세기 1장이 신학적으로 하나님을 창조주로 묘사하는 본문이라고 말할 수 있다.

우리가 언급했던 많은 주제들을 요약하면 아래와 같은데 이것이 결코 완전한 것은 아니다. 우리는 창세기 1장의 포괄적인 연구에 있어서 이 본문이 실재와 의미의 여러 단계들에 잠재적으로 영향을 준다는 것과, 이 본문을 읽는 방법에 대한 유일하고 반박의 여지가 없는 '해답'이 존재하지 않는다는 것을 먼저 인정할 필요가 있다.

· 세계를 '매우 좋게' 만들고 질서 지은 초월적 창조주로서 하나님의 본성은 모든 필요조건들을 훌륭히 만족시킨 것으로 평가된다.

· 이것은 **가치**(value)가 창조 이야기의 한 중요한 면임을 말한다. 물리적 기원에 대한 냉정한(과학적인) 설명과 달리, 이것은 하나님의 창조를 미적 즐거움의 행위로, 그리고 피조물을 소중히 여겨야 할 도덕적 완벽과 근본적 아름다움을 지닌 것으로 본다.

· 그럼에도 불구하고, 세계의 우주론적 · 물리적 시작은 특히 '고대 과학'의 측면에서 출발하는데, 이것은 세계를 합리적으로 이해하려는 시도다.

· 다른 고대 근동 문화에 있는 신화적 요소들과 결합하고 상호작용한다.

· 시간과 공간의 경계를 설정한다.

· 하나님의 우주 신전으로서 공간을 신성화한다.

· 안식일의 제정을 통해 시간을 신성화한다.

· 우주와 생물을 구성하는 기능과 관계의 네트워크를 형성한다.

· 하나님의 형상대로 만들어진 인류가 특별한 지위를 갖는다.

· 인류는 피조물을 향한 특별한 책임을 갖는다.

분명 이 주제들은 현대 과학과 거의 관계가 없고, 창세기 1장을 과학적으로 보는 것도 아니다. 창세기 1장은 실로 광범위하다. 이 주제들은 성서 첫 장의 깊이를 인식하게 하고, 계속해서 하나님과 창조를 연구하도록 자극하는 첫걸음일 뿐이다.

## 두 번째 창세기 창조 설명 : 창세기 2:4b-3:24 (J문서)

### '야훼' 문서

'야훼' 문서의 창조 설명은 벨하우젠에 의해 두 창조 설명 중 상당히 이른 것으로 여겨졌다(아마 기원전 10세기). 우리는 야훼 문서를 편의상 J문서, 혹은 더 이른 문서로 언급할 것인데, 이것이 어떤 구체적이고 역사적인 한 문서설을 따른다는 말은 아니다. 주목할 만한 것은 J문서가 하나님의 이름[YHWH Elohim]을 P문서에서 사용된 것[Elohim]과 다르게 사용하고, 하늘과 땅의 창조를 묘사하지 않고 단지 지구상의 생물 창조만 묘사한다는 것이다. 형식 또한 상당히 다르다. J문서는 P문서에 있는 장엄한 반복 어구가 없고, 대신 모세오경과 '야훼' 문서의 많은 다른 이야기와 어울리는 산문 서사시 형식을 취한다. 창조가 질서 있고 복잡하게 계획된 일련의 사건을 통해 진행된다는 인식이 J문서에는 덜 부각된다. 대신에 J문서에서 두 중요한 단계(동물의 창조와 여자의 창조)가 "남자가 혼자 있는 것이 좋지 않다"(창 2:18)는 사실을 해결하자고 행해진 것처럼, 하나님의 창조 행위에 즉흥적인 요소가 있다. 남자의 결함이 해결되고 창조가 완성된 것은 전적으로 여자의 창조로 인해서다. 하나님이 창조를 마친 후 "매우 좋았다"(창 1:31의 P문서처럼)고 선포하는 대신, 아담이 하나님의 창조를 평가하게 되고,[37] 아담은 하와를 완벽한 찬사로 평가한다. "내

뼈에서 나온 뼈요, 내 살에서 나온 살이로구나"(창 2:23).

사실 창조의 '좋음(goodness)'이라는 주제가 P문서와 J문서에서 나타나는 방식의 차이는 우리가 이 장을 시작하며 제기했던 요점, 즉 P문서와 J문서가 뚜렷이 구별되지만 어떤 점에서는 상호보완적인 창조 설명이라는 것을 보여 준다. 이 두 창조 설명 사이의 관계는 복잡하다. 이 설명들이 각각 독립적이라고 말하는 것도 지나치고, 반대로 이것들을 하나로 보는 것도 상당히 불충분하다.

J문서는 특히 하나님을 인간처럼 묘사한다고 일컬어진다. 만약 P문서가 하나님을 숙련된 건축가(비록 우주적 차원이지만)의 역할에 비유한다면, J문서는 하나님을 동산을 일구는 일(창2:8)과 "날이 저물고 바람이 서늘할 때에"(3:8) 동산을 거니는 일과 같은, 보다 일상적 인간의 일들을 하는 분으로 묘사한다. 그리고 만약 P문서가 다소 우주론적 규모로 서술한다면, J문서는 보다 인류학적 서술을 하는데, 특히 아담, 지리적 환경, 아담과 다른 피조물의 관계, 그리고 아담과 이후에 창조된 하와의 관계에 집중한다. 여기에서 J문서는 생물의 창조를 P문서와 상당히 다른 순서로 묘사한다는 것이 중요하다. 즉 아담은 지구상에서 어떤 다른 생명체보다 먼저 창조되었고, 이어서 식물, 동물, 마침내 하와가 창조되었다.

하나님과 인류가 P문서와 J문서 모두에서 중심 역할을 한다는 것은, 비록 당대의 과학적 사고의 흔적을 포함하긴 하지만, 두 본문 모두 우선적으로 신학적 목적으로 기록되었다는 것을 암시한다. 두 본문은 모두 인간이 하나님뿐만 아니라 다른 피조물과 특별한 관계를 맺고 있음을 말한다. 그러나 P문서가 한 분 하나님(엄격한 일신론)의 전적인 초월성에 대해 신학적으로 숙고하고, 안식일 준수와 같은 다른 종교적·문화적 주제들을 설명하는 반면, J문서는 죄, 죽음, 고난의 원인을 설명한다. 사실 여기에서 J문서 이야기가 창세기 3장으로 끝나는 것이 아니라, 뒤따르는 태초의 긴 이야기(창4-11)에 P문서보다 더 잘 들어맞는다는 것을 인식하는 것이 중요하다. 그리고 J문서는 하나님과의 관계에서뿐만 아니라 세계와의 관계(그리고 갈등) 속에서 존재하는 인류의 초기 상황을 묘사한다. 만약 인류가 이 중 하나의 관계에서 실패하면, 다른 관계에서도 실패하게 된다.[38]

J문서는 P문서와 형태와 내용면에서 매우 다를지 모르지만, 문학 형식은 창세기 1장에서와 같이 파악 가능하다. 예를 들면, 베스터만은 J문서 이야기를 아치형 구조로 시각화했는데,[39] 이 이야기는 선과 악을 알게 하는 나무의 열매를 먹지 말라는(창 2:16~17) 아담을 향한 하나님의 첫째 명령으로 시작해서, 아담과 하와가 명령에 불복종하는 부분에서 정점에 도달하고, 이어 발견, 재판, 처벌로 결론 난다. 하나님이 그들을 에덴동산에서 쫓아내는 마지막 부분은 대칭 구조(palistrophic structure)를 형성하며, 태초의 시작에 대응된다(ABCDC′B′A′).[40]

만약 P문서가 창조론자들과 좀 더 진보적인 해석자들 사이의 이념적인 전쟁터라면, J문서는 심지어 더 심하다. 수백 년간 기독교에서는 J문서를 아담과 하와의 불순종 때문에 인간 상태가 근본적으로 강등당한 '타락(Fall)'의 측면에서 해석했다. 타락은 종종 세상 죽음의 근원으로 일컬어졌다. 뿐만 아니라 타락은 부패, 쇠퇴, 고통, 포식, 질병, 자연 재해, 그리고 인간과 비인간 세계의 현재 상태를 원래의 '좋은' 창조와는 거리가 멀게 하는 모든 종류의 '타락(fallenness)'과 같은 '자연악(natural evils)'의 근원으로 일컬어졌다.[41] 실제로 창조가 반복적으로 '좋았다'고 말해지는 P문서 이후에 바로 J문서를 배열한 것은 J문서를 창조의 '좋음'에 대한 반전, 그리고 '타락'의 시작으로서 읽히도록 자극한다는 점에서 중요함에 틀림없다. 그러나 J문서(혹은 성서의 나머지 부분)가 실제로 그것을 의도했는지는 또 다른 문제다. J문서를 둘러싼 많은 논쟁들, 그리고 그 본문과 현대 과학과의 관계가 바울과 아우구스티누스에게서 제기된다는 것을 7장에서 살펴볼 것이다.

### J문서와 과학

우리는 P문서와 현대 과학의 태초 설명 사이에 상당한 유사성이 있는 것에 주목했지만, J문서는 완벽히 현대 과학, 특히 생물학에 위배된다. 이것은 J문서가 창조를 한 명의 성숙한 남자(성인)에게서 시작하여, 식물, 동물, 마침내 여자(또한 성인)의 순으로 묘사하는 것을 볼 때 명백해진다. 게다가 어떻게 여자가 남자의 갈빗대 하나에서 생길 수 있는지(창 2:21~22), 어떻게 나무가 인류에게 영원한 저주를 초래하는 과일을 생산할 수 있는지(2:17), 그리고 어떻게 뱀이 말을 할 수 있는지(3:1)를 설명해야 하는 상당이 많은 어려움이 있다.

종종 이 이야기를 과학적으로 읽고자 하는 시도가 있었다. 남자가 "땅의 흙"(창 2:7)으로 창조된 것이 좋은 예인데, 히브리 단어인 '남자(adam)'와 '땅(adamah)' 사이에는 유사성이 있다. 아마 토기장이가 점토를 빚듯이 아담의 몸을 만들고,[42] 코에 생명을 불어넣는 하나님의 이미지가 암시된다. '흙먼지(dust)'는 생물학적으로 단백질과 아미노산 같은 중요한 분자들이 지구 역사 초기에 점토 입자의 표면에서 자연스럽게 합성되어 생명의 원료를 형성했을 수도 있다는 현대 과학 사상에 연결된다.[43] 이것이 비록 J문서 저자가 이해한 방식은 아니겠지만, 생각해볼 수 있는 재미있는 유사성이다. J문서의 너무나 많은 다른 부분들이 일반 과학으로 이해 불가능하다는 사실은, 왜 가장 열정적인 근본주의자들만이 이 부분을 과학적 신빙성이 있는 것으로 읽고자 하는지를 설명해준다.[44]

이런 어려움에도 불구하고 J문서의 한 특정한 면을 역사적 진실로서, 즉 역사적 첫 인간 부부의 존재를 주장하려는 수많은 노력이 있었다. 이것을 둘러싼 신학적이고 과학적인 주제들은 대단히 복잡해서 우리는 그것들을 7장 전체에서 다룰 것이다.

### 장르, 역사, 신화

창세기 1장과 마찬가지로 J문서를 해석하는 방법에 대한 논의의 상당수는 어떻게 J문서의 장르를 정의하느냐를 중심으로 진행된다. 창세기 1장처럼 J문서는 고대의 과학적이고 신화적인 사고를 포함한다. 아마도 P문서와 J문서에서 함께 드러나는 '고대 과학'에 기여한 가장 분명한 사상은 생물이 땅으로부터 창조되었다는 것이다(창 1:11~12, 1:24, 2:9, 2:19). 이것은 J문서에서 땅(점토?)의 먼지로 만들어진 아담의 창조 설명에서 가장 명백하게 드러난다. 이것은 또한 다른 고대 근동 신화들, 특히 첫 인간이 흙으로 만들어졌다고 기록된 일부 이집트와 바빌론 태초 신화들과 보다 두드러진 유사성을 보인다.[45] 또한 J문서에서 다른 고대 근동 신화의 주제들도 발견된다. 예를 들면, 신들이 사는 수목이 우거진 정원의 존재, 또는 불멸하게 하는 음식과 인간이 그것을 먹도록 속이는 뱀 같은 것들이다.[46] 그러나 비록 J문서가 수많은 고대 근동 신화들과 비슷한 특징을 가졌지만, J문서도 P문서처럼 그것들을 직접 차용한 증거가 없고, 다소 미묘한 영향을 받았다. 일부 학자들은 P문서와 마찬가지로 J문서를 주변 문화의 보편적인 일부 신화들에 도전하기 위해 의도를 갖고 신학적으로 접근한 '반신화(anti-myth)'로 간주한다.[47]

창세기 2~3장을 다른 신화들과 비교하는 것은 이 본문이 일종의 역사적 이야기를 제공하려 한다는 사실을 감추게 된다. 모세 오경의 맥락에서(그리고 심지어 성서 전체의 맥락에서), 창세기 2~3장은 태초를 명확하게 기록하고, 이스라엘 역사에서 좀 더 특별한 것을 설명하기 위해 보편적이고 태고적인 언어로 분위기를 조성한다. 창세기 대부분은 족장인 아브라함과 그의 후손들 이야기이고, 아담은 족보상으로 노아를 거쳐 아브라함으로 이어진다(창 5, 11). 이런 이유로 학자들은 거의 J문서를 '역사적'으로(마치 J문서가 관찰되고, 보고되며, 판정된 일종의 역사적 실제 사건인 것처럼) 언급하기를 꺼림에도 불구하고, J문서는 보통 '원사학적으로(proto-historical)',[48] 또는 '태초 이야기'의 한 부분으로 간주되는 듯하다. J문서에 반복해서 등장하는 반항과 처벌, 땅에 대한 약속, 공동체와 가족의 중요성에 대한 주제들이 창세기 2~3장에 처음으로 등장하기 때문에, 베스터만은 창세기 2~3장이 모세 오경에서 J문서 전체의 '서곡'이라고 주장한다.[49] 그러므로 창세기 2~3장은 이어지는 J문서의 기록들과 쉽게 분리되지 않는데, 창조 이야기에 이어지는 J문서 기록들 대부분은 형태적 측면에서 역사 기술로서 거의 논란의 여지가 없어 보인다.

학자들은 또한 창세기 2~3장을 '전형적인(paradigmatic)', '원인론적인(aetiological)' 같은 일반적인 용어를 사용하여 말한다.[50] 전형적인 이야기는 역사적 서술이라기보다 우화나 비유 같은 것이다. 반면 원인론은 오늘날에 영향을 주는 과거의 추정 사건을 이야기 식으로 제시한다. 비록 이론상 전형적인 본문과 원인론적인 본문을 구별하는 것은 간단하지만, 창세기 2~3장이 어디에 속하는지, 혹은 아마 둘 다에 해당하는지 결정하는 것은 쉽지 않다.[51]

창세기 2~3장에 대한 많은 현대적 연구 방법은 이런 미묘한 것들을 고려하지 않고, 창세기 1장처럼 2~3장도 역사적이거나 그렇지 않으면 은유적이라고 가정해버리는 것이 분명하다. 이런 연구 방법 기저에는 현대 신학적 전제들이 있다. 그러나 창세기 1장처럼, 2~3장도 더욱 복잡하고 다층적이어서 쉽게 유형화되거나 묘사되지 않는다. 게다가 창세기 2~3장은 이어지는 자료들, 즉 역사적 기록으로 보이는 12~50장의 자료와도 잘 어울린다. 이것이 창세기 2~3장을 과도하게 한 장르에 속하는 독립적 문학으로 보는 것이 현명하지 않은 이유다. 결국 이 본문을 '타락'을 설명하는 것으로 보았던 아우구스티누스

이래, 한 장르로 규정해온 이런 시각이 서양 기독교에서 지배적이었다. 더 넓은 맥락에서 보면, 창세기 2~3장은 인류가 하나님에 의해 부여된 경계를 어기는 여러 방식들과, 하나님이 어떻게 심판과 복으로 응답하는지에 대한 긴 이야기의 한 부분으로서 봐야 한다(7장 참조). 창세기 1장과 같이, 창세기 2~3장도 하나님에 대한 묘사다.

### J문서와 하나님

만약 P문서가 하나님을 복잡한 계획을 단계적으로 따르는 숙련된 건축가나 설계자로 묘사한다면, J문서는 하나님을 특히 '의인화(anthropomorphic)'하여 묘사하긴 하지만, P문서와 완벽히 다르게 묘사한다. 창조는 여러 단계들을 거쳐 진행되지만, 이 단계들이 주의 깊게 계획되었거나 고려된 것처럼 보이지 않는다. 대신 적어도 중요한 두 단계에서(동물의 창조와 하와의 창조), 하나님은 이전의 결함을 보완하기 위해 창조하는 듯하다. 하나님은 아담이 동반자를 필요로 한다는 것을 깨닫고 동물을 창조한다(창 2:18~19). 동물이 동반자 임무를 잘 수행하지 못한다는 것이 분명해지자, 하나님은 하와를 만들었고(2:20~22), 이때 창조 이야기는 완성된다. 각각의 경우, 먼저 창조된 것을 적응시키기 위해 새로운 창조가 이어진다.

P문서와 J문서 모두 하나님이 첫 인류에게 임무를 부여하지만, 그 내용은 매우 다르다. P문서의 하나님은 인류에게 "생육하고 번성하라", "땅에 충만하고, 땅을 다스려라"(창 1:28)라고 말하고, 인류는 땅에 있는 어떤 열매도 먹어도 된다(1:29). 반면 J문서의 하나님은 아담이 땅을 다니며, 땅에 '충만'하도록 격려하는 대신, 동산을 돌보게 하기 위해 그를 동산에 둔다. 이것은 아마 아담을 감금하기 위해서라기보다 돌보기 위해서일 것이다. 왜냐하면 동산 외의 땅은 상대적으로 황무지였기 때문이다. 사실 J문서의 하나님은 아담의 적당한 동반자

를 창조하기 위해 약간의 수고스러움을 마다하지 않았다는 사실에서, 하나님이 아담의 음식뿐만 아니라 복지에도 상당한 관심을 갖고 있음을 알 수 있다.

J문서의 하나님은 아담에게 오직 한 가지를 명령한다. 즉 아담이 동산의 모든 열매를 먹어도 좋으나 선악을 알게 하는 나무의 열매만은 먹지 말라는 것인데, 그 이유는 "그것을 먹는 날에는 반드시 죽을 것"이기 때문이다(창 2:16~17). 물론 선악과의 본성은 베일에 쌓여 있고, 선악과는 다른 신화들뿐만 아니라 심지어 창세기 2~3장 외의 성서 어느 부분과도 유사성이 없어 보인다. 또한 '생명 나무'(2:9)가 존재하는데, 이 나무의 열매를 먹는 자들은 불멸하는 듯하다(3:22~24). 비록 생명 나무가 창조 이야기에서 중요한 역할을 하지는 않지만, 이 나무는 성서의 다른 곳에서 등장하는 듯하고(예, 잠 3:18, 계 22:2), 바빌론 신화들과도 유사하다. 이 두 나무가 무엇을 말하는지,[52] "선과 악에 대한 지식"이 무엇인지, 왜 이 지식이 생기게 되는지가 상당히 불확실하지만, 이 나무들이 서로 대응 관계에 있는 것처럼 보인다. 즉 한 나무는 생명을, 다른 나무는 죽음을 가져온다. 이 나무들을 둘러싼 많은 질문들이 있지만, 이 질문들이 이 상당히 흥미로운 이야기에서 관심을 갖는 것은 바로 하나님의 본성이다.

예를 들면, 바르(James Barr, 1924~2006)는 J문서에서 하나님의 예측이 얼마나 부정확한지 설명한다.[53] 하나님은 아담에게 선악과를 먹으면 죽을 것이라고 경고한다. 그러나 아담과 하와는 실제로 그들의 불순종에 대한 대가로 상당히 관대한 처벌(동산에서의 추방과 수고와 고통의 증가)을 받는다. 하나님의 예측은 부정확한 반면 뱀의 예측은 정확하다(3:4~5). 바르는 이렇게 설명한다. "만약 누군가가 실제 사건에 근거해 저울로 발언을 평가한다면, 하나님의 발언의 무게는 그다지 높지 않고, 뱀의 발언의 무게는 최대한으로 높다."[54]

하나님의 본성을 둘러싼 이런 모순은 J문서에서 하나님을 '의인화'하기 위한 요소로 보일 수 있다. 이런 모순은 이어지는 모세 오경에도 등장하는데, 여기에서 하나님은 상당히 인간처럼 태도를 바꾸고, 불확실하며, 부정확한 듯 보인다. 심판이 임박한 경우에 하나님은 이전의 결정에 대해 후회하기도 하고(창 6:6), 변경하기도 하며(창 18:22~33), 또는 심정의 변화를 보이기도 한다(출 32:11~14). 이런 변화는 무작위로 일어나거나 변덕스럽지 않고, 항상 인간 상황에 대한 합리적인 반응이며, 항상 예상되는 것보다 더 적절하고 더 자비롭다. J문서의 요점은 하나님이 정적이거나 획일적이지 않고, 역동적이며 인격적이라는 것이다. 누군가의 대화 상대자이거나, 적어도 호의적인 응답을 위해 기도하고 희망을 품을 수 있는 분이다.

물론 J문서는 P문서보다 하나님을 상당히 많이 정교하고 자세하게 묘사한다. J문서는 인간 조건의 상당히 중요한 부분인 도덕적 인과관계를 소개한다. 안식일의 원인이 되는 P문서처럼 J문서는 당대의 인간에게 경계를 설정하는 듯하지는 않지만, 도덕적 심판과 이로 인한 결과의 모호성, 불순종으로 기우는 인간의 경향성, 그리고 이에 응답하는 하나님의 본성을 나타낸다.

P문서는 모든 창조가 "매우 좋았다"(창 1:31)는 하나님의 선언으로 마무리되지만, J문서는 반대로 끝난다. 즉 인류에게서 복은 달아나고, 그들은 정원에서 하나님의 면전으로부터 추방당한다. 하나님은 인간의 삶이 우리가 알듯이 어렵고, 고통스러우며, 죽음에 이를 것이라고 선언한다(3:15~19). 이것은 도덕적으로 추가적인 설명이 필요한 문제들을 양산하는데, 이것이 바로 창세기 12장에서 다시 한 선택된 가족(아브라함 가족)에 초점을 맞추기 전에 창세기 4~11장이 지구상에서 인류가 증가하는 것을 다루면서 설명하고자 하는 것이다.[55] 하나님에 대한 순종의 개념은 불순종에 대한 처벌이 뒤따르는 하나님과 인간 사이의 돕는 관계에 근거하는데, 이것은 모세 오경과 성서 곳곳에서 발전한 언약 신학(covenant theology)의 바탕이 된다. P문서가 비교적 독립적인 반면, J문서는 결코 그렇지 않다.

## 결론

창세기 1장(P문서)의 창조 설명과 과학적으로 거의 명확하지 않은 창세기 2~3장(J문서)의 설명 사이의 관계는 복잡하다. 두 본문을 서로 조화시키려는 시도, 혹은 두 본문을 현대 과학 설명에 조화시키려는 시도에 상당한 어려움이 있다. 일단 우리가 다른 역사적·신학적 상황을 어느 정도 고려해서 이 두 본문의 특징을 보면, 우리는 그 본문들이 상당히 심오함을 깨닫게 될 것이다. 이 두 창조 설명은 분명 성서에서 거의 반복되지 않지만, 이 부분이 모세오경의 처음, 즉 성서의 처음에 위치한다는 사실은 이 본문의 중요성을 보여준다. 예를 들면, J문서의 설명은 창세기 3장 이후에 성서에서 거의 반복되지는 않는 듯하지만,[56] 이 문서는 성서에서 계속 반복되는 죄, 순종, 심판과 같은 수많은 관심사와 주제들에 대한 상황을 분명하게 설명한다. 이것은 왜 "어떤 적절한 신학도 이 본문과 씨름하는 것을 피할 수 없는지"[57]에 대한 이유다.

창조 본문은 우리 시대에 논란을 야기할 수 있지만, 성서 **세계관**의 기본 특징을 말하기 때문에 성서에서 상당히 중요한 부분이다.[58] 우리는 여기에서 창조 본문의 장르에 대해 상당히 자세하게 논의했지만, 어떤 확실한 결론에 이르지 못했다. 그 이유는 이 본문이 전체적 세계관과 연결되기 때문에 근본적으로 광범위해서 어느 하나로 규정되기 어렵기 때문이다. 만약 우리가 이 부분을 간과하고 우리 자신의 세계관을 창조 본문에 경솔하게 부여한다면, 우리는 우주론, (고대) 과학, 인간 조건, 인간과 창조주의 관계, 인간과 다른 피조물들의 관계와 같은 중요한 세계관적 주제들에 대한 창조 본문의 요지를 곧 오해하게 될 것이다. 이 부분에 대한 인식 없이는 우리가 창조 본문에 대해 거의 알지 못하게 될 것이다.

이번 장에서 우리는 방대한 연구 분야를 매우 선택적이고 간략하게 살펴보았다. 이런 노력은 창세기 창조 이야기를 과학에 관련해서 해석하는 실마리를 제공했다. 그렇지만 이것은 결코 성서 창조 주제의 마지막이 아니며, 따라서 우리는 다음 장에서 관련된 추가 자료를 다룰 것이다. 이 추가 자료가 거의 과학자들에 의해 고려되지 않기 때문에, 우리는 이번 장보다 더 간결하게 논의할 수 있을 것이다. 간결하게 살펴본다고 해서 중요하지 않다는 말은 아니다. 우리가 살펴본 대로, 창세기 설명은 현대 과학과의 단순한 비교가 제안하는 것보다 더 넓은 의미를 지니고 있는데, 이것은 우리가 창조 주제의 다른 면들을 살펴볼 때 더욱 다양해진다.

제4장
# 성서에서의 창조 2 : 창조 주제

## 창조와 이야기(narrative)

비록 창세기 창조 본문이 보통 성서 창조 사상의 우선적인 자료로 간주되지만, 보다 많은 창조 자료들이 성서에 등장한다. 이 많은 창조 자료들은 창세기 창조 설명과 함께, 매우 다양하게 창조를 설명한다. 우리는 창세기 외의 성서 창조 설명을 '창조 주제(creation motif)'라고 부를 것이다(1장의 "성서에 등장하는 창조" 참조). 뿐만 아니라 이 창조 자료의 일부는 P문서 또는 J문서(주로 P문서)와 관련이 있긴 하지만, 그 외 많은 다른 내용들도 있다. 이것은 성서에 '창조 신학(theology of creation)'이라기보다 '창조 신학들(theologies of creation)'이 존재한다는 말이다. 월터 브루그만이 설명한 것과 같이, 이 창조 신학들은 "세상을 창조한 야훼"를 증언한다는 사실에 의해 서로 연결된다.[1] 하나님은 말씀으로(예, 창 1, 예언 포함), 지혜로(예, 렘 10:12), 영으로(창 1:2) 창조했다. 우리는 이것을 하나의 창조 교리로 통합하고 싶어할지 모르지만, 이것은 다양성 속에 있는 성서 증언의 핵심을 훼손하는 것이다. 이 책은 창조 주제를 하나님의 **본성**에 초점 맞출 것인데, 하나님의 본성은 성서에서 결코 분명하게 정의되지도, 쉽게 체계화되지도 않는다. 결론적으로 성서의 창조 신학은 항상 다양하고 다차원적이다.

프레트하임(Terence E. Fretheim, 1936~)은 구약의 창조 주제를 연구하면서 중요한 지적을 한다.[2] (1) 창조 사상은 하나님에 대해 논의된 모든 것의 중심이다. (2) 구약의 창조 사상은 관계적이다. 즉 구약의 창조 사상은 관계 형성을 하나님의 본성과 하나님의 창조에 근본적인 것으로 본다. 만물은 창조주를 반영하며 서로 밀접한 관계를 맺고 있다.[3] 이것은 중요한 고찰인데, 프레트하임은 이것을 자세히 설명한다. 우리는 궁극적으로 삼위일체 하나님에 초점을 두며, 우리의 방법대로 이것을 이번 장부터 여러 장에 걸쳐 다룰 것이다.

관련된 창조 본문들은 범위가 너무 방대하다. 우리는 이번 장에서 주로 창조 본문들의 다양성에 관심을 가지며, 과학적 창조관과의 비교에 가장 적절한 창조 주제의 요소들을 찾아낼 것이다. 여기에서 고려할 첫째 유형은 구약성서의 중요한 이야기들이다. 그중 창세기 1~11장은 태초의 창조 이야기다. 창세기 1장에서 열왕기하 25장까지, 그리고 그 이후를 함께 살펴보면, 이 방대하고 다양한 역사 산문은 인류의 시작부터 이스라엘의 시작까지, 그리고 포로기의 이스라엘과 유대의 사실상의 멸망을 넘어 예루살렘의 일시적 재건(에스라-느헤미야)까지의 거대한 이야기다.

창조 주제의 관점에서, 이 거대한 이야기의 중요한 순간은 대홍수와 출애굽, 시내 산에서 율법을 받는 순간이다.

홍수 이야기(창 6~9)에서, 하나님은 P문서와 J문서의 창조물 대부분을 파괴하고, 노아와 모든 생물과 언약을 맺으며 새로운 창조를 한다(9:1~17). 이 언약은 인간과 동물에 제한을 둘 뿐만 아니라, 하나님에게도 제한을 두는데, 하나님은 결코 같은 방법으로 피조물을 심판하지 않기로 선언한다. 이것은 창세기 1장 26~30절에서 이미 시작된 창조주와 피조물의 **상호 의존** 관계를 발전시킨다고 말해도 과언이 아니다. 즉 하나님은 인간과 동물에게 창조의 책

임성을 부여하는 동시에, 이들 행동에 의해 기꺼이 어느 정도 제약을 받는다.[4]

비슷한 방식으로, 출애굽을 통한 이스라엘 국가의 창조에서 하나님과 백성을 더 나은 상호 의존 관계로 엮는 시내 산 언약이 특징적이다. 비록 출애굽 이야기가 관례적으로 '창조'보다는 '구속(redemption)'으로 분류되기는 하지만, 프레트하임은 하나님의 **창조** 행위가 출애굽 도중에 일어난 대부분의 사건에 대한 이해의 근거를 제공한다고 주장한다.[5] 프레트하임은 출애굽기 1장 7절을 중요하게 보는데, 이 구절은 출애굽 이야기가 시작될 때, 이스라엘 민족이 이집트에서 생육하고 번성하라(창 1:28)는 P문서의 창조적 명령에 복종하고 있었음을 나타낸다. 그러므로 집단 학살(출 1:8~16)로까지 이어지는 바로(Pharaoh)의 이스라엘 인구 제한 시도는 창조에 대한 위협이다. 이에 대응하여 하나님은 일련의 징조들, 특히 출애굽기 7~10장의 저주들과 홍해를 가르는 일(출 14~15)을 행한다. 이런 징조들은 창조와 비슷한 규모로, 창조의 적(바로)을 향해 우주적 위협을 가한 것이다. 특히 홍해 횡단은 바로를 궁극적으로 격파한 극적인 장면이다. 그러므로 사실상 거룩하게 질서 지어진 섭리 체계로 되돌아감을 의미하는 일련의 기적들을 통해 창조는 스스로 회복되고, 이스라엘 민족은 광야에서 풍부하게 공급되는 음식과 물을 먹고 마신다(출 15~17).

이 이야기에 이어서 예배 공간인 성막의 건축이 묘사된다(출 25~31, 35~40). 성막 묘사와 P문서의 창조 묘사 사이의 유사성이 오랜 기간 주목받았는데, 이것은 우리가 3장에서 우주 신전으로서의 창조에 대해 살펴본 것과 유사하다. 더욱이 성막 묘사는 레위기, 민수기, 신명기에 시내 산에서 율법을 받는 복잡한 이야기와 함께 나온다. 현대 독자들은 모호성과 복잡성 때문에 비교적 이 본문을 자세히 연구하지 않지만, 이 본문은 이스라엘 세계관과 창조관에 대한 풍부한 통찰을 담고 있다. 다음에 다루겠지만(5장의 "고대 이스라엘인의 '사고방식'"), 이 율법은 '정결'과 '부정', '거룩한' 것과 '혐오스러운' 것 같은 차이로 인해 기억하기 쉬운, 삶의 전체를 위해 질서 지어진 체계다. 사회적이고 의례적인 인간 세계는 전적으로 이 체계에 포함되고, 농업 세계와 자연 세계도 마찬가지다. 세계는 공생하며 존재하고, 보존과 번영을 위해 서로 의존한다.

율법(토라)은 유대인의 종교적 세계관에 상당한 영향을 미친다. 그리고 율법은 창세기부터 열왕기하까지, 그리고 성서의 더 많은 곳에 나오는 창조와 구속을 설명하는 중요한 이야기에 잘 통합된다. 토라에서 중요하게 여겨지는 수많은 구별(distinctions)과 경계(boundaries)는 우리의 세계관과 매우 다른 세계관에서 유래한다. 하지만 우리가 토라를 통해 유대인의 종교적 세계관으로부터 배울 수 있는 것들이 많이 있는데, 특히 법칙, 창조, 종교, 과학을 전체적으로 이해하는 것과 그럴듯한 범주화에 저항하는 것은 배울 만하다.

이제 우리가 성서의 시문학에서 창조 주제를 생각해보기 전에, 시편 19편을 인용해 이 절을 마무리하고자 한다. 시편 19편은 자연법칙(해가 뜸)을 토라에 너무 밀접하게 관련시키기 때문에 자연법칙과 토라는 창조주에 관계되는 방식뿐만 아니라 창조주의 본성을 이해하는 방식에 있어서도 상호 보완적으로 보이는 것이 분명하다. 만약 하나님, 인간, 자연 세계가 상호 의존적이라면, 마찬가지로 법칙, 창조 같은 추상적인 개념도 상호 의존적이다.

> [태양이] 하늘 이 끝에서 나와서 하늘 저 끝으로 돌아가니,
>
> 그 뜨거움을 피할 자 없다.
>
> 주님의 교훈은 완전하여서 사람에게 생기를 북돋우어 주고,
>
> 주님의 증거는 참되어서 어리석은 자를 깨우쳐 준다.
>
> (시 19:6~7)

## 창조와 시

가장 장엄한 몇몇 시편은 모든 자연에서 하나님의 사역을 찬양하는데(예, 시 33), 이것은 아마 창세기 창조 설명과 유사하다. 시편 8편이 좋은 예다. 시편 8편에서는, P문서와 마찬가지로, 인류가 피조물을 '지배'하는 권한을 가진다(시 8:3~8과 창 1:26~30을 비교). 시편의 많은 부분이 하나님의 행위(예, 시 9) 또는 하나님의 신성(예, 시 117)을 이유로 **인간**이 하나님을 찬양하도록 권하는데, 동일한 이유로 **모든 피조물**이 하나님을 찬양하는 구절들도 있다(예, 시 65, 98). 창조주를 인지하는 것은 본성적으로 인간과 모든 피조물이 같다. 이것은 우리가 창세기 2장에서 기독교 창조 교리의 근본이라고 논의했던 우발성을 보여 준다. 모든 피조물은 태초부터 역사를 통틀어 계속해서 생존을 위해 창조주 하나님에게 의존하고 있는데(즉 피조물의 생존은 **필연적**인 것이 아니라 하나님께 철저히 의존되어 있다), 찬양은 이런 단순한 사실을 인지하는 것이다. 하나님에게 의존한다는 것을 인지하는 데 실패하는 것은 하나님을 찬양하는 데 실패하는 것이고, 마찬가지로 하나님을 찬양하는 데 실패하는 것은 하나님에게 의존한다는 것을 인지하는 데 실패하는 것이다.

하지만 다른 시편 구절들은 우발성을 비슷하게 인지하면서, 역사를 통한 하나님의 사역을 찬양한다(예, 시 105). 만약 모든 피조물이 존재하기 위해 하나님에게 의존하기 때문에 우발적이라면, 이스라엘은 국가의 형성, 출애굽을 통한 구원, 적으로부터의 계속된 해방을 통해 하나님에게 의존하기 때문에 우발적이다. 특히 시편 136편이 **창조**와 **구속**을 이유로 하나님을 찬양하는 흥미로운 예다. 시편 136편은 P문서의 창조 설명과 잘 연결되지만(시 136:8~9과 창 1:16~18을 비교), 곧 창조 주제를 또 다른 중요한 신학 패턴, 즉 출애굽 사건처럼 역사를 통한 하나님의 구속에 연결시킨다(시 136:10~16).

모든 주 가운데 가장 크신 주님께 감사하여라.

그 인자하심이 영원하다.

큰 빛들을 지으신 분께 감사하여라.

그 인자하심이 영원하다.

낮을 다스릴 해를 지으신 분께 감사하여라.

그 인자하심이 영원하다.

밤을 다스릴 달과 별을 지으신 분께 감사하여라.

그 인자하심이 영원하다.

이집트의 맏아들을 치신 분께 감사하여라.

그 인자하심이 영원하다.

이스라엘을 그들 가운데서 이끌어내신 분께 감사하여라.

그 인자하심이 영원하다.

이스라엘을 강한 손과 펴신 팔로 이끌어내신 분께 감사하여라.

그 인자하심이 영원하다.

홍해를 두 동강으로 가르신 분께 감사하여라.

그 인자하심이 영원하다.

이스라엘을 그 가운데로 지나가게 하신 분께 감사하여라.

그 인자하심이 영원하다.

바로와 그의 군대를 뒤흔들어서 홍해에 쓸어버리신 분께 감사하여라.

그 인자하심이 영원하다.

(시 136:3, 7~15)

창조와 구속의 연결은 바빌론 포로기(기원전 6세기)에 쓰여진 것으로 추정되는 '제2이사야'(사 40~55)에서 특히 효과적으로 사용되는데, 바빌론 포로기는 이스라엘인들이 자신의 고향으로 돌아가길 갈망하고, 그들의 왕정과 성전 예배의 회복을 갈망하던 때이다. 제2이사야는 아마 다신론적 바빌론 종교에 반응하여 형성된 P문서 창조 설명같이, 종종 구약 성서에서 가장 예리하게 유일신을 말하는 부분으로 일컬어진다. 오직 하나의 신만이 존재하고 그 신이 야훼라는 것을 말하는 부분으로, 유일한 창조주로서의 지위가 특히 강조된다(예, 사 40). 동시에 바빌론 포로로부터 본국으로의 돌아갈 것을 예언하는데, 이것은 사막을 가로지르는 새롭고 영광스러운 출애굽이 될 것이고(사 40:3~5, 41:17~20, 42:16, 43:14~21, 48:20~21, 49:8~12, 52:11~12, 55:12), '새로운 일(new thing)'이 될 것이다(42:9, 43:19, 48:6~7). 제2이사야가 '새로운 창조'를 염두에 두고 있음이 분명한데, 새로운 창조는 바빌론 포로에서의 해방을 출애굽 사건에 연결시킨다. ('새로운 창조'를 예루살렘과 이스라엘의 회복으로 이해하는 사고는 다른 중요한 포로기 예언서인 에스겔 40~48장에도 등장한다.) 새로운 창조 주제, 특히 새로운 창조와 현대 과학의 연결은 9장에서 보다 충분히 논의할 것이고, 여기에서는 성서 창조 주제의 추가 요소로서 간단히 설명할 것이다.

제2이사야 일부 구절은 P문서처럼 야훼를 구속자와 창조자로 묘사한다(예, 44:24). 그러나 다른 구절들은 창세기 1장에서 명백히 드러나지 않은 **신화적** 용어를 사용하며 다른 창조 패턴을 보인다. 여기에서 '라합(Rahab)'[a]에 대한 언급이 특히 중요하다.

> 깨어나십시오! 깨어나십시오!
> 힘으로 무장하십시오, 주님의 팔이여!

---

[a] 고대 신화 속에 나오는 바다 괴물로, 구약 성서의 욥기 9장 13절, 26장 12절에 등장한다. "난폭하게, 소란스럽게, 거만하게 행동하다"라는 뜻을 가진 라하브(rahab)에서 유래된 말로, 해룡(海龍)이라고도 하고, 온몸이 물로 이루어진 괴물이라고도 한다. 바빌론 창세 신화에서는 여신 티아맛(Tiamat)이 낳은 열한 마리의 괴물 중 하나다. 유대 전승에서는 원래 천계의 천사였지만, 천지창조 때 신을 거역해서 바다에 던져졌고, 악마의 일종이라고 여겨진다.

오래전 옛날처럼 깨어나십시오!

라합을 토막 내시고 용을 찌르시던

바로 그 팔이 아니십니까?

바다와 깊고 넓은 물을 말리시고,

바다의 깊은 곳을 길로 만드셔서,

속량 받은 사람들을 건너가게 하신,

바로 그 팔이 아니십니까?

주님께 속량 받은 사람들이

예루살렘으로 돌아올 것입니다.

그들이 기뻐 노래하며 시온에 이를 것입니다.

기쁨이 그들에게 영원히 머물고,

즐거움과 기쁨이 넘칠 것이니.

슬픔과 탄식이 사라질 것입니다.

(사 51:9~11)


　여기에서 제2이사야는 우리가 지금까지 논의한 모든 주제를 하나로 묶는다. 첫 창조와 첫 출애굽에서 이스라엘의 구속은 시온을 향하는 새로운 출애굽과 새롭고 영원한 창조의 형성에 중요한 역사적 준비 단계가 된다. 그러나 여기에서 첫 창조가 라합과 연결된다는 것을 받아들이기 위해 우리는 창조 신화를 검토해볼 필요가 있다.

## 창조와 신화

고대 근동의 몇몇 신화들은 주된 신과 혼돈의 힘 사이에서 벌어지는 어마어마한 전쟁에 대한 이야기다. 시리아의 우가릿에서 발견된 가나안《바알 신화집》이전, 이 전승의 주요 자료는 바빌론 창조 서사시인《에누마 엘리쉬》였다. 《에누마 엘리쉬》에서 마르둑(Marduk)은 바다의 여신 티아맛과 싸워 승리하고, 티아맛의 몸을 둘로 잘라 하늘과 땅을 만든다. 이집트 또한 유사한 창조 신화가 있는데, 창조주 레(Re)는 뱀인 아포피스(Apophis)와 싸운다. 비록 물을 나누는 창공의 창조와 같이, 《에누마 엘리쉬》와 창세기 1장 사이에 유사성이 있고, 또한 궁켈(Hermann Gunkel, 1862~1932)은 히브리 단어 '깊은'(tehom, 창1:2)과 '티아맛'이라는 이름 사이에 유사성이 있다고 주장하지만, 창세기 1장을 창조주와 혼란의 화신인 용과의 어마어마한 전투에 연결시킬 명백한 유사성은 없다. 반면 아담과 하와 이야기에서 악을 의인화한 뱀이 중요하게 등장한다(창3). 고대 근동 신화에 익숙한 독자는 아마 이 뱀을 고대 야훼의 어마어마한 적으로 보고자 할 것이다.[6]

그렇지만 창세기 창조 설명과 다른 신화들 사이의 이 유사성들은 개략적인 것에 불과하다. 고대 신화와의 보다 실질적인 관련성이 성서 곳곳에서 발견되는데, 특히 우가릿에서 발견된《바알 신화집》을 고려할 때 그렇다.《바알 신화집》에 나오는 전투는《에누마 엘리쉬》에 나오는 마르둑과 티아맛의 전투와 너무 유사하다. 즉 바알(Baal)은 마르둑에, 얌(Yam)은 티아맛에 대응된다 (티아맛은 또한 구약 성서에서 묘사되는 리바이어던 혹은 라합과 대응되는 듯하다). 존 데이(John Day, 1948~)는 이 신화적 주제의 인식을 보편화하기 위한 많은 연구를 해왔는데,[7] 그는 이 신화적 주제를 '신과 용/바다의 전투'로 언급한다. 성서에서 이 주제는 첫 창조 때에 발생한 전투로 보일 수 있지만, 이것은 또한 하나님의 구원 또는 하나님의 왕 되심에 연결되는 듯하다(예, 시 29, 65, 74:12~17, 77:16~20, 89:7~19, 93, 104:5~9). 이와 유사한 신화적 내용이 '신적 전사(Divine Warrior)'의 현현으로 알려진 부분에서 드러난다.[8] 즉 마르둑과 바알 같이, 야훼는 심지어 창조가 명확하게 묘사되지 않는 상황에서도 종종 폭풍, 바람, 비와 함께 나타나는 폭풍 신으로 묘사된다(예, 출 15:1~18).

신화적 투쟁 이야기는 특히 욥기에서 효과적으로 사용되는 주제다. 욥기는 아마도 주제 때문에(불가해한 상황에 직면해서 하나님의 방법을 설명하는 신정론), 창조에서 하나님의 역할에 특별한 관심을 갖는다. 태초의 창조가 분명하게 드러나는 곳에서 투쟁 이야기가 수없이 언급되며(욥 9:8, 9:13, 26:12~13, 38:8~11), 신적 전사의 현현 또한 두드러진 특징이다(욥 38:1). 그러나 두 짐승 베헤못(Behemoth, 욥 40)과 리바이어던(Liviathan, 욥 41)의 자세하고 환상적인 묘사에서, 우리는 이 주제가 창의적으로 발전하여, 창조를 위한 태초 전투와 아무런 연관이 없게 되는 것을 본다. 이 두 짐승은 종종 각각 하마와 악어로 해석되지만, 존 데이는 그것들이 아마 신화적 괴물을 가리킨다고 주장한다.[9] 특히 리바이어던은 치명적이고 무시무시한 힘을 가진 용으로 묘사되고, 하나님 외에는 어느 누구도 이 두 짐승을 정복하거나 길들일 수 없다고 여겨진다. 이 본문의 의미는 신화적 괴물이 인간의 통제 혹은 이해를 훨씬 넘어서는 것처럼, 하나님의 방법은 그보다 훨씬 어마어마하다는 말이다. 윌리엄 브라운은 시편 104편이 욥기 38~41장의 흥미로운 대응 본문이라고 주장한다.[10] 왜냐하면 욥기처럼 시편 104편이 창조의 풍부한 다양성을 묘사하고, 바다에서 '노는' 리바이어던을 언급하기 때문이다(시 104:26). 하나님과 바다 사이의 어마어마한 전투를 말하는 본래의 신화적 상징은 더 이상 부각되지 않고, 두 본문에서 리바이어던은 더 이상 하나님의 적이 아니라, 하나님이 질서 지은 세계에 거하는 하나님의 피조물 중 하나다. 신화적 여신인 용의 상징이 길들여지고 적용될 수 있다는 것은, 다른 고대 근동 문화를 상당히 경멸했음에도 불구하고, 이 고대 근동 창조 신화가 이스라엘 문화에 어느 정도까지 저항하면서 남게 되었는지를 보여준다.

이것은 용과의 전투 주제가 당대 정치학에서 사용될 수 있는 흔한 은유가 되었다는 사실(예, 시 87:4, 사 30:7), 또는 그 주제가 하나님에게 반대하는 사람들을 위한 미래의 종말적 처벌에 대한 진술이 될 수 있다는 사실(예, 암 9:3, 사 27:1)에서 보다 잘 설명된다. 심지어 이 주제는 다니엘의 환상에서, 바다에서 나와 하나님을 반대하는 네 마리 괴물로 묘사된다(단 7). 이것은 결국 기독교계에서 바다와 밀접한 관련이 있는 듯 보이는 악마의 이미지(계 12, 13, 20)가 되기에 적절했다.

그러므로 하나님이 용/바다와 투쟁하는 이미지는 다양하게 해석되기 때문에 모호하긴 하지만 상당히 중요하고, 이것은 우리에게 창조 주제가 어떻게 다른 신학적 주제들과 연결되는지 보여준다. 물을 분리시킴으로써 바다에 대한 하나님의 주권을 보여준 홍해 사건에서 특히 잘 드러난다. 그리고 이사야 51장 9~11절은 라합과의 신화적 전투를 통한 첫 창조를 출애굽에 연결시킬 뿐만 아니라, 포로들이 시온으로 돌아올 때의 새롭고 영원한 창조에 연결시킨다.

하나님과 용/바다의 투쟁 이야기에서 일종의 과학적 의미를 추출해서, 이 주제를 '비신화화'할 수 있다. 이 경우, 이 이야기는 무로부터의 창조 이야기가 아닌 **무질서로부터 질서**(order from disorder)를 말하는 이야기로 해석된다. 그러므로 이 이야기를, 이전에 형태가 없는 물질에서 질서를 부여한 하나님을 말하는, 성서의 다른 창조 주제들과 연결할 수 있다.[11] 예를 들면, 토기장이처럼 점토로 창조하는 하나님의 이미지를 생각해볼 수 있다(사 29:16, 45:9, 64:8, 집회 33:13, 롬 9:20~21). 그러나 아마도 무질서로부터 질서를 말하는 창조의 가장 두드러진 예는 P문서다. 창세기 1장 2절에서 하나님은 무질서의 상징인 '혼돈과 공허'와 깊은 흑암으로 하늘과 땅을 창조하기 시작한다. 어둠에서 분리된 빛의 창조에 의해 질서가 생긴 것처럼, 물과 육지의 분리에 의해 땅에 질서가 생긴다. 우리는 무질서로부터 질서를 말하는 이 창조 주제가 현대 과학에서 묘사된, 수많은 자연의 창발적 속성과 상당한 유사성이 있음을 보게 될 것이다(9장 참조).

## 창조와 지혜

창조 주제에 보다 더 중요한 요소가 성서의 지혜 문학에 등장한다(특히 잠언, 욥기, 전도서, 집회서, 지혜서). 성서의 창조 주제에 있어서 지혜 문학의 중요성이 간과되어서는 안 된다. 왜냐하면 지혜 문학은 다른 창조 전승만큼 가치가 있을 뿐만 아니라,[12] 신약 성서 창조 신학의 대부분을 형성하고, 특히 자연법칙에 대한 현대 과학관과 비교될 수 있기 때문이다.

우리는 이미 욥기가 어떻게 하나님과 바다가 싸우는 신화적 주제를 사용하는지 살펴보았다. 그리고 지혜 문학으로 분류되는 다른 성서와 마찬가지로, 욥기 38~41장은 자연 세계의 창조주로서의 하나님의 역할을 중요시한다. 흥미롭게도 브라운은 자연 생명에 대한 욥기의 빛나는 묘사를 비글(The Beagle) 호를 이용한 다윈의 획기적인 항해와 비교한다.[13] 다윈의 항해는 생명이 '다양한 생명이 있는 다중 우주(multiversity of biodiversity)'에 존재한다는 현대적 인식에 영향을 주었는데 욥기는 다윈보다 수천 년 전에 이미 이것을 언급했다.

만약 하나님이 존재하는 모든 것의 창조주라면, 하나님은 또한 모든 지혜의 근원이다. 그러므로 인류를 하나님의 엄청나고 경이로운 창조의 상황 가운데 위치시킴으로써 우리는 우리 자신의 중요성, 우리 지혜의 부족함, 하나님의 지혜와 법칙에 대한 우리의 의존성을 더 잘 평가하게 된다. 이것이 전도서뿐만 아니라 욥기에서 반복되는 주제다. 전도서는 창세기 1장 또는 잠언 8:22~31과 같은 자료들과 비슷하게 질서정연한 창조를 강조하기 때문에 주목할 만하다. 그러나 창세기 1장과 잠언 8:22~31은 하나님이 세계를 단계적으로 질서 있게 창조하는 것을 강조하지만, 전도서는 창조를 계절과 시간의 끊임없는 반복적 순환으로 묘사한다.

> 한 세대가 가고, 또 한 세대가 오지만,
>
> 세상은 언제나 그대로다.
>
> 해는 여전히 뜨고, 또 여전히 져서,
>
> 제자리로 돌아가며, 거기에서 다시 떠오른다.
>
> 바람은 남쪽으로 불다가 북쪽으로 돌이키며,
>
> 이리 돌고 저리 돌다가 불던 곳으로 돌아간다.
>
> 모든 강물이 바다로 흘러가도,
>
> 바다는 넘치지 않는다.
>
> 강물은 나온 곳으로 되돌아가,
>
> 거기에서 다시 흘러내린다.
>
> (전 1:4~7)

자연에 대한 이런 관점은 "모두가 헛되어 바람을 잡으려는 것과 같다"(전 1:14)는 저자의 비관주의를 강화한다. 삶에는 좋은 것뿐만 아니라 고통도 있다. 창조 세계는 끊임없이 계속되는 반면, 우리는 누구나 피할 수 없이 죽음에 이르게 된다(전 12:1~7). 이런 관념이 2,000년도 훨씬 이전에 기록되었음에도 불구하고, 여기에 현대 과학적 세계관과 유사한 부분이 많은데,[14] 특히 다윈이 주장한 적자생존을 통한 자연선택 이론이 그렇다. 자연은 개체 혹은 심지어 전체의 운명을 감지하지 못한 채, 끊임 없는 투쟁과 경쟁의 반복을 통해 발전한다. 만약 이런 생명 관점에서 드러나는 공허함이 오늘날 새로운 무신론자들로 하여금 종교에 반대하도록 이끈다면, 전도서 저자가 수천 년 전 동일한 공허한 감정을 인정했지만, 이것이 종교와 하나님에 대한 고백(모든 것 위에 계신다)을 더욱 더 중요하게 만들었다는 것에 주목할 필요가 있다(전 12:13).

　삶의 허무에도 불구하고, 전도서는 분명히 삶에 의미가 존재한다는 것에 주목하는데, 이것은 궁극적으로 위로부터 발생하는 지혜다. 그러나 욥기에서처럼 평범한 인간 이성으로 알 수 없는 것이 바로 지혜다(전 8:16~17). 욥기에 따르면, 비록 인간이 마치 고귀한 금속을 찾기 위해 깊은 동굴을 파는 것처럼 지혜를 찾고자 해도 여전히 인간은 지혜를 발견하지 못할 것이다(욥 28). 게르하르트 폰 라트(Gerhard von Rad, 1901~1971)가 지적한 것처럼, "그러므로 '지혜'와 '이해'는 하나님이 피조물 안에 주입한 '의미(meaning)' 즉, 창조의 신적 신비 같은 것을 의미함에 틀림없다."[15]

　지혜 문학의 일부에서 지혜는 하나님에 의해 주입된 '의미'를 넘어 혹은 심지어 하나님이 세계를 창조할 때 사용한 매개체(잠 3:19)에 의해 주입된 '의미'를 넘어, 의인화된 여성의 지위에까지 높아진다. 지혜의 적절한 신적 지위, 그리고 지혜와 창조의 관계는 특히 잠언 8장의 유명한 지혜 찬양에서 절정에 도달한다. 잠언 8장에서 지혜는 중요하고 핵심적인 진술을 한다. "주님께서 일을 시작하시던 그 태초에, 주님께서 모든 것을 지으시기 전에, 이미 주님께서는 나를 데리고 계셨다"(8:22). 이 구절은 어떻게 지혜가 모든 창조 과정에서 하나님을 수행했는지를 묘사한다. 그리고 30절에서 지혜는 '전문 건설업자' 또는 '건축가'(또는 심지어 '어린아이', 의미는 불확실함)처럼 묘사된다. 아무튼 지혜는 하나님의 '기쁨'이다(8:30).

그러나 얼마나 정확히 지혜가 하나님과 관계되는가? 핵심적 구절인 잠언 8장 22절의 동사를 어떻게 해석해야 하는지가 불분명하다. 지혜는 '창조'되었는가, 혹은 '잉태'되었는가, 혹은 심지어 '습득'되었다는 것이 보다 적절한가?[16] 이 불확실성과 지혜의 잠재적 신적 지위는 분명 이스라엘의 유일신 이해에 질문을 제기한다(그리고 유일신론은 특히 기원후 4세기 예수의 신성에 관계된 아리우스 논쟁에서 골치 아픈 논제가 되었다). 지혜는 하나님의 인격과 존재의 한 면, 아마 여성적인 면을 은유적으로 표현한 것인가? 아니면 (다른 고대 종교에서 발견되는 것처럼) 창조주 남신의 배우자인 여신 같은 존재인가? 그것도 아니면 하나님을 수행하는 천사처럼 독립되어 있으나 창조된 독립체인가?[17] 이런 질문들에 자신 있게 대답하기는 너무 어렵지만, 학자들은 지혜를 하나님으로부터, 하나님과 함께, 하나님 안에서 태어나서, 하나님의 인격의 한 면을 묘사하는 문학 장치로 이해하며, 8장 22~31절에서 묘사된 지혜의 가변적이고 은유적인 본성을 강조하는 경향이 있었다.[18]

지혜서 7~9장은 창조에서 지혜의 중심적 역할을 언급하며, 심지어 더 인격화된 지혜를 말한다. "지혜는 세상 끝에서 끝까지 힘차게 펼쳐지며, 모든 것을 훌륭하게 다스린다"(지혜 8:1). 지혜와 **세계 질서**의 관계는 혼돈 신화를 생각나게 할 수도 있다(앞의 "창조와 신화" 참조). 이런 지적은 타당한데, 왜냐하면 혼돈 신화가 욥기(또한 아마도 잠 8:29)를 제외하고 지혜 문학에서 '현저하게 부재한다'는 것이 주목받아왔기 때문이다.[19] 아무튼 잠언 8장과 비교해 지혜서에서 눈에 띄는 것은 지혜와 하나님의 인격/존재 사이에 더욱 밀접한 관계가 있다는 것이다.

지혜는 하나님께서 펼치시는 힘의 바람이며,

전능하신 분께로부터 나오는 영광의 티없는 빛이다.

그러므로 티끌만한 점 하나라도 지혜를 더럽힐 수 없다.

지혜는 영원한 빛의 찬란한 광채이며,

하나님의 활동력을 비추어주는 티없는 거울이며,

하나님의 선하심을 보여주는 형상이다.

(지혜 7:25~26)


만약 잠언 8장에서 지혜의 신적 지위 여부가 불확실하다면, 지혜서가 그것을 명확하게 하는 듯 보인다. 지혜는 하나님과 동일하지 않고, '좋음(goodness)'과 같은 창조된 세계의 속성도 분명 아니다. 대신 지혜는 하나님의 인격(personality)의 유출, 즉 세계에 거하며 세계를 질서 짓는 하나님의 선물(잠 8:21)이다. 그리고 지혜는 세계에 목적과 조화를 부여하며, 세계에 주입된 신적 의미 그 이상이다. 왜냐하면 지혜는 세계를 만드는 데 중요한 역할을 수행하는 세계의 '형성자(fashioner)'이기 때문이다.

유사하게 지혜를 인격화하여 묘사하는 구절이 집회서 24장에 나온다. 여기에서 지혜는 하나님같이 피조물을 초월하는 것으로 묘사된다. 만약 이 본문에서 지혜가 하나님에 의해 창조되었고, 하나님의 명령만 기다린다는 것이 분명하게 언급되지 않았다면, 이 본문을 하나님의 자기 묘사로 생각하는 것도 무리는 아니다.


나는 지극히 높으신 분의 입으로부터 나왔으며,

안개와 같이 온 땅을 뒤덮었다.

나는 높은 하늘에서 살았고,

내가 앉는 자리는 구름기둥이다.

나 홀로 높은 하늘을 두루 다녔고,

심연의 밑바닥을 거닐었다.

바다의 파도와 온 땅과

모든 민족과 나라를 나는 지배하였다.

나는 이 모든 것들 틈에서 안식처를 구했으며,

어떤 곳에 정착할까 하고 찾아다녔다.

온 누리의 창조주께서 나에게 명을 내리시고,

나의 창조주께서 내가 살 곳을 정해주시며,

"너는 야곱의 땅에 네 집을 정하고,

이스라엘에서 네 유산을 받아라." 하고 말씀하셨다.

그분은 시간이 있기 전에 나를 만드셨다.

그런즉 나는 영원히 살 것이다.

(집회 24:3~9)


현대 과학 시대에 특히 매력적인 지혜의 속성 중 하나는 지혜가 자연법칙에 관계된다는 것이다. 지혜는 세계의 청사진, 목적, 의미, 질서뿐만 아니라 세계의 형성자 같은 존재로, 자연 세계 어디에나 영원히 존재한다고 묘사된다. 또한 지혜는 특히 계몽된 하나님의 백성인 이스라엘 민족 가운데 거한다. 이 것은 반신적 지위(semi-divine status)까지 승격된, 물리 법칙에 대한 일부 현대의 추측들과 매우 유사하다(2장의 "자연법칙" 참조). 그러나 지혜에는 자연법칙 이상의 무엇인가가 있다. 지혜는 창조 사역에 적극적인 하나님의 특성을 드러낼 뿐만 아니라, 지혜 문학의 다른 부분에서는 도덕적·윤리적·사회적 지혜가 고려된다. 즉 지혜는 과학 이상이다. 그러나 현대 과학 시대에 신학적으로 이 본문을 적용하는 방법이 바로 지혜를 자연법칙에 내재하는 것으로 간주하는 것이다. 세계의 신적 기반을 말하는 히브리 개념과 현대 자연법칙 사상 사이에는 분명한 연결 고리가 있다. 이것은 예수의 재림, 성육신(incarnation), 삼위일체 교리와 함께 신약 성서를 해석할 때 보다 분명해진다.


## 창조와 그리스도

신약 성서에서 도덕 기준을 설명하기 위해 창세기 창조 이야기를 언급한 몇몇 구절들(예, 막 10:2~12, 고전 11:7~12)과 '용'의 특징을 묘사하며 혼돈 신화를 반복하는 부분(계 12, 13, 20)을 제외하면, 창조 이야기는 거의 그리스도에 초점이 맞춰진다. 이 주제에 종말론적 분위기가 상당히 드러나지만, 지혜 문학에 표현된 의미는 대부분 예수의 가르침에서 더 자세히 진술된다. 가장 잘 알려진 예는 선재(先在)한 그리스도이자 하나님의 '아들'(1:14, 18)인 '로고스(logos, 말씀)'를 찬양하는 요한복음의 서두다(1:1~18).

요한이 '로고스'란 용어를 선택한 종교적·지적 배경에 대해 학계의 많은 논의가 있었다.[20] 예를 들면, 로고스가 그리스 철학에서 널리 사용되었고, 로고스를 우주에 부여된 합리적 질서 원리로 이해한 스토아 철학 개념의 영향으로 요한이 그 단어를 사용했을 가능성이 있다. 스토아 철학의 로고스 개념이 현대 물리 법칙의 보다 고차원적 이해와 일부 유사하다는 사실은, 과학-신학 영역에서 그리스도를 물리 법칙의 형상화(embodying)로 보는 것에 대한 관심이 증가해온 이유 중 하나다(10장의 "로고스와 물리 법칙" 참조).

요한의 로고스 개념 기저에 있는 스토아 철학의 로고스 개념을 숙고하는 것도 흥미롭지만, 유대 지혜 전승은 보다 그럴듯한 근거를 제시한다. 요한복음이 로고스에 대해 말하는 것과 잠언, 지혜서, 집회서가 의인화된 지혜에 대해 말하는 것 사이에 밀접한 유사성이 있다. 요한은 로고스가 태초에 하나님과 함께 있었고, 실제로 바로 그 하나님이라고 말하기 때문에(요 1:1), 우리는 하나님과 관련해 로고스의 지위를 설정하는 데에 모호함을 느낀다. 의인화된 지혜는 세상을 창조하는 데 중요하게 거론되고, 따라서 요한은 모든 것이 로고스를 통해서 창조되었다고 말한다. "모든 것이 그로 말미암아 창조되었으니, 그가 없이 창조된 것은 하나도 없다"(요 1:3). 지혜처럼 로고스도 빛과 비교되고(요 1:4~5, 지혜 6:12, 7:26), 생명의 근원으로 언급된다(요 1:3~4; 잠 8:35 · 지혜 8:13 참조). 지혜와 마찬가지로 로고스는 세상에 존재했지만(요 1:10; 집회 1:15 참조), 세상은 거의 로고스를 알아보지 못했다(요 1:10; 바룩 3:31 참조).

또한 요한복음의 서두는 창세기 1장의 창조 설명을 기독론적으로 해석한 것으로 간주될 수 있다.[21] 두 본문은 모두 명확한 어구인 '태초에'로 시작한다. 그리고 요한이 선재한 아들을 로고스와 동일시하는 것은, 창세기 1장에서 하나님이 **말씀으로** 세상을 형성한 방식을 떠오르게 한다(창 1:3, 6, 9, 14, 20, 24, 26). 여기에서 발화된 말씀은 모두 효과가 있다. 하나님은 창세기 1장에서 능동적으로 세상을 형성할 필요가 없고, 단지 세상이 생겨나도록 **명령**한다. 사실 창세기 1장에서 관련 어구들은 종종 신적 허가(divine fiat) 또는 '있으라'(예, "빛이 있으라")의 측면으로 해석되기 때문에, 하나님이 **명령**한다고 말하는 것은 아마 너무 강한 표현이다. 만약 그렇다면, 창조 때 발화된 말씀은 명령이라기보다는 하나님의 격려 행위이고, 피조물이 생겨나도록 격려하는 동시에 피조물과 밀접한 관계를 맺는 초월적 창조주의 역설적 모습을 보여준다. 일단 창세기에서 하나님의 격려 말씀이 요한복음 1장의 신적 로고스(창조 때 하나님과 함께 일하지만 '육신'으로서 피조물의 한 부분이 됨)로 의인화되면, 파트너 관계는 더 주목을 받게 된다. 비록 하나님의 **말씀**을 통한 창조 주제가 다른 곳에서도 드러나지만(예, 시 33:6, 33:9, 119:89, 148:5, 히 11:3), 이것은 창조 주제가 요한복음 1장에서 새로운 정점에 도달한다는 것을 의미한다. 뿐만 아니라 요한복음에서 '로고스'라는 용어의 사용은 창세기 1장과 분명한 유사성이 있는 반면, 이것은 또한 히브리 예언자들이 '주님의 말씀'이라고 표현한 것처럼, 창조 주제를 하나님의 예언적 **뜻**에 연결한다.[22]

　이것은 아마 우리가 요한복음의 서두에서 가장 유명한 구절인 "그 말씀은 육신이 되어 우리 가운데 사셨다"(1:14)를 이해하는 방법이다. 하나님의 창조 목적과 뜻이(율법과 예언자들에 의해서도 동일한 목적과 뜻이 표현되었는데) "은혜와 진리"(1:14, 16)와 함께 인간의 형태로 육화된 분이 바로 나사렛 예수다.[23] 하나님은 심지어 예수 안에서 '외아들이신 하나님(only begotten God)'으로도 불릴 수 있는, 전례 없는 방법으로 자신을 드러낸다. "일찍이 하나님을 본 사람은 아무도 없다. 아버지의 품속에 계신 외아들이신 하나님께서 하나님을 알려주셨다"(1:18).

　여기에서 묘사된 친밀감은(계시적 목적이 있는데) 잠언 8장에 나오는 하나님과 지혜 사이의 관계를 연상시킨다. 비록 우리가 여기에서 요한복음의 서두에 초점을 맞췄지만, 예수와 유대 지혜 전승의 관련성은 결코 요한복음에서만 특별한 것이 아니다. 우리는 공관복음서(예, 마 11:19, 25~30)와 고린도전서 1장 15~20절에서도 그 관련성을 발견할 수 있다.[24]

　기독교 역사 발전의 측면에서, 인간 나사렛 예수와 선재한 신적 아들 · 지혜 · 로고스를 동일시하는 것은 기독교 첫 세대에 사도들과 초기 신자들이 예수의 유산, 특히 예수의 죽음과 부활을 이해하고자 했을 때 발생했음에 틀림없다. 이런 동일시가 오랜 기간 신학적 논증에 기반한 일종의 진화의 고리(evolutionary chain)를 통해서인지,[25] 아니면 혹시 계시적 경험[26]을 포함해, 훨씬 갑작스러운(폭발적인) 초기 환경을 통해서 발생했는지를[27] 알 수는 없다. 그러나 분명 바울 서신들(우리가 가진 가장 이른 기독교 저작)은 기원후 50년대까지는 예수가 신적 존재로 인정받는 데에 문제가 없음을 보여준다. 여기에서 제기되는 가장 난해한 질문 중 하나는 어떻게 초기 기독교인들이 초기 유대교의 유일신 체계 안에 그리스도의 신적 지위를 수용했느냐 하는 것이다. 그리스-로마(만신전)의 다신론적 이해에 직면해서, 초기 기독교인들은 예수의 신성을 계속해서 유대교 안에서 정립하려 했다. 그들이 아마도 유대 묵시 문학에서 보이는 반신적 인물(예, 에녹 1서 48장 '사람의 아들')에 관심을 가졌기 때문에 그렇게 할 수 있었다고 주장되어왔지만, 유대 지혜 전통이 예수를 창조 때에 하나님과 함께 선재한 하나님의 아들로 보는 문헌적·신학적 근거를 제공했기 때문에, 유대 지혜 전통은 적어도 중요하게 여겨졌음에 틀림없다.[28] 이 지혜 전통이 그리스도와 창조 사이에 자연스러운 연결 고리를 만들었다.

요한복음 서두처럼 신약 성서에 놀라운 진술이 있는데, 이것은 바로 나사렛의 보잘것없는 목수가 이 세상에 태어나기 한참 전에, 로고스/하나님의 아들이 이미 존재했고, 심지어 태초에 세상을 창조했다는 진술이다(요 1:1~4, 1:10, 골 1:15~20, 히 1:2~3). 요한복음의 기록 시기를 정확히 예측할 수는 없지만, 대부분의 학자들은 1세기 말로 추정하는데, 그 이유 중 하나는 요한복음이 신약 성서의 다른 부분보다 상당히 발전된 기독론을 보이기 때문이다. 한편 바울 서신에 매우 발전된 기독론 진술들이 나온다. 예수의 십자가 처형 후 20년도 지나지 않은 시기에 바울은 다음과 같이 기록한다. "그러나 우리에게는 아버지가 되시는 하나님 한 분이 계실 뿐입니다. 만물은 그분에게서 났고, 우리는 그분을 위하여 있습니다. 그리고 한 분 주님이신 예수 그리스도가 계십니다. 만물이 그분으로 말미암아 있고, 우리도 그분으로 말미암아 있습니다"(고전 8:6). 세상을 창조한 하나님이 자신을 낮춰 인간이 되었다는 사상은 매우 일찍 정립되었다. 즉 그리스도는 세상의 구속을 위해 책임을 감수하는 동시에 "하늘과 땅 위와 땅 아래 있는"(빌 2:10) 모든 피조물에 의해 상응하는 예배를 받는다.

바울은 그리스도의 신비를 다른 신학적 묘사들로도 설명했는데, 그중 특히 창조와 구속을 연결하기에 유용한 것은 그리스도를 제2아담으로 묘사한 부분이다(롬 5:12~21, 고전 15:21~22, 15:45~49). 첫 아담과 같이, 그리스도는 창세기 창조 이야기와 인류의 기원에 연결되지만, 구속에 있어서 그리스도의 역할은 **새로운** 창조를 하는 것이다(고후 5:17, 갈 6:15). 죽음과 부활을 통한 구속 행위로 인해, 그리스도는 아담에게서 시작된 첫 창조의 완성을 의미할 뿐만 아니라, 새로운 시대로 인도하는 새로운 존재다. 그러므로 새로운 아담이라는 이 간단한 암시적 주제로 인해, 창조, 구속, 종말에 대한 신학적 주제들이 함께 엮어진다. 이 사상은 성서의 마지막 장면에서 새 예루살렘이 새 땅의 중심이 되기 위해 새 하늘로부터 내려올 때(계 21~22)에 모든 것이 성취되는 것으로 상징적으로 묘사된다.

우리는 9장에서 종말론적 차원을 보다 깊게 탐구할 것이고, 지금은 판넨베르크(Wolfhart Pannenberg, 1928~2014)가 발전시킨,[29] 창조에서 그리스도의 역할에 대한 주장을 구체화하며, 예수 부활의 의미를 간단히 강조할 것이다. 바울 신학에서 예수의 부활이 중요한 이유는 단지 십자가에서 예수의 죽음을 입증한 기적이기 때문이 아니라, 그 당시 유대 상황에서 부활이 갖는 더 포괄적인 중요성 때문이다. 바리새인 같은 초대 유대교 종말론적 분파들은 죽은 사람들이 마지막 심판의 날에 부활할 것으로 믿었다. 바울은 젊은 시절 바리새인으로 살았는데, 그는 예수의 부활을 곧 도래할 보편적 부활의 '첫 열매'로 해석했다. 그러므로 예수의 부활은 세상의 종말이 가까이 왔고(고전 15:20, 23), 그리스도가 우주적 왕(고전 15:24~25, 빌 2:11)이라는 의미가 되었다. 판넨베르크의 요점은 **종말적** 사건으로 보이는 부활이 예수에 대한 모든 신학적 진술을 해석하는 열쇠라는 것이다. 예수의 부활로 인해 **인간** 나사렛 예수는 태초의 세계 창조에 참여했던 하나님의 아들로서 **신적** 존재로 여겨진다. 예수의 부활은 모든 창조의 완성이다. 그러므로 예수 안에서 구체화되고 예수를 통해 의미를 발견하는 (창조의 시작에서부터 포함된) 하나님의 영원한 목적을 볼 필요가 있다.

> 하나님이 나사렛 예수로 성육신한 것은 세상이 지닌 통일성의 기준이 되며, 또한 창조 때의 모든 사건과 모든 형태가 결정되는 기준이 된다. 예수와 하나님의 연합이 우선 예수의 부활에 의해 결정되기 때문에, 오직 예수의 부활을 통해 세상의 창조가 완성된다.[30]

만약 이것이 우리에게 창조와 구속에 대해 매우 인간 중심적 관점을 취하게 한다면, 우리는 신약 성서에서 창조가 생물학적 종으로서의 인류가 아닌, 성육신한 아들 그리스도에 초점이 있다는 것을 기억해야 한다.[31] 아무튼 로마서 8장은 안목을 상당히 넓힐 수 있는 매우 중요한 본문이며, 최근 생태 신학을 발전시키기 위해 광범위하게 인용되고 있다.[32] 이 본문은 예수의 부활 주제를, 하나님의 영이 믿는 자들에게 부여되는 종말론적 시대의 시작으로 발전시킨다. "예수를 죽은 사람들 가운데서 살리신 분의 영이 여러분 안에 살아 계시면, 그리스도를 죽은 사람들 가운데서 살리신 분께서, 여러분 안에 계신 자기의 영으로 여러분의 죽을 몸도 살리실 것입니다"(롬 8:11).

바울은 현재를 고통의 시기로 말하며 새로운 종류의 삶을 묘사하는데, 이것은 마지막 날에 죽은 자들의 부활을 예시하는 유대 묵시적 사조에 의해 예견된 종말론적 모습이다.

> 현재 우리가 겪는 고난은, 장차 우리에게 나타날 영광에 견주면, 아무것도 아니라고 나는 생각합니다. 피조물은 하나님의 자녀들이 나타나기를 간절히 기다리고 있습니다. 피조물이 허무에 굴복했지만, 그것은 자의로 그렇게

한 것이 아니라, 굴복하게 하신 그분이 그렇게 하신 것입니다. 그러나 소망은 남아 있습니다. 그것은 곧 피조물도 썩어짐의 종살이에서 해방되어서, 하나님의 자녀가 누릴 영광된 자유를 얻으리라는 것입니다. 모든 피조물이 이제까지 함께 신음하며, 함께 해산의 고통을 겪고 있다는 것을, 우리는 압니다. 그뿐만 아니라, 첫 열매로서 성령을 받은 우리도 자녀로 삼아 주실 것을, 곧 우리 몸을 속량하여 주실 것을 고대하면서, 속으로 신음하고 있습니다.

(롬 8:18~23)

비록 종말론적 과정이 우선적으로 인간('하나님의 자녀들')의 유익을 염두에 두고 설계되었지만, 적어도 다섯 번 이상 강조된 '피조물(그리스어로 ktisis)'이란 단어에서 드러나듯이, 종말론적 과정은 피조물 전체에 해당한다. 비록 바울이 피조물이 '허무'에 굴복하고 '썩어짐의 종살이'에 있음을 말하면서 아담과 하와의 '타락'(창 3)을 언급하지만, 바울은 하나님이 우주적 범위에 관계하고 있음을 말한다. 그리스도의 부활과 "성령의 첫 열매"로 나타난 "하나님의 자녀들"의 구속은 단지 아담과 하와의 자손들뿐만 아니라 피조물 전체에 해당한다. 그렇지만 현재로서는 피조물이 "신음하며 고통을 겪고 있다." 즉 새로운 창조가 도래되기 전에 필수적인 고통의 시간을 통과하고 있는 것이다. 다시 말하면, 모든 피조물은 인류와 공동 운명체로 고통을 겪지만, 또한 미래에 같이 구속의 혜택을 받을 것이다. 이런 방법으로, 로마서 8장에서 바울은 그리스도의 부활 주제를 결코 인간 중심적이 아닌, 우주적 관점으로 발전시킨다.

로마서 8장은 또한 이 모든 것이 성령의 힘으로 발생한다는 것을 분명하게 증언한다. 성령은 믿는 자들에게 새 창조의 생명을 부여하는 영이자(예, 9절), 부활한 그리스도의 생명이다(11절). 첫 창조 때에 물 위로 움직이며(창 1:2) 현존했던 바로 그 영이다. 히브리어와 그리스어로 '영(Spirit)'은 또한 '숨(breath)'

과 '바람(wind)'을 의미하기 때문에, 영은 하나님이 첫 인간에게 불어넣은 생명의 호흡("생명의 기운", 창 2:7)이자, 대홍수 때에 처벌받은 세대의 숨("코로 숨을 쉬며 사는 것들", 창 7:22)이라고 말할 수도 있다. 간단히 말해서, 영/숨은 생물학적 생명의 근원이며(시 104:29~30), 새로운 종말론적 생명의 근원이다. 바로 이 영이 성령 강림 때에 새로운 교회에 생명을 주었다(행 2, 요 20:22).

성령의 언급은 삼위일체의 제3위격을 떠오르게 하고, 그래서 만약 우리가 어떻게든 그리스도의 사역을 이해하는 데 혼동이 생긴다면, (a) 바울 서신들이 창조에서 그리스도의 사역을 틀림없이 종말론적으로 발전된 사상으로 볼 뿐만 아니라, (b) 바울 서신들이 그리스도의 종말론적 사역과 성령의 종말론적 사역을 매우 자세히 연결 짓는다는 것에 주목해야 한다. 그러므로 우리는 창조 때에 하나님의 사역을 성령의 사역에 관련시키지 않고는 충분히 설명할 수 없다. 여기에서 삼위일체 신론이 제기되는 것은 어느 정도 당연하다.

물론 그리스도와 창조에 대해 여기에서 말한 것 대부분이 기원후 1세기 이후에 발생한, 집중된 신학적 숙고와 논쟁으로부터 기인한 것임은 말할 필요도 없다. 초대 교회는 골로새서 1장 "그리스도는 세상을 창조한 동시에 십자가에서 범죄자로 죽음으로써 세상을 하나님과 화해시켰다"(골 1:20)에 포함된 사상 같이, 신학적으로 발전된 사상을 계속적으로 해석할 수 있는 성숙한 기독론을 발전시키는 데에 수백 년이 걸렸다. 이 역설적 사상들은 설명에 의해서라기보다, 더욱 예리한 역설적 용어(인간성과 신성을 동시에 가진 그리스도)로 재규정할 때 가장 잘 해석되었다. 그러므로 칼케톤 공의회(기원후 451년)는 그리스도의 신성의 측면, 즉 그가 '시대에 앞서 아버지로부터 태어났다'는 것과, 그리스도의 인성의 측면, 즉 '말세에 동정녀 마리아로부터 태어났다'는 것을 말할 수 있었다. 이 두 본성은 한 분 그리스도에게서 "혼동 없이, 변화 없이, 분리되지 않고, 나눌 수 없는" 채로 존재한다.[33] 이런 언어는 기독교 첫 세기 언어와 극과 극으로 다르지만 신약 성서 본문을 이런 의미로, 즉 시대착오적(후대에 충분히 인지되었던 개념들과 실재들로 성서 본문을 읽는 것)으로 읽지 않는 것은 어렵다. 우리가 다음 절에서 논의할 삼위일체 신관이 가장 적절한 예다.

## 창조와 삼위일체 신관의 시작

만약 칼케톤 공의회가 예수의 두 본성을 말하며 신약 성서에 내포된 역설을 강화시켰다면, 우리는 거의 2,000년을 거슬러가 이 모든 것 뒤에 타당한 신학적 추론이 있다는 것을 알 수 있다. 신약 성서에 의하면, 십자가에서 인간으로 죽은 하나님의 아들이(마 27:40~43, 막 15:39, 롬 5:10) 바로 태초에 세상을 창조하는데 일조한 하나님의 아들이었다(골 1:13~20). 좀 더 직설적으로 말하면, 만약 하나님의 아들이 세상을 구원하기에 충분한 하나님이라면, 그 아들은 세상을 창조하기에 충분한 하나님이다. 그러므로 창조와 구속은 동일하고 상호 보완적인 하나님의 사랑의 행위로서 함께 다뤄져야 한다. 여기에서 아마 기독교 신앙에서 가장 역설적인 삼위일체 신관이 시작된다. 인류를 구원한 하나님이 이 땅에 인간의 모습으로 나타남으로써 구원을 이루었고, 그러므로 이 분은 태초에 세상을 창조한 바로 그 하나님임에 틀림없으며, 현 세계에서 심지어 지금도 영으로 일하는 바로 그 하나님이라는 관찰로부터 삼위일체 신관이 나온다.

이런 접근이 우리에게 좋은 신학적 의미를 줄 수도 있지만, 신약 성서에서는 결코 명확하게 진술되지 않는다. 삼위일체를 지적하는 듯 보이는 가장 분명한 신약 본문은, 예수가 그의 제자들에게 "아버지와 아들과 성령의 이름으로"(마 28:19) 세례를 주라고 당부한 부분인데, 이 본문은 예수가 세례받는 순간, 즉 사실상 삼위일체인 순간을 떠오르게 한다(예, 마 3:16~17). 다른 본문에서도 찾아볼 수 있는데, 요한복음의 마지막 가르침으로 불리는 곳에서, 예수는 제자들에게 하나님이 성령을 보내 자신을 생각나게 하고 자신을 증언할 것이라고 말한다(요 14:26, 15:26). 바울 서신들 중에 명백히 삼위일체로 보이는 한 구절이 있는데(고후 13:13), 이외에도 바울은 어디에서든지 성부, 성자, 성령을 매우 밀접하게 연관시킨다. 특히 우리가 앞에서 언급한 로마서 8장 18~23절의 바로 앞부분이 그렇다(롬 8:15~17). 그리고 바울 신학에서 철저히(또는 명백하게) 삼위일체로 보일 수 있는 부분들이 있다.[34] 특히 교회(이 땅에서 새 창조의 표상)에 대한 가르침이 그러한데, 교회는 "하나님의 교회"(예, 고전 10:32)이자 "그리스도의 몸"(예, 고전 12:27)이며, 성령의 교제·참여(고후 13:13)를 유발한다.

요약하면 신약 성서에 삼위일체 신학의 태동을 암시하는 구절들이 있고, 삼위일체는 **경륜적**(economic) 용어로 표현된다. 즉 성부, 성자, 성령이 창조와 구속의 "경륜"·"계획"(엡 1:10) 속에서 상보적 역할을 통해 밀접하게 연관된다. 예를 들면, 로마서 11장 36절은 "만물이 그[하나님]에게서 나고, 그[성령]로 말미암아 있고, 그[예수]를 위하여 있습니다"라고 기록되었는데, 이것은 섭리적 삼위일체 신관으로 해석될 수 있다.

반면 **내재적**(immanent) 용어, 즉 삼위일체 하나님의 내적 관계와 행위에 의해 삼위일체 하나님을 규정하는 것은 후대에 적합한 용어의 발전이 있은 후에 가능했다. 테르툴리아누스(Quintus Septimius Florens Tertullianus, 160~220)가 여기에서 특히 중요한데, 그 이유는 그가 서양 신학에 내재하는 삼위일체 논의의 근거를 형성한 단어인 'trinitas(삼위일체)'와 'persona(위격)'를 중요하게 했기 때문이다.

비록 역사 비평가들이 대단히 시대착오적이라고 비판할지 모르지만, 삼위일체 신관을 심지어 구약 성서에서도 추론할 수 있다. 성부, 성자, 성령에 대한 기독교 신앙이 창세기 창조 이야기 같은 성서 본문에 의해 지지받을 수 있다는 것을 논증하려는 시도는, 적어도 기원후 2세기 이레니우스(Eirēnaios, 130~202) 시대 이래 신학자들에게서 계속되었다(예, 이레니우스는 성자와 성령을, 점토로 아담을 만든 성부의 '양손'에 비유한다[35]). 현대 학자들도 세심한 주의를 기울이며 비슷한 연구를 해왔다. 우리는 이미 구약의 창조 주제가 '시작 단계'에 있기 때문에, 소위 말하는 그런 하나의 교리로 정리될 수 없다는 부르그만의 경고[36]를 살펴보았다(위의 "창조와 이야기" 참조). 그러나 구약의 창조 주제는 창조를 삼위일체로 이해하는 데 필수적인 모든 자료를 포함한다. 왜냐하면 야훼는 말씀으로(창 1:3), 지혜로(렘 10:12), 영으로(창 1:2) 창조했다고 일컬어지기 때문이다. 제임스 매키(James P. Mackey, 1934~)는 말씀, 지혜, 영이 구약과 신약의 창조 주제에서 서로 혼용되어 사용되었다고 주장하는데,[37] 이 주장은 불가피하게 우리로 하여금 말씀, 지혜, 영의 신학적 지위를 삼위일체 방식으로 생각하게 한다.

비록 우리가 구약(또는 심지어 신약)의 창조 본문을 삼위일체 방식으로 발전시키는 역사적 관점을 꺼릴지 모르지만, 창조 본문에는 역사적으로 접근하기 적합한 요소들이 있다. 더군다나 삼위일체적 접근은 창조 본문이 처음 기록된 후 수천 년간 우리의 관점에 수많은 유익을 제공했고, 많은 신학적 혁명을 야기했다.

삼위일체적 접근의 첫 번째 장점은 초대 교회로 거슬러가면, 구약과 신약 모두 근본적으로 동일한 하나님의 혁신적인 계시를 증언한다는 신앙을 고수하는 신학적 성서 해석 전통(따라서 역사적 시대착오를 피하는 방법)이 있다는 것이다. 우리는 이 관점을 신약에서 볼 수 있는데, 신약은 수많은 구약 본문들을 취해 그 본문들이 그리스도를 예표하는 것으로 해석한다. 이 해석은 **유형론적**(typological) 성서 해석 방법으로 알려졌는데, 구약의 내용을 신약에서 발생할 것을 예시하거나 예측하는 것으로 본다. 그러므로 우리는 아우구스티누스의 유명한 격언을 되새길 필요가 있다. "구약에 신약이 숨어 있고, 신약에서 구약이 드러난다."[38] 우리가 신약을 구약보다 중요하게 다루고 싶어질 때, 우리는 신약이 구약 없이는 이해될 수 없음을 기억해야 한다. 그러므로 만약 구약과 신약이 동일한 기독교 정경의 부분이기 때문에 서로에게 정보를 주고 서로 안내해준다는 신학적 접근이 받아들여진다면, 구약과 신약의 상호 연결을 강조하는 것이 적절하다. 사실 우리는 이미 이번 장에서 구약과 나란히 신약의 창조 자료를 언급함으로써 상호 연결하기 시작했다. 만약 현대 역사 연구가 (삼위일체 같은 후대 개념을 암시함에도 불구하고) 우리들이 본문의 **역사적** 상황에 참여해야 한다는 것을 고수한다면, 이때 기독교 해석은 우리가 또한 **정경의**(canonical) 상황에 참여해야 한다는 것으로 잘 대답할 수 있다. 결국 성서는 기독교의 근본 기준이고, 본질적으로 삼위일체 하나님을 주장한다. 결과적으로 성서 창조 본문을 신학적으로 읽는 것은, 이 본문이 역사적 관점에서 무슨 의미가 되던 간에, 삼위일체 신관을 받아들이도록 암묵적으로 요구한다.

삼위일체 관점의 두 번째 장점은 해석학적 유용성에 관계된다. 성서 창조 주제를 다소 현대 과학의 관점에서 탐구하는 이 책에서, 로고스를 창조의 기저에서 작용하는 원리(자연법칙을 포함)에 연관시키는 데에 도움이 된다. 창조가 현대 진화 과학을 암시함에도 불구하고, 성령은 영구적인 창조 행위에 현존하는 내재적 하나님으로 드러날 수 있다.

이것은 삼위일체 관점의 세 번째 장점에 관련된다. 5~6장에서 논의하겠지만, 현대 과학 시대에서 하나님을 세계로부터 분리시키는 이신론의 영에 저항하기는 힘들다. 우리의 종교 사상은 의식적이거나 무의식적으로 이신론의 영에 의해 다각도로 물들었다. 반면, 삼위일체 관점은 하나님이 역사를 통해 세계를 창조하고 구속하는 데에 적극적으로 개입한다고 주장한다. 물론 이런 삼위일체 관점은 성서의 **유신론적** 분위기와 잘 어울린다. 따라서 비록 삼위일체 관점이 성서보다 후대에 더 발전된 신관이지만 이 관점은 단언컨대 유신론적 분위기를 현대 이신론 시대에 정착시키는 최선의 방법을 우리에게 제공한다.

웹스터(John Webster, 1955~)는 성서 신학을 연구하며, 삼위일체에 대한 중요한 주장을 했다. 그는 너무 자주 성서가 명백한 자연주의, 또는 그 반대인 명백한 초자연주의 관점으로 읽혔다고 주장한다. 자연주의자는 성서가 우선적으로 역사 문헌으로써 인간 기원의 면에서 해석되어야 하고, 사실상 2차적 해석 단계, 즉 성서가 하나님의 자기 소통(God's self-communication)의 역할을 할 가능성이 경시되어야 한다고 주장한다. 초자연주의자는 반대로 성서의 역사적 요인을 넘어 신적 계시의 역할을 강조한다. 웹스터는 이 두 주장 모두 성서를 이해함에 있어서뿐만 아니라, 하나님이 세상과 관계 맺는 방식을 이해함에 있어서도 치명적 결함이 있다고 주장한다. 특히 이 두 주장은 유신론과는 거리가 먼, 하나님을 세상으로부터 분리시키는 이원론을 드러낸다. 이것은 일종의 이신론으로 돌아가는 것이다. 웹스터는 말한다.

> 이원론은 하나님과 세상의 관계에 대한 신학 담론에서 삼위일체 교리를 축소시킬 수밖에 없다. 세상을 향한 하나님의 행위가 비삼위일체적으로 인식될 때, 그리고 특히 부활한 그리스도의 현존과 성령의 활동에 대한 기독교 담론이 세상에서의 신적 행위를 말하지 않을 때, 이 신적 행위는 피조물과 무관하며 어떤 실제적 관계도 없게 된다. 하나님은 사실상 외부로부터 피조물에 개입하지만 피조물과는 관계가 없는, 인과론적 힘(causal will)에 불과하게 된다.[39]

해결책은 하나님의 초월성과 내재성을 동시에 지지하는 것이며, 이것은 삼위일체 교리를 단도직입적으로 지지하는 것이다. 성서에 관한 한, 웹스터가 지적한 대로, 우리는 성서 본문이 '만들어진 것임(creatureliness)'과 동시에 하나님의 자기 계시(God's self-revelation)의 매개체로서 성스러운 지위를 갖는다는 변증법적 진술을 해야 한다.

비록 성서 창조 주제와 삼위일체 신관의 관련성에 관한 이번 절의 논의가 다소 모호하긴 하지만, 우리는 이 논의가 이후 성서 창조 자료를 과학적으로 해석할 때 중요하게 다뤄질 해석학적 접근의 토대를 놓기 시작했다고 말할 수 있다.


## 결론

성서의 창조 주제는 하나의 간결하고 잘 정의된 개념 혹은 원리가 아니다. 그것은 소위 말하는 그런 **하나의** 신학'이 아니다. 창세기 1~2장의 창조 이야기들은 종종 확고한 성서 진술로 받아들여지지만, 우리는 이 이야기들이 서로 구별되고 다른 신학적 주장을 할 뿐만 아니라, 창세기부터 요한계시록까지 다양한 창조 본문들이 성서에 있다는 것을 살펴보았다. 성서의 다양한 창조 본문들은 창조 주제에 관해 더 많은 것을 시사한다. 그러므로 성서로부터 하나의 창조 교리가 도출될 수 없으며, 장르, 목적, 내용에 있어서 그야말로 너무 다양하다. 그럼에도 불구하고, 이 모든 자료들은 유일한 창조주인 이스라엘 하나님의 주권을 주장한다는 사실에서 연결된다.

우리는 성서 창조 자료를 **세상**이 어떻게 존재하게 되었는지에 대한 신학적 규정으로 읽는 경향이 있지만, 창조 자료는 마찬가지로 **하나님의 본성**에 대한 신학적 규정으로도 간주될 수 있다. 이 장의 마지막 몇 절에서 우리는 지혜서와 신약의 창조 자료를 이해하는 방법을 간단히 검토하면서 이 내용을 분명하게 언급했다. 우리는 성서 창조 자료가 기독교인들이 수천 년이 지난 후에도 여전히 개념화하기 어려워하는 하나님의 본성에 대한 신학적 깊이를 암시한다는 것을 볼 수 있었다.

우리가 다음 장에서 과학적·철학적 연구로 방향을 전환하기 전에, 과학-신학 영역에서 거의 제기되지 않지만 창조주 하나님에 대한 성서의 묘사를 이해하는 데 본질적인 한 가지를 언급할 필요가 있다. 그것은 적절한 인간의 응답으로서의 예배, 경외, 경이에 대한 것이다. 성서에 보면 창조에 대한 깊은 묵상이 찬양으로 이어지는 본문이 있다. 실제로 심지어 하나님의 구속 행위가 고려되기도 전에 창조는 홀로 예배의 충분한 이유로서 성서에 등장한다.

> 우리의 주님이신 하나님,
>
> 주님은 영광과 존귀와 권능을 받으시기에 합당하신 분이십니다.
>
> 주님께서 만물을 창조하셨으며,
>
> 만물은 주님의 뜻을 따라 생겨났고, 또 창조되었기 때문입니다.
>
> (계 4:11)

창조를 이유로 하나님을 찬양하는 본문 중 가장 눈에 띄는 표현 중 일부가 시편에 등장한다. 예를 들면, 시편 8편은 인류가 하나님에게 전적으로 의존하기 때문에 우러나오는 찬양을 묘사하는 한편, 시편 104편은 모든 창조된 생명으로 인해 찬양하고, 시편 98편은 땅의 경치로 인해 찬양하며, 시편 19편은 소리 없는 하늘로 인해 찬양한다. 그러므로 성서의 관점에서 보면, 다양한 피조물들은 창조주를 향한 우주적 찬양의 움직임에 참여하면서 서로를 격려한다. 이것은 우리가 빠지기 쉬운 인간중심주의에 반대하는 가치 있는 대안을 제공하는데, 욥기 38~41장에서 하나님이 욥에게 한 말이 한 예다. 이것은 보다 보편적인 관점을 제시하고자 하는 최근 생태 신학의 핵심 내용이다.[40]

구약의 창조 자료에서처럼, 신약의 창조 자료에서도 찬양의 상황은 비슷하다. 신약 창조 자료에서 주목할 만한 것은 그 자료가 예수에 관계된다는 것과, 그 자료가 예수의 신성, 예수의 선재, 창조에서 예수의 역할, 예수를 찬양할 의무(구약에서 야훼 홀로 찬양받은 것처럼)에 대한 놀라운 주장을 한다는 것이다(예, 빌 2:5~11). 이것은 기독교 창조관과 예배의 필요성에 대해 심오하면서 섬세한 중요성을 드러낸다. 데이비드 윌킨슨이 지적한 것처럼, "그리스도를 언급하지 않고는 우주가 피조물로써 충분히 이해될 수 없다."[41] 자연 신학(natural theology, 즉 '자연' 세계의 이성과 경험에 근거한 신학)의 관점에서, 이런 진술은 경험상 어떤 단도직입적인 방법으로도 입증될 수 없다. 이것은 자명한 일이다. 윌리엄 페일리(William Paley, 1743~1805)는 창조주를 최고의 기술을 지닌 시계공에 비유하며, 자연 신학에 가장 적절한 하나의 예를 제시했다. 이런 설계 논증은 항상 자연에 대한 **관찰**보다는 **계시**에 의해 평가되어야 하는 골고다의 기독교 하나님이 아닌, 철학자의 신(인간 논리와 유비의 신)을 구성한다는 이유로 공격받아왔다. 반면 현대 진화 신학은 종종 고통당하는 그리스도가 피조물의 진화적 고통을 '속량한다'는 것을 제시하며(8장 참조), 두 주장을 결합한다. 우선 우리는 그리스도를 창조의 중심에 두는 것이 성육신의 신비를 말하는 또 다른 방법이라는 것에 주목하고자 한다. 즉 그리스도의 중심성은 계시된 신비이고, 기독교의 핵심이다.[42] 그것은 "말씀이 육신이 되신"(요 1:14) 그리스도 안에서, 창조주가 피조물이 되었고, 피조물이 창조주가 되었다는 것을 인식하게 한다. 이것은 새로운 무신론이 자연 신학을 부인하며 창조주와 피조물의 결속을 끊고자 시도할 때, 거의 인지하지 못한 것이다. 기독교인에게 있어서는 과학 또는 창조에 근거해서 하나님의 존재를 지지 혹은 반대하는 어떤 가설도 충분하지 않다. 또한 기독교인에게 그리스도의 삶, 죽음, 부활을 통해 하나님이 우주와 친밀한 관계를 맺고 있고, 또한 우주를 속량한다는 사실을 설명하지 않는 어떤 가설도 충분하지 않다.

이것은 단도직입적으로 창조주 하나님이 합리적인 과학적 가설로, 또는 전적인 객관적 타자로 여겨질 수 없다는 것을 의미한다. 또한 이것은 기독교인들이 찬양 없이, 괜찮은 논리만으로는 창조의 중요성에 적절하게 반응할 수 없다는 것을 의미한다. 성자와 성령의 풍부한 신성이 피조물에게 부여됨에 따라, 피조물은 이에 보답해 하나님에게 최고의 감사를 올릴 의무가 있다. 대니얼 하디(Daniel Hardy, 1930~2007)에 따르면, "창조와 종말이 하나님에게 영광을 돌리는데, 이 영광은 창조와 종말이 그것들을 향한 하나님의 **삼위일체적 행위**(Trinitarian movement)를 통해 받은 바로 그 영광이다."[43] **자연주의**(naturalism)에서 발견되는 창조에 대한 순수한 과학적 관점은, 결코 이런 점을 고려하지 않기 때문에, 이 요점을 충분히 이해할 수 없다. 이 과학적 관점은 창조된 세계의 물리적 본성을 묘사할 수 있고, 심지어 피조물이 왜 존경받아야 하고 경이로움의 대상인지 수많은 이유를 제시할 수 있지만, 피조물을 창조주와의 관계를 통해서 설명할 수는 없다. 그래서 과학적 관점은 창조주와 피조물 사이의 영광의 순간에 스스로 참여할 수 없다. 결국 이것은 과학적 관점으로 성서 창조 본문을 해석할 때 발생하는 심각한 결함이다.

제5장
성서 창조의 구조

## 자연적(natural) 그리고 초자연적(supernatural)

5~6장에서 우리는 우선 성서 본문의 **과학적** 구조를, 이어서 **신학적** 구조를 이해하는 방법을 논의하면서, 어떻게 성서의 창조 본문이 현대 과학-신학 분야의 논의에 통합될 수 있는지를 살펴볼 것이다.

비록 우리 문화에서 신학적 담론과 과학적 담론을 구별하는 것이 복잡하지 않을지 몰라도, 성서에 접근하면 이 문제는 복잡해진다. 왜냐하면 고대 히브리 과학 체계의 상당 부분이 신학적 용어로 되어 있고, 마찬가지로 신학적 용어의 상당 부분이 과학적 용어로 되어 있기 때문이다. 우리는 영적 세계의 개념과 이에 반대되는 물질 세계, 즉 사물의 기적(초자연적)과 이에 반대되는 일상 체계(자연적)를 말하기 위해 **'자연적'**, **'초자연적'**이라는 일반적 용어를 사용할 것이다. '자연(nature)'이란 용어가 모호한 것처럼, 이 용어들도 다소 모호하다.[1] '자연'이 야생동물의 세계(인류와 떨어져 존재하는 지구의 식물군과 동물군)를 의미하는가, 아니면 이 용어가 과학의 소관인 전문 용어인가? 그렇지 않으면, '자연'이 하나님과 분명히 다른 모든 피조물을 의미하는 신학적 용어인가?

여기에서 우리는 **자연적** 사건을 일반적인 과학적 실험 방법과 가설의 검증을 통해 과학으로 묘사될 수 있는 사건으로 간주할 것이다. 이 경우, 우리는 **초자연적** 사건이 어떤 수준이든지 간에 분명한 자연적(과학적) 설명을 갖지 않는다는 것을 말하고 싶어할 수도 있다. 우리는 보통 초자연적 사건이 이 세계 위에(**초월해**) 있는 힘에 의해 야기된다고 여기며, 극적인 기적 이야기를 초자연적 사건의 증거로 간주한다.

성서의 창조 자료 일부는 솔직히 '자연적'으로 묘사될 수도 있다. 특히 '해가 뜨는'(예, 말 1:11) 것 같은 일상 사건을 언급할 때 그렇다. 하지만 이제는 심지어 매일의 반복적 현상인 이와 같은 예에서도, 코페르니쿠스를 따르는 우리 현대인들은 태양이 뜨는 것에 대한 과학적 배경을, 이 본문들을 처음으로 구성하고 읽은 사람들과는 매우 다르게 이해한다는 것에 주목할 필요가 있다. 그들의 해석은 심지어 우리들이 이 자연적 예가 실제로 하나님에 대한 보편적 헌신을 위한 **신학적** 은유라는 설명을 받아들이기 이전이다. "해가 뜨는 곳으로부터 해가 지는 곳까지, 내 이름이 이방 민족들 가운데서 높임을 받을 것이다. 곳곳마다 사람들이 내 이름으로 분향하며, 깨끗한 제물을 바칠 것이다. 내 이름이 이방 민족들 가운데서 높임을 받을 것이기 때문이다. 나 만군의 주가 말한다"(말 1:11). 심지어 성서의 '자연적' 언어와 같이 겉보기에 간단한 예에서도, 수많은 해석 단계들이 동시에 작용하여 우리로 하여금 과학적 용어를 넘어서게 한다. 이것은 심지어 우리가 '자연적'이란 용어가 무엇을 말하는지를 주의 깊게 정의한 후에도 마찬가지다.

아마 성서에서 자연적/초자연적 범주들 사이에 모호하고 겹치는 부분에 대한 가장 좋은 설명은 '영(spirit)'이란 단어에서 나온다. 이 단어는 히브리어[ruah]와 그리스어[pneuma]에서 똑같이 '바람'으로 해석될 수 있다. 비록 우리가 '영'을 근본적으로 초자연적으로, '바람'을 자연적으로 생각할지 모르지만, 이 단어가 그리스어와 히브리어에서 하나의 실재가 자연적/초자연적으로 언급될 수 있다는 사실은, 성서 시대 사람들이 실재를 우리와 같은 방법으로 생각하지 않았을 수 있다는 것을 암시한다.[2] '영'과 '바람'은 보이진 않지만 각각의 방법으로 감지될 수 있는 힘이었고, 이것들 사이의 엄밀한 구분이 불필요했다.

요약하면 성서 본문에서 자연적인 것과 초자연적인 것 사이의 구분은 쉽지 않다. 이런 구분은 한참 이후 철학의 발전으로부터 생겨났고, 현대 과학적 세계관과 더욱 가깝다. 예를 들면, 우리가 "골짜기마다 샘물이 솟아나게"(시 104:10) 한 야훼의 창조 행위를, 요단 강의 흐름을 기적적으로 멈춰서 여호수아와 이스라엘 백성들이 건널 수 있게 한 야훼의 행위(수 3:16)와 다른 종류의 행위라고 말할 수 있는가? 첫 번째 예는 매일 있는 현상이어서 우리의 귀에 본래 자연스럽게 들린다. 그러나 이 본문이 요단 강을 건넌 기적인 두 번째 예와 **신학적인** 면에서 어떻게 다른지에 대한 어떤 암시도 그 본문에 나오지 않는다. 아무튼 두 번째 기적은 간헐적 지진이 요단 강둑에 사태(沙汰)를 야기해서 강의 흐름을 막은 것으로 과학적으로 쉽게 설명될 수 있다.[3] 그러나 우리가 이 두 본문을 현대 과학과 관련해 해석하는지의 여부에 관계없이, 두 본문의 핵심은 이 자연 현상들이 하나님이 "온 땅의 주권자"(수 3:13)이기 때문에 발생한다는 것이다. 그러므로 하나님의 **자연적** 행위와 **초자연적** 행위를 구분하는 것은 신적 행위에 대한 두 개의 상호 배타적인 관점을 암시하는 것이고, 이것은 적어도 이 두 본문에서 성서 저자가 말하는 것을 넘어서는 것이다.[4]

한편 고대 이스라엘인들은 개울과 강의 범람과 같은 많은 물리 환경의 특징들을 주기적으로(그러므로 '자연적'으로) 발생하는 것으로 여겼음에 틀림없는데, 이는 현대 과학적 세계관과 다소 유사하다. 그들은 심지어 이 특징들을 자연법칙의 예로써 인정한 듯 보인다.[5] 예를 들면, 물이 보통 아래로 흐르고, 시간이 흘러 개울 혹은 강을 형성하며, 모래 또는 흙에 수로를 만든다는 것을 이해하기 위해, 현대 과학 혹은 물리 지질학을 세세하게 알 필요는 없다. 다시 말하면, 세상의 많은 주기적 현상에 대한 자연적 설명이, 현대 과학이 도래하기 전에도 항상 존재해왔음에 틀림없다.

사실 주기적인 현상이 우리의 '법칙'(자연법칙의 경우와 같이) 개념에 반드시 관계되지는 않지만, 성서에 주기적 현상이 인식된 증거가 있다. 다음 구절은 고라의 반란에 휘말린 사람들의 운명을 먼저 예언하고, 이어서 그 결과를 묘사한다.

> 그때에 모세가 말하였다. "…… 이 사람들이 보통 사람이 죽는 것과 같이 죽는다면, 곧 모든 사람이 겪는 것과 같은 죽음으로 죽는다면, 주님께서 나를 보내신 것이 아니오. 그러나 주님께서, 당신들이 **듣도 보도 못한 일을 일으켜서**(creates a new creation)[a], 땅이 그 입을 벌려, 그들과 그들에게 딸린 모든 것을 삼켜, 그들이 산 채로 스올로 내려가게 되면, 그 때에 당신들은 이 사람들이 주님을 업신여겨서 벌을 받았다는 것을 알게 될 것이오." 그가 이 모든 말을 마치자마자, 그들이 딛고 선 땅바닥이 갈라지고, 땅이 그 입을 벌려, 그들과 그들의 집안과 고라를 따르던 모든 사람과 그들의 모든 소유를 삼켜버렸다.
>
> (민 16:28~32)

이 본문은 상당히 흥미롭다. "보통 사람이 죽는 것/겪는 것(natural death/fate)"과 "듣도 보도 못한 일(new creation)" 사이의 차이에 주목하자. 현대 과학적 세계관은 우리가 이와 같은 이야기에 접근하는 데 중요한 질문 중 하나인 '무엇이 실제로 일어났는지', 즉 무엇이 땅을 갈라지게 했는지에 관심을 갖는다. 문득 떠오르는 분명한 설명은 지진이다. 반면 이 사건이 부서지기 쉬운 굳은

---

[a] 개역개정에는 "새 일을 행하사"로, 공동번역에는 "들어본 적도 없는 일을 하실 것이다"로, KJV에는 "make a new thing"로 번역이 되어 있는데, 저자는 NRSV의 번역인 "creates a new creation"에 초점을 맞춰 논지를 전개한다.

사막 표토 때문에 발생했다고 볼 수도 있다. 사막 표토는 일부 지역에서 비가 온 후에 예상외로 급격히 갈라질 수 있다.[6] 이 본문은 이 두 해석 가운데에서 하나를 결정하는 데 필요한 물리적 단서를 거의 제공하지 않지만, 우리는 '무엇이 실제로 일어났는지'에 너무나 많은 관심을 두는 것을 경계해야 한다. 우선 지진은 종종 신적 전사가 나타날 때 등장하는 한 요소로(예, 삿 5:4~5, 시 29, 합 3:6), 신화적 중요성을 갖는다. 그러므로 이 사건의 신화적 또는 상징적 차원은 '실제로 무엇이 일어났는지'를 넘어 더 깊은 의미를 내포한다.

이 사건이 '새로운 창조(듣도 보도 못한 일)'로 묘사된다는 것이 중요하다. 지진이 **항상** 기적과 상징으로 여겨졌는지의 여부는 현 논의의 영역을 넘어서지만, 이 특별한 사건은 분명 기적으로 여겨진다. 반대로 놀라운 사건이 신성에 의해서가 아닌, 일상적 상황에서 '우연'에 의해 발생할 수도 있다는 인식이 도처에서 나타난다(삼상 6:9). 또한 우리는 위 본문에서 원어를 직역하면 "모든 사람의 죽음 같이" 또는 "모든 사람의 운명"으로 번역되는 "보통 사람이 죽는 것"과 "보통 사람이 겪는 것" 부분을 주목할 필요가 있다. 죽음이 보편적일 뿐만 아니라 신적 섭리에 의해 회피될 수 없다는 사상은 아마 성서에서 '자연법칙'에 가장 가까운 진술일 것이다. "온 세상 사람이 가는 길"(수 23:14, 왕상 2:2, 반대로 창 19:31에서는 '삶'의 개념 포함), 또는 "살아 있는 사람은 누구나 죽는다"(전 7:2)와 같이 다른 부분에서도 자연법칙의 흔적이 드러난다. 이 어구는 성서에서 우리의 '자연' 개념, 특히 인간과 피조물들이 특정한 '자연적' 성향, 특성, 기량과 비슷하게 창조되었다는 개념(예, 지혜 7:20, 마카베오4서 5:8~9, 5:25, 롬 1:26~27, 11:21, 11:24, 고전 11:14, 벧후 2:12)에 좀 더 유사한 것을 언급하는 곳에 'physis(자연의 성장 원리)'라는 단어와 이 단어의 파생어들이 종종 사용된다. P문서와 에스겔 일부에서는 '모든 종류의'란 반복되는 구를 사용하여 피조물을 묘사하는데, 이 구는 우리의 '자연' 개념을 인류와 구별되는 다양하고 풍부한 야생 생물의 세계로서 인식하게 한다(창1:12, 1:24~25, 6:19, 7:14, 겔17:23, 39:4, 39:17).

그러나 우리는 이 고대 '자연' 관의 증거를 성서 저자가 개울과 강이 흐르는 것 같은 자연 현상을 묘사할 때에 고려한 것은 하나님이 근본적 원인으로 드러나는 신학적(초자연적?) 설명이었다는 주장과 화해시켜야 한다. 다른 말로 하면 초자연적인 것들이 자연적으로 보일 수 있었고, 자연적인 것들이 초자연적으로 보일 수 있었다. 예를 들면, 이런 관점은 인간/비인간 세계에서 만물의 질서정연하고 예측 가능한(법칙 같은?) 규칙을 논의하는 전도서 3장에 등장하지만("모든 일에는 다 때가 있다"), 이 모든 것은 인간의 이해를 초월한 하나님의 목적에 의해 뒷받침된다. 성서 시대의 사람들은 어떤 면에서 보면 우리와 너무 다르지 않은 과학적 방법으로 사고할 수 있었고, 또한 그것을 문학으로 표현할 때에는 아주 철저한 유신론적 신학을 사용해 표현할 수 있었다.

## 고대 이스라엘인들의 '사고방식'?

성서 학자들은 지적인 면에서 고대 세계와 현대 세계 사이를 갈라놓는 경향이 있었다. 비교적 최근까지 성서 학자들은 고대 히브리 사고방식이 신화와 미신에 빠져서 기적을 더욱 받아들이는 한편 매우 이성적이지 않아서, 우리보다 '원시적'이었다고 주장하는 것이 일반적이었다.

고대 사람들의 사고 과정과 우리의 사고 과정 사이의 분명한 차이는 루시앙 레비브륄(Lucien Lévy-Bruhl, 1857~1939)의 저작들에 잘 나타나 있는데, 그중에서 특히 《고대 사고방식primitive mentality》이 많은 영향을 끼쳤다. 그러나 이런 고대 사고방식의 범주화는 이제 고대 문화를 열등하고 '어리석다(gullibility)'고 암묵적으로 판단한다고 비판받는다.[7] 그러나 19세기와 20세기 상당 기간 동안 근대 이전의 사고는 거의 '과학 이전의(pre-scientific)' 사고였고, 근대 사고에 비해 비판적 엄격함과 능력이 부족했다고 종종 간주되었다. 하지만 최근 수십 년간 포스트모던에 대한 인식이 시작되면서 객관성의 능력에 대한 신뢰가 감소했고, 고대의 지적 성취가 재평가되었다.

우리는 스스로를 어리석지 않고, 계몽되었으며, 비판적인 현대인이라고 너무 확신해서는 안 된다는 것 또한 명백해졌다. 과학은 우리 세계를 이해하는 데 있어서 많은 기술적 진보와 변화를 가져왔고, 20세기에 서구 유럽에서 전통적 종교 관습들이 상당히 감소되었지만, 근본적인 영적 믿음이 이 넓은 세계에서 쇠퇴하고 있다는 어떠한 증거도 없다. 사실 우리 세계는 종교적 믿음과는 상당히 먼, 문화적 가치와 국가별 고정관념 등을 강화하는 일종의 신화를 갖고 있다.[8] 예를 들면, 심지어 과학 시대에도 파드레 피오(Padre Pio, 1887~1968)[b]의 유명한 제의에서 드러나는 것처럼, 기적에 대한 믿음이 여전히 널리 퍼져 있다. 또한 점성술과 대체(보통 개인적) 영성에 몰두하기도 한다.[9] 심지어 누군가는 UFO와 음모설을 믿는 것을 우리 사회에 작용하는 '신앙'의 다른 면으로 간주할 수도 있다. 현대 사회에서 우리 모두가 입증되지 않은 사상에 대해 학자들이 생각하는 만큼 철저하게 회의적이지는 않다.

코너(Mark Corner)가 지적한 대로,[10] 비판적인 학자들은 종종 '현대인들이 모두 기적에 대해 보편적인 회의감을 갖고 있다'고 너무 쉽게 가정하는 경향이 있었다. 윌리스(W. Waite Willis)도 1994년에 행해진 조사에서 미국 인구의 87퍼센트가 예수의 부활을 확실히 믿는다고 답한 것에 주목하며, 코너와 비슷

---

b 파드레 피오(본명 Francesco Forgione)는 이탈리아 카푸친 작은 형제회의 사제로, 23세 때 몸에 예수가 십자가에 매달릴 때 입은 상처인 성흔(聖痕)과 같은 상처가 나 피가 나온 것으로 유명해졌다. 교회 역사상 처음으로 그리스도의 성흔을 보인 성직자로 기록되었고, 기적적인 질병 치유 능력을 지닌 것으로 세계적으로 명성을 얻었다. 그는 81세를 일기로 사망했고, 2002년 교황 요한 바오로 2세에 의해 성인으로 시성되었다.

한 주장을 한다.

> 오늘날 학자들은 근대 이후의 존재 의미를 토론하지만, 교회 좌석에 앉아 있는 사람들은 아직 학자들이 근대 시대라고 부르는 시대 – 모든 전통적 신앙이 비판 받고 가능한 한 거부되는 시대 – 에 조차 들어가지 않았다고 비평가들은 신중하게 결론 내릴 수도 있다. 현대인들이 학문 분야에서 믿을 수 없다고 말해온 것들을 평신도 기독교인들은 쉽게 믿는다.[11]

만약 현대인들이 기적을 받아들일 수 있다면, 고대인들도 마찬가지로 기적에 대해 열렬히 회의를 품을 수 있었을 것이다. 첫째로, 요세푸스(Flavius Josephus, 37?~100?)는 알렉산드로스와 그의 군대가 비교적 최근에 모세와 비슷하게 바다를 건넌 것을 이야기하며, 모세와 이스라엘 민족이 홍해를 건넌 이야기(출 14)를 옹호하려 한다.[12] 요세푸스는 많은 사람들이 출애굽 이야기를 지지하는 알렉산드로스 이야기를 갖고 있음에도 불구하고, 출애굽 이야기에 회의적이라는 것을 인정하며, "그러나 이 문제에 있어서 모두가 각자의 의견을 갖는 것을 환영한다"라고 결론 내린다. 둘째, 한참 최근의 예로, 영국 사회에서 영적인 것에 대한 회의론을 비판한 한 종교적 저술가를 고려해볼 필요가 있다. "오직 볼 수 있는 것만 믿고, 선하고 악한 천사들이 존재하는 것, 인간의 영혼이 몸이 죽은 이후에 존재하는 것, 또는 어떤 다른 보이지 않는 영적인 존재들이 있다는 것을 믿지 않는 사람들이 많다." 이 말을 누가 했는지 알지 못하면, 현대 교회의 관계자가 한 말로 생각할 수도 있을 법하다. 그러나 사실 이 말을 한 사람은 기원후 약 1200년경 잉글랜드에서 비판 능력이 없다고 여겨지는 '암흑의 시대(Dark Ages)'에 동료들의 회의론을 비판한 콘월의 피터(Peter of Cornwall, 1140?~1221)였다.[13]

아무튼 고대 히브리인들은 우리가 '과학적'이라고 인정할 수도 있는 방법으로 자연 세계를 관찰하고 분류하여 설명할 수 있었다는 증거가 있다. 예를 들면, 뛰어난 솔로몬의 지혜는 자연 세계에 대한 타당한 지식도 포함한다고 여겨졌다(왕상 5:13, 불가타와 많은 영역본에서는 4:33°). 그리고 성서의 시문학 일부는 자연 현상 또는 지구상의 피조물에 대해 묘사하는데, 여기에서 피조물의 행동과 본래의 습관에 대한 기민한 관찰을 볼 수 있다(욥 38~41, 시 104).[14] 그런 점에서, 비록 성서의 자연 세계 인식은 심오한 과학적 이해의 측면에서 보면 많은 결점이 있지만, 우리와 비교해 자연 세계 인식의 범위가 결코 제한될 정도는 아니다. 또한 성서 저자들이 농업, 광산업, 천문학의 다방면에 대한 유용한 지식이 있었다는 것이 분명하다(예, 욥 9, 28). 그들은 또한 기초적인 수학적 지식도 있었음에 틀림없다. 이 수학적 지식이 아마 바빌론 또는 이집트 문화 같은 주변 문화의 지식만큼 정교하지는 않았겠지만, 성서는 수학적 지식을 필요로 하는 다양하고 뛰어난 공학 기술과 건축 계획을 언급할 뿐만 아니라, 심지어 우리가 규빗(pi)[d] 이라고 부르는 치수에 대한 특별한 기하학적 특징들을 인식하고 있다(왕상 7:23, 대하 4:2).[15]

'원시적 사고방식(primitive mentality)' 개념에 대한 중요한 비판은 존 로저슨(John Rogerson)이 제기했다.[16] 예를 들면, 인과론(세계의 사건을 원인과 결과의 관계에 의해 묘사)에 대한 기본적 과학 사상에 관해, 로저슨은 우리 사상 체계와 고대 히브리인들의 사상 체계 사이에 너무 깊은 틈을 만들지 말라고 당부한다. 우리는 정교한 과학적·역사적 체계를 갖고 있어서, 이제는 신을 세계 사건에 대한 설명(원인)으로 연결시킬 필요가 없게 된 반면, 고대 이스라엘인들은 모

---

c 한역본의 경우, 새번역·개역개정에서는 4:43, 공동번역에서는 5:13, "레바논에 있는 백향목으로부터 벽에 붙어서 사는 우슬초에 이르기까지, 모든 초목을 놓고 논할 수 있었고, 짐승과 새와 기어다니는 것과 물고기를 두고서도 가릴 것 없이 논할 수 있었다."

d 성인의 팔꿈치에서 중지까지의 길이로 약 45cm이며, 새번역은 "자"로, 공동번역은 "척"으로 번역하였다.

든 것의 원인을 신으로 생각했다고 종종 평가된다. 그러나 이스라엘인들이 자연 세계의 규칙성을 하나님의 약속과 신실함(창 8:22)의 면에서 보았을 가능성이 큰 반면, 우리는 보다 기계적인 세계관에서 바라본다.[17] 하지만 이 차이를 너무 강조해서는 안 되는데, 왜냐하면 그렇게 하는 것은 신석기 시대와 철기 시대 사이(대략 구약 성서가 기록되었을 시기)에 만들어진 많은 기술적 진보를 무시하는 행동이기 때문이다. 이 진보는 고대 이스라엘인들이 기본적인 과학 기술과 농업 기술을 완벽하게 발전시킬 수 있었다는 것을 보여준다.

반면에 악을 어떻게 설명해야 하느냐(자유 의지냐, 결정론이냐)는 오랜 문제에 관련해서, 로저슨은 구약 성서가 이 문제를 유일신의 폭넓은 구도 내에서 신학적으로 접근하려 한다는 점에서 분명 특별하다고 믿는다. 사실 악의 문제는 오늘날에도 여전히 계속되고 있고, 거의 신학적인 문제다. 악의 문제에 대한 우리의 연구는 분명 성서에 근거하고 있다. 악과 도덕에 대한 끊임없는 문제는 지력의 진보가 결코 일차원이 아니라는 것을 너무 잘 보여준다.[18] 보편적 인간 권리와 평등을 강조하는 서양에서, 우리는 세련된 도덕적 의제를 발전시켰고, 거대한 의학적·기술적 진보의 유익을 즐길 수 있다. 하지만 이것들은 심지어 우리 세계에서도 결코 보편적이지 않다. 뿐만 아니라 현대 문명은 때로는 고대 세계와 비교가 안 될 정도로, 가장 극단적인 야만적 형태로 퇴보했다. 과학은 인간 세계에 기술적 진보를 가져왔을 뿐만 아니라 물질 세계의 종말도 초래했다.

현대와 고대 사상 사이에 더 중요한 차이가 있다.[19] 우리는 이미 창세기 1장을 **창조하는 것**을 넘어 **질서 짓는 것**을 묘사하는 것으로 해석했다(3장의 "첫 번째 창세기 창조 설명: 창세기 1:1~2:4a (P문서)" 참조). 우리의 우주 질서 관념이 자연 과학에 아주 많이 영향을 받은 반면, 이스라엘인들의 사고는 창조를 우리가 거의 인지하지 못하는 질서와 무질서의 구별 측면에서 본다. 특히 이것은 먹을 수 있는 음식과 그렇지 못한 음식의 구별과 같이, 사회적·의례적 상호작용을 규정하는, 존재의 '정결'과 '부정'한 상태의 구별이다. 이스라엘인들은 신화가 현실로부터 분리될 수 없는 신비스러운 세계에 살았던 것이 아니라(학자들이 과거에 종종 이렇게 생각했다[20]), 질서와 예절의 면에서 우리와 다르게 여겨지는 세계에 살았던 것이다.

사실 고대 히브리 세계관과 우리의 세계관의 차이는 현대 과학적 사고방식 대 소위 '원시적인' 사고방식으로 구별되기보다, 아마 종교적인 용어로 가장 잘 표현된다. 설명하기에 가장 적절한 한 가지 예는 신에 대한 믿음이다. 왜냐하면 믿음은 비록 현대 사회 대다수의 사람들이 어떻게든 선택하기는 하지만, 그래도 선택 사항이기 때문이다. 반면 고대 히브리 문화에서 믿음은 당연하게 받아들여졌다. 왜 이런 차이가 발생하는가? 이것이 이 문제의 핵심에 접근함에는 틀림없지만 이것을 파악하기 위해 우리는 변화하는 종교적 사고 패턴에 관한 역사적 문제를 인식해야 한다. 한편 우리는 뉴턴의 우주관이 우리의 종교적 사고에 가져온 영향을 과소평가해서는 안 된다. 비록 뉴턴 물리학이 21세기 물리학의 발전(우리의 물리 세계관에 새로운 개방과 불확실성을 가져온 발전)으로 거의 대체되었지만, 뉴턴에게서 발생한 이신론적 신관은 현대 종교적 믿음을 형성하는 데 중요한 영향을 미쳤다. 이로 인해 성서 시대보다 유신론을 지지하기가 더욱 어렵게 되었다. 이것은 중요한데, 그 이유는 이 책이 성서와 현대 과학 사이의 공통 분모를 신학적으로 해석하기 때문이다. 즉 이 책은 특히 유신론적 관점에 근거해서, 성서에 드러난 **신적 본성**과 **신적 행위**에 대한 이해를 자연 세계와 관련해 설명한다. 따라서 성서 해석에 있어서 이신론으로 향하는 어떠한 경향도 신중하게 고려되고 평가되어야 한다.

우리의 과학적 사고방식을 성서에서 발견한 사고방식과 비교할 때 발생하는 일부 예비적 주제들을 충분히 생각해보았기 때문에, 우리는 이제 시간,

숫자, 공간이라는 중요한 과학적 개념으로 이동하고자 한다.

## 시간

### *"태초에"?*

성서에서 시간에 대한 가장 결정적인 진술 중 하나는 성서의 첫 부분인 "태초에"(창 1:1)이다. 하나님이 태초에 세상을 창조했다는 사상이 성서의 많은 부분에서 암시되고 있다(예, 잠 8:22~23, 사 40:21, 41:4, 요 1:1, 골 1:18, 요일 1:1, 집회 39:20). 창세기 1장 1절은 **물리** 세계의 시작으로 해석된다. 즉 창조 이전에 아무것도 존재하지 않았고, 창조 이후에 모든 것이 존재하게 되었다. 이 사상은 '무로부터의' 창조로 언급되어왔다. 그러나 창조를 이렇게 창조 이전과 이후로 말하는 것에는 분명한 역설이 존재한다. 즉, 만약 문자적으로 시간을 언급할 아무것도 존재하지 않았다면, 우리가 어떻게 창조 이전의 시간을 말할 수 있는가? 이 난제를 고민하며 아우구스티누스는 유명한 결론에 도달하는데, 그것은 바로 하나님이 시간을 초월해 존재함에 틀림없으며, 시간을 세계의 한 부분으로서 창조했다는 것이다.[21] 사실 시간의 창조에 대해 창세기 1장에서 단서를 찾을 수 있다. 왜냐하면 창세기 1장은 하나님이 빛과 어둠, 낮과 밤, 저녁과 아침을 창조했고, 그래서 '첫째 날'이 될 수 있었기 때문이다(1:4~5). 하나님이 빛과 어둠을 **분리**해서 시간을 창조한 것과 같은 방법으로, 하나님은 6~10절에서 하늘과 땅, 바다와 육지를 분리해서 공간을 창조한다.[22]

그러나 창세기 1장 1절이 항상 모든 것(시간 포함)의 절대적인 시작을 묘사하는 것으로 이해되는 것은 아니다. 예를 들면,《창세기 라바Genesis Rabbah》(기원후 3~6세기에 기록된 미드라쉬 문서)에 기록된 유대 랍비들의 주장에 의하면, 창세기 1장 1절의 "태초" 이전에 많은 것들이 존재했고, 시간은 창세기 1장 5절에 언급된 첫째 날의 저녁과 아침 훨씬 이전에 존재했다.[23] 랍비들은 하나님이 우리 세계 이전에 많은 세계를 만든 경험이 있으나, 만족하지 못해서 그것들을 모두 파괴시켰고, 만족할 만한 세계(구원이 가능한)를 만들 수 있는 해결책이 떠오를 때까지 창조 행위를 계속했다고 주장했다. 결국 우리가 사는 세계가 창조되었고, 이 지점이 창세기 1장 1절에서 "태초에"로 시작되는 곳이다. 또 다른 랍비의 해석에 의하면, 하나님이 하늘과 땅을 창조하기 2,000년 전에, 천국, 지옥, 메시아의 이름, 회개와 같은 유대교에 중요한 다른 특징들과 함께 **지혜**와 **토라**를 창조했다.[24] 창세기 1장 1절이 때때로 "태초에"가 아닌, "하나님이 하늘과 땅을 지혜로 창조했다"라고 번역되는 것은 랍비 사상(절대적 시작을 중요하게 봄)에서 지혜의 중요성을 보여준다.[25]

분명 창세기 1장 1절의 "태초에"라는 진술을 시간과 모든 피조물의 시작으로 볼 필요가 **없는** 대안적인 방법들이 있었다. 기원후 얼마 안 된 시기에 랍비들이 창세기 1장 1절을 그렇게 해석했다면, 우리는 P문서 저자가 의도했던 것에 관심을 가져야 한다. P문서 저자는 시간의 시작(첫째 날)을 특징짓기 위해 빛과 어둠의 형성을 고려했을지 모르지만, 저자는 또한 이 모든 것 이전에 존재한 창세기 1장 2절의 "혼돈과 공허"를 말한다(6장 참조). 그러나 2,000년 이상 지난 우리에게 있어서, 창세기 1장 1절을 물리 세계의 절대적 시작으로 읽어 온 수세기에 걸친 기독교 사상을 외면하기는 어렵다. 그리고 최근 수십 년, 빅뱅 모델의 엄청난 영향력은 너무 성공적으로 대중적 상상력을 자극해서, 빅뱅은 "태초에", "빛이 있으라" 같은 구절과 양립할 수 없게 되었다.

하지만 빅뱅 모델의 발전은 더 많은 문제들을 야기했다. 우리가 이미 언급한 것처럼(2장의 "빅뱅 모델" 참조), 빅뱅의 첫 양자 단계를 이해하려는 시도는 시간의 시작을 말하는 것이 옳은지의 여부에 질문을 제기했다. 최근의 연구는 빅뱅을 전적으로 물리적·수학적(즉 조건적) 용어로 보며, 빅뱅 '이전'에 무엇이 있었는지, 무엇이 빅뱅을 야기했는지를 추측했다. 아마도 빅뱅은 초기 우주(earlier universe) 같은, 물리학에 의해 묘사된 상당히 이른 초기 단계에 발생한 일이었다.[26] 우리 우주가 단지 상당히 큰 '다중 우주'(2장의 "우주, 시간, 물질" 참조)의 한 부분이라는 가설은, 많은 우주론자들이 우리 우주가, 만약 우리가 아는 물리 법칙이 아니라면, 수학적으로 묘사된 더 넓게 창조된 기반에서 시작되었다고 믿는 것과 관련이 있다. 만약 그렇다면 랍비들이 지혜와 토라(즉 법칙)가 '태초'보다 앞선다고 주장한 것은 잘못이 아니다.

P문서의 '태초'를 역사적 관점으로 해석하는 것에 질문들이 제기될 수 있지만, 과학은 절대적 시작의 모습을 명확하게 설명하지 않는데, 이는 이것이 **신학적** 개념이기 때문이다. 그러나 우리는 시간이 성서에서 무한하지 않다는 것을 볼 수 있다. 시간은 한편으로 시작(태초)과 함께 정의된다. 우리는 이 시작이 절대적 시작인지 말할 수는 없지만, 그럼에도 불구하고 그것은 시작이다. 시간은 적어도 우리가 경험하는 것이기에 하나의 창조된 독립체로 여겨진다. 시간이 또한 끝이 있어 보인다(새로운 창조)는 사실은 시간이 철저히 우발적인 실재임을 나타낸다. 즉 시간은 전적으로 하나님에게 의존한다. 역사적 시간을 우발적으로 보는 관점은 예언서에 반복적으로 등장한다. 여기에서 물리학과 유사점이 있다. 열역학 제2법칙은 엔트로피(무질서)가 항상 증가한다는 것을 말하는데 이것은 시간이 우주에서 증가하는 엔트로피의 방향(시간의 화살)에 관계되어 정의될 수 있다는 것을 의미한다. 그러므로 시간은 되돌릴 수 없으며, 전적으로 전에 발생했던 것의 여하에 달려있다.

'태초'의 시간과 이에 뒤따르는 7일에 대해 한 가지 더 짚고 넘어가야 할 요점이 있다. 태초의 시간과 7일 동안의 시간이 중립적·객관적 시간을 표현하지 않는다는 것이다. 즉 일곱째 날은 시간이 객관적이지 않다는 것을 분명하게 보여주는데 그 이유는 일곱째 날은 하나님에 의해 "복되고 거룩하게"(창 2:3) 되었으며, 그날을 안식일로 매주 기념하는 것이 이스라엘 문화의 핵심이기 때문이다(출 20:8~1, 신 5:12~15). 위르겐 몰트만(Jürgen Moltmann, 1926~)도 비슷하게 안식일의 중요성을 말한다. "안식일은 피조물의 참된 미래를 위해 피조물의 길을 열어준다. 세계의 구속은 안식일에 고대하면서 찬양된다. 안식일 그 자체는 영원(eternity)이 시간 속에 현존하는 것이고, 도래할 세계에 대한 맛보기다."[27] 그러므로 일곱째 날은 창조의 핵심이다. 일곱째 날은 시간이 거룩하게 되고, 모든 피조물이 그날을 하나님과 함께 즐기며, 그날은 도래할 시간의 완성을 의미한다. 마침내 일곱째 날은 하나님이 시간 속으로 들어간 중요한 표식이다.[28] 앞으로 우리는 간략하게 이 부분을 탐구할 것이다(이후 "하나님의 시간" 참조).

## 시간의 끝?

테드 피터스(Ted Peters, 1941~)가 지적한 대로,[29] 존재하는 것에는 미래가 있다. 우리는 과거에 발생한 일에 근거한 역사적 존재인 듯 보이지만, 미래 지향적 관점을 놓치면 안 되는데, 이는 하나님이 계속해서 피조물이 거할 미래를 만든다고 일컬어지기 때문이다. 사실 이것은 단언컨대 예수 부활의 종말론적 중요성과 함께, 기독교 신학에서 가장 중요한 관점이다.

성서에서 가장 극적인 종말론적 본문 일부는 세계의 시작에 빗대어 세계의 대재앙적 종말을 말한다(예, 벧후 3:10~13). 태초에 대한 설명이 여러 의미를 포함하는 것처럼, 종말은 아마 최후의 끝이라기보다 완성 또는 성취, 즉 새로운 창조의 시작이라는 의미를 포함한다(사 65:17, 66:22). 많은 본문에서 대재앙을 넘어 최후 승리와 구원을 말하고(예, 암 9), 심지어 새로운 세계의 창조를 언급한다(예, 계 21~22). 그러므로 성서에서 많은 종말론적 본문들을 고려할 때,

우리는 시간이 거대한 규모로 반복된다는 것을 알 수 있다.

반면 쿨만(Oscar Cullmann, 1902~1999)은 영향력 있는 저서 《그리스도와 시간Christ and Time》에서, 초기 기독교가 그리스의 순환적 시간관(시간은 구속을 위해 벗어나야 하는 끝나지 않는 순환이다)에 반대하며, **직선적** 시간관을 확립했다고 주장했다.[30] 쿨만에 의하면, 초기 기독교 관점은 시간의 시작을 첫 창조로, 끝을 마지막 구속으로 여겼다. 이 시작과 끝 사이에서 하나님의 계시와 구원의 행위가 그리스도를 통한 역사에서 결정적으로 성취되었다. 그래서 과거, 현재, 미래의 모든 사건은 마지막 구속으로 향하는 '타임 라인(time line)'에 연결되어 있다.[31] 영원은 끊임없이 확장된 시간을 의미하기 때문에, 이 타임 라인은 사실상 또 다른 라인에 연결된다.[32]

이 직선적 시간관은 근본적으로 시간을 순환적으로 보는 동양 사상과 상당히 대조적이다.[33] 그러나 이것은 단지 어느 정도까지만 사실이다. 확실히 성서 본문은 윤회 사상처럼 죽음과 재탄생의 끊임없는 우주적 순환을 말하지는 않지만, 전적으로 직선적 시간관을 제시하지도 않는다. 쿨만의 관점은 신약성서보다는 "진보낙관론(belief in progress)을 상당히 받아들이는 뉴턴의 절대적 시간"에 의해 더 영향을 받았다고 비판받는다.[34]

성서에 정말로 일종의 순환적 시간관이 드러난다고 주장할 수도 있는데(9장 참조), 특히 쿨만이 영원에 대한 성서적 관점에서 종말론의 중요성을 과소평가했다면 더욱 그러하다. 장기적인 관점에서 보면, 하나의 거대한 원을 생각해볼 수 있다. 즉 첫 창조 기간의 끝이 새 창조의 시작이 된다. 그리고 구속은 사실상 시간의 순환을 통해 성취된다. 만약 시간이 거대한 규모로 재순환한다면, 더 작은 규모로도 재순환할 수 있다는 뜻이다. 대홍수(창 6~9)는 이전의 세계가 끝나고 새로운 세계가 시작하는 하나의 가능한 종말론적 순환을 표상한다. 이는 하나님이 홍수 이후에 사실상 시간을 재창조한다는 사실로부터 분명해진다(창 8:21~22). 특히 개별 신자들의 삶과 기독교 공동체에서 더 작은 시간의 순환도 인식되는데, 신자들의 삶은 새로운 창조(고후 5:17, 갈 6:15)일 뿐만 아니라 '시간 속에서' 진행된다. 그리스도의 구원과 성령의 선물 덕분에 신자들은 현 세계에 살면서 도래할 세계의 삶을 미리 경험한다. 그들에게 시간은 '이미(already)'이면서 동시에 '아직(not yet)'이다.[35] 이때 직선적 시간관은 힘을 잃게 되고, 시간은 복잡하고, 역동적이며, 다차원적으로 보이기 시작한다.[36]

이것은 우리가 구약의 시간관을 볼 때에도 마찬가지다. 학자들은 **예언적** 종말론(현실 사회, 정치, 역사적 상황에 관한 실제 역사적 시간에서 구원을 찾음)과 **묵시적** 종말론(세계를 새로운 창조에 뒤따르는 우주의 극적인 종말의 측면에서 보며, 역사와 이 세계를 초월하여 구원을 찾음)을 구별했다.[37] 경우에 따라 이 두 종말론이 겹치기도 하며, 특히 몇몇 난해한 묵시적 예언에서 제기되는 매우 어려운 해석상의 문제들이 있다. 요약하면 묵시적 예언서들이 단지 역사적 시간에서 정치적 구원을 은유적으로 말하는 것인가, 아니면 완벽한 최종적인 우주적 구속을 문자적으로 말하는 것인가 하는 것이다.

우리는 9장에서 이 해석상의 문제를 좀 더 자세하게 살펴볼 것이다. 그리고 여기에서 주목하고자 하는 것은, 만약 성서적 시간에 일종의 시작이 있다면 일종의 끝도 있고, 어떤 면에서 새로운 시작도 있을 수 있다는 것이다. 요약하면 성서적 시간은 완전한 직선이 아니다. 만약 뉴턴적 세계관이 시간을 직선적이고 영원하다고 여겼다면(2장의 "공간, 시간, 물질" 참조), 지난 100년간의 과학 혁명은 전적으로 새로운 관점을 제공했는데, 이것은 어떤 면에서 성서 본문의 복잡성과 잘 어울린다.

### 역사적 시간

태초와 종말 사이의 시간(즉 역사적 시간)은 어떠한가? 역사적 시간이 어느 정도까지 직선적 시간이라고 일컬어질 수 있는가?

우리는 성서 히브리어와 성서 그리스어가 시간을 각각 다르게 표현하고, 현대 영어와도 다르게 표현한다는 것을 명심해야 한다. 예를 들면, 성서 히브리어는 추상적 시간을 말하는 용어가 없고, 우리가 알듯이 과거, 현재, 미래 시제가 없다. 대신 히브리어는 동사의 형태에 대략 행동이 완료되었는지 아닌지에 상응하는 두 개의 상(相, aspects)이 있다. 이런 이유로, 비록 히브리어를 제대로 접근하는 것이 아니라 개략적으로 접근하는 것이지만, 이 두 히브리어 동사 형태는 종종 각각 '완료'와 '미완료'에 대한 인도-유럽어 시제와 비교되었다. 이것이 구약 시대 사람들이 시간을 우리와 다르게 생각했다는 증거가 될 수 있는가? 내시(Kathleen Nash)는 다음과 같이 주장한다.

> 많은 학자들이 히브리어 동사에 '시제'가 없다고 주장한다 …… 그럼에도 불구하고, 비록 아주 엄밀하거나 직선적이지는 않았지만, 고대 이스라엘의 작가와 시인은 시간의 개념에 익숙했음에 틀림없다. 그들은 과거, 현재, 미래 사건으로 가득한 글을 썼다.[38]

여기에서 우리는 히브리어 동사 형태가 구약의 시간관이 "아주 엄밀하거나 직선적이지는 않았다"는 증거를 제공한다는 것을 발견한다.

나는 구약의 시간관이 "아주 엄밀하거나 직선적이지는 않았다"는 것에 동의하지만, 이 증거 때문만은 아니다. 분명 성서에 드러난 히브리 사고는 고전 그리스 철학이 해온 방식대로 추상적 시간을 탐구하지 않았을 뿐만 아니라, 현대에 사는 우리가 보다 발전된 역사적·과학적 시간관으로 탐구해온 방식으로 시간을 탐구한 것은 더더구나 아니다. 게다가 성서 시대 사람들은 시계라고 할 만한 것이 거의 없거나 아예 없었다. 우리가 알기로, 그들은 바쁜 사회

업무를 수행하기 위해 일지를 쓸 필요가 없었다. 그들의 생활 속도는 분명 우리와는 매우 달랐을 것이고, 이로 인해 그들의 주관적 시간 경험이 우리와 달랐음에 틀림없다. 하지만 동일한 물리적 주기의 날, 주, 달, 계절, 해(年)를 갖는 물리적 인간으로서, 우리 모두는 동일한 시간의 **흐름**을 경험함에 틀림없다. 분명 구약의 이야기들은, 단지 두 형태의 동사를 사용하고 엄밀한 의미에서의 시제는 없지만, 우리 시대 만큼 인간 사는 이야기들을 정교하게 보여준다. 성서도 인간 수명을 분명 우리처럼 시간이 꾸준히 '흐르는' 것으로 평가하는데, 시편 90편의 잘 알려진 구절이 그 예다.

> 우리의 연수가 칠십이요, 강건하면 팔십이라도,
>
> 그 연수의 자랑은 수고와 슬픔뿐이요,
>
> 빠르게 지나가니, 마치 날아가는 것 같습니다.
>
> (시 90:10)

그러므로 이스라엘인들이 직선적 시간 개념을 갖고 있었다고 주장하기에는 주의를 기울여야 하지만(비록 그들이 정확하고, 수학적인 시간 개념을 가졌다고 해도), 그럼에도 불구하고 그들은 다소 우리가 경험하는 것같이 '흐르는' 시간을 경험했다고 가정하는 것이 합리적인 듯하다(2장의 "공간, 시간, 물질" 참조).

하지만 성서는 우리가 경험하지 못한 역사적 시간에 신학적 중요성이 있다는 것을 말한다. 만약 성서가 '태초'를 시간의 고정점(fixed point)으로서 떠올릴 수 있다면, 성서는 출애굽과 같은 중요한 역사적 순간들도 고정점으로 떠올릴 수 있다(예, 왕상 6:1, 대하 6:5, 히 8:9). 이것은 직선적 시간관도 아니고, 순환적 시간관도 아니며, 자연 세계의 계절과 규칙적인 패턴 같이 반복되지도 않는다. 사실 이 관점은 시간을 결코 비인격적이거나 객관적인 요소로 보지 않는다. 오히려 시간은 하나님의 인격적 의지와 목적이 계시되는 영역이다. 축제와 거룩한 날들(안식일 포함)은 관련된 고정점을 표상하는데, 이런 날들을 통해 원 사건의 '단 한 번의' 특징을 여전히 지닌 채 신학적 시간은 매일의 삶에서 주기적으로 인지될 수 있다(예, 출 12). 마지막으로, 종종 등장하는 예언적 주제인 "주님의 날"(예, 암 5:18, 5:20, 겔 30:3)은 미래의 신학적 고정점이며, 이 고정점에서 역사적 시간은 종말론적 시간이 된다. 신약 성서에서 이 미래 고정점은 때때로 그리스어 단어 카이로스(kairos, 마 8:29, 막 1:15, 롬 13:11)를 사용하여 설명된다. 보통 중성 단어인 'time'으로 영역되는 카이로스는 실제로 정확하게 대응되는 영어 단어가 없고, 종종 '적절한 시간(opportune time)' 또는 '기대된 시기(expected season)'를 의미하곤 한다. 그러므로 카이로스는 신학적으로 매우 중요한 미래 고정점에 대한 좋은 예인데, 이것이 신약 성서에서는 심판의 날로 묘사된다(막 13:33, 벧전 4:17).

### 하나님의 시간

성서에서 신학적 시간에 대한 다른 요소, 즉 하나님 자신의 시간이 등장한다.

> 주님 앞에서는 천 년도 지나간 어제와 같고,
> 밤의 한순간과도 같습니다.
> (시 90:4)

> 사랑하는 여러분, 이 한 가지만은 잊지 마십시오.
> 주님께는 하루가 천 년 같고, 천 년이 하루 같습니다.
> (벧후 3:8)

이 구절들은 하나님의 시간 경험을 놀랍게도 최근 과학에서 말하는 역설로 표현한다. 하나님의 시간 경험은 종종 과학-종교 대화에서 제기되는 과학적인 '블록(block)' 시간관과 유사한데, 여기에서 모든 시간은 상대론적 물리학에서 말하는 4차원의 '시공 연속체(spacetime continuum)'로써 동시에 경험된다(2장 참조). 위에서 인용한 두 성서 구절이 글자 그대로 상대론적 물리학을 말하는 것은 아니겠지만, 이 구절들은 우리의 시간 개념(흐르고 피할 수 없는)이 하나님의 시간 개념과 다르기 때문에 전적으로 객관적이지는 않다는 것을 암시한다. 그러면 우리는 하나님이 시간을 '블록'으로 경험한다고 말할 수 있는가?

와드(Keith Ward, 1938~)는 아우구스티누스와 비슷한 관점을 제시하며, '블록' 시간관을 옹호한다.[39] 와드는 하나님이 시간의 '외부'인 '영원' 속에 존재한다고 보는데, 아우구스티누스는 '영원'을 시간의 부재로, 즉 과거와 미래는 없고 계속되는 현재만 있는 상태로 생각했다.[40] 와드의 주장에 의하면, 사실상 하나님은 시간을 블록으로 만들고, 소위 시간을 경험하면서, 외부에서 시간을 들여다본다.

와드의 설명은 하나님과 시간의 역설을 설명하기 위해 현대 물리학을 이용한다는 점에서 호소력이 있다. 이 역설은 물리학적 관점에서 제기되는 역설이 아니라 우리 인간에게서 제기되는 역설인데, 그 이유는 우리가 주관적이고 지역에 한정되어 흐르는 시간 개념에 묶여 있기 때문이다. 그러나 와드 제안의 난제는 만약 하나님이 시간 안에 존재하지 않는다면 어떻게 시간과 상호작용을 하는지에 대해 우리가 알지 못한다는 것이다. 하나님과 세계의 인과관계에 대해 여전히 알려진 것이 거의 없고, 여기에서 하나님이 시간의 '외부'에 존재한다는 다소 이신론적 신관이 제기된다.

이런 관점이 성서 본문이 말하는 것을 반영하는지의 여부는 분명하지 않다. 반대로 성서 본문은 하나님이 전적으로 우리의 이해를 넘어 시간을 경험하지만, 시간 **안에** 존재한다는 것을 암시하는 듯하다. 하나님은 전적으로 시간에 관여하지만, 결코 시간에 의해 속박당하지는 않는다.[41] 그러므로 하나님이 시간 밖에 존재한다기보다 시간과의 **관계 속에서** 존재한다는 것을 말하기 위해, 공간적 은유보다 관계적 은유를 사용하는 것이 나을 수 있다. 하나님은 다른 창조된 독립체들(공간도 포함)에 관계하는 것과 유사한 방법으로 초월적이며 내재적으로 시간에 관계한다. 시간을 과학적 사고에 관계시키는 한 가지 방법은 끈 이론(26차원만큼 많은 우주 모델을 시도)과 같이 물리학적 발전의 면에서 생각하는 것이다. 물리학의 도움을 받아 생각해본다면, 하나님은 우리의 차원을 포함해 다른 차원의 시간에 존재한다고 은유적으로 말할 수 있고, 따라서 하나님은 더 높은 차원으로써 낮은 차원에 관계를 맺고 있다고 말할 수 있다.[42]

그렇지만 더 생각해볼 부분이 있다. 예를 들면, 우리는 성서에서 시간이 하나님의 소유물로 보이는 부분을 종종 발견한다.

> 낮도 주님의 것이요, 밤도 주님의 것입니다.
> 주님께서 달과 해를 제자리에 두셨습니다.
> (시 74:16)

> 네가 지금까지 살아오면서 네가 아침에게 명령하여,
> 동이 트게 해 본 일이 있느냐?
> (욥 38:12)

그리고 하나님이 노아를 통해 피조물과 언약 관계를 맺었기 때문에(창 8:22), 시간은 계속된다고 말할 수 있다. 이 모든 것에 대한 응답으로 시간은 하나님을 찬양한다.

> ······ 해 뜨는 곳과 해 지는 곳까지도,
>
> 주님께서는 즐거운 노래를 부르게 하십니다.
>
> (시 65:8)

여기에서 우리는 하나님과 물질 세계와의 관계에서처럼, 하나님과 시간의 관계가 찬양으로 특징지어지는 것을 볼 수 있다.

하나님의 시간관에 대한 마지막 논의로 영원의 개념을 살펴볼 것인데, 이것은 충분히 숙고할 필요가 있다. 아우구스티누스는 영원을 시간의 전적인 부재로 생각했지만, 이 개념이 성서에서 발견될 수 있는지는 불분명하다. 왜냐하면 '영원한(eternal)'과 '영원(eternity)'의 의미로 영역되는 히브리어, 그리스어 단어가 분명히 미래(혹은 과거)로의 지속을 나타내는 시간에 관련된 용어이기 때문이다. 예를 들면, 이런 관점은 하나님의 수명을 묘사할 때 드러난다.

> 그 옛날 주님께서는 땅의 기초를 놓으시며,
>
> 하늘을 손수 지으셨습니다.
>
> 하늘과 땅은 모두 사라지더라도, 주님만은 그대로 계십니다.
>
> 그것들은 모두 옷처럼 낡겠지만,
>
> 주님은 옷을 갈아입듯이 그것들을 바꾸실 것이니,
>
> 그것들은 다만, 지나가 버리는 것일 뿐입니다.
>
> 주님은 언제나 한결같습니다.
>
> 주님의 햇수에는 끝이 없습니다.
>
> (시 102:25~27)

성서 본문은 영원을 시간이 없는(timelessness) 상태, 즉 영구적인 정지 또는 무감각의 상태로 말하는 대신에, 쿨만이 지적한 대로 '영원'을 결코 끝나지 않는 시간으로 보는 듯하다. 하지만 결정적인 종말론적 반전이 있는데, 쿨만은 이것을 충분히 강조하지 않았다. 우리는 이 종말론적 반전을 신약에서 너무 중요한 개념인 '영원한 생명(eternal life)'을 통해 생각해볼 수 있다(예, 마 19:16, 요 6:54, 롬 6:22, 요일 2:25). 판넨베르크가 지적한 것처럼, 영원한 생명은 영원이 단지 시간의 **끝없는**(ad infinitum) 지속이 아니라는 것을 의미한다. "만약 영원한 생명이 끝없이 진행되는 생명을 의미할 뿐 현재 우리 생명의 형태와 유사하다면, 영원의 개념은 전혀 존재하지 않으며, 단지 끝없는 시간의 개념만 존재할 뿐이다."[43] 사실 신약 용어에서 영원은 변화(transformation)에 대한 결정적 행위를 암시한다. 신약에서 '영원한'과 '영원'에 해당하는 그리스어 단어는 aion에서 파생되는데(예, 집회 18:10, 벧후 3:18), 이 단어는 또한 '시대(age)' 혹은 '기간(period)'을 의미할 수 있다. 이것은 신약 성서에 풍부한 종말론적 어조와 일치하는데, 여기에서 영원은 대체로 "이 악한 세대"(갈 1:4)를 속량하기 위해 도래하는 새로운 시대에 부여되는 것으로 보인다. 그리스도가 그 순간에 재림할 것이라는 생각은 이 도식에서 중요한 부분이고, 그래서 그것은 "마지막 때"(고전 15:24)로 여겨진다. 이와 같이 신약에서는 모든 시간이(각 시간의 시작과 끝에) 예수 안에서 열매를 맺는다는 것을 볼 수 있다(마 1:1~17, 눅 3:23~38, 골 1:18, 계 21:6, 22:13). 이런 의미에서, 신약에서 '영원한 생명'은 종말론적 개념이다. 그것은 '다음 시대로부터의 생명', 즉 하나님의 새로운 창조적 변화를 근원으로 갖는 생명이다. '영원한 생명'이 불멸성(immortality, imperishability)을 포함할 수도 있다고 추론하는 것은 합리적이지만(고전 15:50~54), 영원한 생명은 본질상 홀로 드러나는 것이 아닌, 우주의 종말론적 변화의 결과로서 드러나는 것이다.

여기에서 우리는 신약에서 말하는 영원이 시간이 없는 상태도 아니고, 아마 영원히 끝나지 않는 시간의 상태도 아니며, 오히려 시간의 목표(the goal of time)로써 보인다는 것을 알 수 있다. 이 시간의 목표는 도래할 시대의 '첫 열매'로서, 역사적 시간에서 승천하여(고전15:20) 미래의 어느 순간에 재림하는 인간 예수를 통해 깨달아진다. 영원은 구체화될 수 없어 보이지만, 곧 도래할 것으로 기대된다(고전 7:29). 신자들에게 "말세(the ends of the ages)"는 도래했는데(고전 10:11), 신자들은 그것을 이미 부분적으로 깨닫고 있었다. 이런 의미에서 신자들은 이미 현재에 영원한 생명, 즉 영원의 생명(the life of eternity)을 누리고 있는 것이다.

결과적으로 우리가 성서에서 발견하는 영원에 대한 관점을 하나의 관념적인 시간으로 개념화하여 묘사하는 것은 어렵다. 적어도 신약 성서에서 영원은 인간 그리스도를 통해 종말론적으로 묘사됨에 틀림없는데, 영원은 미래로부터의, 그럼에도 불구하고 과거와 현재도 완성시키는, 하나님의 구원 사역의 결과로 보인다.[44] 이런 시간 개념은 직선적이지 않으며, 순환적이라고 부르기도 어렵다. 하나님이 어떻게 이 시간 개념에 관계하는지 이해하는 한 가지 방법이 있다. 즉 하나님은 시간을 영원하게 하기 위해 시간 속으로 들어와 시간을 속량함으로써 영원으로부터 창조된 시간에 관계한다고 말하는 것이다. 영원 그 자체가 무엇인지에 대해서는, 영원이 "계시되는 것"(롬 8:18, 벧전 1:5, 5:1)인 한, 이에 대해 추측하는 것이 무의미해 보인다.

아무튼 잭켈렌(Antje Jackelén, 1955~)은 성서가 시간과 영원을 추상적 독립체로 간주하지 않고, 시간과 영원의 내용이 무엇인지에 대해 말한다고 설명하며, 이 문제의 요점을 확실히 지적했다.[45] 시간과 영원은 역동적인 관계를 드러낸다. 즉 하나님은 영원 속에 존재하지만, 만약 하나님이 시간과 영원에 현존한다면, 또한 시간 속에도 존재하는 것이다. 같은 방법으로, 기독교인은 '이미'와 '아직' 사이의 종말론적 긴장 속에서 산다. 시간과 영원은 하나님과 창조 세계의 역동적 상호작용의 다양한 양상으로 간주될 수 있다. 존재론적 시간관은 관계적 관점으로 대체된다. 하나님의 초월성은 영원에 관계되는 한편, 하나님의 내재성은 시간에 관계된다.

### *날짜와 숫자*

시간에 대한 마지막 논의로 성서에서 날짜가 어떻게 기록되었는지에 대해 살펴볼 것이다. 성서에 종종 시간과 숫자는 상징적 중요성을 띄는데, 이는 숫자를 객관적이고 공정한 수량으로 보는 것에 익숙한 우리를 놀라게 할 수도 있다. 제임스 어셔 대주교의 유명한 창조와 홍수 날짜 계산은 족장 시대(창 5)와 같이 성서에 기록된 날짜와 족보에 의존한다. 17~18세기에 어셔의 연대표는 거의 완벽하게 여겨졌지만, 18~19세기 지질학의 발전으로 그의 연대표가 글자 그대로의 과학적 시작 연대로 신뢰할 만하지 않다는 것이 드러났다. 기원전 4004년에 지구가 창조되었다는 어셔의 날짜 계산은 단지 몇 천 년 차이가 아니고, 10배 차이도 아닌, 상상할 수 없을 정도의 차이(약 45억 년)가 난다는 것이 분명해졌다. 이것은 어셔의 방법론에 어떤 결함이 있기 때문이 아니었다. 그는 단지 그 이전, 적어도 안디옥의 테오필루스(Theophilus of Antioch, 115~183?) 이래, 수많은 학자들이 해온 방식, 즉 성서에 나오는 숫자들을 글자 그대로 받아들인 방식을 따랐다.[46] 하지만 어떻게 성서가 읽히는지에 대한 인식론적 변화로 인해 어셔 학파는 몰락했다. 비평적 학문으로서의 지질학, 진화 생물학, 성서학이 거의 동시적으로 발생함으로 말미암아, 모세가 창세기를 신적 계시의 도움으로 썼다는 오랜 합의에 의문이 제기되었다.

결과적으로 어셔의 연구 방법의 중추가 된 성서의 숫자들에 대한 고도의 비평적 조사가 시행되었다. 우리는 이제 더 이상 숫자에 대한 성서의 개념과 의미에 크게 신경 쓰지 않는다. 때때로 우리가 특별한 의미 없는 수량으로 볼 수도 있는 곳에서, 성서는 더 깊은 실재의 코드와 상징을 나타내기도 한다. 성서에 나타난 많은 날짜는 분명 본문이 형성되는 어느 시점에서 체계화되었다. 예를 들면, 홍수 이전 대부분의 세대는 일반적으로 900~1,000년을 살았다고 말해지지만, 홍수 이후 나이는 모세 이후까지 점점 줄어들어 현재에 이르렀다.[47] 인간 생물학을 고려해볼 때, 그런 지나치게 많은 나이가 보통 문자적으로 사실일 것 같지 않다는 논의는 별도로 하고, 이 나이는 분명 창조 이래 인류가 신의 은총으로부터 점점 멀어지며 생명력을 꾸준히 잃어갔다는 신학적 요점을 만들기 위해 설계된 것이다. 더 자세히 보면, 홍수 이전 족장 시대(창 5)의 나이는 일종의 상징적 중요성을 갖는다. 예를 들면 족장 시대의 나이가 5와 60의 배수로 언급되는데, 이것은 숫자를 이용한 바빌론 점술의 특징이기도 하다.[48]

성서 저자들이 우리와는 다르게 숫자의 중요성을 파악한 방법의 또 다른 예가 숫자 40과 40의 배수로 종종 드러난다. 많은 예 중에서 세 개만 언급해보면, 대홍수 기간에 비는 땅 위에 "밤낮 40일"(창 7:12) 동안 내렸고, 모세는 시내산에 "밤낮 40일"(출 24:18)동안 있었으며, 예수도 광야에서 "밤낮 40일"(마 4:2) 동안 있었다. 많은 학자들이 이런 상황에서의 숫자 40은 '많음'을 의미하는 성서 언어라고 결론 내렸다. 그러나 숫자 40은 모세와 이스라엘 백성들이 40년 동안 광야에서 돌아다닌 것을 말할 때 사용되는 것처럼(민 32:13), 한 세대의 동의어로서 도식적으로도 사용되었다. 이와 관련해서 열왕기상 6장 1절에 매우 중요한 날짜가 나오는데, 이것은 모든 성서 연대표에서 중요하게 고려되어야 하는, 출애굽부터 솔로몬 성전이 건축되는 때까지의 기간이다. 이 기간은 480년인데, 이를 문자적으로 받아들이면, 기원전 5세기에 출애굽이 있었다는 말이다. 그러나 많은 학자들은 출애굽의 그럴듯한 시기로 기원전 13세기를 선호한다.[49] 아무튼 480년이라는 기간은 480=40×12이기 때문에 예형론(像型論)적이라고 보는 것이 상당히 그럴 듯하다. 또한 이것은 12세대를 나타내거나, 아마 모세 시대부터 솔로몬 시대까지 이스라엘 12지파의 12지도자를 나타내는 듯하다.[50]

이와 같은 수많은 예로부터, 성서의 숫자로 계산될 수 있는 날짜는 어느 정도 역사적 주의가 요구될뿐더러, 분명 글자 그대로 의심 없이 받아들여서는 안 된다는 것이 드러났다. 성서 저자들은 숫자를 인용할 때, 우리의 과학적 세계관과 기술적·문자적 정확성에 대한 관심에 얽매이지 않았다. 그러나 아래의 두 이유로 인해, 성서 저자들과 우리 사이에 너무 큰 차이를 두어서는 안 된다.

첫째, 우리가 기초 수학을 사용하여 정확한 계산을 수행하는 만큼 이스라엘인들도 정확하게 계산할 수 있었다. 이스라엘인들의 놀라운 건축술이 이를 증명한다. 그들이 숫자와 날짜의 **중요성**에 더 많은 관심을 가진 것이 우리와 다른 점이다. 창세기 1장의 6일이 좋은 예인데, 6일은 안식일과 함께 하나님의 한 주와 인간의 한 주를 상징적으로 연결한다(3장 참조).

둘째, 성서에 기록된 모든 숫자와 날짜가 오직 상징적 가치만 있다고 결론 내려서는 안 된다. 왜냐하면 일부 기록들은 현대 역사가들의 기록과 비슷할 정도로 신중하게 역사적으로 연구한 듯 보인다. 이것은 특히 열왕기서와 역대기서에서 이스라엘과 유대 왕들의 통치 시대와 기간에서 분명해진다. 통치 시대와 기간은 종종 증거와 함께 신중하게 언급되는데, 이것은 다음과 같은 구절에서 잘 드러난다. "므낫세는 왕이 되었을 때에 열두 살이었다. 그는 예루살렘에서 쉰다섯 해 동안 다스렸다 …… 므낫세의 나머지 행적과, 그가 저질러 놓은 일, 그가 지은 모든 죄는 '유다 왕 역대지략'에 기록되어 있다"(왕하 21:1, 17). 이 본문은 어느 정도 현대 역사 기록물의 주석과 같이, 포로기 이전 예루살렘과 사마리아의 실제 법원 기록을 명백히 언급하고 있다. 뿐만 아니라 우리는 이런 기록들의 일부를 (어려가 그의 시대에 했던 것처럼) 고고학과 다른 고대 근동 기록들을 사용하여 별도로 입증할 수 있다. 아마 가장 잘 알려진 것은 기원전 701년 아시리아의 왕 산헤립이 유다를 향해 군사작전을 벌인 것인데, 이것은 열왕기하 18~19장에 묘사되어 있고, 서로 영향을 주고받지 않은 아시리아 기록과 비교될 수 있다.[51]

결론은 물론 성서의 날짜와 숫자를 연구하는 것이 결코 간단한 연구가 아니라는 것이다. 한편으로는 역사적 정확성을 보존하는 데 관심을 갖는 우리와 어느 정도 비슷한 역사적 날짜와 시간 개념을 서술하고 있는 성서 본문들이 있다. 그러나 다른 한편으로는 숫자의 상징적 중요성에 관심을 드러내는 성서 본문들이 있다. 많은 본문들이 이 둘 사이 어딘가에 위치하고, 그래서 해석하기가 너무 어렵다. 위에서 언급한 열왕기상 6장 1절의 날짜가 좋은 예다. 성서는 현대 세계관과의 유사성뿐만 아니라 현저한 차이를 보이고 있어서 성서의 과학 인식, 성서의 시간 인식, 성서의 역사 인식을 결코 명백하게 말할 수는 없다. 성서의 공간 인식도 이와 같다.

## 공간(Space)

### 3층 우주(The three-tired cosmos)

이제 우리는 고대 히브리인의 '공간' 개념을 살펴볼 것이다. 성서에 표현된 시간의 이해와 마찬가지로, 성서의 공간과 우주 개념은 창조주 하나님과 세계의 관계에 대한 성서의 관점에 달려 있다. 우리 문화에서 우리는 하나님이 우주 안에 현존한다고 보지 않고도 우주의 전 영역을 충분히 묘사할 수 있지만, 성서적 관점에서는 이것은 사실이 아니다. 이것이 이 책의 요점 중 하나인데, 우리의 종교적 사고방식과 고대 성서 저자들의 종교적 사고방식의 차이는 결국 하나님과 세계의 관계에 대한 관점의 차이로 요약된다는 것이다. 즉 우리의 사고방식은 불가피하게 성서 저자들에 비해 이신론의 영향을 받았다. 우리는 그들보다 자연 세계를 외부의 영향이 없는 자급자족 체계로 생각할 가능성이 크다. 그러나 이런 생각은 신중하게 고려되어야 한다. 만약 우리 시대가 사실상 하나님을 현대 우주론의 외부에 위치시킨다면, 이때 성서는 하나님을 충분히 전적으로 성서에 포함시키지 못하게 된다. 이는 하나님과 물리 세계의 관계를 묘사하는 성서적 장치 중 하나인 거리의 은유를 통해 보다 분명해진다. 때로로 하나님은 가까이 존재하는 분으로, 때때로 멀리 떨어져 도달할 수 없는 분으로 묘사되는데, 각각 내재성과 초월성에 해당한다.

성서의 우주론은 우주의 크기가 제한되어 있는 것을 의미하는 것으로 종종 해석된다. 이것은 진실과 동떨어진 것이 아닐 수도 있다. 빅뱅 모델에 대한 한 타당한 해석은 우주에 경계가 있다는 것이다(9장의 "우주의 종말" 참조). 만약 우리가 '지구의 끝'을 문자적으로 받아들인다면(예, 사 41:8~9), 이 주장은 지구가 평평한 원반(또는 '모서리'가 있는 평평한 모양)이고, 누군가가 충분히 멀리 간다면, 지구의 끝에 도달할 수 있다는 것을 의미할 수도 있다. 이 점에 있어서, 하늘 또한 크기가 제한된다고 일컬어진다(예, 시 19:4~7). 학자들은 종종 이런 진술을 세 단계 또는 세 층(위로 하늘, 아래로 땅, 땅 아래로 물과 스올)으로 되어 있는 우주의 중심에 있는 평평한 지구를 말하는 것으로 문자적으로 해석한다.[52] 예를 들면, 이런 관점은 십계명에 나오는 다음 구절에서 암시된다. "너희는 너희가 섬기려고 위로 하늘에 있는 것이나, 아래로 땅에 있는 것이나, 땅 아래 물 속에 있는 어떤 것이든지, 그 모양을 본떠서 우상을 만들지 못한다"(출 20:4, 신 5:8). 유사한 표현이 신약 성서에도 등장한다. 예를 들면, 예수의 승천(눅 24, 행

1)은 천국이 문자적으로 하늘에서 발견된다는 (또는 적어도 하늘을 통해 접근 가능하다는) 생각을 암시한다. 그리고 잘 알려진 빌립보서 구절에 3층 우주론 진술이 포함되어 있다. "그리하여 하늘과 땅 위와 땅 아래 있는 모든 것들이 예수의 이름 앞에 무릎을 꿇고"(빌 2:10).

3층 모델은 이와 같은 진술의 이해를 도울 수 있지만, 일반적으로 이것은 학문적으로는 개략적인 것에 불과하다. 중세 사람들이 지구가 평평하다고 믿었다는 널리 퍼진 현대 도시 괴담이 있는데, 이것은 명백한 거짓이다.[53] 이 도시 괴담이 학자들의 3층 모델에도 있다고 생각해볼 만하다. 한 예를 든다면, 층은 보통 평평하지만, "지구의 끝"(예, 시 135:7)이라는 모호한 이미지를 제외하면, 성서는 지구가 둥근지 평평한지에 대해 명백하게 진술하지 않는다. 게다가 3층 모델은 성서 자료에서 제기되는 모든 복잡한 특징들을 설명할 수 없다. '하늘(heaven)'이라는 단어가 좋은 예다. 하늘이 단단한 경계(문자적으로 '층')라는 믿음이 많은 본문에서 드러나는데, 그 경계에 해, 달, 별들이 위치하고, 경계 위에 하늘의 물이 있다(창 1:7~8, 7:11, 3장의 "시간" 참조). 하늘이 야훼에 의해 '늘어나거나 넓어진다'고 언급되는 부분들(다소 금속판을 작업하는 장인의 작업 같은)은 또한 하늘이 단단한 '창공' 또는 넓게 트인 공간이라는 믿음을 입증할 수도 있다(예, 사 42:5, 44:24).[54] 반면 'heaven'에 해당하는 히브리어와 그리스어 단어는 똑같이 'sky'를 의미할 수 있고, 그래서 우리는 'heaven'을 땅 위 모든 공간을 의미하는 'sky'와 거의 같은 의미로 이해할지 모른다. 확실히 'heaven/sky'는 새들이 날아다니는 공간(잠 30:19)이자, 구름(단 7:13)과 해·달·별들(예, 신 4:19)을 포함하는 땅 위의 창조된 공간이다. 'heaven/sky'를 '층'이라고 보기는 어렵다. 뿐만 아니라 'heaven/sky'에 대한 묘사가 다소 현대 용어의 'heaven'처럼, 물리적 실재의 묘사를 넘어 **신학적** 또는 상징적 실재를 묘사하기 시작하는 부분들이 성서에 나온다. 이런 이해는 heaven을 하나님의 보좌가 발견되는 곳으로 말하는 일부 본문들(왕상 22:19, 시 11:4, 사 66:1)을 제외하면, 구약 성서에서 거의 발견되지 않는다. 그러나 후기 유대 묵시 문학과 신약 성서를 살펴보면, 우리의 이해와 비슷하게 구체화되는 heaven의 개념을 볼 수 있는데(예, 에녹서 14, 마 18:10, 계 4), 여기에서 'heaven/sky'는 신학적으로 특별히 거룩한 곳이다. 그곳은 하나님의 본래 거주지이고, 우리 머리 위의 물리적 하늘을 훨씬 초월하는, 신실한 사람들이 사후에 가는 복된 낙원이다.

만약 3층 모델로 다 표현할 수 없는 'heaven' 개념을 이해하는 것이 다소 난해하다면, 하늘에 얼마나 많은 층들이 존재하는지는 훨씬 더 난해하다. 다시 창세기 1장으로 돌아가서(결국 창세기 1장은 성서에서 가장 완벽한 우주론을 묘사한다), 여기에서 층들 또는 단계들이 서로 구별될 만큼 충분히 묘사되는지가 정확하지 않다(3장의 "우주론" 참조). 핵심적인 우주론적 특징을 살펴보면(창세기 6~9장의 홍수 이야기에서 강하게 강조되는데), 지구가 위의 물과 아래의 물로 둘러싸여 있고, '창공'이 위의 물을 떠받치고 있다. 이것은 3층 모델이라기보다 물로 둘러싸인 '덮개(bubble, 또는 보호 천막)'를 묘사하는 것이다. 이것은 3층 모델에서 부족한 히브리 세계관의 중요한 특징, 즉 물의 우주론적 중요성을 강조하는데, 이것은 성서 창조 주제에서 야훼가 용/바다와 싸우는 신화적 투쟁을 통해 너무 잘 드러난다(4장 "창조와 신화" 참조). 살기에 적합한 우주는 무질서한 깊은 물 속에서 야훼에 의해 유지되고 보호되는 잠수함과 같고, 그래서 야훼의 창조 질서는 번창할 수 있다. 다른 본문들은 바다를 하늘, 땅, 스올에 더해 네 번째 층에 포함시킨다(예, 욥 11:8~9, 시139:8~9).[55] 위에서 인용한 빌립보서 2장 20절과 비슷한 찬가가 요한계시록에 등장하는데, 이 본문은 3층을 말하는 대신에 바다를 포함하여 4층을 말한다. "나는 또 하늘과 땅 위와 땅 아래와 바다에 있는 모든 피조물과, 또 그들 가운데 있는 만물이, 이런 말로 외치는 소리를 들었습니다"(계 5:13). 여기에서 우주는 층이라기보다 거주의 공간으로 묘사된다. 게다가 만약 우리가 창세기 1장에 대한 가장 이른 해석인 기원후 첫 몇 세기 랍비들의 기록을 보면, 3층도 아니고 4층도 아니고 **많은** 층(물뿐만 아니라 일곱 하늘과 일곱 땅)을 포함하는 우주론을 추측한 증거가 발견된다.[56]

이 논의의 핵심은 3층 우주 묘사를 지나치게 복잡하게 하려는 것이 아니라, 이 모델이 고대 히브리 우주론을 **문자적으로** 묘사할 때의 단점을 지적하려는 것이다. 즉 성서 본문들은 단순한 모델로는 설명될 수 없는, 보다 미묘하고 복잡한 관점(또는 관점들)을 취한다. 그러나 3층 모델을 지지하는 증거로 해석되는 대부분의 우주론적 진술들은 사실상 하나님과 세계의 관계에 대한 은유적인 암시이기 때문에, 3층 모델을 이해하는 데 많은 어려움이 있다. 우주론적 진술들이 문자적 우주론에 대한 실제 진술로 이해되어야 하는가? 아니면 그것들이 신적 현존에 대한 은유로 더 잘 이해되는가?

### 하나님의 위치

이 문제를 연구하기 위해, 하나님의 위치를 묘사하는 우주론적 언어를 보다 면밀히 들여다보자. 하나님이 하늘에 존재한다고 말하는 무수한 예들이 성서에 나오고, 일부 본문들은 심지어 하나님이 하늘에서 땅에 있는 사람들을 내려다볼 수 있다는 것을 암시한다(예, 시 14:2, 33:13~14). 이것은 'sky/heaven'의 이해가 문자적으로 우리 머리 위라는 것을 암시한다. 사실 일반적인 기독교 언어에서 하나님은 종종 'heaven'에 존재한다고 말하지만(예, "하늘에 계신 우리 아버지", 마 6:9), 현대인들은 거의 'heaven'을 물리 우주 안에 있는 장소로 생각하지 않을뿐더러, 심지어 고대인들도 그렇게 생각하지 않았을 수도 있다. 아무튼 하늘에 대한 고대와 현대 우주론적 관점이 둘 다 하나님의 거주지가 보통의 상황에서 인간이 전혀 닿을 수 없는 곳이라고 여긴다는 점에서 같다. 불트만(Rudolf Karl Bultmann, 1884~1976)은 히브리인들의 3층 우주론이 성서의 초기 '신화적 사고'가 현대 과학 시대에 맞게 비신화화되어야 하는 이유를 보여준다고 주장했다.[57] 그러나 초기 사고방식이 거의 입증 가능하지도 않을 뿐더러, 고대인들이 현대 학자들만큼 문자적으로 신화를 해석했을 것 같지도 않다. 조지 케어드(George Bradford Caird, 1917~1984)는 다음과 같이 주장한다.

> 성서 시대 사람들은 실제로 위에 하늘이 있고, 아래에 스올이 있는 세계를 구상했을 수도 있다. 그러나 파러(A. M. Farrer)가 지적한 대로, 그들은 비행으로 하늘에 도달할 수 있고, 땅을 파서 스올에 도달할 수 있다고 생각할 만큼 어리석지 않았다. 3층 묘사를 자신이 살았던 세계의 묘사로 받아들였던 사람은 누구나, 3층 묘사가 이 묘사 없이는 종교적 진실의 일부가 이해되거나 표현될 수 없는, 영구적이고 보편적인 상징이었기 때문에 받아들였다.[58]

만약 케어드가 옳다면, 현대 학자들의 3층 우주론은 하나의 우주론이라기보다 '종교적 진실', 다른 말로, 거리와 위치로 상징되는 하나님과 세계의 관계를 표현하는 상징적 방법이다. 마스칼(Eric Lionel Mascall, 1905~1993)도 17세기 과학 혁명을 통해 생겨난 '문자주의의 실제적·치명적 시기'에 대해 말하며 비슷한 주장을 했다.[59] 하나님을 지구로부터 공간적으로 분리시키는 성서 언어는, 항상 피조물과 창조주의 차이로써 **본질적으로** 이해되었는데, 이제는 문자적으로 읽히고, 따라서 수많은 문제들이 생겨났다.

> 코페르니쿠스와 갈릴레오에 의해 지구가 우주의 중심에서 밀려난 것과, 뉴턴의 만유인력 법칙에 의해 지상계(sublunar world)와 천상계(supralunar world)가 한층 더 통합된 것은, 서로 다른 공간들 사이의 모든 질적 차이를 없앴다.[60]

이제 성서 본문을 문자적으로 받아들이지 않고는 하나님과 세계의 질적 차이를 말하는 본문을 이해하는 것이 더 이상 가능하지 않게 되었다. 그러므로 우리는 그런 본문들이 마치 실제 물리 공간의 본성에 대한 과학적 진술인 것처럼, 그것들을 가상적인 3층 우주론의 측면에서 읽는 학자들을 보게 된다.

성서의 우주론적 진술의 상당수가 과학적이라기보다 상징적 진술이라고 결론 내리는 것이 타당하다. 즉 하나님이 하늘에 존재한다는 말은 하나님은 인간이 완전히 닿을 수 없고, 세계와 상당히 다른 곳에 존재한다는 말이다. 이 점은 하나님의 위치에 대해 상당히 다양한 공간적 진술을 하는 시편 57편 같은 예를 통해 더 잘 표현될 수 있다. 시편 기자가 "하늘에서 주님의 사랑과 진실을 보내시어, 나를 구원하여 주십시오"(시 57:3)라고 말하는 부분에서 보듯, 하나님은 하늘에 존재하는 듯하다. 그러나 하늘과 하나님의 덕을 설명하는 공간과 위치에 대한 다른 이미지들은 언어가 항상 은유적 목적으로 기록되었다는 것을 분명하게 보여준다.

> 하나님, 하늘 위로 높임을 받으시고,
> 주님의 영광을 온 땅 위에 떨치십시오.
> 주님의 한결같은 그 사랑, 너무 높아서 하늘에 이르고,
> 주님의 진실하심, 구름에까지 닿습니다.
> (시 57:5, 10)

이 구절에 사용된 전치사들을 특히 주목해볼 만하다. 하나님은 하늘 **위로** (above) 높임을 받고, 하나님의 영광은 온 땅 **위에**(over) 있다. 왜냐하면 하나님의 사랑과 진실함이 하늘**만큼 높고**(as high as), 구름**에까지**(as far as) 닿기 때문이다. 문자적으로 받아들이면 하나님은 우선 하늘 위에 존재하는데, 땅 위이지

만 구름보다 더 높지는 않은 듯하다. 그러나 분명 이 구절은 문자적으로 읽도록 의도되지 않았다. 시편 57편은 하나님의 절대적 초월성과 우주적 진실함을 강조하기 위해 공간의 은유를 사용한 일련의 시적 표현이다.

비슷한 은유가 하늘에 대응되는 부분, 즉 땅 아래 있는 지하 세계(구약 성서에서 종종 스올이라 불리는)에도 사용되는 듯하다. 지하 세계가 땅 표면 아래의 물리적 층에 대한 문자적 묘사로 간주될 필요가 없고, 온전히 은유적으로, 즉 죽은 사람들의 상징적 상태를 말하는 것으로 쉽게 이해될 수 있다. 죽은 사람들은 살아 있는 사람들이 완전히 닿을 수 없는 곳에 있고, 죽은 사람들 스스로 하나님에게 이를 수 없다. 그러므로 지하 세계는 살아 있는 사람들로부터 분리되는 은유이자(예, 욥 7:9), 아마 심지어 하나님으로부터 분리되는 은유다(예, 시 88:4, 사 38:10~18).

하늘이 초월에 대한 공간적 은유로 사용된 더 분명한 예는 솔로몬의 예루살렘 성전 봉헌 기도에 등장한다(왕상 8). 솔로몬은 야훼가 "주님께서 계시는 곳인 하늘에서"(30절) 그의 기도에 귀를 기울이기를 애원한다. 동시에 이 본문은 하나님이 솔로몬이 건축한 성전에 더 이상 거하지 않고, 문자적 의미의 하늘에 거할 것이라는 인식을 드러낸다. "그러나 하나님, 하나님께서 땅 위에 계시기를, 우리가 어찌 바라겠습니까? 저 하늘, 저 하늘 위의 하늘이라도 주님을 모시기에 부족할 터인데, 제가 지은 이 성전이야 더 말하여 무엇하겠습니까?"(왕상 8:27). 이 구절은 구약에서 하늘에 존재하는 하나님을 언급하는 주된 기능이 하나님의 완전한 세계 초월을 은유적으로 말하는 것이라는 사실을 가장 분명하게 암시하는 부분 중 하나다.

### 신현(Theophany)

우리가 지금까지 제안한 관점은 물리 공간에 대한 성서 묘사의 상당수가 창조주/피조물 관계에 대한 은유라는 것이다. 이것은 구약에서 하나님의 현존이 단지 sky/heaven에 국한되지 않고, 다양한 물리적 장소에 관계된다는 사실로 인해 분명해진다. 야훼의 현현은 현저하게 산에서(예, 시내 산, 출 19) 이루어지고, 시온 산(미 4), 집회의 산(Mount Zaphon, 사 14:13~14)과 예수 이야기에서 여러 중요한 산(마 5:1, 15:29~31, 28:16~20, 막 9:1~9)에서처럼, 신적 현존은 산에서 초월적 방식으로 나타난다. 그러나 나무(예, 창 18:1, 출 3:1~6), 개울(예, 창 32:22~32), 강(예, 시 36:8~10, 46, 겔 1:1, 막 1:9~11)에서처럼, 다른 자연 풍경 또한 신현의 장소로써 중요하다. 우리는 이 장소들을 3층 모델에서 말하는 세 물리적 층 사이의 '다리(bridges)'로서 이해할 수도 있다. 반면에 만약 우리가 좀 더 비유적으로 접근한다면, 이 다양한 신현의 자연 장소들은 우주 영역들 사이의 차이가 '층'이란 단어가 암시하는 것보다 실제로 훨씬 더 유동적이라는 것을 암시하는 것으로 이해될 수 있다. 이 장소들은 하나님의 현존에 대한 담론에 따라 변하고, 유동적이며, 조정이 가능할 수 있다. 요약하면 신현의 장소들은 하나님의 본성에 대한 은유이자 하나님과 피조물의 관계에 대한 은유다. 유사한 방법으로, 존 레벤슨(Jon D. Levenson, 1949~)은 '세속적 예루살렘'과 '천상의 예루살렘'에 대한 구약 본문들이, 서로에 개방되어 있는 두 층으로 구성된 세계를 가리키고, 시온 산에서 서로 관통한다고 주장한다.[61] 이 말은 층의 경계가 분명하지 않으며, 우리 세계에 하나님의 현존과 거룩함이 더욱 분명하게 드러나는 특정한 장소들이 있다는 말이다. 이 장소들은 또한 어느 정도 '하늘'의 은유와 같이, 신적 초월을 의미하거나 상징하는 물리적 장소들이다.

산과 샘 같은 지리적 **장소**뿐만 아니라, 하나님은 또한 자연 **현상**에도 나타난다고 일컬어진다. 주로 천둥(예, 출 15:1~18, 사 5:4~5, 욥 37:2~38:1), 불(예, 창 15:12~21, 출 3:1~6), 지진(예, 삼하 22:8)에 나타나고, 심지어 인간의 건축물(예루살렘 성전과 종교적 예전, 왕상 8)에도 나타난다. 만약 현대인들이 우주에 하나님이 거할 문자적 의미의 안식처가 존재한다고 거의 믿지 않는다면, 성서 저자들 또한 마찬가지였을 것이다. 오히려 하나님의 현존은 다른 장소와 다른 현상에 각각 다른 방법으로 관계하면서, 세계에서 하나님의 계시와 사역에 대한 폭넓은 이해를 나타낸다. 서로 다른 이미지들과 주제들이 이스라엘의 과거 다른 신화적 양상에 근간을 두었다는 말은 전적으로 타당하지만, 그것들이 상당수의 본문에서 거의 균일하게 결합되었고 모두 함께 성서의 일부가 되었다는 사실은, 어떤 한 이미지도 완전하거나 역사적으로 권위 있게 받아들여질 수 없다는 것을 암시한다. 서로 다른 이미지들이 전체 구도를 구성하는데, 이 구도는 여러 양상을 띠고 있어서, 쉽게 단일한 개념 체계로 전락할 수 없다.

신현의 언어에 대한 마지막 요점은, 프레트하임이 인지한대로,[62] 신현의 언어가 하나님을 향한 피조물의 찬양의 언어에 밀접하게 관련되어 있다는 것이다(4장의 결론 참조). 산, 지진, 폭우가 하나님을 찬양하는 방법과 상당히 유사한 방법으로, 하나님은 자연스럽지만 강한 계시적 방법으로 산, 지진, 폭우 가운데 자신을 드러낸다. 그런 본문들은 단지 하나님을 향한 인간의 찬양을 표현하는 화려한 은유라기보다, 모든 비인간 피조물들이 하나님의 현존과 밀접한 관계임을 드러내는 나름대로의 신성(holiness)을 갖고 있다는 것을 묘사한다. 만약 신현이 하나님의 초월성을 표현한다면, 그때 자연의 찬양은 하나님의 내재성을 표현한다.

### 내재(Immanence)

하나님이 세계와 매우 친밀하다고 일컬어지는 많은 다른 방법들이 있는데, 이 방법들은 신적 현존의 **내재적** 관점을 말한다. 우리는 다음 장에서 **계속적 창조**의 근거를 성서 본문에서 발견할 수 있는지를 논의할 때, 이 방법들 중 일부를 언급할 것이다. 이 외에도 하나님의 친밀함(시 145:18)에 대한 다른 은유적 묘사들이 발견되는데, 예를 들면 하나님이 우리의 목자로(시 23), 우리의 피난처로(시 91), 지키는 분과 그늘로(시 121) 묘사되는 일부 시편 구절들이 그렇다. 비슷한 친밀함이 하나님의 언약 갱신의 표현과 백성을 향한 사랑의 표현에서도 발견된다(예, 출 29:45~46, 사 42:6, 43:1~2, 렘 31:33~34, 32:37~40, 겔 37:26~28, 호 11).

하지만 하나님의 내재성은 하나님의 초월성만큼이나 구약 성서에서 명백하게 언급되지 않는 것이 분명하다. 그러나 대략 기원전 8세기에 예언서 기록의 시작과 함께, 하나님의 계시가 지혜, 예언, 음성, 신탁, 즉 인간 발화의 형태로 드러나는 경향이 있었다는 것이 중요하다. 이 주제들은 시내(호렙)산의 엘리야 이야기(왕상 19:11~12)에 설명된 것처럼, 신적 내재를 강하게 말한다. 일부 학자들(예, 크로스, 레벤슨)은 이 이야기를 예언에 대한 이스라엘의 태도 변화를 묘사하는 중요한 발전으로 본다. 이 이야기에서 엘리야는 산에서 하나님의 계시를 기다리지만, 하나님은 산을 강타한 거대한 바람으로도, 지진으로도, 불로도 자신을 드러내지 않으며(즉 전통적인 신현의 표시로 자신을 드러내지 않으며), '부드럽고 조용한 소리'가 뒤따른다.[63] 모세와 그 이전 이스라엘인들이 그 산에서 하나님의 엄청나고 경외할 만한 광경을 증언할 특권을 부여받았는데, 하나님의 엄청나고 경외할 만한 광경이 엘리야의 내적 자각의 목소리로 대체되었다.[64] 다시 말하면, 신현은 내면화되었고, 예언자적 목소리를 통해 표현되었다. 이것은 아마도 구약 시대에 율법(예, 시 1, 119)과 지혜 문학에 대한 숙고를 포함해, 8세기부터 줄곧 예언서에서 발전한 초점을 설명하는 데에 어느 정도 도움이 된다. 신적 내재는 공동체와 개인의 내적 신앙의 측면에서 표현된다.

심지어 신적 내재에 대한 보다 친밀한 표현은 신약 성서에서 발견될 수 있다. 바울의 성령 신학에서 신적 내재 논의는 새로운 신학적 절정에 도달한다. 만약 예수의 부활이 하나님의 힘(성령)에 의해 가능했다면, 동일한 성령이 옛 창조가 아닌 '새로운 창조'(고후 5:17)로서 신자들(롬 8:11)의 일상생활에도 직접적으로 작용한다.

아마 고린도전서 12장에 나오는 신령한 은사와 '그리스도의 몸'에 대한 바울의 논의가 가장 좋은 예다. 여기에 보면, 신자들 안에서의 하나님의 내재적(또한 종말론적) 행위 덕분에 신자들에게 "성령이 나타나게"(고전 12:7) 되었다. 지혜와 지식의 말씀, 병 고치고 예언하는 은사 같은 신령한 은사들을 드러냄으로써, 신자들은 스스로 신현의 장소가 되었다. 이보다 더 포괄적인 신적 내재에 대한 상징을 상상하기는 어렵다. 하나님과 창조 세계의 관계에 대한 어떤 묘사도 하나님의 초월성에 대한 잘 알려진 상징(예, 창 1)을 포함해, 하나님의 내재성에 대한 상징도 당연히 고려해야 한다.


## 결론


우리는 분명 시간과 공간에 대한 성서적 개념을 논의하는 것에서 시작해서 여기까지 왔다. 이것은 우주와 우주의 구조를 묘사하는 듯한 성서 진술의 상당수가 실제로 창조주와 피조물의 관계에 대한 상징적 언급이기 때문이다. 오늘날과 마찬가지로, 공간은 하나님의 본성과 하나님과 세계의 관계를 묘사하는 데 사용된 중요한 상징적 장치 가운데 하나였다. 이것은 널리 퍼진 3층 우주론의 학문적 재현이 기껏해야 대강의 근사치로만 사용되어야 하고, 고대 히브리인들이 물리 세계에 대해 믿었던 것에 대한 엄밀한 묘사로 여겨져서는 안 되는 이유다. 3층 우주론이 무언가 진리를 담고 있을 수도 있지만, 그것이 근거한 본문들은 전적으로 구별되는 존재의 세 영역, (1) 하나님 (2) 살아 있는 것 (3) 죽은 것에 관한 신적 초월성을 설명하는 은유적인 장치로 더 잘 이해된다. 여기에서 형이상학적 경계들에 대한 한 체계가 대두되는데, 이 체계는 깨끗한 것과 더러운 것을 묘사하는 구약의 법과 의례 자료에서 발견된 경계들에 관련될 수도 있다. 구약의 어떤 체계도 현대 과학적 우주관에 관계되지 않고, 오히려 우주를 사회적·의례적·신학적 용어로 본다.

이와 같은 방법으로 우리는 성서에서 신학적 사고에 의해 어떻게든 영향을 받지 않은 시간관을 도출하는 것이 어렵다는 것을 발견했다. 우리는 우주의 시작과 끝 사이의 역사적 시간뿐만 아니라 우주의 시작과 끝에 대한 성서 관점들을 논의했고, 이 관점들이 모두 하나님이 세계에서 일하는 다양한 방법에 대한 상징이라는 것을 발견했다. 보통의 이스라엘인들은 하나님을 그들의 생각에 포함시킬 필요 없이, 시간과 공간을 매일의 일상으로 생각할 수 있었음이 틀림없다. 그러나 보다 넓은 관점에서 보면, 하나님은 결코 그들의 일상에서 전혀 멀리 떨어져 있지 않았던 듯하다. 이와 같은 방식으로 우리는 고대 이스라엘의 과학을 논의했고, 현대 과학에 관계된 인과론적 시각이 틀림없이 존재했으며, 초기 과학 기술은 불가능했을 것이라고 주장했다. 그러나 성서 본문에서 종종 인과론적 시각은 상당히 신학적인 용어로 표현된다.

우리는 분명히 초기 이스라엘인들, 혹은 적어도 성서가 기록된 시대에 살았던 사람들보다 현대 과학적 세계관에 의해 훨씬 많이 이신론적 사고의 영향을 받았다. 우리는 기꺼이 우리 세계, 시간과 공간, 경계와 구조에 대한 큰 그림을 하나님의 활동을 배제하고 보는 반면, 초기 이스라엘인들은 이런 큰 그림을 인지하는 것이 상대적으로 더 어려웠을 듯하다. 그들에게 큰 그림이 어려운 이유는 하나님의 활동을 당연하게 여겼기 때문이다. 우리들은 거의 그렇지 않다.

다음 장에서 우리는 어떻게 하나님과 세계의 관계가 성서뿐만 아니라 보다 동시대적 신학 용어로 이해될 수 있는지를 살펴보며 논의를 이어갈 것이다.

제6장
창조주와 피조물의 관계

## 무로부터의 창조(Creatio ex Nihilo)

지난 150년간의 과학 혁명은 하나님과 세계의 관계를 이해하는 방법에 지대한 영향을 끼쳐왔다. 물리학과 생물학에서 강조된 진화 모델은 하나님의 초월성뿐만 아니라, 하나님이 친밀하게 세계에 현존한다는 성서 관점을 재평가하게 했다.

이 장에서 우리는 성서 창조 자료의 **신학적** 구조를 현대 과학의 관점에서 바라볼 것이다. 이를 위해 하나님의 창조 행위의 유형을 구별하기 위해 종종 사용되는 두 범주, creatio ex nihilo(무로부터의 창조)와 creatio continua(계속적 창조)를 고찰할 것이다. 이 범주들은 종종 과학-신학 영역에서 사용되었지만, 성서의 창조 사상과 관련해서는 지위가 확실하지 않다(앞으로 살펴볼 것이다). 그럼에도 불구하고, 나는 이 범주들이 성서에서 드러나는 하나님과 세계의 관계 모델에 대한 중요한 사항들을 제공한다는 점을 지적할 것이다. 다시 말하면, 비록 이 범주들이 성서 본문이 처음으로 기록되었을 때보다 수백 년 뒤에 형성되었지만, 그것들은 성서 본문을 신학적으로, 그리고 과학적 해석과 연결해서 읽는 유용한 방법을 제공한다.

우리는 이미 **무로부터의 창조**(하나님이 태초에 세계를 창조할 때, 글자 그대로 '무로부터' 창조했다는 사상)를 언급했다(1장 참조). '무로부터' 세계를 창조했다는 말은 하나님이 세계에 의존하지 않을 뿐만 아니라, 반드시 세계의 한 부분이 어야 하는 것도 아니라는 말이다. 반면에 세계는 존재하기 위해 절대적으로 하나님에게 의존한다. 이것은 범신론(pantheism, 세계가 신과 본질적으로 동일하다는 믿음) 또는 범재신론(pan-en-theism, 세계가 신 '안에' 있거나 신의 한 부분이라는 믿음)과는 대조적인, '유신론(theism, 신이 세계와 구별되는 객관적 존재라는 전통적인 믿음)'의 기본 진술 중 하나다. 유신론은 하나님의 창조 사역이 인격적이고 활동적이라고 주장한다. 즉 하나님은 태초에 세계를 무로부터 창조했고, 계속 세계를 지원하고 유지시키며, 세계 안에서 활동한다는 말이다. 세계가 우선(태초에) 존재하기 위해 하나님에게 의존했기 때문에, 세계는 존재를 지속하기 위해 하나님에게 계속해서 의존한다. 세계는 말하자면 우발적·의존적이다. 사실, 만약 하나님이 매 순간 세계를 존재하게 하는 것은 **아니라고** 말할 수 있다면, 이때 이 말은 세계가 스스로의 힘으로 존재하며, 하나님과 동등하다는 것을 암시한다. 그러므로 무로부터의 창조의 신학적 지위는 어떻게 사물이 시작되었는지에 관계될 뿐만 아니라, 어떻게 사물이 계속해서 존재하고 있는지에도 관계된다. 요약하면 무로부터의 창조는 '태초'에 대한 설명이라기보다, 창조된 세계와 창조주의 계속적인 **관계**에 대한 진술이다. 윌리엄 스토저(William R. Stoeger, 1943~)는 하나님과 빅뱅에 대한 논의에서 다음과 같이 말한다. "창조는 일시적 사건이 아니라 관계, 즉 궁극적 의존의 관계다."[1] 이 관계가 하나님 측면에서는 초월적이고, 세계의 측면에서는 우발적이다. 이 관계를 다른 방법으로 정립해보면, 하나님은 필연적으로 존재하는 반면, 세계는 하나님에게 의존해서 존재한다고 말할 수 있다. 또한 하나님은 전능하고, 세계가 계속해서 존재하도록 지원한다. 하나님이 세계의 자연 질서를 유지시킨다는 견해가 성서에 등장한다. 이 부분은 낮과 계절의 리듬으로 인해, 그리고 수확물의 공급으로 인해 하나님을 찬양하는 구절이다(예, 시 74:16~17, 145:15~16, 렘 5:24). 복음서도 비슷하게 하나님의 지원이 모든 참새와 들의 백합화를 돌볼 만큼 모두에게 충분하다고 말한다(마 6:25~29, 눅 12:6, 12:24~28). 하나님의 명백한 지원이 없으면 세계가 파괴된다는 사상은 노아의 홍수 이후, 무지개로 상징되는, 하나님이 모든 생물/땅과 맺은 언약에서 뚜렷하게 발견된다(창 9:12~17).

무로부터의 창조 관점에 흐르는 하나님의 초월 사상을 분명하게 이해하는 것이 중요하다. 그리고 우리가 초월성을 말할 때, 하나님이 마치 너무 멀리 있어서 세계와 접촉하지 않는 것처럼, 창조된 세계 위에, 그리고 창조된 세계를 넘어 존재한다는 것을 필연적으로 의미하는 것이 아니다. 다시 말하면, 우리는 하나님이 발견되거나 발견되지 않는 어떤 공간적 또는 시간적 준거 틀에 대해 말하고 있는 것이 아니다. 초월이 의미하는 것은 하나님이 우리가 존재하는 방식처럼 시간과 공간에 매여 있지는 않다는 말이다. 이것은 하나님이 현존하지 않는다는 의미에서의 시간과 공간 밖에 존재한다는 말이 아니다. 오히려 하나님은 전능하기 때문에, 시공간 안의 모든 사건 또는 물체가 하나님으로부터 기인하는 힘으로 존재한다.[2] 모든 사건 또는 물체가 무 (nothingness)로 회귀하려는 것을 막는 분이 하나님이다. 여기에서 하나님이 무로부터 세계를 창조했다는 주장과 유신론은, 하나님이 세계를 지원하고 유지시킨다는 전체적 결론을 구체화한다. 만약 현대 과학이 우리에게 창조 이야기가 모두 시간적 시작에 대한 것이라고 믿도록 해왔다면, 이때 무로부터의 창조는 우리로 하여금 성서가 주장하는 사상 일부를 이해하게 도와줄 수 있다. 이것은 바로 창조주와의 관계에 대한 것이다.

## 이신론(Deism)

유신론이 하나님과 세계의 관계를 이해하는 유일한 체계는 아니다. 현대 과학의 등장과 과학이 창조주를 언급하지 않고도 세계를 성공적으로 설명하게 된 것은 하나님과 세계의 관계가 철학적·신학적·과학적으로 면밀하게 연구되어왔다는 것을 의미했다. 하나의 대안적 체계는 이신론적 체계다. 유신론과 마찬가지로, 이신론은 하나님의 초월성과 첫 창조 행위를 논한다. 그러나 첫 창조 이후 하나님의 초월성과 행위는 사라지는데, 이는 이신론이 하나님이 창조 이후 세계에 관여하지 않는다고 여기기 때문이다. 사실 이신론은 하나님의 초월성을 강조하는데, 이 초월성은 태초 이후 하나님과 세계 사이를 실제로 분리시킬 정도까지이고, 일단 세계가 생겨난 후에 하나님은 세계와 상호작용하지 않는다고 주장한다. 그러므로 하나님은 우주가 신적 개입 또는 인도 없이 처음에 설정된 길로 나아가도록 허락하기 때문에, 기적과 계시를 믿는 것은 이신론의 세계관에서 부인된다. 하지만 이신론이 무로부터의 창조 사상을 반드시 부인하는 것은 아니다. 왜냐하면 이신론자들은 하나님이 세계 활동과 밀접하게 상호작용한다고 믿지 않은 채, 하나님이 세계를 보편적이고 섭리적으로 유지시킨다고 주장할 수 있기 때문이다. 그러나 유신론은 세계 역사를 통한 **무로부터의** 관점을 주장할 뿐만 아니라, 하나님이 세계에 **내재한다**(다른 말로 피조물에 내재한다. 즉 피조물에 아주 근접해 있다)고 주장하는데, 이신론은 이에 동의하지 않는다고 보는 것이 옳다.

근대 초기 뉴턴의 결정론적 세계관 내에서, 이신론은 하나의 매력적인 신앙인 듯 보였는데, 이는 이신론이 과학으로 하여금 과학이 되게 했기 때문이다. 즉 과학적 과정은 어떤 신적 개입의 필요 없이 자연적이고 규칙적으로 이해될 수 있다. 비록 이신론이 합리적인 신앙으로 그동안 받아들여지지 않앗지만, 이신론은 우리가 과학적 상황에서 기적과 계시 이야기들을 이해하려 할 때 명백하게 드러나는, 보다 무의식적인 유산을 남겼다. 즉 이제 '개입(intervention)'에 대한 이신론적 논의를 피하는 것은 정말 어렵게 되었다.

이신론에 직면하여 유신론적 관점을 유지하려고 노력하는 데에는 그럴 만한 이유가 있다. 첫째로, 과학은 근대 초기 뉴턴 이래 중요하게 발전했다. 19세기 다윈주의의 등장과 20세기 새로운 물리학(특히 상대성, 양자 역학, 카오스 이론의 발견)과 함께, 규칙적이고 거의 기계적인 뉴턴 세계관은 대부분 본질상 새로움과 참신함을 인정하는, 상당히 많이 개방된 과학적 세계관으로 대체되었다. 둘째로, 이신론은 거의 성서 세계관에 맞지 않는 관점이다. 비록 일부 구절들이 "하나님이 하늘에 계신다"(시 115)고 암시하고, 이것이 하나님이 도달할 수 없는 곳에 존재한다는 것을 암시할 수도 있지만, 성서의 하나님은 역사와 자연 세계에도 친밀하고 역동적인 관심을 드러낸다. 사실 우리는 하나님이 실제로 그리스도 안에서 피조물의 일환이 되기 위해 피조물에게 너무 친밀하게 다가갔고, 성령으로서 피조물 안에 내재하여 계속 일한다는 놀라운 사상을 발견한다. 만약 성서의 하나님이 초월적이라면(하나님과 세계 사이의 상상할 수 없는 완전한 차이를 암시), 이때 하나님은 또한 내재적이며 현존한다. 다시 말하면, 하나님은 세계에 실제로 내재하며, 세계와 분리될 수 없다. 비록 성서 본문이 무로부터의 창조를 확실하게 드러내지는 않지만 무로부터의 창조와 일관된다(앞으로 살펴볼 것이다). 성서 본문은 분명히 하나님이 초월적이며 동시에 내재적이라는 유신론적 사상의 증거들을 풍부하게 제공한다. 결과적으로 비록 유신론이 현대 과학에서 배척당하는 어려움에 직면했고, 이신론이 설득력 있어 보임에도 불구하고, 우리는 유신론적 관점이 성서의 세계관에 가장 잘 어울린다고 주장할 것이다.

유신론이 신앙의 진술로서 또 하나의 장점이 있는데, 그것은 새로운 무신론과의 논쟁에서 이신론보다 강한 입장을 취한다는 것이다. 이신론은 하나님의 영향권을 물질 세계에서 영적인 세계로 옮기므로 이원론의 한 형태로 보일 수 있다. 이신론에 따르면, 하나님과 인간의 인격적 관계가 오직 영적인 차원에만 한정되며, 따라서 믿음과 예배는 인간의 지적이고 영적인 행위다. 이 이원론적 진술은 예배에 참여하는 전 우주의 갈망에서 너무 생생하게 표현되는 창조주와 모든 피조물의 관계(4장의 결론 참조)가 결국 부인된다는 것을 의미한다. 비인간 피조물들은 그것들이 하나님의 '설계(design)'를 암시한다는 것을 제외하고는 신성한 의미가 없다(오직 인간만이 올바르게 인식할 수 있고, 이성적이다). 비인간 피조물들이 하나님께 영광을 돌리기 위해 존재한다거나, 하나님의 영광을 받기 위해 존재한다는 말은 더 이상 무의미하다. 그래서, 예를 들면 홍수가 "박수를 치거나" 산이 하나님을 찬양하며 "즐겁게 노래한다"(시 98:8)고 제안하는 본문들은 그 본문들이 지닌 풍부한 의미를 대부분 잃을 것이다. 유신론적 관점에서 보면 이 본문들은 신성하게 창조된 피조물로 인해 창조주를 찬양하는 우주적 예배를 은유적으로 표현한 것이다. 즉 비인간 피조물은 창조주가 "매주 좋았다"(창 1:31)라고 평가한 피조물이다. 이신론적 관점에서는 오직 인간만이 하나님을 예배할 수 있고, 따라서 비인간 피조물이 예배하는 본문들은 인간이 세계를 찬양하는 것에 대한 은유로 여겨진다. 이것은 신의 존재에 대한 종교적 주장들이 이신론의 등장으로 대부분 힘을 잃게 되었다는 것을 의미하는데, 이는 그 주장들이 더 이상 우주를 창조주와의 관계로 설명할 수 없게 되었기 때문이다. 대신 우주는 인간의 영적·지적 삶을 위한 수동적이고 내적인 장소가 되었다. 이때 이신론은 세계가 현재의 모습으로 드러난 이유를 설명하는 가설로써 신을 제시하는 것에 지나지 않는다. 그러나 과학은 설계자를 소환하지 않고도 세계의 대부분을 설명할 수 있기 때문에 이신론은 과학에 반하는 본질적으로 설득력이 약한 주장이다.

유신론은 비인간 실재에게 이신론이 부여할 수 없는 영적인 중요성을 부여하며 전 피조물 가운데 하나님의 영이 충만하게 한다. 모순적이게도 최근 수십 년간, 생태학적 관점에 대한 중요성이 증가하면서 자연 세계를 존중하는 마음도 같이 증가했다. 이것은 과학의 발전에 관한 것이지만, 그럼에도 불구하고 모든 피조물이 신의 관점에서 본질적 가치를 갖는다는 유신론적 진술과 잘 어울린다(9장 참조).

이런 이유로 우리는 이 책에서 유신론적 관점을 주장함에 있어서 주의를 기울일 것이다. 이것은 현대에 종종 신앙의 적합한 진술이었던[3] 이신론을 경멸하려는 것이 아니라, 오히려 신학의 방향을 성서에 기록된 방향으로 가능하면 가깝게 조정하려는 것이다.


## 계속적 창조(Creatio Continua)

무로부터의 창조가 하나님의 세계 초월에 대한 근본적인 유신론적 진술이라면, 계속적 창조도 마찬가지로 하나님의 내재성을 말하는 유신론적 사상을 표현하는 데 사용될 수 있다. 즉 하나님은 적극적이며 창조적으로 세계에 참여하며, 세계에 현존하고, 세계와 함께한다. 그러나 이런 초월성과 내재성은 세계의 관점에서만 관계를 묘사하는 것이다. 하나님의 관점에서 보면, **우발성**이 강조된다. 즉 **무로부터의** 창조는 우선 세계 존재의 우발성을 표현하는 반면, **계속적** 창조는 계속되는 세계에서의 모든 새로운 창조와 사건의 우발성을 표현한다.

그러나 과거에 이 부분이 약간 불확실했다. 왜냐하면 무로부터의 창조 관점은 이미 하나님이 적극적으로 세계를 지원하고 보존한다는 사상을 포함하고 있을 뿐만 아니라, 토마스 아퀴나스(Thomas Aquinas, 1225?~1274) 같은 저명한 신학자들에 의해 계속적 창조의 형태로 해석되어왔기 때문이다.[4] 그리고 근대에 슐라이어마허(Friedrich Ernst Schleiermacher, 1768~1834)는 하나님의 태초 창조와 계속되는 지원을 같은 하나의 신적 '보존(preservation)' 행위로 간주하며, 둘 사이를 구별하려 하지 않았다.[5] 반면 다른 신학자들은 보존이 창조와 같지 않고, 전적으로 독창적인 특별한 행위라고 주장하며 하나님의 태초 행위인 무로부터의 창조와 하나님의 보존 행위를 철저하게 구별했다.[6]

하나님이 계속해서 세계를 지원·보존·유지하는 행위가 '창조'(또한 '계속적 창조')인지의 여부는 오랜 논의에도 불구하고 명확한 결론에 이르지 못한 때에, 이 논의에 새로운 물결, 즉 현대 과학의 물결이 밀려왔다. 현대의 과학-신학 대화는 우리의 창조 이해에 있어서 진화 모델의 중요성을 강조하기 때문에, 우리는 진지하게 계속적 창조라는 용어를 무로부터의 창조와 구별되는 독창적인 행위를 표현하는 것으로 받아들여야 한다.

무로부터의 창조와 계속적 창조의 차이를 분명하게 하기 위해서, 판넨베르크의 다음의 말을 고려해볼 필요가 있다. "존재하는 무엇인가를 보존하기 위해서는 그것이 존재한다는 것을 미리 가정해야 한다."[7] 다시 말하면, 무로부터 창조된 것들을 계속적으로 보존하는 역할은 이미 존재하는 것들에게만 적용된다. 그러면 이전에 존재하지 않았던 전적으로 새로운 형태들은 어찌 되는가? 우리는 심지어 아직 존재하지 않는 새로운 생명들에 대해서도 질문할 수 있다. 즉 '새로움(newness)'은 무로부터의 창조를 보충하는 새로운 종류의 범주를 요청한다. 그러므로 계속적 창조는 종종 과학-신학 분야에서 하나님의 창조 사역이 단지 첫 세계 창조에 제한되지 않을 뿐만 아니라 계속 지지하거나 보존하는 데에도 제한되지 않으며, 항상 계속되고, 새로우며, 생기 넘친다는 사상을 표현하기 위해 사용된다.

계속적 창조는 우선 무로부터의 창조를 전제로 삼는 경향이 있기 때문에 (즉 하나님이 시간, 공간, 물질이 무로 회귀하려는 것을 막는다), 우리는 계속적 창조가 무로부터의 창조에 의존한다고 여길 수도 있다.[8] 그럼에도 불구하고, 계속적 창조는 여전히 세계가 계속 만들어지는 상태에 있다는 현재 과학의 일치된 의견을 표현하기 때문에 유용한 범주다. 다시 말하면, 세계를 향한 하나님의 창조 계획은 초기 빅뱅 상태에서 완전히 완성되지(성취되지?) 않았고, 존재해왔고 지금도 존재하는 것에 대한 하나님의 지원으로도 성취되지 않는다. 오히려 **계속적 창조**는 창조 행위가 영구적으로 새롭고 생기 넘치는 세계의 모든 가능성을 드러내기 위해 끊임없이 계속되고 있다는 것을 암시한다. 과학적 용어인 계속적 창조를 사용하는 것은 하나님의 창조 행위를 단지 명확한 법칙과 원리로 인한 예측 가능한 행위로서가 아니라, 계속적으로 '창발하는 (emergent)' 행위로 보는 것이다. 계속적 창조는 과학-신학 영역에서 과정 신학의 범재신론적 신관에 영향을 받은 아서 피콕과 이안 바버 같은 학자들과 관련이 있다. (과정 철학과 과정 신학은 세계를 계속적으로 유지시키는 가장 미세한 단계까지, 자연의 모든 독립체 사이의 관계와 과정을 강조한다는 것에 주목하자. 하나님은 세계와 함께 변하고, 심지어 세계의 고통에 참여한다고 일컬어지는 정도까지 친밀하게 세계에 관련된 듯하다.[9]) 그러나 보다 전통적인 유신론적 관점 안에서 계속적 창조를 주장하는 것 또한 가능한데, 이는 하나님의 내재성이 성령의 창조 행위에서 드러나기 때문이다(예, 시 104:30). 폴킹혼이 설명한 것처럼, "무로부터의 창조에서 창조주의 행위가 신적 초월의 방식으로 드러나는 것과 같이, 계속적 창조에서 창조주의 행위는 신적 내재의 방식으로 드러난다고 볼 수 있다."[10] 비록 무로부터의 창조와 계속적 창조는 하나님-세계 관계에 대한 다른 시각을 강조하지만(그러므로 다른 모델의 하나님을 강조하지만), 궁극적으로 이 둘은 하나님이 창조와 관련해서 초월적이고 내재적이라는 일반적인 유신론적 관점과 양립한다고 볼 수 있다. 무로부터의 창조 관점이 보다 근본적인 한편, 이 관점과 함께 계속적 창조 관점을 주장하는 것이 유용하다. 왜냐하면 계속적 창조는 우연과 돌연변이가 모든 것이 사실상 결정되었다는 이신론적 시각으로 간주되는 것을 막으며, 선뜻 우연과 돌연변이를 우리의 신학적 모델 안으로 통합시킬 수 있기 때문이다.[11]

## 과학이 무로부터의 창조와 계속적 창조의 이해를 도울 수 있는가?

이 두 창조 범주가 어떻게 세계의 시작과 진화에 대한 과학적 이해에 관계될 수 있는가? 빅뱅 모델과 창세기 1장을 비교 연구하는 것이 흥미로운 일이듯이(3장의 "창세기 1장과 현대 과학" 참조), 빅뱅 모델과 창세기 1장은 둘 다 우주가 역사의 결정적 한 지점에서 극적으로 발생했다는 것을 암시하기 때문에, 빅뱅 모델을 무로부터의 창조에 대한 신학 사상과 연결하는 것도 흥미로운 일이다. 예를 들면, 코판(Paul Copan, 1962~)과 크레이그(William Lane Craig, 1949~)는 빅뱅 모델이 말하는 '우주의 절대적 시작'이 '중대한 신학적 영향'을 지닌다는 것에 근거해서 빅뱅 모델과 무로부터의 창조를 연결했다. 그들은 다음과 같이 말한다.

> 무로부터의 창조 교리에 대한 성서적·신학적 근거를 고려해볼 때, 우리는 정상 상태 우주(steady state universe) 또는 영원히 요동하는 우주(eternally oscillating universe)보다 빅뱅 우주 같은 이론이 관측되기를 **기대해야** 한다. 증거를 고려해볼 때, 빅뱅은 무로부터의 창조를 그럴 듯하게 표현한다.[12]

그러나 이렇게 밀접하게 연관 짓는 것에는 여러 문제들이 있다.[13] 코판과 크레이그의 주장과는 반대로 빅뱅은 **무로부터의** 절대적 시작이 아니다. 왜냐하면 빅뱅은 초기 상태 이전이 분명히 신학적 의미의 '무(nothing)'였다고 여기지 않기 때문이다(무로부터의 창조는 신학적 무를 분명히 주장한다). 반면 빅뱅 모델에서는 우리의 시공간이 생겨나기 전에 '무엇(something)'인가가 존재해야 한다. 이 '무엇'이 무엇인지에 대한 많은 타당한 가능성들(예를 들면, 아마 우리 우주는 이전의 우주로부터 야기되었고, 이전의 우주는 우리 우주가 생겨났을 때 파괴되었다)이 있다. 또 하나의 가능성은 우리 우주가 '다중 우주'로 알려진 거대한 총체의 일부로서, 함께 존재하는 많은 우주 중의 하나라는 것이다. 빅뱅이 발생하기 위해서는 최소한 어떤 개념적 양자 우주론의 틀이 존재해야만 한다. 그러므로 모든 과학적 설명은 어느 정도 추측에 불과하며, 신학적 '무(피조물의 부재)' 개념이 정의상 과학적으로 검증될 수 없기 때문에, 어떤 과학적 설명도 어떤 것이 존재하기 전에 글자 그대로 '무'였다는 신학적 주장과 양립할 수 없다. 다시 말하면, 빅뱅 우주론은 단지 무로부터의 창조 연구가 주장하는 '무'를 재현할 수 없다. 기껏해야 빅뱅은 우리 우주의 시작을 시각화하는 생생한 수단에 불과하고, 우리가 **무로부터의** 시작을 시각화하는 데에는 도움을 줄 수 없다.

그러나 무로부터의 창조를 빅뱅에 연결하려는 시도 기저에 더욱 심각한 어려움이 있다. 이 시도는 무로부터의 창조만 우주 전체 역사에 관련된다고 말할 위험이 있다. 다른 말로 하면, 무로부터의 창조를 빅뱅에 연결하려는 시도는 세계에 대한 하나님의 초월적 상호작용을 첫 창조에 제한하는데, 이것은 세계가 오랜 세월 동안 하나님의 초월적 지원이 필요하다는 것을 부인하는 것이고, 결국 이신론의 관점으로 기우는 것이다.

계속적 창조 관점을 우주론적 진화 모델(빅뱅 우주론이 제공)과 생물학적 진화 모델(예, 신다윈주의)에 연결시키려는 유사한 시도가 있다. 2장에서 개략적으로 설명한 것처럼, 빅뱅 모델과 신다윈주의는 세계가 지금처럼 존재하는 방법에 대한 과학적 설명으로서 상당히 중요하다. 비록 두 모델에 결정론적 요소들이 있기는 하지만, 전반적인 구성은 우연과 창발적인 과정의 작용을 강조하는데, 우연과 창발적인 과정은 다양한 시대에 태초에 예측할 수 없는 완전히 새로운 독립체들이 등장하는 원인이 된다. 이 과정은 세계의 창조가 여전히 끝나지 않았고 진행 중임을 암시하기 때문에, 정말로 **창조적으로** 여겨질 수 있다. 그러므로 이 과정은 계속적 창조에 대한 신학 사상과 유사하다. 이 과학적 세계관에 대한 일반적인 인식은 신학자들로 하여금 계속적 창조를 새롭게 보도록 격려한다는 점에서 중요하다. 사실 폴킹혼은 무로부터의 창조 사상이 하나님이 피조물에 대해 초월적이라는 인식에 근거하기 때문에 항상 형이상학인 반면, 계속적 창조 사상은 세계가 진화한다는 과학적 견해에 의해 보다 직접적으로 영향을 받는다고 주장한다.[14] 이 주장은 오브리 무어(Aubrey Moore, 1848~1890)가 한 세기 전에 제기한 유명한 주장인데, 무어에 의하면, 다윈주의는 과학과 신학의 관계에 대한 열띤 논쟁을 유발시켰음에도 불구하고, 다윈주의 이전 시대의 이신론이 더 이상 성립될 수 없게 했다.

> 하나님을 가끔씩 방문하는 분(occasional visitor)으로 묘사하는 것이 현재에는 더
> 이상 불가능한 개념이 되었다 …… 다윈주의가 등장했고, 적을 가장하여 친구처럼
> 행동했다. 다윈주의는 철학과 종교에 헤아릴 수 없는 유익을 가져다 주었고, 우리
> 에게 두 대안 중 하나를 선택하도록 강요했다. 즉 하나님은 자연의 어디에나 존재
> 하든지, 아니면 어디에도 존재하지 않는다.[15]

많은 동시대 신학자들이 이와 거의 일치하는 주장을 한다. 예를 들면, 제임스 매키는 간결하게 말했다. "진화는 단지 계속적 창조에 대한 명칭이다."[16]

그리고 우리는 생물학자이자 신학자인 아서 피콕의 매우 중요한 진술을 무시해서는 안 된다.

> 모든 창조주 신관은 이제 하나님이 계속해서 새로운 것을 창조하고 있고, 계속해서 존재하게 한다는 것을 고려해야 한다. 하나님이 **항상 창조주**(semper creator)라는 것과, 세계가 **계속해서 창조된다는** 것도 고려해야 한다. 하나님이 세계를 일반적 질서와 구조로 **유지시킨다는** 전통적인 관점은, 이제 극적이고 창조적인 차원-하나님에 의해 부여된 내재적 창조성을 지닌 과정 속에 계속적으로 피조물을 유지시키는 신 모델-으로 더욱 다양해져야 한다. 하나님은 세계에서 가장 중요한, 영구적으로 부여된 창조성을 통해서 (그리고 창조성 안에서), 세계가 존재하는 모든 순간에 창조한다.[17]

피콕의 지적은 적절하지만, 그럼에도 불구하고, 우리는 우주적 또는 생물학적 진화를 계속적 창조 범주에 너무 밀접하게 관련시키지 않도록 주의해야 한다. 만약 우리가 너무 밀접하게 관련시키면, 우리는 위에서 살펴보았던 것과 같이, 빅뱅을 무로부터의 창조에 너무 밀접하게 관련시키는 것과 비슷한 문제가 발생할 위험을 감수해야 한다. 하나님의 계속되는 창조 사역이 어떤 면(특히 진화 과학 모델로 묘사될 때)에서는 다른 면에서보다 좀 더 분명하게 드러난다. 즉 하나님은 이미 존재하는 것들 안에 현존한다기보다, 새로운 형태의 생명의 진화를 통해 내재하는 듯 보인다. 뿐만 아니라, 우리는 **계속적 창조**를 자연적 구조에, **무로부터의 창조**를 **초자연적** 구조에 연관시키며, 이 둘 사이의 중요하지 않은 차이를 너무 강조할 위험이 있다. 그러므로 우리는 계속적 창조를 말할 때, 하나님의 행위가 과학의 소관이고 자연적이라는 것을 의미하지 않도록, 반대로 무로부터의 창조를 말할 때, 하나님의 행위가 신학적이며 본질상 초자연적이라는 것을 의미하지 않도록 주의해야 한다. 이 차이가 성서에서는 거의 드러나지 않는다(5장 참조).

이런 이유로, 무로부터의 창조와 계속적 창조를 상호 보완적으로 이해하고, 이 범주들을 과학에 의존하게 만들지 말고 무엇보다 **신학적** 범주로 이해하는 것이 유익하다. 특히 한 범주(계속적 창조)는 현대 과학의 발견과 상당한 유사성이 있는 듯 보이지만, 이것이 이 범주를 다른 범주(무로부터의 창조)보다 덜 신학적이거나 더 과학적이게 만드는 것은 아니다. 현대 과학은 세계의 진화를 이해하는 데 우연과 새로움의 중요성을 강조해왔고, 계속적 창조는 우연과 새로움을 구체적인 과학 모델로 분명하게 정의하지 않은 채 우리로 하여금 이 사상을 상당히 널리 우리 신학에 통합하게 한다. 사실 하나님의 창조 행위가 항상 법칙 같고 질서정연하다는 가정(이런 사고방식이 우리를 이신론으로 이끌었다)에 반대하며, 이런 예측 불가능한 요소들을 통합하는 것이 중요하다.

결국 가장 중요한 것은 무로부터의 창조와 계속적 창조가 근본적으로 신학적이라는 것이다. 즉 이것들은 하나님의 창조 사역을 하나는 내재적으로, 다른 하나는 초월적으로 묘사한다. 이를 또한 역으로 말할 수도 있다. 즉, 만약 생물학적 진화가 특히 하나(계속적 창조)에 잘 맞는 듯 보인다면, 생물학적 진화가 발생하는 세계가 존재하기 위해서는 우선 다른 하나(무로부터의 창조)를 필요로 한다. 이 두 범주는 하나님이 어떻게 피조물에 현존하고, 어떻게 피조물에 초월적인지를 설명하는 상호 보완적 범주다. 이것이 유신론으로 알려진 전통적인 해석 방법이라는 것은 두말할 나위 없다.

## 성서는 무로부터의 창조와 계속적 창조에 대해 무엇을 말하는가?

### 무로부터의 창조

무로부터의 창조와 계속적 창조를 둘러싼 논의를 개략적으로 설명한 것을 바탕으로, 이제는 이 범주들이 성서 창조 본문에 얼마나 반영되었는지 살펴보자.

첫째로 무로부터의 창조와 계속적 창조 사상은 성서 기록 이후의 역사적 논의와 상황에서 발생했기 때문에, 이 사상을 성서에 적용하는 것이 옳은지부터 논해야 한다. 베스터만은 우선 이런 이유 때문에 무로부터의 창조를 창세기 본문에 적용할 때 주의를 당부한다.[18] 물론 시대착오적인 생각은 성서 또는 고대 문헌 해석에서 계속되는 위험 중 하나다. 즉 후대의 해석 범주들이 원저자의 세계관과 역사적 상황에 대한 충분한 숙고 없이 함부로 적용되어서는 안 된다. 우리는 앞에서 삼위일체 신관을 논의하며 이 문제를 언급했다(4장의 "창조와 삼위일체 신관의 시작" 참조). 우리는 일반적으로 가능한 한 신학을 성서에 **대해서**가 아니라, 성서로**부터** 도출해야 하는 것임을 확실히 하는 것이 중요하다고 말할 수 있다. 그러나 이것이 우리가 후대의 해석 범주들을 사용하는 것이 **금지된다**는 것을 의미하지는 않는다. 왜냐하면 후대의 해석 사용을 금지하는 것은 성서를 우리의 관점에서 범접할 수 없는 지위까지 고양시켜, 실제로 읽을 수 없게 만들 우려가 있기 때문이다. 사실 성서 본문이 경전으로서의 바로 그 특성 때문에, 역사적 테두리 안에 갇힐 수는 없다는 것이 신학 해석에 있어서 중요하다. 성서 본문의 역사적 기원이 여전히 존중되고 우선 순위를 차지하는 한편, 성서는 새로운 역사적·과학적·문화적 통찰로 신학적으로 새롭게 해석되어야 한다.

역사적으로 보면, 무로부터의 창조 사상은 아마 창세기 1장이 처음으로 기록된 후 적어도 800년이 지난 기원후 2세기까지는 **명확하게** 두각을 나타내지 않았다. 무로부터의 창조와 연관성이 있는 창조 개념이 초기 교회 신학자인 이레니우스, 테르툴리아누스, 안디옥의 테오필루스의 글에서 등장하는데,[19] 이들은 회의적인 그리스 문화적 상황에 직면해서, 기독교의 창조주 하나님을 말하는 유대적 근거를 변론했다. 대체로 다신론적인 그리스 세계관은 플라톤을 따르는 경향이 있었는데, 그리스 세계관에 따르면, 우주는 선재한(pre-existent) 물질로 만들어졌고 사실상 영원하며, 물리적 실재는 고차원 형태보다 덜 중요하다(기원후 첫 몇 세기의 영지주의 사상에 따르면, 물리적 실재는 열등한 신이 만들어서 아마 심지어 본질적으로 악하다). 이에 직면하여 초기 기독교 신학자들은 세계를 **무로부터** '좋게' 창조한 한 분 하나님이 존재한다는 혁명적인 사상을 제시했다. 테오필루스, 이레니우스, 테르툴리아누스는 이것을 혁명적이라기보다 구약 성서가 창조주 하나님에 대해 말한 것을 설명한 것으로 여겼다. 그러나 구약 성서가 실제로 무로부터의 창조 같은 사상을 주장하는지는 의문이다(곧 간단히 살펴볼 것이다). 이 신학자들은 단지 주석적 관심에서라기보다 그리스 사상의 전제("어떤 것도 무로부터 나올 수 없다"고 주장)와 분명한 거리 두기를 원했기 때문에, 피조물이 무로부터 생겨났다는 사상을 주장한 듯하다.[20] 어쨌든 여기에서 세계가 창조주와 완전히 다르다는 개념(이 또한 그리스 사상에 반대됨)이 나왔다. 우리는 이 기저에 있는 변증 논리를 볼 수 있다. 즉 아들을 통해 세계를 창조한 한 분 하나님이 세계를 구속한 바로 그 하나님으로 이해된다면, 기독교의 보편적 의의가 성육신한 아들을 통해 평가될 수 있다.[21]

　비록 창세기 1장이 그리스 문화보다는 바빌론의 다신론적 환경에 격렬하게 저항하며 형성되었다고 보는 것이 타당하지만, 분명 무로부터의 창조 사상이 생겨난 역사적 상황은 창세기 1장의 역사적 상황과는 상당한 거리가 있었다. 무로부터의 창조 사상을 적용하기 어렵게 만드는 중요한 구절이 창세기 1장에 나온다. 이 구절은 무엇인가가 존재하기 이전에 '무'였다고 분명하게 진술하지 않는다. 우리가 5장에서 살펴본 것처럼, 기원후 첫 몇 세기 랍비들은 수많은 피조물들이 창세기 1장 1절, 특히 지혜서와 토라에서 말하는 '태초' 이전에 존재했었다고 확신했다. 다시 말하면 랍비들에 따르면, 창세기 창조 이야기는 '무로부터의' 창조를 세밀하게 묘사하지 않았다. 물론 이것이 P문서 저자가 수백 년도 더 이른 본문을 함께 넣어 편집하면서 의도했던 것을 우리에게 조금도 설명해주지는 않지만, 이것은 테오필루스, 이레니우스, 테르툴리아누스 시대에 창세기 1장의 해석이 한결같이 무로부터의 창조로 해석되는 것은 아니었다는 것을 보여준다.

창세기 1장이 무로부터의 창조와 양립할 수 있는지에 관련해 고려해야 할 더욱 중요한 것이 있다. 그것은 바로 창세기 1장의 핵심적인 1~2절이 네 가지 의미로 이해 가능해서, 번역하기 상당히 어렵다는 것이다.[22] 그중 두드러진 두 번역이 출간된 영역본 성서들의 주를 이룬다. 이 두 번역은 다음과 같이 표현될 수 있다.

1. 태초에 하나님이 천지를 창조했다. 땅은 형체 없이 공허했다……

2. 태초에 하나님이 천지를 창조하기 시작했을 때, 땅은 형체 없이 공허했다……

첫째 번역은 첫 창조 행위가 땅을 "형체 없이 공허하게(formless void)" 만드는 것이었다는 점을 암시한다. 반면 둘째 번역은 하나님이 창조를 시작할 때, 땅이 이미 형체 없이 공허하게 존재했었다는 것을 암시한다. 다시 말하면, 하나님은 '무로부터' 창조하지 않았고, 이것은 하나님의 첫 창조 행위가 실제로 창세기 1장 3절에서 묘사된 것("빛이 있으라")임을 의미한다. 만약 우리가 무로부터의 창조와 가장 잘 어울리기를 바라며 첫째 번역을 선택한다면, 우리는 혼돈의 창조가 성서 관점에 모순되기 때문에 더 큰 어려움에 직면한다. 우리는 이것을 하나님과 바다의 투쟁 이야기를 묘사하는 창조 주제의 신화적 요소를 다루며 살펴보았다(4장의 "창조와 신화" 참조). 혼돈은 하나님과 정반대되기 때문에 창세기 1장 2절의 "형체 없이 공허한"(히브리어로 tohu wabohu) 혼돈이 결코 하나님의 창조 행위의 **결과**가 될 수는 없지만, 보통 창조의 **시작점**(starting point)이 되곤 한다.[23] 이 경우 둘째 번역이 좀 더 그럴듯해 보이고, 창세기 1장의 첫 부분(1~10절)은 무로부터의 **창조**라기보다는 하나님이 선재한 혼돈 상태의 물에 경계를 부여해서 **질서 지어지는** 과정을 묘사한다는 점에서 중요하다. 난해한 히브리어구 tohu wabohu가 예레미야 4장 23절에서 다시 등장하는 것을 주목해볼 만한데, 여기에서 예레미야는 창조의 반전(질서에서 혼돈으로)을 하나님이 인간을 심판하는 것에 대한 우주적 상징으로 묘사한다. 인간의 사악함(하나님의 측면에서는 무질서)이 태고의 땅에 대한 상징으로 간주된다. 만약 둘째 번역이 정확한 이해라면(상당히 불확실하지만), 창세기 1장은 하나님을 새로운 물리적 실재를 **만드는** 분 못지 않게, 선재한 혼돈에 **질서를 부여하는** 분으로도 묘사한다. 우리는 3장의 "우주 신전"에서 이것에 관한 해석을 살펴보았다. 그러나 이 해석은 여전히 모호하고, 따라서 창세기 1장을 무로부터의 창조 관점으로 해석하려는 시도가 오히려 종종 선호된다.

그러나 무로부터의 창조 관점에 대한 보다 그럴듯한 주장이 있다. 예를 들면, "산이 생기기 전, 땅과 세계도 주께서 조성하시기 전 곧 영원부터 영원까지 주는 하나님이시니이다"(시 90:2)라는 구절은 명백한 무로부터의 창조는 아니지만, 무로부터의 창조와 개략적으로 양립 가능하다. 비록 일부 신약 구절들(특히, 롬 4:17과 히 11:3)이 무로부터의 창조 관점을 말한다고 주장되었지만,[24] 문자적으로 무로부터의 창조로 여겨질 수 있는 가장 이른 구절은 기원전 2세기 또는 1세기에 비교적 늦게 기록된 본문인 마카베오하 7장 28절이다. "하나님께서 무엇인가를 가지고 이 모든 것을 만들었다고 생각하지 말아라." 그러나 심지어 이 본문에서도 무로부터의 창조가 분명하게 드러나지 않는데, 그 이유는 특히 무로부터의 창조가 기독교인들이 그것을 주장하기 시작한 후 수백 년이 지날 때까지, 심지어 아마 15세기까지도 유대인들의 사고에 자리잡지 않았기 때문이다.[25] 결국 기원후 첫 몇 세기의 랍비들은 창세기 1장 1절의 '태초' 창조가 문자적으로 무로부터의 창조였다고 믿지 않았다는 것이 명백하다.

그러나 성서에서 무로부터의 창조 관점을 지지해주는 진술을 찾는데 있어서, 우리가 엉뚱한 진술을 찾고 있는지 모른다. 창조 이전에 하나님만 존재했다고 말하는 것은 모호한 진술일 수도 있지만 무로부터의 창조 이면에 있는 사상, 즉 하나님이 전적으로 초월적이라는 사상과 양립할 수 있는 구절들은 많다. 결국 성서의 창조 주제는 영락없이 하나님을 계속해서 존재하는 만물의 뿌리와 근거로 보는데, 이것이 '무로부터의' 창조가 의미하는 것이다. 또한 성서의 거의 모든 곳에서 하나님의 초월성으로 인한 필연적인 결과가 드러나는데, 이는 피조물, 특히 하나님의 백성들이 궁극적으로 하나님에게 의존한다는 것이다. 앞에서 인용한 마카베오하 구절이 무로부터의 창조 교리를 명백히 진술하고자 의도되었다는 것에 의심이 제기될 수도 있지만, 이 구절의 서술 상황(순교당한 아들의 변호와 부활에 대한 어머니의 희망)에서, 이 구절은 하나님 홀로 생명의 근원이고 생명을 주관한다고 말하는, 무로부터의 창조와 상당히 잘 어울리는 신앙을 표현한다.[26]

비록 무로부터의 창조 관점이 후대의 질문과 신학적 문제들로부터 제기되었지만 이 관점을 지지함에 있어서 베스터만이 인정했듯이,[27] 성서 저자들이 무로부터의 창조를 염두에 두고 있었다고 말하는 것이 상당히 그럴 듯하다. 만약 성서 저자들에게 무엇인가가 존재하기 전에 아무것도 없었는지에 대해 물을 수 있다면, 그들은 아마 존재하는 모든 것의 근원으로서 하나님을 유일하고 절대적인 존재로 봐야 한다는 관점을 강하게 밀어붙일 것이다. 모든 것을 감안할 때, 무로부터의 창조가 창조 설명의 발단이라고 조심스럽게 말할 수 있다. 이것은 창조 설명에서 묘사된, 모든 것을 포함하고 초월적인 하나님의 현존 덕분이자, 성서를 통해 표현된 하나님에 대한 신뢰와 의존 덕분이다. 비록 소위 말하는 그런 명백한 진술은 아니지만 코판과 크레이그는 무로부터의 창조를 철저히 성서적 교리로 보는 강력한 논거를 제시한다. 그들은 다음과 같이 말한다. "비록 무로부터의 창조 교리가 명백하게 진술되지는 않지만, 이 교리는 하나님이 모든 것을 자신과 구별되게 창조했다는 사실로부터 분명히 추론될 수 있다."[28] 하나님이 초월적이고 존재하는 모든 것의 근원이 될 만큼 궁극적으로 신뢰할 만하다고 묘사되는 것이, 아마 성서의 창조 주제가 무로부터의 창조 관점에 연결될 수 있는 가장 강력한 증거를 제공한다. 무로부터의 창조 교리가 사물이 원래 어떻게 생겨났는지에 대한 진술인 것처럼 이 교리가 또한 하나님과 세계의 계속되고 중요한 관계에 관한 진술이라는 것을 기억하는 한, 창세기 1장 1~2절이 무로부터의 창조인지, 아니면 선재한 혼돈으로부터의 창조인지에 대해 지나치게 관심을 기울일 필요는 없다. 중요한 점은 오히려 하나님이 창조에서 초월적인지, 그리고 그 후에도 계속 초월적인지의 여부다.

### 계속적 창조

만약 하나님이 성서에서 초월적으로 묘사된다면 우리는 동전을 다른 면으로 돌려 하나님이 시시각각 새로운 세계를 만들며 **내재적**으로 묘사되는 범위를 질문해야 한다. 이것은 특히 창조에 대한 현대 우주론적·생물학적 진화 사상에 의해 영향을 받은 계속적 창조의 영역이다. 비록 계속적 창조에 대한 최근의 관심이 과학 사상에 의해 고무되었기는 하지만, 우리는 계속적 창조를 어떤 특정한 과학 모델에 너무 밀접하게 연관시키면 안 된다고 주장했다. 아무튼 우리가 계속적 창조의 증거를 성서에서 찾고자 한다면, 우리는 분명 진화 생물학 또는 우주론에서 제기되는 논의들을 발견하지 못할 것이다. 한 흥미로운 예외가 창세기 1장인데, 여기에서 마른 땅과 다양한 생물의 등장 순서가 현대 고생물학 연구에서 알려진 순서와 거의 비슷하다. 우리가 3장의 "창세기 1장과 현대 과학"에서 언급한 것처럼 일부 학자들은 이것을 P문서 저자가 현대 진화 생물학에 대한 신적 계시를 받았다는 증거로 사용했지만, 우리는 이것이 생물학 또는 지질학에 관한 질문이었다기보다 성서 해석학에 관 · 한 질문이었다고 결론 내렸다. 결론적으로 계속적 창조를 연구하기 위해서는 우리가 방향을 전환해, 하나님이 창조 과정에서 내재적이고 친밀하게 여겨지는 증거들을 성서에서 발견해야 한다.

우리는 신적 내재를 암시하는 것으로 해석될 수 있는 성서 자료를 분명히 발견할 수 있다. 욥기 38~41장에 걸친 자연 세계에 대한 상당한 분량의 묘사는 하나님이 자연 세계에 친밀하고 적극적으로 참여함을 암시한다. 이는 시편 104편에서도 마찬가지다. 이런 이유로 이 두 본문은 특히 생태학적 연구에 적합하다.[29] 시편 104편은 하나님의 창조 능력을 이유로 하나님을 화려하게 찬양하는 것이 독특하고, 또한 현재의 자연·동물·인간 세계에서 하나님의 사역과 더불어, 별, 깊음, 하늘의 창조를 말한다. 한편 이 본문들은 하나님의 초월과 내재적 속성을 함께 혼합하는데, 여기에서 지금의 또는 '태초'의 그 어떤 창조 행위도 다른 창조 행위와 근본적으로 다르다고 여기는 사람은 거의 없다. 하나님의 초월과 내재적 속성은 모두 하나님의 창조 행위에 포함되는 듯하다. 크라우스(Hans-Joachim Kraus, 1918~2000)는 시편 104편을 언급하면서 이 점을 잘 지적했다. "그러나 모든 피조물은 야훼를 향해 열려 있다. 즉 피조물은 야훼에게 절대적으로 의존하고, 야훼 없이는 죽는다. 피조물은 사실상 끊임없이 새롭게 되는 창조 행위로 인해 생명을 유지한다."[30] 그러므로 욥기 38~41장과 시편 104편에서 묘사된 하나님은 태초뿐만 아니라 그 이후에도 계속해서 창조하는, 본성상 창조적이라고 볼 수 있다. 뿐만 아니라 창조 과정에서 인간에 대한 하나님의 친밀성을 강조하는 수많은 구절들이 있다. 인간의 임신과 출산 행위가 하나님의 창조(만드는/낳는) 행위에 연결되고(예, 창 2:7~8, 욥 31:15, 시 139:13~16, 전 11:5, 사 44:2, 44:24, 49:5, 렘 1:5), 때때로 하나님의 구원 행위(사 66:9)에도 연결된다. 이 모든 것은 창조 중에 계속되는 하나님의 매일의 행위를 강조하면서, 계속적 창조 범주의 역할이 존재한다는 것을 암시한다.

하지만 이 매일의 창조적인 '만드는'/'형성하는'/'낳는' 행위가 하나님의 '태초' 창조 행위와 같은 정도로 정말 창조적인지에 대해 일부 학자들은 동의하지 않는다. 창조 행위가 '만드는'/'형성하는'/'낳는' 행위와 무엇이 다른가? 정말 성패가 달린 철학적·신학적인 차이가 있는가, 아니면 단지 의미론적인 차이인가?

베스터만은 첫 창조 행위와 계속되는 모든 창조 행위를 구별하고자 했고, 그래서 '태초' 이후에 대해서는 결코 신적 창조 행위를 말해서는 안 된다고 본다. 대신 그는 하나님의 '복(blessing)'을 말한다.[31] 이 '복'의 활동은 무로부터의 창조에서 암시되는 계속적인 '보존(preservation)'을 말하는 것보다는 획기적이지만, 계속적 창조 사상만큼 혁명적이지는 않다. 베스터만의 관점에서 보면 무로부터의 창조는 너무 적게 말하고, 계속적 창조는 너무 많이 말한다. 그러나 베스터만과는 반대로, 프레트하임은 성서 창조 자료를 **최대한으로** 이해하고자 한다.[32] 즉 프레트하임은 베스터만이 '복'으로 명명한 것 대부분을 계속적 창조의 증거로 여긴다. 둘 중 누가 옳은가?

베스터만이 '복'을 '태초' 창조 주제에 대한 계속적인 보충으로서 강조한 것은 분명 통찰력이 있고, 거부되어서는 안 된다. 여기에서 복은 피조물을 번성하게 하는 생식력으로 묘사되고(예, 창 1:22), 피조물 중에서 인류를 특별하게 만드는 요점으로 보인다(창 1:28, 9:1). 심지어 복은 인류 역사 속에 등장하는 하나님의 사역을 묘사한다(예, 창 12:1~3). 그러나 복이 성서에 나오는 창조 언어의 전 영역을 포괄할 수 있을지가 불분명하다. 이를 확실하게 하기 위해, 창세기 1~2장과 그 이후에 등장하여 '창조하다'로 종종 번역되는 히브리어 동사 bara'의 정확한 의미를 더욱 자세히 살펴볼 필요가 있다. "태초에 하나님이 천지를 창조하셨다"(창 1:1)에서 bara'가 사용되었다. bara'는 창세기 1장과 제2이사야(예, 사 40:26)에서처럼 하나님의 창조 행위가 드러나는 본문에서 광범위하게 사용된 것이 오랫동안 주목받았고, 게다가 이 동사는 특성상 하나님을 주어로 취한다. 다시 말하면, bara'는 때로는 태초에, 때로는 역사를 통해 새로운 것들의 생성을 포함하는 특별한 신적 행위를 묘사하는 듯하다(예, 출 34:10, 렘 31:22). 그래서 bara'는 종종 '창조하다(to create)'로 번역된다(창 1:1, 1:27, 2:3~4). 그러나 이 동사가 **무로부터** 창조한다는 의미에서 '창조하다'를 의미하는가(즉 이전에 존재하는 것이 없었던 때를 상기시키며), 아니면 그것이 더욱 미묘한 무엇인가를 의미하는가? 가능한 의미의 범위를 설정하기 위해 일부 최근 연구를 언급할 필요가 있다. 존 월턴은 bara'가 **기능적** 의미(**물리적** 의미라기보다)에서 '창조하다'를 의미한다고 주장한다. 즉 선재한 독립체에 기능을 부여하고, 그래서 독립체는 구성상 당연히 **작업 방식**(modus operandi)을 갖게 된다.[33] 그 대신에 판 볼데(Ellen van Wolde, 1954~)는 적어도 19세기 이래 종종 제기되었던 제안[34] – 창세기 1장의 bara'가 결코 "창조하다"로 번역되어서는 안 되고, 대신에 "분리하다(to separate)"로 번역되어야 한다–에 활기를 불어넣는다.[35] 이 경우, bara'는 매우 구체적이고 물리적 의미를 지니지만, 선재한 물리적 독립체를 **나누는** 공간적 행위를 의미한다. 비슷하게 우리는 이미 창세기 1장 1~10절의 창조가 **만**

드는 행위라기보다는 혼돈 상태인 물을 **질서 짓는** 행위로 보일 수 있다는 것에 주목했다. 반면 코판과 크레이그는 창세기 1장의 상황에서 bara'가 실제로 무로부터의 창조로 받아들여져야 한다고 주장한다.[36]

이 중요한 동사를 어떻게 이해해야 하는지에 대해 분명 상당히 의견이 엇갈린다. 또한 창세기 1~2장이 bara'와 유사한 방법으로 'asah('그가 만들었다')와 yatzar('그가 형성했다') 같은 아주 일반적인 단어들을 사용한다는 사실로 인해 더욱 불확실하게 되었다(예, 창 1:7, 1:16, 1:26, 2:7). 심지어 'asah는 P문서와 J문서 창조 설명의 연결 지점인 핵심적 구절(창 2:4)에서 bara'와 유사한 듯 보인다. "하늘과 땅을 창조하실[bara'] 때의 일은 이러하였다. 주 하나님이 땅과 하늘을 만드실['asah] 때에"(창 2:4). 결론적으로 '만드는'/'형성하는'/'낳는'을 의미하는 다른 단어들에 비해 bara'를 특별히 중요하게 생각해서는 안 된다. 왜냐하면 다른 단어들 또한 신적 창조를 의미할 수 있다는 것이 분명하기 때문이다.[37] 그러나 정확히 어떤 종류의 신적 창조가 드러나는지(그것이 '태초에' 무로부터인지, 계속적으로인지, '분리'인지, 기능적으로인지, 혹은 다른 방식인지)는 보다 복잡한 문제이고, 아마 문맥에 근거해서 판단하는 것이 가장 적절하다. 같은 문제가 이 동사들을 정확히 번역할 때에도 제기되는데, bara' 자체의 번역이 논란의 여지가 있는 것을 고려해볼 때, '만드는'/'형성하는'/'낳는'이 실제로 '창조하는'과 어떤 차이가 있는지도 논란거리다.

창조 **어휘의** 측면에서, 우리는 창세기 1~2장의 서술을 하나님이 세계를 만드는/창조하는 행위를 묘사하는 다른 본문들과 분명히 분리시키는 것이 어렵다는 것을 알 수 있다. 창세기 1~2장의 '태초에' 만드는/창조하는 행위 묘사가 분명 성서 이야기의 처음에 위치하지만, 이 창조 행위가 이후의 만드는/창조하는 행위보다 본성상 좀 더 '창조적'인지의 여부가 논쟁의 핵심이다. 이것은 베스터만이 이후의 만드는/창조하는 본문들을 진실된 '창조'의 지위로부터 떨어뜨릴 권리가 있는지, 그리고 이 본문들을 '복'이라는 기치 아래에 포함시킬 수 있는 권리가 있는지가 불확실하다는 말이다. 궁극적으로 이것은 누군가가 사용하기를 선호하는 명명법의 유형에 관한 가치 판단을 요청하는 듯하다. 분명히 만약 누군가가 땅의 산출력과 유지 또는 인류 세대의 형성과 같이, 창조에서 모든 다른 신적 행위와 함께 인류 역사를 하나님의 행위에 포함시키고자 한다면, '복'은 사용하기 좋은 용어인 듯하다. 그러나 나는 '복'이 생명과 새로운 형태의 실재를 창조하는 것과 같은 주제들의 본질을 전적으로 파악했는지를 아직 확신할 수 없다.

아마 계속적 창조가 성서 자료에 적용되어야 하는지를 묻는 보다 타당한 유형은 하나님과 피조물 사이에 묘사된 관계 유형이다. 만약 우리가 창세기 1장과 같은 본문에서 하나님의 초월성을 봤다면, 조금 전 언급한 본문 같은 곳에서는 분명 하나님의 내재성과 어울리는 보다 친밀한 관계로 하나님을 묘사하는 것을 본다. 예를 들면, 다음 구절에서 분명하게 드러나는 것과 같이, 하나님과 시편 기자가 친밀하게 묘사된다. 성서의 계속적 창조를 논할 때 이러한 친밀함의 역할을 부인하기는 어렵다.

> 은밀한 곳에서 나를 지으셨고,
> 땅 속 깊은 곳 같은 저 모태에서 나를 조립하셨으니
> 내 뼈 하나하나도, 주님 앞에서는 숨길 수 없습니다.
> 나의 형질이 갖추어지기도 전부터,
> 주님께서는 나를 보고 계셨으며,
> 나에게 정하여진 날들이 아직 시작되기도 전에
> 이미 주님의 책에 다 기록되었습니다.
>
> (시 139:15~16)

계속적 창조 묘사와 조화를 이루며, 하나님의 초월성을 내재성과 결합한 구절들도 있다. 예를 들면, 시편 33편은 하나님이 하늘에서 지구를 내려다본다고 묘사하지만, 동시에 인간의 마음을 만들고, 인간을 친밀하게 이해한다고 묘사한다.

> 주님은 하늘에서 굽어보시며,
>
> 사람들을 낱낱이 살펴보신다.
>
> 계시는 그곳에서
>
> 땅 위에 사는 사람을 지켜보신다.
>
> 주님은 사람의 마음을 지으신 분,
>
> 사람의 행위를 모두 아시는 분이시다.
>
> (시 33:13~15)

또한 신약 성서에는 계속적 창조 사상을 지지하기 위해 사용될 수 있을 정도로, 인간에 대한 하나님의 친밀성을 묘사하는 곳이 적어도 한 구절은 있다.

> 우주와 그 안에 있는 모든 것을 창조하신 하나님께서는 하늘과 땅의 주님이
>
> 시므로, 사람의 손으로 지은 신전에 거하지 않으십니다. …… 사실, 하나님은
>
> 우리 각 사람에게서 멀리 떨어져 계시지 않습니다. …… 우리는 하나님 안에
>
> 서 살고, 움직이고, 존재하고 있습니다.
>
> (행 17:24~28)

하지만 신약 성서는 **새로운** 창조(즉 종말)에서 하나님의 내재성에 더욱 관계된다고 말할 수 있다. 성령의 창조 사역을 묘사하는 본문들이 연결 고리

를 제공한다. 우리는 이미 창조에서 성령의 중요한 역할, 특히 생물학적 생명의 '숨(breath)'을 유지시키는 것을 살펴보았다(4장의 "창조와 그리스도" 참조). 성령은 또한 새로운 창조에서 중요한 역할을 한다. 이 견해는 구약의 예언자 요엘만큼 이른 시기에 제기되었는데, 요엘에 따르면 하나님의 백성에게 성령이 임하는 것은 새로운 창조의 징표가 될 것이다(욜 2:28~32). 이 사상은 신약의 곳곳에서 발전되는데, 예를 들면 오순절 이야기에서(행 2), 바울의 윤리학(기독교 신자들이 성령의 힘에 의한 새로운 창조의 현장이라는 사상, 갈 6:15)에서, 그리고 특별히 로마서 8장(개별 신자들 안에서 행하는 동일한 성령이 전 우주에 부활을 가져올 것이 암시됨)에서다. 그러므로 성령은 새로운 창조의 맛보기로 여겨진다(욜 2:28~32, 행 2:17~21, 롬 8:23, 고후 1:22, 5:5, 엡 1:13~14). 따라서 계속적 창조는 전적으로 새로운 종류의 창조 행위를 포함하기 위해, (어쨌든 무로부터의 창조로 더 적절하게 묘사되는) 계속적인 '보호' 또는 '보존'의 논의를 넘어설 뿐만 아니라, 새로운 인간 생명의 친밀한 창조 또한 넘어선다.

따라서 성서에 "어떤 계속적 창조도 존재할 수 없다"[38]는 베스터만의 주장은 너무 성급한 것이다. 만약 창조에서 하나님의 **초월**을 묘사하는 구절이 **무로부터의 창조** 요소를 식별하는 정당한 이유로 받아들여진다면, 역사 속에서 하나님의 창조적 **내재**를 말하는 본문도 **계속적 창조**의 범주로 받아들여져야 하는 것이 마땅하다. 물론 하나님의 내재적 행위를 말하는 구절이 하나님의 초월적 행위를 말하는 구절만큼 많지는 않지만, 성서 창조 주제에 계속적 창조 요소가 있다는 주장을 정당화하기에는 충분한 양이다. 그리고 분명히 우리는 프레트하임의 보다 포괄적인 관점을 따르지만, 우리가 창조 행위를 관계적 측면으로 접근함으로써 성서에서 다른 종류의 창조 행위를 강조한다는 점은 프레트하임과 구별되는 중요한 점이다. 프레트하임의 관점은 구약에 뿌리를 두고 있지만, 우리의 관점은 신약을 포함하기 때문에 가장 포괄적인 관점을 취할 수 있다. 즉 일단 우리가 삼위일체 신관을 받아들여 우리의 관점을 확장시킨다면, 그리고 특히 피조물의 성취를 돕는 성령의 사역을 이해하는 사람은 베스터만과 프레트하임에게서 두드러진 구약의 관점을 넘어, 계속적 창조의 새로운 영역이 있다는 것을 발견하게 될 것이다.

## 결론

무로부터의 창조와 계속적 창조는 수백 년 후에 발생한 신학 사상에 근거하기 때문에, 우리는 성서 본문들에 대해 시대착오적인 신학적 구분을 하지 않도록 주의를 기울여야 한다. 그럼에도 불구하고 어떻게 **이 창조 범주들이** 적용될 수 있을지를 논의하면서 우리는 성서 창조 사상에 대한 몇몇 중요한 신학적 특성들을 도출할 수 있었고 이 특성들은 유신론적 신관을 보여주었다. 특히 우리는 하나님의 내재적 행위를 암시하는 본문들뿐만 아니라 창조에 있어서 하나님의 초월적 행위를 암시하는 본문들을 발견했다. 일부 본문들은 두 행위 모두를 암시한다. 하나님의 내재성과 동시에 초월성을 말하는 것은 역설적으로 보일지 모르지만, 이것은 성서에서 묘사되는 하나님의 간과될 수 없는 기본적 특징이다. 존 로저슨이 말하길, "하나님의 초월성과 내재성에 대한 구약의 언어는 고의적으로 모순적이다. 왜냐하면 오직 모순적이어야만 구약의 언어가 가리키는 실재를 구약의 언어가 묘사할 수 있기 때문이다."[39]

무로부터의 창조와 계속적 창조를 구체적인 과학 모델들과 동일시하고자 하는 유혹이 있을지 모르지만, 우리는 비록 이 범주들이 서로 유사할지라도 그것들은 기본적으로 신학적이며, 쉽게 과학적 설명으로 여겨질 수 없음을 명심해야 한다는 것에 주목했다. 같은 방법으로 비록 우리가 성서 이야기들이 당시 과학 사상의 흔적들을 포함하고, 특히 고대 근동에 널리 퍼져있었던 창조 신화의 사상을 포함한다는 것에 주목했지만 성서 이야기들은 과학적 '설명'에 저항해왔다.

여기에 관해 마지막으로 고려해볼 요점은 다음과 같다. 즉 무로부터의 창조와 계속적 창조는 다양한 종류의 우발성을 생각하는 데에 도움이 된다는 것이다. 무로부터의 창조는 무로 회귀하는 것에 반대하는 하나님에 대한 피조물의 전적 의존성을 나타낸다. 이것은 우발성에 대한 가장 기본적인 신학 형태다. 반면에 우리는 2장에서 보다 정확하게 과학적이라고 일컬어지는 우발성의 형태를 살펴보았는데, 이는 우발성이 과학에 의해 드러난 세계의 진화적 속성, 즉 세계가 계속적으로 생겨나는(coming-into-being) 상태에 있다는 사실을 고려하기 때문이다. 이 우발성의 형태는 종종 계속적 창조와 동일시된다. 그러나 우리는 이 신학적 범주들을 과학적 모델들과 너무 밀접하게 연결하려는 시도에 대해 판단을 보류했다. 계속적 창조와 과학적 진화 모델들 사이에 분명한 유사점들이 존재한다. 그러나 계속적 창조는 근본적으로 신학 사상이기 때문에, 더 많은 설명을 필요로 한다. 특히, 만약 무로부터의 창조가 무로 회귀하려는 것에 반대하는 세계의 우발성을 주장한다면, 계속적 창조는 세계에서 새로움의 우발성, 즉 새로운 기회들을 향한 피할 수 없는 섬세한 충동을 주장한다. 이런 의미에서 우발성은 예수의 비유와 격언 같은 성서 본문들에 의해 간결하게 표현된 예측 불가능하고 종말론적인 차원을 지닌다. 이것은 하나님 왕국의 우발성과 동일한 우발성인데, 이것은 밭에 숨겨둔 보화(마 13:44), 혹은 가장 작은 겨자씨가 큰 나무로 자라는 것(마 4:30~32)과 같이 기대하지 못한 채 드러난다.[40] 이것은 마지막 때에 하늘 보좌에 앉아서 선포하는 예수의 말씀으로 요약되는 우발성과 동일한 종류의 우발성이다. "보아라, 내가 모든 것을 새롭게 한다"(계 21:5). 만약 계속적 창조가 세계에 대한 과학적 모델인 우연과 우발성에 비교될 수 있다면, 또한 하나님에 의한 새로운 창조의 불확실성과 우발성에도 연결될 수 있다. 만약 세계에 대한 새로운 과학 모델이 더 이상 결정론적이지 않다면, 이때 계속적 창조가 말하는 새로운 창조도 더 이상 결정론적이지 않다. 즉 새로운 창조는 하나님만 아는, 모든 새로운 가능성의 극치다. "그러나 그날과 그때는 아무도 모른다. 하늘의 천사들도 모르고, 아들도 모르고, 오직 아버지만 아신다"(막 13:32). 우리는 9장에서 성서 창조 자료의 종말론적 차원을 좀 더 자세히 탐구할 것이고, 세 번째 범주인 **오랜 것으로부터의 창조**(creatio ex vetere)를 소개할 것이다. 또한 9장에서 우리는 세계를 계속 변화시키는 하나님의 새로움에 대한 사상(계속적 창조)이 현 창조의 종말과 다음 창조의 시작에서 무엇인가로 새롭게 변화된다는 것에 주목할 것이다.

제7장
타락

## 과학적 도전들

5~6장에서 성서 창조 본문들의 과학적·신학적 체계를 탐구하면서, 우리는 J문서(야훼)의 창조 이야기(창 2:4b~3:24)를 거의 거론하지 않았다. 그러나 다윈의 《종의 기원》 이래 과학과 종교의 관계에서 J문서의 창조 이야기는 중요해졌기 때문에 하나의 장으로 다룰 만하다.

성서학자들과 신학자들은 에덴동산의 아담과 하와 이야기를 종종 '신화'로서 언급한다.[1] 분명 현대 진화 생물학은 첫 인간이 태초에, 심지어 다른 동식물들의 창조 이전에 완벽한 형태로 등장했다는 J문서의 사상을 역사적 이야기로 신뢰하지 않는다. 현대 과학자들은 지구상에 인간이 등장한 것이 상당히 최근의 일로, 수억 년에 걸친 생명의 진화 과정의 결과로 이해한다. 반면에 많은 보수적인 기독교인들은 근본적인 역사성을 유지하는 것이 중요하다고, 즉 "역사적 타락(Fall)은 신앙에서 타협할 수 없는 부분"[2]이라고 주장한다.

이런 비타협적인 진술은 서양의 전통적 구속 신학에서 강조하는 타락의 중요성으로부터 발생한다. 만약 다윈주의가 타락이 역사적으로 확언될 수 없다는 것을 암시한다면, 이때 두 가지 신학적인 문제가 발생한다.

첫째는 악의 문제다. 다윈주의는 경쟁, 투쟁, 고통, 죽음이 세상에 항상 필수불가결했다는 것을 암시한다. 그러므로 이것들은 신학적 입장에서 하나님의 첫 창조 행위(그리고 계속되는 창조 행위)로부터 발생함에 틀림없다. 이것들은 '필요악(necessary evils)', 즉 세계가 세계로서 존재하게 하는 한 부분이다. 심지어 인간의 죄에 대해서도 같은 논리로 설명될 수 있다. 왜냐하면 만약 인간의 죄가 진화 과정에 주입된 실존 투쟁으로부터 발생하는 이기심의 필수불가결한 결과라면, 그것은 본래의 창조 질서에 내재된 것으로 해석될 수 있기 때문이다. 아담의 타락에서 기인하지 않고도 인간은 항상 죄를 지었고 '타락'했음에 틀림없다. 인간은 하나님에 의해 그렇게 만들어졌다. 여기에서 기독교의 가장 이르고 근본적인 논쟁 하나가 되살아나는데, 바로 영지주의 논쟁이다.

기원후 2~3세기에 생긴 영지주의 사상은 창조된 세계를 미덥지 않은 하급신의 악한 산물로서 바라보는 이원론적 세계관을 지녔다. 구원은 영적 영역을 얻기 위해 물질 세계로부터 해방되는 것을 의미했다. 그러나 이레니우스 같은 신학자들은 첫 창조가 "좋았다"(창 1:31)는 것을 지적하며 정통 기독교 창조관을 정립했다. 그들은 태초의 창조가 **무로부터** 시작되었다고 추론했고, 세계를 창조한 한 분 하나님의 본성을 연구했다. 일신론(monotheism)에서 도출되는 중요한 필연적 결과는 다음과 같다. 즉, 만약 유일한 하나님만 존재하고 이 하나님이 선하다면 하나님은 악의 근원이 될 수 없기 때문에 창조 또한 선해야 한다. 그래서 이 기본적인 창조의 '좋음(선함)'은 창조 교리의 근본적인 전제 중 하나로서 중요시된다. 창조가 "매우 좋았다"(창 1:31)는 P문서 하나님의 선포는 근본적으로 '목적에 잘 맞았다'는 것을 의미했을지 모른다(3장의 "창세기 1장과 하나님" 참조). 그러나 그러한 후대 영지주의적 비판에 직면해서, '좋음'은 타락에 의해 유입된 악과 죄의 강력한 반대로서 도덕적인 차원을 띠게 되었다. '좋음'은 **도덕적으로** 좋은 것이 되었다.

그러나 다윈주의는 이 모든 것에 도전한다. 다윈주의는 J문서의 역사성과 타락 개념에 의문을 제기하며, 오래된 영지주의 논쟁을 되살아나게 한다. 베리(R. J. Berry, 1934~)와 노블(Thomas Noble)은 복음주의적 관점에서 이것을 간결하게 설명한다.

> 무로부터의 창조 교리처럼, 죄와 타락의 교리는 기독교 신학의 핵심이다. 창조주는 죄와 악의 근원이 될 수 없기 때문에, 세상에 죄가 존재하는 것은 어떻게든 인류가 '타락'했기 때문이다. 그러나 많은 기독교 사상가들은, 특히 다윈 이래, '타락(the Fall)'이라 불리는 어떤 사건을 없앤 채, '타락함(fallenness)'을 유지하기를 원했다. 이것이 기독교 신학의 하나의 선택인가?[3]

상황이 너무 복잡해서 이 질문에 단순히 '예' 혹은 '아니오'로 대답하는 것이 불충분하다는 것이 이 장과 다음 장에서 분명하게 드러날 것이다.

다윈주의에 의해 발생된 두 번째 신학적 문제는 그리스도에 관계된다. 스티븐 로이드(Stephen Lloyd, 1957~)는 다음과 같이 말한다.

> 예수 그리스도의 부활은 신다윈주의(Neo-Darwinism)를 기독교와 양립 불가능하게 만든다. 신다윈주의를 수용하면 부활에 초점을 맞춘 성서 이야기가 앞뒤가 맞지 않게 된다. 왜냐하면 성서는 영웅적 예수가 부활을 통해 자신의 적을 물리친 이야기(고전 15:26)를 말하기 때문이다.[4]

간단히 말해서, 여기에서 많은 보수적인 기독교인들이 다윈주의에 우려를 표명한다. 즉 다윈주의는 그리스도의 성취를 무의미하게 만드는 듯 보이기 때문에 기독교 신앙과 양립 불가능하다는 것이다. 분명 이런 우려는 오직 그리스도가 역전시킬 무엇인가를 갖는 한에서만 타락의 진정성이 중요하게 된다는, 소위 '본말이 전도된' 태도다. 그리고 그것은 그리스도 사역의 관점에서 타협할 수 없는 지위이기 때문에, 로이드의 해결책은 다윈주의를 전적으로 거부하는 것이다.[5]

이 전체적 논쟁이 아마 예수보다 1천여 년 전에 살았던 J문서의 저자에게 전적으로 어색했을 것이라는 점은 말할 필요가 없다. 그리고 구속에 대한 기독교 논쟁에 관심을 집중하지 않은 채, 창세기 2~3장에 대한 학문적 문헌과 논의에 접근할 수는 없다. 창세기 2~3장은 대단히 난해한 주제이고, 다윈의 《종의 기원》 출간이래 150년이 넘는 동안 여전히 기독교계의 논쟁거리다. 이것은 복음주의 학자들이 최근 출간한 《기독교인들이 진화를 포용해야 하는가?》라는 논문집에서 설명된다. 대답은 전적으로 "아니다!"이다. 비록 일부 대체 방법을 제시하기는 하지만, 저자들은 진화를 거부하는 것임에 틀림없다.[6]

다윈에 대한 회의주의는 복음주의 기독교에만 한정된 것은 아니다. 진화에 대한 로마 가톨릭 교회의 권위 있는 진술인 '후마니 제네리스(Humani Generis)'[a]에서도 상당한 신중함을 보인다. 여기에서 진화는 정죄되지는 않으나 전적으로 받아들여지지도 않는다. 진화가 과학적 연구에 중요하다고 인정받기 위해서는 분명 다음과 같이 이해되어야 한다. (a) 진화는 오직 인간의 몸에만 관계되고, 영혼에는 관계되지 않는다(왜냐하면 영혼은 교회의 영역이기 때문이다). (b) 진화는 첫 인간으로서의 아담의 근본적 지위를 위협하는 것으로 보여서는 안 되고, 따라서 원죄 교리(즉 아담의 원죄가 세대에 걸쳐 모든 인류에게 전해졌다는 사상)가 지켜져야 한다. 이런 태도는 1950년 가톨릭 신학에서 진화

---

a '후마니 제네리스'는 교황 비오 12세가 1950년 8월 12일에 공포한 교황 회칙(papal encyclical)이다. 주 내용은 가톨릭 교리의 근간을 위협하는 사상들을 경고한 것이다.

에 대한 규제가 상당히 완화되었음을 보여준 것이었다. 그러나 진화 연구가 활발해짐에 따라, (여전히 최근 《가톨릭 교리문답》에서 드러나는) 역사적 아담에 대한 강조는 이제 더 이상 유지되기 힘들어졌다. 요한 바오로 2세(John Paul II, 1920~2005) 같은 최근 교황들은 '후마니 제네리스'의 권위를 계속해서 존중하는 한편, 진화를 보다 긍정적으로 수용했다.

## 역사적 아담(The Historical Adam)

이런 도전에도 불구하고, 많은 주석가들은 J문서가 참된 인간 역사에 기반한, 은총으로부터의 실제적 인간 타락을 묘사한다는 설명을 계속해서 주장한다. 예를 들면 아담은 창세기 밖의 많은 성서 구절들, 특히 역사 기록으로 이어지는 족보(창 5, 대상 1, 눅 3:38)에서 역사적 개인으로 여겨진다.[7] 수많은 학자들은 우리 모두의 공통 조상인 단일한 개인에 대한 과학적 증거가 있는지를 질문하며, 인류 진화를 과학적으로 뒷받침하려고 노력해왔다.

가장 이른 인류 화석은 600만 년 혹은 700만 년 전으로 거슬러 올라가며, 아프리카에서 발견되었다.[8] 보다 진화되고 보다 최근의 다양한 형태들이 발견되었지만, 그것들은 인류가 아프리카를 건너 널리 퍼진 것으로 보이는 180만 년 전경의 **호모 에렉투스**(Homo erectus) 이후의 화석들이다. 현대 인류(**호모 사피엔스** Homo sapiens)는 아마도 20만 년 전에 아프리카에서 처음 생겨났고, 점차적으로 이미 퍼져 있었던 호모 에렉투스와 **네안데르탈인**(Homo neanderthalensis)들과 교체되며 아프리카로부터 퍼져나갔다. 여기에서 모든 현대인들은 자신들의 미토콘드리아 DNA를 통해 아마도 20만 년 전에 아프리카에서 살았던 한 명의 호모 사피엔스 여성에게까지 추적해 올라갈 수 있다는 주장이 제기되었다. 따라서 이 여성은 '아프리카 하와(African Eve)' 혹은 '미토콘드리아 하와(Mitochondrial Eve)'로 불린다. 모든 인간 세포는 미토콘드리아를 포함하는데, 미토콘드리아는 세포에 에너지를 공급하는 작은 세포 기관으로, 자신의 DNA 일부를 포함한다. 결정적으로 미토콘드리아 DNA는 오직 모계를 통해서만 전달되기 때문에 생식 과정에 의해 영향을 받지 않고, 따라서 뒤로 추적해 올라갈 수 있다.

이 아프리카/미토콘드리아 하와에 대한 주장이 오해받기 쉽고, 과학자들이 역사적 하와, 즉 지구의 첫 여성 호모 사피엔스에 대한 유전적 증거를 발견했다고 믿기 쉽다. 실제로 '아프리카/미토콘드리아 하와'라는 이름이 그런 결론을 암시한다. 그러나 그렇게 볼 수는 없다. 아프리카/미토콘드리아 하와처럼 오늘날 살고 있는 많은 자손들의 조상인 많은 다른 여성들이 당대에 살았을 것이다. 이 여성들과 우리 사이의 수천 세대 사이에서 세대의 연결이 남성을 통해 이뤄졌기 때문에, 초기 여성들의 미토콘드리아 DNA는 생존하지 못했다고 보는 것이 옳다. 예를 들면 한 어머니가 한 남자아이만 갖게 되면, 이 여성의 미토콘드리아 DNA는 그녀의 손주 시대에 사라진다. 그러므로 아프리카/미토콘드리아 하와는 결코 첫 여성은 아니지만, 모계를 통해 현재 살아 있는 모든 인류의 가장 최근 조상이다. 이것은 역사적 하와의 증거가 발견되었다고 말하는 것과는 다소 다른 주장이다.[9] 비슷한 주장이 모든 현재 남성의 유전 형질의 근원으로 여겨졌던 약 10~15만 년 전에 아프리카에 살았던 남성에 대해서도 적용될 수 있다.[10] 이 남성은 아프리카/미토콘드리아 하와 때처럼 많은 사람들이 당대에 살았기 때문에 모든 인류의 조상은 아니다. 그리고 연관된 주장이 진화의 '장애들'에 대해서도 적용될 수 있다. 즉, 단지 소수만이 (아마 한 커플 정도) 한 세대에 살았던 글자 그대로 '아담과 하와'의 상황을 거치며, 호모 사피엔스는 초기에 거의 멸종되었다고 주장되었다.[11] 그러나 현대 인류가 궁극적으로 그 당시 지구로 퍼져나갔던 아프리카인들에게서 유래되었다는 것과 때때로 인구수에 극적인 변동이 있어왔다는 것이 그럴듯해 보이는 반면, 유전적 연구는 아마도 초기 인구가 적어도 수만 명 이상이었다는 것을 보여주는데, 이는 역사적 아담과 하와를 초기 인류 가운데에서 찾는 것을 거의 불가능하게 만든다.[12]

반면에 일부 학자들은 역사적 아담을 첫 육체적 호모 사피엔스에서가 아닌, 첫 **영적으로 자각하는 호모 사피엔스**(spiritually aware Homo sapiens)에게서 찾아야 한다고 주장한다. 이 주장은 일반적으로 역사적 아담을 미토콘드리아 하와 혹은 우리의 아프리카 조상들보다 최근인 약 6,000년 전 신석기 시대로 규정한다.[13] 이런 '신석기 아담'은 신석기 시대에 잘 맞는 초기 농업과 목축업에 종사했던 아담과 그의 직계 자손들에 대한 창세기 2~4장의 설명과 일치한다. 실제로 신석기 아담에 대한 주장이 제기되는 데에 크게 기여한 빅터 피어스(Victor Pearce)는 아담이 신적 안내를 받으며 농업을 창조하였다고까지 주장했다.[14] 그러나 이런 주장과는 별도로 우리는 이 첫 영적으로 자각하는 아담이 누구였는지, 또한 그가 언제 어디에 살았는지를 알 방법이 없다. 우리가 알 수 있는 것은 호모 사피엔스가 그 당시 전 지구상에 퍼졌기 때문에 신석기 아담이 모든 현대 인류의 문자적·유전적 조상은 아니라는 것뿐이다. 오히려 이 주장은 아담이 현대 인류의 **영적** 조상, 하나님이 불어 넣은 영을 받은 첫 호모 사피엔스, 그러므로 (신학적으로) 하나님의 형상대로 만들어진 첫 인간이었다는 것을 암시한다. 이것이 아담이 때때로 새로운 형태의 첫 인간인 **호모 디비누스**(Homo divinus)로 언급되는 이유다. 그러므로 신석기 아담을 그 시대의 다른 인간들로부터 특징지을 어떤 과학적 혹은 유전적인 특징이 없다. 즉 이것은 전적으로 신학적인 구별이다.

이 신석기 아담 설명은 과학이 접근할 수 없는 영적인 차원으로 아담의 최고 지위를 옮김으로써 역사적 아담에 대한 과학적 어려움들을 피하는 듯 보이지만, 여기에 신학적 문제가 없는 것은 아니다.[15] 그중 첫째는 이 설명이 영지주의와 유사한 이원론적 설명이라는 사실이다. 신석기 아담의 조상들과 당대의 사람들(아담과 전적으로 같은 인간이었고, 고고학 자료가 보여주듯이 충분한 종교적 인식을 갖고 있었을)은 그럼에도 불구하고 '영적'이지 않았고, 그러므로 그들은 아담과 같은 방식으로 하나님을 받아들일 수 없었다는 말이다. 그리고 이것은 신석기 아담의 조상과 당대의 사람들이 틀림없이 저질렀을 수많은 폭력, 살인, 이기심, 악의에도 불구하고, 이들이 신석기 아담과 같은 '죄'를 범하지는 않았다는 것을 의미한다. 불순종한 아담의 행위가 그의 동료들의 불순종 행위보다 상당히 많이 심각한 것이어서, 현대 인류는 그들의 죄가 아닌 신석기 아담의 '원죄'를 유전받게 되었다는 말이다. 이 해석은 죄, 고통, 생존 투쟁이 첫 인간 때문에 편재하게 되었음을 암시하는 J문서에 대한 타당한 해석이 아니다. 그리고 이 해석은 기독교 신학에서 타락의 가장 중요한 특징—고통, 죽음, 생존 투쟁(즉 자연악)은 하나님이 '좋게' 창조한 세계의 **한 부분**이기 때문에 결국 인간의 죄로 귀결된다—을 실제적으로 설명하지 못한다.

우리가 논의해온 것처럼, 아담의 역사성을 유지하고자 하는 보수주의자들의 소망은 종종 J문서가 사실이기를 바라는 데에 근거한다기보다는 기독교 속죄론, 특히 바울과 아우구스티누스에 의해 영향을 받은 기독교 신학에 근거한다. 블로처(Henri Blocher, 1937~)의 설명이 전형적이다. "어떤 긴장이 있건 간에, 창세기 3장에 대한 비역사적 해석은 **신실한** 기독교 신자들이 선택할 수 있는 해석이 아니다 …… 비역사적 해석은 터놓고 말해서 역사성을 부인하는 많은 사람들이 인정하듯이, 로마서 5장의 바울의 설명과 상충된다."[16] 만약 블로처의 주장을 받아들인다면 모든 것은 바울에게, 그리고 바울이 아담을 어떻게 생각했는지에 달려 있다. 그러므로 우선 우리가 창세기 3장을 역사적으로 해석하는지의 여부에도, 우리가 아담을 역사적 개인으로 받아들이는지의 여부에도, 우리가 타락을 역사적 사건으로 여기는지의 여부에도 성패가 달려 있는 것은 아니다. 오히려 중요한 해석상의 문제는 (블로처의 견해에 의하면) **바울**이 아담과 타락을 역사적으로 여겼는지의 여부이자, 바울의 속죄 신학이 역사성을 필요로 하는지의 여부다. 우리는 이 문제를 죽음의 문제를 들여다본 후에 간략히 살펴볼 것이다.

## J문서와 죽음

바울의 주장에서 아담이 중요하게 언급되는데, 그 이유는 세상에 죽음을 가져온 것이 바로 아담의 죄이기 때문이다. 죽음은 아담과 같은 죄를 범한 모든 사람에게 퍼졌으나(롬 5:12), 극적인 반전을 통해 이제는 그리스도의 생명이 모든 사람에게 퍼졌다(롬 5:18, 고전 15:22). 아담은 현재의 모든 사람들을 대표하고, 그리스도는 부활로 인해 새로운 시대의 모든 사람들을 대표한다. 아담의 죄 된 행위가 죽음을 초래했으나 그리스도의 의로운 행위가 생명을 가져왔다. 이 논리는 J문서(아마 아담 전승을 위해 바울의 자료가 되었던)가 아담의 죄가 세상에 죽음을 가져왔다는 것을 말하지 않는다는 사소한 불일치를 제외하면 결함이 없다.

J문서를 다시 살펴보자. 다음이 핵심적인 구절이다. "주 하나님이 사람에게 명하셨다. '동산에 있는 모든 나무의 열매는 네가 먹고 싶은 대로 먹어라. 그러나 선과 악을 알게 하는 나무의 열매만은 먹어서는 안 된다. 그것을 먹는 날에는, 너는 반드시 죽는다'"(창 2:16~17). 하나님이 분명하게 관계를 설정했기 때문에, 아마 이 구절이 유일하게 바울과 후대 주석가들이 에덴동산에서 불

순종한 이야기를 세상에 도래한 죽음에 연결시켰던 구절이다. 그러나 우리가 이 이야기의 후반부를 보면 실제로는 하나님의 말씀대로 되지 않는 것이 분명하다. 즉 아담과 하와는 죽지 않는다. 물론 아담과 하와는 뱀에 의해 이 명령에 불순종하도록 유혹받는다. 뱀은 하나님이 그들에게 거짓말을 했고, 따라서 그들이 죽지 않을 것이라고 말한다(창 3:4~5). 두말할 것도 없이 아담과 하와는 뱀의 조언을 따르며 하나님에게 불순종한다. 뱀이 예측한 대로 정확히 그들은 죽지 않을 뿐 아니라 자신들의 인식이 상당히 높아진 것을 깨닫는다. 실제로 아담은 여러 해 동안 죽지 않았을 뿐만 아니라, 우리는 그가 (거의 특별하게) 930살이라는 상당히 많은 나이까지 살았다는 것을 알게 된다(창 5:5). 이것은 하나님의 속성에 대한 아주 흥미로운 신학적 질문들을 제기한다(3장의 "J문서와 하나님" 참조). 즉 하나님은 허위로 밝혀질 것으로 아담과 하와를 위협하는 듯 보이고, 반면 뱀은 그들에게 진리를 말함으로써 그들이 계몽에 이르게 한다. 심지어 신구약 중간기에도 이것을 해석하기 위한 기발한 시도들이 발견되는 것을 보면(예, 희년서 4:29~30), 이것이 초기부터 신학적인 문제로 인지되었다는 것을 알 수 있다.[17]

아무튼 하나님은 아담과 하와의 불순종에 대해 세 가지 처벌을 내리는데(창 3:16~24), 그것들 중 어떤 것도 (만약 우리가 창세기 3장 19절을 죽음의 도래로 해석하지 않는다면) 죽음에 이르는 것으로 보이진 않는다. (1) 하나님이 땅을 저주해서, 아담은 음식을 위해 농작물을 열심히 재배해야 하고, (2) 하나님은 하와에게 출산의 고통을 더하며, (3) 하나님은 그들을 에덴동산에서 쫓아낸다. 첫째와 둘째 처벌이 임의적이지는 않은데, 이것들은 남자와 여자에게 주어지는 전통적인 성 역할, 즉 남자는 '생계를 유지'하고, 여자는 가정을 책임지는 것을 말하기 때문이다. 따라서 죽음의 질문에 가장 연관되는 것은 세 번째 처벌이다. 에덴동산에서 추방된 이유는, 만약 아담과 하와가 에덴동산에 남는다면,

그들이 생명나무의 열매를 먹어 "영원히 살 수 있기"(창 3:22) 때문인 것으로 보인다.

우리는 이미 하나는 죽음에 연관되고 다른 하나는 생명에 연관되는 이 두 나무의 이상하고 신화적인 특징들에 주목했다(3장의 "J문서와 하나님" 참조). 하나님이 아담과 하와에게 먹으면 죽을 것이라고 말했던 선악을 알게 하는 나무는 실제로 그들을 하나님처럼 만드는 것으로 보인다(창 3:22). 이것은 인류가 복을 받았고, **하나님의 형상대로 창조되었다**(창 1:26~27)는 P문서의 설명과 대응된다. J문서에서 아담과 하와는 복이라기보다 저주를 받는다. 게다가 창세기 3장 22절이 함축하는 바는, 만약 그들이 에덴동산에 남아서 생명나무의 열매를 먹는다면, 그들은 **정확히** 하나님처럼 되어 결국 하나님을 불쾌하게 만들며, 따라서 아담과 하와가 쫓겨나게 되었다는 것이다. 그러나 여기에서 우리는 아담과 하와가 전에는 불멸하는 존재였는지를 알지 못하고,[18] 죽음이 이 지점에서 인류에게 유입되었는지도 알지 못한다. 대신 이 본문은 아담과 하와가 **항상** 죽을 수밖에 없는 존재라는 가정에서 작성된 것으로 보인다.[19] 실제로, 만약 그들이 영원한 존재로 창조되었다면, 생명나무는 아무 상관 없는 것이 된다.[20]

반면에 다시 기원전 마지막 몇 세기로 거슬러가서, 이 이야기의 일부 초기 해석들은 아담과 하와가 원래 불멸하도록 창조되었으나 하나님이 그들을 영원히 살지 못하도록 처벌했고, 이로부터 온 인류가 영원히 살지 못하게 되었다고 주장한다(예, 지혜 1:13, 2:23~24, 집회 25:24, 스 3:7, 에녹1서 69:11). 이 연구는 "그것을 먹는 날에는, 너는 반드시 죽는다"(창 2:17)라는 하나님의 선포를 다소 "네가 먹는 날에 너는 죽을 수 있는 사람이 되리라"는 것을 의미하는 것으로 해석하는 듯하다.[21] 그러나 베스터만은 그러한 구약 해석이 "상당히 불가능" 하다고 주장한다. 정말로 그렇다. 그러나 이 해석은 하나님이 더 이상 거짓말 하는 것처럼 보이지 않는다는 이점이 있고, 죽음이 그 특별한 순간에 세상에 들어왔다는 바울의 해석과도 일치한다. 예를 들면 이 해석을 받아들이는 지혜서의 한 구절은 바울의 중요한 구절 중 하나와 놀랍도록 유사하다.

> 악마의 시기를 통해 죽음이 세상에 왔고, 그에게 속한 사람들은 죽음을 경험한다.
>
> (지혜 2:24)

> 그러므로 한 사람으로 말미암아 죄가 세상에 들어왔고, 또 그 죄로 말미암아 죽음이 들어온 것과 같이, 모든 사람이 죄를 지었기 때문에 죽음이 모든 사람에게 이르게 되었습니다.
>
> (롬 5:12)

우리는 바울의 주장을 간단히 살펴볼 것이지만, 당분간 이 후대 해석들과는 다르게, 창세기 2~3장이 아담과 하와가 원래 영원한 존재로 창조되었는지에 대해 그 어떤 진술도 하지 않는 대신, 그들이 항상 죽을 수밖에 없는 존재였음을 암시한다는 것에 주목할 것이다.

아마도 이 지점에서 보다 중요한 것은 뒤따르는 이야기(창 4~11장)를 참고해서 창세기 2~3장을 보는 것이다. 여기에는 에덴동산의 사건과 매우 잘 연결되는 이야기들이 연속적으로 있다. 이 이야기들은 더 심한 불순종 행위들로 인한 복잡하고 처참한 결과들을 말하고 있는데, 즉 인류 사회에서 살인의 시작(4장), 홍수를 초래하는 인류의 전체적 사악함(6~9장), 바벨탑의 실패(11장)다. 여기에서 인류는 지켜야 할 선을 넘은 것으로 보이고, 하나님은 에덴동산에서처럼 신적 영역을 재확인하고, 인류의 한계를 강조하며 반응한다. 베스터만은 다음과 같이 주장한다.

분명 이 이야기는 고통, 노역, 죽음을 통한 인간의 한계와 인간의 죄 사이의 연결을 보여준다. 그러나 "죄의 삯이 사망"이라고 일컬어지지는 않는다. 금지를 어긴 대가로 예고된 죽음이라는 처벌은 일어나지 않는다. 불순종에도 불구하고 인간은 생명의 자유를 보장받는다.[22]

베스터만은 여기에서 창세기 2~3장에 있는 에덴동산 이야기와 창세기 4~11장에 있는 불순종 행위들에 해당되는 중요한 특징을 지적한다. 인류는 반복해서 불순종 행위 때마다 처벌받지만, 이것은 단지 통과의례였다. 하나님은 위협하기는 하지만 결코 인류를 완전히 포기하지는 않는다. 즉 여전히 다양하고 구체적인 방법으로 그들을 보호하고, 돌보며, 복을 베푼다. 창세기 5장과 11장의 족보는 본래 인간 창조 행위에서 하나님의 복이 세대를 거듭하며 계속된다는 사실을 가리킨다. 그리고 그 사이에 있는 다양한 인간의 허물에 관한 이야기들은 역사상 태초의 단 한번뿐만 아니라 계속해서 발생하는 하나님에 대한 허물과 인간 서로간의 허물이 인간 본성에서 기인한다는 것을 보여준다. 베스터만의 요점은 에덴동산 이야기가 역동적인 하나님과 인간의 관계를 드러내는데, 이 관계는 태초에 대한 분명한 교리적 진술로서 쉽게 단정될 수 없고, 계속되는 이야기의 중요한 세부 요소들로 가장 잘 표현된다는 것이다.[23] 인류는 불가피한 존재의 유한성으로 인해 죄와 죽음에 직면하지만 동시에 자유와 하나님의 복을 누린다.

그러므로 비록 J문서의 에덴동산 이야기가 유일한 결정적 타락과 세상에 도래한 죽음을 말하는 것으로 해석되며 기독교 신학과 끊을 수 없는 관계가 되었지만, 이 해석은 특히 창세기 4~11장의 전반적 상황에서 볼 때, 이 본문에 대한 전적으로 타당한 이해는 아니다.

## 바울과 죽음

창세기 1~11장을 제외하고, 구약 성서는 아담과 하와에 대해, 그리고 특히 바울에 의해 확고해진 주제, 즉 에덴동산 이야기가 죄와 죽음이 세상에 유입된 중대한 사건을 말한다는 주장에 대해 거의 다루지 않는다. 반면에 기원전 마지막 몇 세기에 기록된 유대 문헌들은 이 주제를 알고 있는 듯하고, 에덴동산 이야기가 분명한 은혜로부터의 타락임을 말한다. "오 아담이여, 당신은 무엇을 했단 말입니까? 비록 죄를 범한 사람은 당신이었지만, 타락은 당신 혼자에게만 해당되는 것이 아니라 당신의 자손인 우리에게도 해당됩니다. 만약 불멸의 시간이 우리에게 약속되었으나 우리가 죽음을 야기하는 행동을 해왔다면, 그 약속이 우리에게 무슨 유익이 있겠습니까?"(에스라 4서 7:118~119). 기원후 1세기로 추정되며 바울과 거의 동시대인 이 구절은 두 가지 흥미로운 특징을 드러낸다(에스라 4서 3:21~22 참조). 첫째, (신약 성서에 등장하지 않는 듯한) '타락'이라는 용어를 명백하게 사용한다. 둘째, 이 본문에 아담의 역사성에 대한 모호함이 있다는 것이 흥미롭다. 질문의 첫 부분에서는 아담이 마치 실제로 존재했던 사람인 것처럼 진술된다("오 아담이여"). 그러나 세 번째 문장에서 아담은 인류, 즉 '죽음을 야기하는 행동을 한 우리'의 상징으로 표현된다. 유사하게 두 번째 문장에 의하면, 비록 죄를 지은 사람은 '아담'이지만, '타락'은 그의 자손들에게도 해당된다. 다시 말하면, 이 구절은 원죄의 개념을 아는 듯 보이지 않고, '아담'이 죄인이 된 것과 같은 방식으로, 모든 사람들도 자신들의 행위로 인해 죄인이 됨을 암시한다.

서양 구속 신학의 근본인 원죄 개념은 대체로 기원후 5세기 초에 아우구스티누스가 펠라기우스(Pelagius, 360?~420)를 비판하며 시작되었다. 펠라기우스는 죄가 전적으로 인간의 자유 의지에서 비롯된다고 가르쳤다. 죄는 도덕적으로 비난받을 만하지만, 고의적이며 의도적으로 행해지는 것이다. 누군가는 아담의 불순종한 본보기를 따르기로 선택할 수 있고, 혹은 누군가는 예수의 본보기를 따르기로 선택할 수 있다. 다시 말하면 인간은 원칙적으로 죄가 없는 상태로 존재할 수 있다. 그래서 펠라기우스에 따르면 죄가 확산되는 것이 보편적인 상태는 아니다. 반면에 아우구스티누스는 이런 긍정적인 평가에 동의할 수 없었는데, 그는 인간이 죄 없이 살 수 없고, 우리는 하나님의 은총에 전적으로 의지해야 한다고 믿었다. 아우구스티누스는 모든 인간이 똑같이 아담의 첫 불순종으로 인해 원죄를 갖게 되었고, 원죄가 인류 개개인의 잘못이 아니라 단지 아담의 후손이라는 이유로 전 인류를 타락시켰다고 주장했다. 결정적으로 아우구스티누스는 로마서 5장 12절을, 오역된 라틴어 번역본으로 이해했다.[24] 아우구스티누스는 그 부분을 **"아담 안에서**(in whom) 모두가 죄를 범했다"라고, 즉 원죄는 세대에 통해 어떻게든 유전되기 때문에 모든 인류는 아담의 원죄를 물려받는다고 읽은 반면, 그리스어 본문에서 이 구절은 "모두가 죄를 범했기 **때문에**(because)"를 의미한다. 그리스어 본문에서 바울이 주장하는 것은 아담처럼 우리 모두도 죄를 범하기 때문에 죽음을 경험한다는 것이다. 그러므로 바울은 죄가 우리의 조상 아담으로부터 어떻게든 유전된다는 아우구스티누스의 논란이 되는 사상을 주장하는 듯 보이지 않는다. 그러나 바울은 여전히 우리의 죄와 죽음의 인과 관계를 주장한다. 이것이 죽음에 대한 모든 현대의 생물학적 설명, 즉 죽음은 전적으로 생명의 자연적이고 피할 수 없는 결과라는 설명에 위배된다는 사실은 말할 필요도 없다.

그러나 바울이 말하는 '죽음'은 무엇을 의미하는가? 표면적으로 죽음은 본래 인간이 영원하지 못함, 즉 우리 모두가 글자 그대로 언젠가 죽는다는 사실을 말하는 것이 분명해 보인다. 그러나 일부 학자들은 바울의 '죽음' 담론을 **영적인** 죽음으로 해석함으로써 과학의 도전을 피하고자 했다.[25] 죄는 하나님에게

도전하는 것, 즉 인간과 하나님의 관계를 파괴시키는 것이기 때문에 항상 신학적 범주인 것처럼, 이 이해에 의하면 '죽음' 또한 육체적 죽음과 상관없는 신학적 범주가 된다. 즉 죽음은 하나님으로부터의 영원한 분리를 의미하며, 아담과 하와가 에덴동산에서 추방되었을 때 상징적으로 경험한 분리에 관련된다. 비슷하게 핀레이(Graeme Finlay)와 패트모어(Stephen Pattemore)는 '죽음'과 '생명'이 대조적으로 묘사되는 고린도전서 15장에서 바울이 말하는 생명이 우리가 아는 일반적인 생명이 아니라 **부활**의 생명을 의미하기 때문에, 실제로 신학적 범주라고 주장한다.[26] 그러므로 그들은 바울이 육체적 죽음이 아닌 신학적 죽음을 말하는 것이 틀림없다고 결론 내린다. 알렉산더(Philip Alexander)는 이것을 신석기 아담 모델에 연결시킨다.[27] 즉 이 역사적 아담이 첫 **영적으로 자각하는** 인간으로 간주된다면(비록 그가 결코 첫 호모 사피엔스가 아니고, 육체적으로 죽은 첫 사람이 아니더라도), 이때 아담의 타락은 첫 **영적인** 죽음으로 묘사될 수 있다.

이런 '영적인 죽음' 이해는 현대 생물학의 도전을 적절하게 피할 수 있을지 모르지만, 여기에 신학적인 어려움이 없는 것은 아니다. 이 이해는 신석기 아담 모델과 유사한 이원론, 즉 바울과 상당히 다르며 고전적 영지주의와 매우 유사한 이원론을 초래하는 근본적인 문제가 있다.[28] 여기에서는 우리의 일상적 물질 영역에서 발생하는 죽음이 아닌, 오직 **영적인** 각성과 **영적인** 죽음이 구속의 측면에서 중요하게 고려된다. 다시 말하면, 자연악과 우리 물질 세계의 고통은 구속될 수 없다. 따라서 그리스도의 부활이 핵심인 새로운 창조는 전체적으로 영적인 영역(순수한 영지주의)이거나, 아니면 이 세상의 물리적 고통과 진화적 투쟁이 억제되지 않고 계속되는 영역임에 틀림없다.

하지만 바울이 이런 이원론적 시각을 가졌을 가능성은 희박하다. 로마서 8장의 설명에서 바울이 새로운 창조를 단지 인간 영혼만이 아닌, 전 물리 우주의 구속으로 보았다는 것이 분명하다(롬 8:19~21). 바울은 분명 '죽음'을 하나님과 인간 사이의 분리의 상징으로 사용할 수 있었고,[29] 이 상징은 신약 성서의 여러 곳에 등장한다(예, 눅 15:32, 롬 6:2~11, 엡 2:1, 2:5, 골 2:13). 그러나 문맥상 '죽음'이 상징으로써 언급되는 때는 항상 분명하며, 로마서 5장의 경우는 결코 상징이 아닌데, 이는 바울이 그리스도의 문자적 죽음을 언급하며 '죽음'을 말하기 때문이다(8~10절).

마찬가지로, 고린도전서 15장에서 바울은 '죽음'을 **신학적** 생명(즉 부활)과 병렬하는 듯 보이지만, 이 구절의 전체적 논리는 예수가 부활하기 전에 **육체적으로** 죽었다는 사실에 의존한다. 바울이 여기에서 **영적** 죽음을 염두에 두고 있다 하더라도, 이때 이 죽음은 동시에 **육체적** 죽음을 의미한다. 바울에게 있어서 죽음은 현세 생활의 마지막이자 하나님과의 분리를 의미하는데, 구약 성서에서 종종 스올(Sheol)과 '무덤(Pit)'으로 언급되는 것에서 알 수 있듯이(예, 시 143:7), 죽음을 하나님과의 분리로 이해하는 것은 당시 유대인들의 사고에 널리 퍼져 있었다. 이런 사고에 근거하면 영적·육체적 죽음은 모두 오직 예수의 부활에 의해서만 벗어날 수 있다. 예수의 부활은 비록 신비에 싸여 있지만, 영적·육체적 변화를 의미한다(고전 15:35~51).

그러므로 바울에 대한 '영적인 죽음' 해석은 과학에 의해 제기되는 어려움들을 피할 수 있을지는 모르나 신학적 문제들을 발생시킨다. 따라서 우리는 바울이 로마서 5장 12절에서 죽음을 말할 때, 그가 실제로 죄로 인해 육체적 죽음이 야기된다고 생각했다고 결론 내려야 한다. 그러나 바울은 아담으로부터 세대를 통해 유전된 '원죄'를 믿지 않는 듯하다는 것에 주목해야 한다. 바울의 요점은 온 인류가 아담과 같은 방식으로 죄를 범하고, 따라서 온 인류는 아담과 같은 방식으로 죽는다는 것을 말하는 듯하다. 이 이해가 J문서를 다소 세밀하지 않게 이해했기 때문일 수도 있지만, 사실 바울이 우리에게 J문서를 '설명'하고 있는지는 분명하지 않다. 오히려 바울은 아담을 세밀하지 않은, 즉 비유적인 방식으로 언급한다. 다시 말하면 아담은 전 인류 세대에서 그리스도가 속량했고 역전시킨 모든 것의 대표적 상징이다.

이제 아담의 역사성에 대한 질문으로 돌아가는 것이 좋겠다. 스티븐 로이드 같은 보수적인 학자들은 로마서 5장에 나오는 바울의 핵심 논의에 역사적 아담이 전제되어야 한다고 주장하지만,[30] 이것은 바울의 요점을 오해하는 것이다. 바울이 아담을 역사적 인물로 믿었다고 여기는 것이 당연하지만, 바울의 논점은 아담의 **대표적** 중요성에 있다. 아담은 예수가 보여준 **순종과 생명**에 대조적으로, 모든 인간이 경험하는 **죄와 죽음**을 대표한다(롬 5:17~19). 이런 원형으로서의 아담 이해는 최근 연구에서 두드러졌다.[31] 심지어 역사적 아담과 하와를 강력이 주장한 콜린스(C. John Collins, 1954~) 같은 전통주의 학자들도, 아담과 하와가 실제로 첫 인류였는지의 여부 같은 역사적 세부 사항들을 넘어, 인류를 위한 그들의 **대표적·상징적** 중요성을 강조하는 모델을 제안한다.[32]

그러므로 비록 많은 보수적 기독교인들이 아담의 역사성에 대한 바울의 생각을 중요한 문제로 여기고 있지만, 이것은 실제로 바울이 말하고자 했던 핵심은 아니다. 요약하면 역사적 아담과 하와를 논의하는 것은 바울의 요점을 파악하는 데 거의 도움이 되지 않는다.[33] 중요한 것은 바울이 아담을 명백하게 '상징(**모형**type, 롬 5:14)'으로써 언급한다는 것이다. 당대의 다른 유대적 해석과 마찬가지로, 바울은 아담을 '모든 사람'이란 의미로 사용하는데(우리 각자는 우리 자신의 아담이 되었다 – 바룩2서 54:19)[34] 따라서 우리 모두는 똑같이 그리스도의 구원을 필요로 한다. 분명 바울은 아담을 죄와 죽음의 원조로 보지만(롬 5:12), 모든 세대는 예외 없이 전부 자신들의 행동으로 죄를 지었다. 그러므로 바울은 아담을 특정한 인물로 역사화하려는 것이 아니라, 아담을 그리스도에 대조되는 **모형**으로서 간주하면서, 그리스도의 중요성을 보편적으로 이끌어내려 하는 것이다. 제임스 던(James Dunn, 1939~)이 지적한 것처럼,[35] 고대 필사가들은 우리가 그들에 대해 생각하는 것보다 더욱 정교하고 예리하게 고대의 상징들과 신화들을 이해했다. 그런데 우리는 그들을 '고대 사고방식(primitive mentality, 5장 참조)'으로, 즉 모든 것을 문자적으로 이해했다고 너무 쉽게 규정하곤 한다.

만약 바울의 속죄 신학에서 대체로 아담이 예수의 중요성을 설명하는 **상징**으로서 사용된다고 보는 것이 옳다면 이 논의의 빙향이 달라지기 시작해서, 우리는 **J문서의 역사성에 매이지 않고** 성서 전통을 존중하는 진화 신학을 발전시킬 수 있다. 반면에 아우구스티누스의 원죄 모델은 역사적 아담을 **필요로 하는데,** 여기에서 우리는 아담의 역사성을 유지하기 바라는 보수적인 학자들이 로마서 5장을 바울 전통보다는 아우구스티누스 전통에서 이해한다는 것을 짐작할 수 있다.

이 중요한 연구는 역사적 타락에 대한 전통적인 기독교 논의를 상당히 약화시킨다. 그렇지만 이 연구가 결코 모든 난제들을 해결할 수는 없다. 왜냐하면 죄와 육체적 죽음을 결부시키는 바울의 사상은 아우구스티누스 사상만큼 상당히 다윈주의에 위배되기 때문이다. 그리고 우리는 여전히 어떻게 악과 죄가 하나님의 '좋은' 세계의 한 부분이 되었는지를 신학적으로 설명할 필요가 있다. 그러므로 우리는 타락 개념을 보다 철저히 탐구해야 한다.


### 역사적 타락?


아담과 하와의 불순종 이야기는 기독교 신학에서 죄와 악의 역사적 근원으로서 중요할 수도 있지만, 구약 성서는 이에 관심이 거의 없거나 전혀 없다. 악의 근원에 대한 문제는 그리스도가 이것을 해결할 때까지는 거의 문제로 여겨지지 않았던 것 같다. 또한 구약 성서는 죄와 악이 사탄 그리고/또는 인간에 의해 하나님의 '좋은' 창조 안으로 유입된 일종의 우주적 감염(타락함)이라는 (타락에 대한 기독교 논의에 넓게 퍼진) 사상을 포함하지 않는 듯하다. 초자연적인 악한 세력들은 구약 성서에 매우 자주 등장하지만, 그것들은 종종 하나님에 의해 보내진 것들이다(예, 왕상 22:21~23의 '거짓말하는 영' 혹은 삼상 16:15~16의 사울을 괴롭히는 악령).

신약 성서는 악에 대한 형이상학적 사색을 위한 보다 풍부한 근거를 제공한다. 예를 들면, 구약에서 거의 거론되지 않는 묵시적 분위기가 주입된 공관복음서에서, 예수는 종종 사탄과 악령들과 싸운다. 마찬가지로 바울 서신과 신약의 다른 부분들(특히 요한계시록)은 하나님에 반대되고(예, 엡 6:12) 인간을 노예로 만드는(예, 갈 4:3, 골 2:8) 영적인 세력들에게 경고한다. 죄는 그 자체가 노예로 만들고 지배하는 우주적 힘으로 일컬어진다(롬 6:12~23, 히 3:13). 두 영적인 영역을 규정하는 기본적인 선악의 이원론(한편에는 하나님, 다른 편에는 악한 세력)이 있다. 기독교인들은 사실상 악한 세력의 영역에서 일상생활을 하면서 하나님의 영역으로 옮겨지는데, 그래서 그들은 끊임없는 위험 가운데 있다(예, 고전 6:9~20, 엡 2:1~3, 골 1:13).

이런 묵시적 이원론은 분명 기독교적이지 않으며, 이에 관련된 사상은 사해 문서와 유대 묵시 문헌에 등장한다. 이 묵시적 이원론은 **역사적** 타락을 고수하고자 하는 현대 보수적 흐름과 맥을 같이하는데, 이 세계관의 흥미로운 특징은 악을 '하나님에게 불순종한 천사들의 **초자연적** 타락의 결과'로 여기는 것이다. 예를 들면, 에녹1서 6~36장은 홍수 이야기 도입 부분의 난해한 구절(창 6:1~4)을 '파수꾼들(Watchers)', 즉 인간 여성들과 결혼하여 악한 거인들을 낳은 타락한 천사들에 대한 전설로 발전시킨다. 기독교 전통은 한때 하나님을 예배하는 좋은 천사였던 사탄이 다른 악한 천사들과 함께 신적 권위를 찬탈하고자 시도했다가 내쫓긴 '루시퍼의 타락'(사 14:12~15)의 면에서 이런 초자연적인 타락을 보고자 하는 경향이 있었다. 이 이야기는 신약에서 미가엘과 하늘의 용 사이의 전쟁을 가장해서 등장한다. 즉 미가엘은 승리하고, 용과 용을 따르는 천사들은 땅에 내팽개쳐진다(유 6, 9, 계 12:3~4, 7~9). 물론 이런 초자연적 타락 이야기들은 역사적 타락과 정확히 같은 신학적 목적, 즉 하나님의 선성(goodness)을 보존하려는 목적을 갖는다. 역사적 타락은 하나님이 역사적 악의 근원이 아니라는 것을 의미하고, 천사들의 타락은 하나님이 초자연적 악의 근원도 아니라는 것을 의미한다.

악과 죄를 **형이상학적** 실재로 보는 신약 성서의 보편적 관점에 비춰보면, 악과 죄를 **역사적** 실재, 즉 역사적 타락에서 기원하는 것으로 보고자 하는 현대 보수적 기독교인들의 바람을 성찰해보는 것은 흥미롭다. **형이상학적** 범주와 **역사적** 범주가 서로 배타적이지는 않다. 왜냐하면 이 범주들은 서로를 보충하는 것으로 이해될 수 있고, 둘 다 세상의 악의 근원을 하나님으로부터 구별함으로써 신적 거룩함을 유지시키는 결과를 가져오기 때문이다. 보수적 기독교인들이 다소 과도하게 악과 죄를 **역사적** 실재로 만드는 경향이 있지만, 로마서 5장의 난해한 부분을 제외하고는 신약 성서에서 이것이 거의 드러나지 않거나 전혀 드러나지 않는다는 것을 기억할 필요가 있다.

역사적 타락 개념에 대한 구약과 신약의 상대적 무관심은 기독교 신학이 실제로 그것을 그렇게 강하게 주장할 필요가 있는지를 우리에게 물을 수도 있다. 이 질문을 직접적으로 제기하기에 앞서, 우리는 이 문제를 감안해 역사적 타락 모델을 수정하고자 하는 두 가지 시도를 살펴보고자 한다.

타락에 대한 과학적 문제들을 피하려고 시도하는 방법이자, 죄와 악에 대한 형이상학적이고 역사적인 접근을 보완하는 방법이 있다. 이 방법은 타락을 결국 모든 기독교 신학이 추구하는 시간적 영역인 **종말론적** 관점에서 바라보는 것이다. 토머스 노블은 끝(End), 즉 **종말**(eschaton)의 시간과 상태는 **세속**

**적** 과학 탐구의 관점으로 알 수 없다고 설명하는데, 이는 과학이 정의상 당대 (saeculum)에만 관련되기 때문이다.[36] 과학은 정의상 다음 세대를 들여다볼 수 없다. 대신 새로운 창조는 계시에 의해 알려짐에 틀림없다. 노블은 이것이 타락에도 똑같이 적용될 수 있다고 주장한다. 세속 과학적·역사적 탐구는 오직 사물들이 항상 있어 왔고, 항상 있게 될 것을 가정하며 과거를 돌아보고 미래를 예상하는데, 사물들은 "이 악한 세대"(갈 1:4)에 존재한다. 이것은 과학과 역사가 방법론적으로 미래의 **종말**을 예측할 수 없을 뿐만 아니라, 과거의 타락도 알아낼 수 없다는 것을 의미한다. 왜냐하면 과학과 역사는 악한 세력에 복종하는 현재 상태가 일반적이라는 것을 넌지시 가정하기 때문이다. 그러므로 노블에 따르면 타락은 오직 종말의 관점에서 역사적 실재로써 명백해질 것이고, 현재로서는 타락이 오직 계시에 의해서만 알려질 수 있다.

물론 여기에는 더 많은 논의가 필요하다. 아무리 많은 보수적인 신자들이 타락을 역사적 사실로 주장할지라도 타락은 신앙에 의해 확언되어야 한다. 그러나 타락에 대한 과학적·역사적 어려움들을 피하는 이 기발한 방법의 가치는 인정되어야 한다. 만약 신석기 아담과 '영적인 죽음' 설명이 난제들을 과학이 다룰 수 없는 **영적인** 영역으로 이동시켰다면, 타락에 대한 노블의 종말론적 설명은 난제들을 과학이 도달할 수 없는 **시간적인** 영역으로 이동시킨다. 또한 이 해석이 어떤 희생을 치르더라도 타락의 개념을 보존하는 것보다 어떤 해석상의 가치를 실제로 제공하는지에 대한 의문이 있다. 결국 우리가 계시에 의존하는 한, 이 해석은 타락이 **어떻게든** 일어났다는 것을 말하는 것 외에, 타락 때에 어떤 일이 있었는지, 혹은 타락이 언제 발생했는지에 대한 구체적인 것을 말하지 못한다. 온 인류가 창조된 이래 죄를 범해왔다고 말하는 것이 더 단순해 보이지 않는가? 이 경우에 또 다른 가능성이 제기된다. 여기에서 우리는 그야말로 타락이 인류 의식(특히 **양심**)의 시작을 말하는 신학적 명칭이라고 말할 수 있다.

많이 진화된 원숭이들은 양심의 가책을 느낀다는 증거가 있지만, 우리는 양심과 연결되는 고차원의 죄의식과 수치심을 가진 존재가 오직 인류(hominids, 아마 오직 인간)뿐이라고 가정한다. 의식은 인간 진화 과정 중 역사의 한 순간에 발생했음에 틀림없다. 생물학은 양심의 기원을 정확히 보여줄 수 없을지 모르지만, 우리는 양심이 수천 년 동안 인간 상태에 있어서 심리학적인(말하자면 영적인) 실재였다고 결론 내릴 수 있다. 이런 관점에서 아담과 하와 이야기는 인간 양심의 기원을 말하는 것으로 꽤 단순하게 정리될 수 있는데, 그들이 선악을 알게 하는 나무 열매를 상징적으로 먹은 때가 깨달음의 순간이 된다. 비록 인류(혹은 인류 초기 조상들)는 이기적인 행동과 폭력을 이전부터 행했음에 틀림없지만, 타락은 그들이 처음으로 자신들의 행동에 죄의식과 수치심을 경험하기 시작한, 즉 양심의 불꽃이 발생한 때에 진화의 무대에 등장했다는 말이다.

솔직히 이 타락 모델은 진화 생물학과 충돌하지 않는 유익이 있을지 모르나, 여전히 수많은 문제들이 있다. 첫째, 타락이 전적으로 인간의 문제로 보인다는 사실은 인간의 구속이 '타락'의 문제, 즉 동물과 인간 세계의 자연악과 고통의 문제를 거의 완화시키는 것으로 보이지 않을 수 있다는 것을 의미한다. 인간악은 그리스도에 의해 역전될 수 있지만, 자연악은 그럴 수 없다. 둘째, 우주의 본성을 변화시키는 것은 '객관적' 타락이 아니라 '주관적' 타락(개인적 양심의 각성)이다. 셋째, 이 타락 모델은 첫 인간의 불순종을, 오직 그리스도를 보낸 하나님의 결단에 의해서만 구속될 수 있는 중대하고 치명적인 실수로 보는 전통적 해석에 반대된다. 그러나 이 모델에서 타락은 앞으로 향하는 긍정적인 진화의 단계, 즉 어떤 희생을 치르고라도 역전되어야 하는 엄청난 실수가 아니라 인간의 자기 인식과 지적 능력의 중대한 발전을 의미한다. 이것은 아래쪽으로의 타락이라기보다 '위쪽으로의 타락(fall upwards)'이다. 그러므로 역사적 타락에 대한 이 진화 모델은 전통적인 묘사에서 제기되는 과학적 문

제들을 해결하는 반면, 그리스도를 다소 불필요하게 만들 우려가 있다.[37]

## 요약

역사적 타락의 교리는 많은 분야(특히 진화 과학)에서 논란이 되지만, 특히 그리스도의 중요성을 보존하기 위해, 많은 기독교 전통주의자들에 의해 핵심으로 간주되어왔다. 그러나 우리는 구약과 신약의 저자들이, 비록 죄와 실패가 인간의 보편적 특징이라는 것을 확신했지만, 역사적 타락을 (전혀 주장하지 않았거나) 강하게 주장하지 않았다는 것을 살펴보았다. 사실 타락에 대한 대부분의 논의는 아우구스티누스 사상이 서양 신학을 지배하면서 시작되었고, 특히 아우구스티누스가 (펠라기우스에 반대하며) 원죄로 타락한 존재를 주장한 것에 기인한다. 그러나 특히 진화 생물학의 도전에 직면해서, 타락에 대한 아우구스티누스적 관점이 불충분하다는 견해를 지지하는 사람들은 타락의 개념을 재평가하려 시도하는데, 이는 특히 우리의 구약과 신약 고찰로 인해 성서에서 타락의 개념이 그다지 중요하지 않다는 것이 드러났기 때문이다.

타락의 중요성은 고통, 악, 죽음의 역사적 시작과 함께 인간의 자유 의지에 연결된다. 이것은 로마서 5장이 너무 중요한 이유인데, 특히 로마서 5장은 구속의 가능성을 제공한다. 이 인과관계의 어떤 재평가도 관련된 과학적 난제들을 명백히 설명해야 하지만, 20세기 역사가 모두 너무 잘 보여준 것처럼, 결코 잔인한 악을 범하는 인간 자유 의지의 기능을 덮어두어서는 안 된다. 일부 해결책들이 있는 것은 분명하지만, 그것들은 인간악과 함께 **자연**악의 문제를 씨름하는 수평적인 접근을 필요로 한다. 그러므로 우리는 다음 장을 통해 이 논의를 이어갈 것이다.

제8장
고통과 악

## 고통과 죽음의 문제

7장에서 우리는 역사적 타락(죄, 죽음, 구원에 상당히 중요한 근본적 기독교 사상)이 과학적인 관점에서뿐만 아니라 성서에서조차 별로 지지를 받지 못한다는 것을 살펴보았다. 이제 우리는 타락에 너무 의존하지 않고, 인간악과 죽음, 그리고 자연 세계에서 진화가 야기하는 고통에 대답할 수 있는 적절한 **진화 신학**이 형성될 수 있는지를 숙고해보고자 한다.

여기에서 주목할 것이 있다. 진화의 상황을 고려하여 죄와 죽음을 설명하는 신학은 종종 '유신론적 진화론(theistic evolution)'으로 일컬어진다. 하지만 나는 '진화 신학(evolutionary theologies)'이라고 부르고자 한다. 왜냐하면 이미 그렇게 부르는 많은 학자들이 있을 뿐만 아니라, 이런 연구는 진화를 신의 관점에서 이해하는 방법이 아닌, **신**을 **진화**의 관점에서 이해하는 방법을 제공하기 때문이다. 즉 이런 연구는 어디까지나 생물학적이라기보다 신학적이다. 이런 이유로 나는 '진화 신학'이란 용어가 '유신론적 진화론'이란 용어보다 명료하다고 생각한다.

고통과 죽음의 문제는 성공적인 진화 신학을 형성하는 데 있어서 매우 중요하다. 우주가 무계획적이고, 아픔과 파괴와 죽음으로 가득 찬 고통을 비인격적으로 무시할 때, 우주를 들판의 모든 새와 백합과 풀을 돌보시는 대단히 후한 창조주의 사랑의 행위(마 6:26~31)로 이해하는 것은 어렵다. 전통적으로 아픔, 파괴, 죽음은 '타락(fallenness)'의 징후, 즉 인류 타락(Fall)의 결과로 여겨졌다. 그러나 인류가 지구상에 매우 늦게 출현했다는 사실은 그런 설명을 지지하기 어렵게 만든다.

아무튼 고통과 죽음이 절대적인 악은 아니고, 설명의 여지가 있다. 우선 자연의 고통은 성서에서 복잡하게 묘사된다. 고통이 동물의 세계에서는 악 혹은 '타락'의 징후로 간주되지 않는 듯하다. 육식 동물에게 먹이를 제공하는 하나님을 찬양하는 구절들이 있다(창 49:27, 욥 38:39~41, 시104:21, 147:9). 반면에 미래에는 포식(捕食)에 대한 신성한 종말론적 해결이 있을 것이라고 보는데,[1] 즉 "늑대가 양과 뛰놀며 …… 그들이 모든 내 거룩한 산에서 상하거나 파괴되지 않을 것"(사 11:6~9, 65:25 참조)이다. 추론해보면, 육식과 포식은 원래부터 하나님에 의해 제정된 것이 아니었다. 실제로 제사장(P) 문서에 따르면, 인간과 동물은 원래 홍수 때까지는 초식 동물이었다(창 1:29~30, 9:1~4). 아마 이사야의 종말론적 비전은 그러한 전원의 상태로 돌아가는 희망을 암시하는 듯하다. 어쨌든 포식 동물이 생존을 위해 먹잇감을 죽여야 한다는 사실, 그리고 죽음이 역설적으로 어쩔 수 없는 현실이라는 사실은 악으로 표현될 수 없다. 인간 세계에서도 자연 재해나 질병이 악 또는 '타락'의 결과가 아니라, 거룩함과 순종의 방법을 강조하기 위해 행해진 하나님의 심판으로 일컬어진다(예, 출 23:28, 32:35, 레 26:21, 민 14:37, 16, 25, 계 15~16).

고려해볼 만한 다른 관점은, 우리가 인정하듯이, 고통과 죽음이 생명에 필요하다는 것이다. 크리스토퍼 사우스게이트(Christopher Southgate, 1953~)는 고통이 완전히 신학적인 악으로써가 아니라, 생존 과정에서 풍부함과 성숙으로 나아가기 위해 극복해야 할 피할 수 없는 장애물로 봐야 한다고 설명한다.[2] 우리가 역경을 극복한 인간 개인의 삶의 이야기를 생각하든, 아니면 전체 생물학적 종이 더 높은 형태로 진화하는 것을 생각하든, 이것은 사실이다. 이처럼 죽음이 완성된 삶을 향한 평화롭고 자연적인 끝이라면, 죽음이 반드시 악은 아닌데, 이 정서를 반영하는 성서 구절들이 있다(예, 눅 2:25~32). 아무튼 피조물들이 다시 생성되기 위해 죽지 않았다면, 우리 행성의 천연 자원/음식은 벌써 고갈되었을 것이다.

이런 의미에서 다윈이 전적으로 새로운 문제를 제기한 것은 아니었다. 즉 아픔, 고통, 죽음으로부터 발생하는 신학적 난제들은 인간 문화가 시작된 이래 계속 있어왔고, 이에 대한 긍정적인 세계관도 존재해왔다. 존재의 허무에 대한 신학적인 문제가 극심해지는 순간은 바로 고통이 보상되지 않을 때, 즉 고통이 명백히 유익을 주지 않으며 부당해 보일 때인데, 이것은 다윈주의가 진화 과정에 내재된 엄청난 생명의 낭비를 말하며 강조하는 것이다. 여기에서 균형을 생각해볼 수 있다. 즉 고통과 죽음은 그 자체로 악으로 보이지 않고, 오히려 고통과 죽음의 특별한 **본질**(qualities)이 문제가 되는데, 현대 과학은 그것들이 하나님이 세상을 창조했을 때부터 세상에 내재하는 것이라고 주장하며 이 문제를 더욱 분명하게 한다. 이것이 고통과 죽음이 종종 '자연악(natural evil)'이라는 포괄적인 용어로 언급되는 이유다.


### 자연악과 타락(Natural Evil and Fallenness)

자연악에 직면해서 어떻게 선한 하나님을 정당화할 수 있는지는, 오랜 문제이자 성서에서 두드러진 특징이다(예, 창 18:22~33, 욥기). 이런 이유로 자연악에 대한 현대의 신정론이 반드시 새로운 것은 아니다. 그러나 현대의 신정론은 '자연악'과 '타락'이란 용어 뒤에 숨어 있는 어려움들을 전면으로 가져온다. 자연악을 말하는 것은 사실상 자연 세계의 파괴적이고 어려운 면을 불러내어 그것들을 신학적으로 악의 범주로 분류하는 것이고, 하나님에게 파괴적이고 어두운 면에 대한 책임을 돌리는 것이다. 아무튼 자연은 자연스럽게 발생한 것에 대해 비난받을 수 없다. 우리는 여기에 모호한 부분이 있다는 것을 잊어서는 안 된다. 예상치 못한 지진으로 수천 명의 사람들을 죽인 자연법칙이, 수백만 년 넘게 육상 생물들의 번영을 위해 안정적이고, 온화하며, 비옥한 대륙을 제공한 바로 그 자연법칙이라는 것이다. 이 과정은 분명 자유 의지를 지닌 인간 행동이 악이 될 수 있다는 것과 같은 의미에서의 '악'은 아니다. 만약 우리가 성서적 관점을 찾고자 한다면, 우리는 그 과정이 사실상 "보기 좋았다"(창 1:10)고 결론 내려야 한다. '자연악'이란 개념은 쉽게 거부되는 개념이다.

'타락'이란 무엇인가? 중요한 성서 본문 중 하나가 로마서 8장 18~23절인데, 여기에서 바울은 '피조물' 전체가 그리스도의 구속을 열렬히 갈망하고 있다고 말한다. 바울은 피조물이 "허무"(20절)에 굴복했고, "썩어짐의 종살이"(21절)에서 해방되기를 열망하고 있다고 본다. 로마서에서 바울의 이전 논의는 인류의 죽음에 초점을 두었지만(7장), 8장의 초점은 '허무'와 '부패'(혹은 '타락')가 전 세계에 관련된다는 우주적 관점으로 상당히 변한다. 바울이 언급하지는 않지만, 전통적인 해석에 의하면, 이 타락(corruption)은 에덴동산에서 지은 아담과 하와의 죄 때문이다.[3] 이런 이해에 의하면 모든 피조물이 경험하는 고통과 죽음은 타락의 직접적인 결과다. 만물은 '타락'한 상태로 존재한다.

바울이 이것을 말하지 않았을 뿐만 아니라 세계에 대한 현대의 진화 묘사에서 이런 관점은 상당히 받아들여지기 어렵다. 만약 우리가 더 이상 역사적 타락을 전적으로 주장할 수 없다면, 이때 자연 세계가 인간 죄의 확산으로 인해 '타락'한 상태로 존재한다고 말하는 것은 모순이다. 과학은 진화의 투쟁과 '적자생존'뿐만 아니라 열역학 제2법칙으로 설명되는 "썩어짐의 종살이"가 태초부터 세계의 일부였다고 본다. 창조에 대한 시각은 근본적으로 모호하며, 우리는 다윈의 무척 생생한 다음의 진술에 동의할 수도 있다.

"자연의 서툴고, 소모적이며, 엉터리이고, 조잡하며, 무섭도록 잔인한 활동들을 책으로 쓴다면 '악마의 사도'라고 명명해야겠군!"(D. 후커에게 1856년 7월 13일에 보낸 편지).[4]

다윈은 자신의 자연 선택에 의한 진화 설명이 지구상의 생명 진화에 내재하는 고통, 잔인함, 낭비와 부패를 효과적으로 요약한다는 것을 깨달았다. '타락'이라고 말하는 것은 문제가 있을지 모르지만, 우리는 하나님의 '좋은' 창조 안에 **모호함**, 혹은 더 나은 말로 '어두운 면(shadow side)'[5]이 있다는 것을 인정해야 한다.

## 어두운 면(The Shadow Side)

우리 인간이 경험하는 대부분의 죄와 타락은 이기심으로부터 생겨나는데, 이 이기심은 바로 자연 세계에서 드러나는 지배를 위한 투쟁에 관련될 수 있다. 마이클 루스(Micheal Ruse, 1940~)는 우리로 하여금 원죄를 진화 용어로 이해하게 한다.

리처드 도킨스는 …… 이기적 유전자(selfish genes)를 비유적으로 말하는데, 이것은 유전자가 소유자의 목적에 맞춰야 하고, 그렇지 않으면 소유자가 죽게 된다는 것을 의미한다. 그러나 오늘날 특히 인간 같은 지성적 존재에게서 적응은 대부분

동료들과 협력하는 방향으로 향한다. 사냥하거나, 먹이를 찾아 다니거나, 공격자들과 싸우기 위해 함께 모이는 것은 상당한 유익을 준다. 다른 이들을 돕는 것은 우리 스스로에게 도움이 될 수 있다. 즉 우리가 어리거나 늙거나 병들 때, 우리는 도움이 필요한데, 도움을 얻는 가장 좋은 방법은 다른 이들이 도움을 필요로 하는 시간에 도울 준비가 되어 있는 것이다. 너는 내 등을 긁어주고, 나는 너의 등을 긁어줄 것이다. 그래서 진화 덕분에 우리는 다소 이기심과 우호감/이타주의의 긴장된 혼합 속에 있다. 이것은 분명 원죄가 기독교인들에게 무엇을 의미하는지에 관련된다. 우리는 하나님의 형상대로 만들어졌고, 따라서 우리는 본래 선하다. 그러나 우리는 타락했고, 타락이 이제 우리 본성의 일부가 되었으며, 그래서 우리는 또한 악하다. 이기심과 이타주의가 불안정하게 뒤범벅되어 있다.[6]

비인간 동물들 또한 이기적인 모습과 이타적인 모습을 보이고, 돌고래와 같은 동물들에게 도덕적 의식에 대한 징후가 있다고 주장되어왔다. 동물의 부도덕함이 소위 말하는 그런 죄가 되는지는 불분명하다.[7] 그러나 루스는 인간 안에 있는 죄가 우리의 진화 배경과 연결될 수 있다는 것과, 그 죄가 일종의 **원죄**(죄가 우리보다 먼저 존재했기 때문에 모든 인간에게 공통적인, 죄로 향하는 경향성)라는 것을 주장한다.[8]

이 진화적 접근은 이해하기 쉽지 않은 전통적 타락 개념을 요청하지 않는다는 장점이 있다. 그러나 이런 관점은 우리가 반복적으로 강조해온 문제, 즉 하나님의 선성을 위협하는 문제가 있다. 왜냐하면 이 관점은 하나님이 원죄를 진화의 피할 수 없는 부분으로 삼았다는 것을 암시하기 때문이다. 또한 이 관점은 인간이 죄를 변명할 수 있게 한다(죄가 우리 유전자 속에 있다)는 데에 어려움이 있다. 그러나 우리가 인간이 저지를 수 있는 정말로 끔찍하고 극악한 악을 기억할 때(유태인 학살이 항상 심각하게 거론된다) 죄를 인간의 경향성으로

치부해버리는 것은 전혀 적절해 보이지 않는다.

루스는 이 문제들을 하나님이 피조물을 만들기로 **선택한** 것처럼, 하나님이 인간을 매 순간 자유롭게 **선택하도록**, "행동의 과정에서 자유롭게 평가하고 결정하도록, 그리고 우리 자신의 결정을 자유롭게 실행에 옮기도록" 만들었다는 것을 제안하며 해결하려 했다.[9] 그러나 자유는 본성상 남용될 소지가 있고, 이기적 행동 과정은 탐욕과 죄를 초래할 것이다. 루스의 요점은 이것이 자유로운 세계가 만들어질 수 있었던 유일한 방법일 수도 있기 때문에, 그 책임을 하나님에게 돌려서는 안 된다는 것이다. 루스에 의하면, "우리가 죄로 물들었거나 혹은 우리가 그런 경향성을 물려받았다는 것이 하나님의 직접적인 잘못은 아니다."[10]

피콕도 자유롭게 진화하는 세계에서 고통이 불가피하다고 주장한다. **자유로운** 피조물의 창조가 하나님 스스로에게 **제한**을 가하는 역설이 있는 셈이다.

> 이것은 신정론에 있어서 해결되지 않는 형이상학적인 질문 중 하나다. …… 심지어 전능한 창조주가 혼돈이 아닌 조화로운 법칙 같은 창조(자의식이 있고 번식하는 복잡한 독립체들의 자유로운 활동 무대이자, 창조주가 기뻐하는 생물의 풍부한 다양성이 존재하는 창조)를 할 수 있는 방법에는 내재적인 제약이 있다.[11]

하나님의 영역에 제한을 가한다는 것이 중요하다. 피콕은 인간의 창조 과정(출산부터 예술 창작까지)이 힘들고 고통스럽다는 데에서 유추하여, 하나님이 피조물의 고통을 공유하면서 스스로를 제한한다고 말한다. 만약 피콕이 옳다면, 이때 이런 고통은 신성시되고, 만약 하나님이 자발적으로 고통에 참여한다면, 이때 고통을 자연악의 한 유형으로 말하기는 매우 어렵게 된다.

반면에 진화를 하나님이 현재와 같은 자유로운 세상을 만들 수 있었던 '유일한 방법'으로 이해하는 데에는 문제가 있다.[12] '유일한 방법' 접근은 진화의 고통과 죽음에 직면해서 하나님의 선성을 보존해줄지는 모르지만, 고통 중에 있는 피조물에게 위안을 주지는 못한다. 실제로 이 '유일한 방법' 논의는 1710년 악의 문제에 대해, 우리가 "모든 가능한 세계 중 최상의 세계(the best of all possible worlds)에 살고 있다"고 답한 라이프니츠(Gottfried Wilhelm Leibniz, 1646~1716)의 상당히 긍정적인 대답과 관련된다. 볼테르(Voltaire, 1694~1778)는 1759년 자신의 소설 《캉디드Candide》에서 이런 주장을 공격했고, '유일한 방법' 신정론에 대한 볼테르의 비판(이런 낙관주의는 거대한 고통에 직면해서 공허하게 들린다)은 여전히 힘을 갖고 있다.

이런 어려움에 직면해서, 사우스게이트는 보다 예리하게 접근한다.[13] 그는 진화 과정의 고통과 죽음이 우리 세계에 필요해 보인다는 것에는 동의하며, 우리가 '유일한 방법' 논의에서 시작해야 하지만, 거기서 끝날 수는 없다고 본다. 우리는 또한 모든 피조물에 대한 하나님의 돌보심을 단언해야 한다. 하나님은 냉담한 고통이 있는 전 체계의 하나님일 뿐만 아니라, 피조물이 번성할 때 기쁨을 느끼고, 상처받은 사람들과 함께 우는 하나님이다. 뿐만 아니라 종말론적 미래에 창조의 '어두운 면'을 완전히 해결할 대단히 중요한 신적 계획이 있다. 하지만 지금은 우리가 모호한 상태에 산다. 즉 피조물은 "매우 좋게" (창 1:31) 창조되었지만, "고통 속에서 신음"(롬 8:22)하고 있다.[14]

사우스게이트의 진화 신학의 장점은 그가 비인간 세계를 강조한다는 것과, 특히 모든 피조물의 진화의 고통이 하나님에 의해 해결될 것이라고 믿는 것이다. 그러므로 그는 인류가 세계 천연자원에 대한 탐욕 때문에 야기된 세계의 고통에 전적인 책임을 져야 한다는 것을 지적하지만,[15] 인간 중심적으로 설명하지는 않는다. 사우스게이트는 하나님의 형상대로 창조된 인간들(창 1:26~27)이 스스로 하나님의 동역자로서 부여된 특별한 지위를 존중해야 한다고 주장한다. 하나님이 십자가에서 예수의 죽음을 통해 진화의 고통과 인간 죄의 고통을 짊어진 것처럼, 인간도 자연 세계를 보살핌에 있어서 보다 희생적인 역할을 감당할 준비가 되어야 한다는 말이다.[16]

그리스도의 십자가는 진화 신학에 종종 적용된다. 루스가 지적한 대로,[17] 기독교가 십자가 중심의 종교라는 사실은 고통이 기독교의 중심이라는 것을 의미하며, 이것은 다윈주의에 대한 설득력 있는 신학적 해결을 제시한다. 이것은 중요한 지적이며, 계속 연구될 가치가 있다. 여기에서 전통적 십자가 신학과는 다른 종류의 신학적 움직임이 발생하는 것에 주목하자. 전통적인 기독교 관점에서, 하나님은 그리스도의 인성을 통해 십자가에서 고통당하고, 그럼으로써 인간 세계의 죄를 속죄한다. 그러나 현대 진화 신학의 관점에서, 그리스도는 생명 세계 **전체**의 진화의 고통과 죽음, 즉 분명 인간 죄의 결과가 아니고 따라서 소위 말하는 그런 '속죄(atonement)'의 필요도 없는 고통과 죽음을 **추가로** 떠맡는다. 그러므로 십자가는 전통적 속죄 신학과는 현저하게 다른 방법으로 사용된다. 우리는 이제 그러한 진화 신학이 구성되는 방법을 고찰해볼 것이다.

### 피조물의 구속

필연적으로 테야르 드 샤르댕의 진화의 비전이 이 논의의 시작점이다. 샤르댕은 《인간 현상》(1959)에서, 그리스도를 진화 과정의 정점, 즉 전 피조물이 향하는 '오메가 포인트(Omega Point)'로 보았다. 샤르댕에게 있어서, 이것은 영적이거나 은유적인 의미에서가 아니라, 문자 그대로의 실제적 의미에서 사실이다.[18] 즉 생물학적 진화 과정은 이 과정의 정점인 그리스도를 향해 움직이고 있다. 샤르댕의 사상은 널리 영향을 끼쳤지만 많은 논란도 낳았는데, 학자들은 그의 사상에 많은 의문을 제기한다.[19] 가장 중요한 비판 중 하나는 우주가 그리스도를 향해 정확하게 진화한다는 그의 인식이 다원주의가 전혀 지지하지 않은 진보관을 요구한다는 것이다. 그리고 신학적인 이유로, 오메가 포인트로써의 샤르댕의 그리스도가 어떻게 역사적 예수와 연결되는지, 그리고 어떻게 십자가가 부활의 묘사와 연결되는지가 분명하지 않다. 요약하면, 샤르댕은 진화를 구원과 융합하는 듯 보인다. 그러므로 샤르댕의 해결책이 신정론의 문제에 적절한 대답을 한다고 보기는 어렵다. 한 예를 든다면, 진화는 불가피하게 **죽음**을 모든 피조물에 얽어매기 때문에, **생명**의 부활에 대한 기독교 소망을 완성할 수 없다.

샤르댕의 해결 방법은 널리 받아들여지지 않았고, 보다 최근의 진화 신학은 샤르댕이 다루지 않았던 수많은 문제들을 강조하는 경향이 있다. 전통적으로 강조되어온 (a) 비인간 세계와 인간 세계 모두를 구속하기 위한 그리스도의 구속적 고통이 재강조되었고, (b) 종말론적 차원이 재강조되었는데 종말론적 차원에서 구속이 (진화 과정 보다는) 하나님의 사역으로 완성될 것이다. 또한 (c) 하나님이 세상의 고통 속으로 들어가는 것으로 보일 정도까지 신정론의 도전을 분명하게 하는 것이 중요하게 고려되어왔다. 피콕은 말한다.

> 생물학적 진화를 통한 창조의 수단으로써 아픔, 포식, 고통, 죽음이 도처에 있는 것은, (도덕적으로 받아들여지고 논리적인 하나님 개념을 위해서는) 하나님이 많은 대가를 지불하며 세상의 창조 과정 안에서, 창조 과정과 함께, 창조 과정 아래에서 고통당한다는 것을 잠정적으로 제안하지 않을 수 없게 한다.[20]

이것이 진실로 도덕적 문제이든 아니든 간에, 분명 고통당하는 피조물과 함께하는 하나님의 친밀한 현존을 강조할 필요가 있다. 이것은 첫 창조가 여전히 진행 중이고 끝나지 않았다는, 다윈주의에 의해 야기된 인식과 관계된다. 이것은 또한 진화 신학이 (d) 창조에서 하나님의 **내재성**과 (e) 하나님의 **계속된** 창조 행위에 초점을 두는 것을 의미했다.

이것들은 신학적 창조관을 균형 잡기 위한 복잡한 일련의 요소들이고, 이중 첫 번째인 그리스도의 고통이 핵심이었다. 그리스도의 고통은 그리스도 희생의 주관적 관점(그리스도가 따를 표본이다)과 객관적 관점(그리스도의 고통은 본질적으로 구속의 객관적 행위이다) 사이를 오가며 복잡한 토론을 야기한다. 예를 들면, 롤스턴(Holmes Rolston III, 1932~)은 자연과 인간 역사를 이해하기 위해 구속적 고통의 가치를 주장한다. 진화는 오랜 지구 역사를 통해서 피조물이 타자를 위해 자신의 삶을 포기해왔다는 것을 우리에게 가르친다. "이 피조물 간의 대속의 이야기는 그리스도가 등장하기 오래 전부터 예수 수난극과 다를 바 없었다. 태초부터 수많은 피조물들은 다른 피조물들을 위한 몸값으로 자신들의 삶을 포기해왔다. 이런 의미에서 예수는 자연 질서의 예외가 아니라 자연 질서의 중요한 예증이다."[21] 이런 방식으로, 롤스턴은 주로 주관적 **표상**으로서의 그리스도 십자가를, 자기희생적 가치를 지닌 모든 피조물에게로 발전시킨다. 롤스턴이 이것을 혼자 주장한 것은 아니고, 수많은 신학자들이 그리스도의 십자가를 고통받는 피조물과 연대하는 하나님의 특별한 행위로 주장해왔다.[22] 하나님은 대체로 고통에 참여함으로써 고통을 해방시킨다고 일컬어진다.

반면 사우스게이트는 그리스도의 속죄 사역이 틀림없이 객관적으로 보인다고 주장한다.[23] 그리스도의 속죄 사역을 받아들이든 그렇지 않든, 이것은 피조물의 자유롭고 주관적인 결정에 의지할 수 없다. 왜냐하면 신약 성서는 그리스도의 속죄 사역이 우주 **만물**을 새로운 창조 때에 객관적 견지에서 변화시킬 것을 증언하기 때문이다(롬 8:19~22, 골 1:20, 엡 1:8~10). 그리스도를 통해 하나님

은 세상의 모든 인간 죄와 모든 비인간 피조물의 고통에 대한 "책임을 감당한
다".[24]

사우스게이트가 신중하게 선택한 "책임을 감당한다"라는 표현에 주목하
자. 이 표현에는 십자가의 진화 신학을 곤란하게 하는 심각한 어려움이 있다.
그것은 바로 '구속', '속죄', '희생', '화해'와 같이 종종 사용되는 은유들이 매우
암시적인 속성을 지니기 때문이다. 전통적으로 기독교 사상은 인간의 죄에
있어서, 그리고 신-인 관계가 깨지면서 발생하는 모든 것을 바로잡는 데에 있
어서 십자가의 역할을 강조해왔다. 죄는 철저히 신학적으로 진술되어야 하는
신학적 개념이다. '구속', '속죄', '희생', '화해'는 타락, 잘못의 치유, 지불되어야
하는 비용을 말하는 네 가지 일반적 은유들이다. 그러나 우리가 진화에서(전
적으로 **자연적** 원인으로부터) 발생하는 고통과 죽음을 말할 때, 그런 은유들에 관
해 말하는 것은 별로 의미가 없다. 만약 진화의 고통과 죽음이 하나님의 '좋은'
창조의 한 부분(하나님이 그렇게 되도록 의도한 부분)이라면, 치유 혹은 보상되어
야 할 깨진 관계가 아니다. 요약하면, 그런 은유들은 공허하며, 아마 그 은유들
이 해결한 것보다 더 많은 문제들을 야기할 수도 있다.

이런 관점에서, 하나님이 인간의 죄와 비인간 피조물의 고통에 대한 "책
임을 감당한다"는 사우스게이트의 신중한 어구는 다소 모호하지만 현명한 지
적이다. 이 어구는 그가 이 책임 감당을 십자가와 십자가의 난해한 은유들보
다 더 넓은 측면에서 이해한다는 점에서 적절하다. 십자가는 인간 죄를 사하
지만, 고통받는 피조물이 새로운 존재가 되게 하는 것은 바로 온전히 성육신
한 그리스도의 생명이다. 로마서 8장 19~22절이 사우스게이트 통찰에서 결정
적인 부분이다. 사우스게이트에 의하면, 피조물이 굴복한 "허무"(20절)는 진화
과정의 허무다.[25] 그러나 실로 엄청난 수십 억 피조물의 죽음을 거쳐, 결국 하
나님이 예수 안에 인간의 몸으로 나타났다. 그리스도의 성육신은 고통을 공

유하며 단단해진 결속을, 그리고 새로운 창조에서 깨닫게 될 전 피조물의 불안하지만 최종적인 희망을 의미한다. 그리스도의 죽음과 부활은 세상을 향한 새로운 가능성을 암시하는데, 이것은 인간의 죄가 속죄되고, 종말론적 미래에 전 피조물이 변화될 것을 암시한다. 사우스게이트는 세계의 진화 투쟁이 "고통 속에서 신음"(롬 8:22)하는 것이며, 이 투쟁을 통해 우리와 같은 복잡하고 자유로운 존재들이 탄생할 수도 있었다고 본다.[26] 세상에서 가장 큰 위험이 인간으로부터 발생하지만, 성육신한 그리스도 안에 가장 큰 희망이 있다.

사우스게이트의 설명은 성서 전통을 철저히 탐구할 뿐만 아니라 진화 신학을 가로막는 어려움들에 대해 솔직하기 때문에 설득력이 있다. 그러나 진화 신학을 가로막는 어려움들이 상당히 많다. 그리스도의 성육신을 고통의 해결로 제시하는 모든 진화 신학에서처럼(여기에서 하나님은 함께 고통당하는 분으로 묘사된다), 사우스게이트의 접근은 사실상 목적론(teleology)을 진화 안으로 들여와야 한다(2장의 "우연과 법칙, 우발성과 돌연변이" 참조).[27] 즉 하나님의 아들이 그리스도로 성육신하기 위해 충분한 자의식과 복잡성을 지닌 피조물들이 언젠가 등장했다는 말이다. 위쪽으로의 진보(upwards progress) 개념은 진화 생물학에서 상당한 논란을 초래할 뿐만 아니라, 과학 언어에서 만들어진 형이상학적인 주장인데, 이 주장에는 신학의 발전이 과학에 상당히 의존할 때 발생하는 불가피한 어려움들이 있다(6장 참조). 십자가가 진화의 고통을 '상쇄한다(redeeming)'고 말하는 접근처럼, 신학적 범주들을 과학적 범주들과 혼동할 위험이 있다. 만약 진실로 진화 과정 뒤에 그러한 '목적'이 존재한다면, 그것은 아마도 오직 종말론적으로, 즉 **새로운** 창조의 관점에서 뒤돌아볼 때 이해될 수 있다. "알파를 결정하는 것은 오메가다."[28]

그러므로 진화 신학의 난제는 종말론적 미래를 언급할 때 가장 잘 해결되고, 어쨌든 이것은 신약 성서에 다가가는 것이다. 우리는 우리가 거의 알지 못하고, 심지어 이해하지도 못하며, 미래에 완성될 완전한 신적 행위가 있다는 것을 인정해야 한다. 어떤 타당한 진화 신학도 이 사실을 인정해야 하고, 스스로의 주장이 일시적임을 받아들여야 한다. 이것은 새로운 깨달음이 아니라 약 1,800년 전 이레니우스에 의해 제기된 것이다.

## 종말론적 관점

이레니우스의 창조 사상은 기독교 신학에서 상당히 이른 시기의 사상이다. 이레니우스 사상은 서양 기독교에 받아들여진 아우구스티누스 사상 때문에 오랜 기간 간과되었지만, 진화적 함축을 지니고 있어서 과학-종교 대화에서 점점 가치를 인정받기 시작했다. 이레니우스의 창조 사상은 전적으로 성육신적이고, 당대의 영지주의 이원론에 반대하며, 하나님의 목적 안에서 물질적 창조의 중요성과 '좋음'을 주장한다. 이레니우스는 간결하고 혁신적인 글에서,[29] 하나님이 인간을 의도적으로 완전하지 않게 창조한 이유를 설명한다. 그 이유는 인간이 미성숙한 상태에서는 완전함을 품을 수가 없었기 때문이다. 태초의 창조는 그것이 '완전하게 될 운명'인 한에서 '좋았다'.[30] 하나님의 계획은 아이들이 어른으로 자라가는 것처럼, 인간이 성숙해지고 완전해지는 것이었다. 그러나 아이들처럼, 아담과 하와는 에덴동산에서 쉽게 미혹되어 하나님에게 불순종했다. 이레니우스에게 있어서 이것은 타락이라기보다 "상승을 위한 실패"다.[31] 이레니우스는 그리스도와 성령의 사역을 통해 인간이 죄를 극복할 수 있고, 하나님 안에서 완전을 향해 성장할 수 있다고 믿는다.

그러나 '완전(perfection)'이란 무엇인가? 한편으로 이레니우스는 완전을 부활한 그리스도에게서 볼 수 있는 것처럼, 불멸성과 불사성에 연결시킨다.[32] 이레니우스는 아담과 하와가 불순종하기 이전에는 불멸했다는 것을 암시적으로 표현한다.[33] 하지만 그는 인류가 항상 영원히 살 수는 없었으며(즉 불완전하며) 죽을 수밖에 없었다고 말한다. 왜냐하면 아담과 하와가 자신들의 미성숙으로 인해 '신성한 힘을 유지할' 수 없었기 때문이다. 이레니우스에 따르면, 죽음은 인류의 '창조된 본성'의 결과다. 로버트 브라운(Robert P. Brown)은 다음과 같이 이레니우스 사상을 요약한다. "죽음은 처벌이 아니라 불완전한 피조물의 당연한 결말이다. 인류가 불멸성을 잃은 것이 아니다. 왜냐하면 인류는 결코 불멸성을 지닌 적이 없었기 때문이다."[34] 이레니우스는 놀랍게도 우리가 아우구스티누스의 타락 모델에서 보았던 수많은 문제들에 대한 효과적인 해결책을 제시한다. 만약 우리가 이레니우스처럼 첫 창조가 완전하지는 않았지만 모든 것을 완성시킬(재연할) 그리스도를 통해 하나님을 향해 성숙해간다고 가정하면, 이때 우리는 많은 희생을 치르며 역사적 타락을 고수할 필요가 없고, 하나님의 선성을 고수하기 위해 첫 창조의 완전함을 주장할 필요도 없다. 피조물은 완전해질 것이고, 하나님의 완전한 선함도 드러날 것이다. 그러나 이것은 태초가 아니라 과정의 마지막에서다.

하지만 이레니우스의 창조관이 물리적 혹은 생물학적 진화의 의미에서 진화론적이지 않다는 점에 주목하자.[35] 그의 창조관은 창조의 '어두운 면'이 전적으로 자연스럽고 하나님에 의해 의도된 것이며, 이 어두운 면이 어떤 생물학적 목적론을 통해서가 아닌, 기적적이고 종말론적인 부활의 과정에 의해 때가 차면 해결될 것이라는 점을 암시한다. 그리스도는 우선 창조의 불완전한 '어두운 면(즉 죽음)'을 경험하면서, 그리고 죽음을 통해 어떤 어두운 면도 없는 새로운 종류의 종말론적 생명으로 들어가면서 창조를 완성하고 완전을 이룩한다. 우리는 살기 위해 죽어야 한다. 즉 우리는 진화의 고통을 받아들여야 하지만 미래에 대한 희망이 있다.

이것은 전적으로 창조가 오직 종말론적 성취의 관점에서 이해될 수 있다는 신약 성서에 지배적인 계시 신앙과 일치한다.[36] 사우스게이트의 가장 설득력 있는 요점 중 하나는 진화의 모호성들이 로마서 8장에서 바울이 확언하는 대로, 미래에 완성될 것이라는 확고한 비전에 의해서만 완화될 수 있다는 것이다. 그러므로 만약 고통당하는 피조물에 대한 하나님의 대답이 그리스도의 생명이라고 말해진다면(물론 십자가 고통을 포함해서), 이것은 오직 미래의 관점, 즉 본질상 그리스도의 부활한 생명에 의해 제공되는 관점에서 완전히 깨달아질 것이라는 점이 강조되어야 한다. 부활은 단지 인간만이 아닌 전 우주를 위한 열쇠다. 하지만 당분간 창조의 '어두운 면'에 대한 목적론적 대답은 개략적이고 은유적인 의미로만 말해질 수 있다. 왜냐하면 특히 현 시대에 만들어진 모든 목적론적 진술들은 미래의 완성에 대한 은유이기 때문이다(9장 참조).

7장에서 중요하게 다룬 문제(로마서 5장의 바울의 속죄 신학에서, 인간의 죄와 죽음 사이의 인과적 연결을 어떻게 이해해야 하는지)로 되돌아가서, 현재로서는 인간의 죄와 죽음이 과학적으로 분명하게 연결될 수 없다는 것을 우리가 인정해야 한다. 하나의 연결 가능성이 있는데, 이것은 우리의 먼 과거에서 진화하는 인간 의식의 자각이, 양심의 자각뿐만 아니라 인간의 유한성(즉 죽음)에 대한 인식의 향상과 밀접한 관련이 있다는 것을 상정한다. 이런 방식으로, '위쪽으로의 타락(fall upwards, 7장의 "역사적 타락?" 참조)'은 도덕성에 대한 인식뿐만 아니라 죽을 수밖에 없는 운명에 대한 인식이었다. 자유 의지를 지닌 인과적 존재로서 우리 자신에 대한 정교한 인지적 자각으로 인해, 그리고 죽을 수밖에 없는 우리 자신에 대한 특별한 인식으로 인해, 인간은 다른 동물들로부터 구별된다.[37] 이 두 요인은 우리의 도덕적·영적 발전에 중요한 역할을 한다. 즉 우리는 우리가 자유롭게 선택한 행동이 우리 자신과 다른 이들에게 미칠 결과를 감수해야 한다는 것과, 이 결과가 죽음이라는 피할 수 없는 사실로 요약되는 유한한 인간의 불가피한 요소(죄)라는 것을 인식하게 된다. 우리의 죄는 우리의 죽음과 밀접한 관련이 있다. 죄와 죽음은 한 꾸러미에 속해 있어서, 만약 우리가 죄에 관계되면, 단지 인간이라는 이유로 틀림없이 죽음도 겪게 된다. 만약 우리가 아우구스티누스와 이것을 토론한 펠라기우스주의의 '이단' 사상을 다시 고찰해보면(7장의 "바울과 죽음" 참조), 우리는 양심(죄의식)과 죽음에 대해 관념적인 인식이 우리의 진화 역사에서 불가피한 요소라는 것을 받아들이고 있기 때문에, 아마도 이 문제로 인해 걱정할 필요는 거의 없다. 다시 말하면, 내가 스스로의 노력을 통해 죄를 극복할 수 있다고 믿는 펠라기우스주의의 오류에 빠질 이유가 없다. 대신에 나는 내 죽음에 대한 인식을 타고난 것처럼, 불가피하게 '원죄'를 타고났다. 그러므로 죽음에 대한 인식과 원죄는 둘 다 인간 진화의 결과다.

우리가 여기에서 제안하는 방법은 죄와 죽음을 연결하기 위한 다소 모호하고 주관적인 방법이며, 이 방법은 인과적으로 연결되지 않는다. 이 주제를 생각함에 있어서 우리가 직면한 문제는, 만약 우리가 바울을 '죽음에 대한 **지식**이 죄와 **함께** 들어왔다'는 것으로 이해하지 않는다면, "죄로 말미암아 죽음이 들어왔다"(롬 5:12)는 것을 확언하는 쉬운 방법이 없다는 것이다. 우리에게 죄는 신학적 범주이지만, 죽음은 대개 과학적(자연적) 범주다. 바울에게 있어서 죄와 죽음은 신학적 범주이면서 동시에 과학적 범주가 될 수 있었다. 그러나 바울은 "하나님의 영광에 이르게 될 소망을 품고"(롬 5:2) 종말론적으로 생각했고, 종말의 때에는 죄와 죽음이 과거의 문제일 것이라고 보았다.

## 종말론적 도전

고통과 악에 대한 주제에서 마지막으로 고찰해볼 내용은 인류가 지구 자원을 잘못 사용함으로써 발생한 부가적인 악과 고통, 즉 생태 위기에 대한 것이다.

종종 생태 신학으로 불리는 이 중요한 사상은 현재의 환경 위기가 기독교 창조 교리에서 비롯되었다는 린 화이트(Lynn White Jr., 1907~1987)의 주장[38]으로부터 시작된다. 이 관점에 의하면, 임박한 지구 재난은 성서의 (잘못된) 해석으로부터 발생했고, 서구 기독교인들은 P문서에 있는 "땅에 충만하여라, 땅을 정복하여라"(창 1:28)는 명령을 너무 철저하게 이행해서 그들이 지구를 재난 직전까지 몰고 갔다는 것이다. 피터 해리슨(Peter Harrison, 1955~)은 화이트의 전체적 요지를 지지하는 한편, 과학의 발전이 (그리고 자연을 정복하려는 과학의 시도가) 상징과 알레고리 중심의 중세 성서 해석학이 유럽 종교 개혁의 영향으로 보다 문자적인 접근으로 대체되는 중요한 시기인 17세기에 시작되었다는 것을 지적하며, 화이트 주장을 더욱 발전시켰다. 이것은 성서뿐만 아니라 자연 세계도 다르게 해석될 수 있었다는 것을 의미했다. 즉 더 이상 우주가 더 깊은 영적 실재에 대한 표상과 은유로 보이지 않았고, 우주의 중요성은 문자적·물리적 실재로써 이해되기 시작했으며, 우주는 소위 말해 이용되기 시작했다. 해리슨이 말한다.

> 세계가 더 이상 초월적인 의미로 해석될 수 없었을 때, 세계는 오로지 물질적 이용을 위해 활발히 개발되었다. …… 그러므로 문자주의(literalism)는 두 가지 독특한 방법으로 자연 과학의 등장에 기여한다. 첫째는 자연의 상징적 중요성을 빼앗는 방법으로, 둘째는 창조와 타락에 대한 성서 이야기들의 의미를 제한하는 방법으로

다. 즉 창조와 타락에 대한 성서 이야기들은 인류에게 다시 자연 지배를 명하는 것으로밖에 해석될 수 없게 된다.[39]

해리슨의 요점은 심각한 환경 위기에 대한 책임이 기독교 창조 교리에 그다지 많지는 않다는 것이다. 오히려 그 위기는 서구의 상당히 많은 복잡한 지적 발전으로부터 발생했는데, 이 지적 발전은 세계와 창세기 창조 이야기를 보다 문자적으로 읽게 함으로써 과학을 부흥시켰다.

물론 현대 과학의 발전을 가능하게 만들었던 문자주의와 똑같은 지적 경향이, 대부분의 현대 과학을 거부하는 창조론으로 구체화된 것은 상당한 모순이다. 또한 창조론이 대부분의 주류 성서학, 즉 문자주의적 종교 개혁의 또 다른 산물을 거부하는 것도 모순이다. 하지만 성서학은 성서에서 생태적 관점들을 재발견하는 데에 중요한데, 성서의 생태적 관점에 대한 포괄적 논의는 이 책이 포함된 시리즈(Biblical Challenges in the Contemporary World) 중 한 책[40]에 등장한다.

예를 들면, 엘런 데이비스(Ellen Davis, 1950~)는 성서 시대 땅 사용의 윤리를 우리 시대와 비교하면서, 구약 성서의 농업 관점을 정립한다.[41] 데이비스에게 있어서, 현재의 생태적 재앙은 (특히 농업과 관련해 계산해보면) 도덕적이며 신학적인 위기인데, 이것은 구약 성서를 이해하는 데 중요한 해석학적 상황을 제시한다. 이런 해석학은 "성서의 땅 중심주의"[42]를 강조하고, 그 '땅'을 돌볼 인간의 소명을 더욱 강조한다.

창조 주제에서 가장 설득력 있는 생태적 관점 중 하나는, 모든 생물을 향한 종말론적 희망에 대한 관심인데, 진화 신학을 발전시킨 현대 신학자들은 이것을 주장하기를 주저하지 않았다. 만약 '만물'이 그리스도를 통해 하나님과 화해하게 되거나(골 1:20), 그리스도 안에서 "통일되고", "모아지고"(엡 1:10),

심지어 "새롭게"되면(계 21:5),[43] 그리고 만약 "모든 피조물"(계 5:13)이 언젠가 그리스도로 인해 하나님을 찬양하게 될 것이라면, 인간들은 이제 **더 넓은** 하나님의 창조 영역에 있는 모든 피조물의 지위를 무시할 수 없다. 그런 방식으로, 만약 생태적 인식이 폭넓은 창조 주제에 이미 '내재하지' 않는다면, 생태적 인식은 성서의 종말론적 본문으로부터 직접적으로 도출된다고 말할 수 있다.[44]

다음 장에서 우리는 세상의 종말에 대한 성서적 비전들을 논의할 것이고, 그것들이 결코 문자적 예측으로서 받아들여질 수 없는 한 경우를 제시할 것이다. 그러나 우리 시대의 환경 위기는, 만약 우리가 현 시대에 지구의 미래에 더 많은 관심을 갖지 않으면, 이 종말론적 예측이 우리가 생각하는 것보다 더 문자적이고 더 빨리 우리의 훼손된 자연 세계에서 실제로 벌어질 수도 있다는 가능성을 제기한다. 만약 생태적 도전이 (또한 창조의 '어두운 면'이) 우리에게 종말론적으로 사고하도록 충고한다면, 여기에 우리의 현재 행동에 대한 시사점이 있는 것이 분명하다.


## 결론


6~7장에서 우리는 타락의 역사적 이해에 대한 진화 생물학의 도전과, 이 도전을 막기 위한 다양한 시도들을 검토했다. 우리는 그 시도들이 모두 구약과 신약에 대한 해석으로 불충분하다는 것을 논의했다. 우리는 또한 그 시도들이 의도하지 않게 창세기 2~3장에 충실하기보다는 바울, 그리고 죄와 죽음에 대한 아우구스티누스의 관점에서 기인한다는 것을 지적했다. 역사적 타락 개념은 보수주의자들이 종종 가정하는 것에 비해 오히려 성서 본문에 덜 중요하다는 것이 세밀한 연구를 통해 드러났다. 우리는 역사적 타락의 지위에

의문을 제기함으로써, 성서에 더 가깝고, 현대 진화 과학의 상황에 더 잘 맞는 악, 죄, 죽음의 이해를 향해 나아갈 수 있다.

　이것은 우리가 진화의 고통과 죽음을 세상의 '타락'의 결과로 이해하기보다는, 하나님의 손에 의한 첫 창조의 필수적인 특징으로서 이해해야 한다는 것을 의미한다. 물론 고통과 죽음은 이 관점에서 더 이상 쉽게 설명되지 않는다. 우리는 고통과 죽음이 세상에 들어온 것을 인간 자유 의지의 결과로 설명할 수 없고, 대신 그것들을 하나님의 '좋은' 창조의 '어두운 면'으로 이해해야 한다. 고통과 죽음은 그것들 자체로서는 악이 아닐지 모르지만, 난해한 모호성을 지니고 있다. 수많은 현대 진화 신학은 이 '어두운 면'을, 특히 그리스도의 십자가를 통해, 피조물과 함께 고통당하는 하나님을 주장함으로써만 논의될 수 있는 난해한 문제를 표상하는 것으로 여겼다. 그러나 엄밀한 연구를 통해 이 주장 자체에 문제가 있음이 드러난다. 즉 이런 관점이 '만회하려는 (redeems)' 잘못이 무엇인지 분명하지 않고, 만약 심지어 하나님이 피조물과 함께 고통당한다고 말해져야 한다면, 어떻게 그 관점이 피조물에게 고통의 해방을 위한 희망을 제공하는지가 분명하지 않다. 반면에 우리는 타당한 해결로 이레니우스 신정론을 소개했다. 이레니우스 신정론은 첫 창조가 완전의 의미에서 '좋은' 것이 아니라 '목적에 적합한' 의미에서 '좋은' 것이었고, 종말론적 미래의 완전을 향해 나아갈 준비가 되었다고 주장하며, 타락의 수많은 어려움들을 제거한다. 이런 신정론은 미래 완성을 강조함으로써 타락을 덜 강조한다. 그러므로 미래를 향한 희망은 인간의 타락과 창조의 '어두운 면'에 대한 중요한 답을 제공함에 틀림없고, 성서의 종말론적 본문들은 그런 희망에 대한 가장 강한 근거를 제공한다. 이제 우리가 살펴볼 것이 바로 이것이다.

제9장
과학적 종말론과 새로운 창조

## 과학적 종말론 : 세상 종말 모델

성서의 창조 주제는 이 주제의 한 부분인 '새로운 창조(new creation)'가 고려되기 전까지는 충분히 다뤄진 것이 아니다. 세상의 시작은 오직 세상의 끝에서 그 진정한 의미가 드러날 것이고, 새로운 시작에서 완성될 것이다.[1] 즉 (전적으로 우리의 관점에서) 물리 우주의 진화는 신학적 중요성을 갖는데, 이 중요성은 오직 종말의 관점에서 명백하게 될 것이다. 그러나 여기에서 중요한 질문이 제기된다. 성서의 종말론적 본문들이 어느 정도까지 물리 세계의 운명을 **문자적으로** 예언하는가? 물리 세계에 대한 성서의 종말론적 예언들이 역사 속에서 사회적, 정치적 혹은 종교적 변화에 대한 은유로 이해될 수 있는가? 2,000년의 기독교 전통은 이런 본문들을 문자적으로 받아들여야 한다는 것에 무게를 두었지만, 우리는 '과학적 종말론(scientific eschatologies)'을 살펴본 후에 이 문자적 이해에 의문을 제기할 것이다.

### 인간 문명의 종말과 지구의 종말

많은 사람들이 오래 전부터 "종말이 머지않았다"라고 경고해왔다. 종말은 일부 신자들에게 계속적인 관심 주제였을 뿐만 아니라, 웰스(Herbert George Wells, 1866~1946)의 공상 과학 소설인《우주 전쟁The War of the Worlds》(1898)에 많은 영향을 받은 21세기 수많은 소설과 영화의 대중적 주제였다. 미래 종말에 대한 문화적 집착은 17~18세기의 '격변설(catastrophism, 오늘날의 지구는 주로 비교적 최근에 노아의 홍수의 거대한 격변에 의해 형성되었다는 믿음)'을 어느 정도 대체했다. 새로운 지질 과학은 격변에 대한 믿음을 거의 쓸모없게 만들었다. 지구가 6,000년 또는 어셔가 계산한 연대보다 상상할 수 없을 정도로 오래되었다는 점, 그리고 사실 격변이 아닌 광대한 역사를 통해 매우 느리고 균일한 과정에 의해 대부분 형성되었다는 점이 18세기 말과 19세기 전반기 연구에서 분명해졌다. 이 사상은 '균일설(uniformitarianism)'로 알려졌으며, 격변설에 반대하며 대체로 줄곧 과학 사상을 지배해왔다. 균일설이 지질학에서만 사실인 것은 아니다. 다윈주의는 생물학 분야에서 균일설에 상당히 영향을 받은 과학 모델 중 하나다.

그러나 최근 몇십 년, 우주가 격변할지도 모른다는 걱정과 함께 격변설에 대한 과학적 관심이 다시 증가했는데, 이는 약 6,500만 년 전 공룡이 약 지름 10킬로미터의 엄청난 소행성과의 충돌로 멸종되었을 것이라는 연구에 영향을 받았다. 이 소행성은 비정상적으로 큰 것인데, 단지 지름 100미터 크기의 혜성 또는 소행성이면 오늘날 거대한 파괴와 함께 수백만 명의 사람들을 죽게 할 수 있다. 대량 멸종은 지구의 생명 역사에서 평균 3,000만 년에 한번씩 발생했다고 알려지는데, 아마 대부분 혜성 또는 소행성의 충돌이 원인일 것이다. 이것은 어떻게 지구를 이런 우주의 위험으로부터 보호해야 하는지에 대한 정치적인 논의를 야기했다. 지구 생명이 연약하다는 인식이 점차 증가하고 있고, 이것은 불가피하게 신학적인 질문을 야기한다.

우주로부터의 충돌에 대한 위험뿐만 아니라, 빛의 근원인 태양과 열(heat)도 언젠가 지구에서 생명이 살지 못하게 만들 것이다. 혜성과 소행성의 충돌은 어느 정도 사전에 예측 가능하며, 언젠가 태양이 지구상의 모든 생명을 없앨 것이라는 점은 틀림없다. 태양은 점차 팽창하고 있는데, 지금으로부터 약 50억 년 후에는 태양이 최대로 커져 '적색거성(red giant)'이 되며, 이때 태양의 반지름은 너무 커서 사실상 지구를 삼킬 것이다. 하지만 이렇게 되기 한참 전에 지구의 바다와 대기는 사라질 것이다. 만약 인류가 그 먼 미래에도 생존하고자 한다면, 우리는 우주에서 살 수 있는 다른 행성을 찾아야만 한다.

### 우주의 종말

물리학자들은 지구뿐만 아니라 우주도 유한하다고 오랜 기간 예측해왔다. 19세기 초에 이것을 예측한 학자들은 모든 물리 과정이 고립계(isolated system)에서 엔트로피(entropy)[a]의 양이 증가하는 경향이 있을 것을 암시하는 열역학 제2법칙에 근거했다. 시간이 지나며 엔트로피가 최대에 도달할 때까지 에너지가 더욱 균등하게(즉 임의적으로) 분산된다는 것이 핵심이다. 만약 우주가 이런 하나의 고립계라면, 현재 별과 행성이 지니고 있는 (우리의 경우, 생명체가 지니고 있는) 에너지와 물질이 천천히 균등하게 우주로 분산되어 '열사(heat death)'[b]를 초래하게 될 것이다. 이때 새로운 별, 행성, 또는 생명체가 태어나는 것은 불가능할 것이다. 제임스 진스(James Jeans, 1877~1946)는 다음과 같이 말한다.

> 우주의 모든 에너지가 균일하게 분산되고 우주의 모든 물질이 같은 온도에 도달하는 때인 '열사' 때에 우주가 종말에 이를 수 있다. 이 온도는 너무 낮아서 생명체가 살 수 없을 것이다. 어떻게 이 마지막 상태에 이르게 되는지는 별로 중요하지 않

---

a 1865년 독일의 클라우지우스(Rudolf Julius Emanuel Clausius, 1822~1888)가 열역학 제2법칙을 포괄적으로 설명하기 위해 제안한 것으로, 자연 물질이 변형되어 다시 원래의 상태로 환원될 수 없게 되는 현상을 말한다. 인간이 자연에서 얻는 에너지는 언제나 물질계의 엔트로피가 증가하는 방향으로 일어난다.
b 엔트로피가 최대가 된 열 평형 상태.

다. 모든 길은 로마로 통하듯, 여행의 끝에는 반드시 우주의 종말에 이르게 된다.[2]

그러나 진스의 수사적 설명에도 불구하고, 이 주제는 아직 결론 내려지지 않았으며, 현대 우주론에서 논의되고 있다. 전 우주가 실제로 열역학 제2법칙에 종속된 단순한 고립계로서 간주될 수 있는가? 그리고 빅뱅 모델이 암시하는 것처럼 만약 우주가 팽창 중이라면, 분명 우주에 최대 가능한 엔트로피 양도 아마 실제 엔트로피가 증가하는 속도보다 더 빨리 증가하여, 결코 열사에 이르지 않을 수도 있다. 비록 우주는 계속 팽창함에 따라 계속해서 차가워지고, 아마 언젠가 전적으로 사람이 지내기 힘든 상태가 될 것이라는 결론에 이를 수 있지만, 결론적으로 이것은 불확실하다. 이것이 빅뱅 모델에 대한 가장 그럴듯한 결론이다.

비록 빅뱅 모델이 현재까지는 우주의 거대한 진화에 대한 일관된 과학 사상을 제공하는 데 상당히 성공적이었지만, 빅뱅 모델이 우주의 먼 미래를 예측하는 능력은 수많은 요인들, 특히 우주에 있는 물질의 총량에 대한 무지, 따라서 우주의 밀도에 대한 무지로 인해 상당히 제한된다. 문제는 천문학자들에 의해 관찰될 수 있는 물질이 예상되는 전체 물질의 20퍼센트에도 미치지 못한다는 점이다. 그러므로 우주의 물질 대부분은 보이지 않거나 '어둡다'고 여겨지는데, 이 '어두운 물질'이 어떤 형태인지는 거의 알려지지 않았다. 상당히 신비스럽고 직접적인 실험 관측이 불가능한 어두운 물질의 존재는 하늘에 있는 많은 은하들과 이 은하들의 공간 분포 모양에서 추론된다.[3]

그럼 우주의 미래는 어떻게 되는가? 우주는 현재에도 계속 확장되고 있지만, 아인슈타인이 1920년에 제기한 일반 상대성 이론에 대한 프리드만(Aleksandr A. Friedmann, 1888~1925)과 르메트르의 고전적 해결 방법에 의하면, 우주의 팽창에 대한 세 가지 가능한 시나리오가 있는데, 이 시나리오는 모두 우

주의 밀도에 임계적으로 의존한다. 이 시나리오들은 우주의 밀도를 빅뱅의
팽창에 반대로 작용해서 우주를 다시 원위치시키려는 중력에 관계시킨다. 그
러므로 이 시나리오들은 중력의 당기는 힘이 밀어내는 원심력에 비해 얼마나
강한지에 대한 추정에 기인한다.

일반 상대성 이론은 물질이 공간을 휘게 만든다는 것을 암시하기 때문에,
우주의 밀도가 크면 클수록 시공간은 더 많이 휘어질 것이다. 첫째 시나리오
는 우주의 밀도가 임계값(critical value)°보다 더 높은 상황이다. 이 경우 중력은
언젠가 우주의 팽창을 멈추게 될 것이다. 이 유형의 우주는 '닫힌 우주(closed
universe)'라고 불리는데, 즉 우주는 유한하고, 우주의 경계는 구의 표면과 같다.
만약 누군가가 자신의 집을 떠나 계속 직진하면 결국 출발점으로 되돌아오게
될 것이다.[4] 우주가 스스로 빅뱅에 대한 극적 반전을 일으키며 수축하기 전까
지, 즉 '우주 대수축(Big Crunch)' 때까지, 우주는 아마 지금부터 5,000억 년 동안
계속 팽창할 것이다. 새로운 우주가 현재 우주의 재로부터 탄생할 수도 있지
만, 그럼에도 불구하고 우리가 아는 모든 생명체가 그때부터 사라질 것이다.
왜냐하면 붕괴하는 과정에서 우주는 엄청 작은 크기로 줄어들 것이고, 새로
운 빅뱅이 발생할 정도로 어마어마하게 온도가 오를 것이기 때문이다.

둘째 시나리오는 우주의 밀도가 임계값보다 낮은 상황이다. 이 시나리오
는 '열린 우주(open universe)'라고 불리고, 이 우주의 크기는 무한하다. 만약 누
군가가 자신의 집을 떠나 계속 직진하면, 결코 출발점으로 되돌아올 수 없을
것이다. 과거 140억 년 동안 그랬던 것과 동일하게 우주는 무한히 팽창할 것이
다. 만약 이 경우라면, 우주의 온도는 점차 감소할 것이고(빅뱅 이래 감소한 것처
럼), 결국 우리가 아는 생명체는 살 수 없는데, 이것은 '거대한 동결(Big Freeze)'

---

c 독립 변수 X가 어느 값이 되었을 때 종속 변수 Y가 특이한 상태나 급격한 변화가 일어나는 경우 이를 임계(臨界)
라 하며, 임계 상태에 있을 때의 특정한 X값을 임계값이라 한다.

이라 불린다.

셋째 시나리오는 우주의 밀도가 임계값과 정확히 같아지는 상황이다. 이 우주는 '평탄한 우주(flat universe)'라고 불린다. 이 우주는 '닫힌' 우주와 '열린' 우주 중간에 위치하지만, 또한 무한하며 '거대한 동결'을 초래한다.

이 세 시나리오 중에서 실재를 가장 잘 묘사하는 시나리오를 선택하기는 어렵다. 왜냐하면 우주의 전체 질량에 대해 거의 알지 못하기 때문이다. 하지만 우주는 상당히 평탄해 보인다. 많은 우주론자들은 아마 아직 알려지지 않은 보다 근본적인 이유 때문에, 우주가 정확히 평탄하다고 밝혀질 것이라 추측한다.[5] 만약 그렇다면 우주는 무한정 팽창해 수십억 년 후에 차갑고 어둡게 될 것이다.

그러나 이 세 시나리오는 현재 다소 단순하게 이해된다.[6] 우주 팽창 비율이 계속 증가하고 있다는 것은 분명해지고 있고, 이것이 이 세 시나리오로 설명되려면 일반 상대성 이론의 방정식에 추가해야 하는 것이 있는데, 이것이 바로 까다롭기로 소문난 '우주 상수(cosmological constant)'다. 아인슈타인은 초기에 정적인 우주를 생각하기 위해 우주 상수를 포함시켰지만, 우주가 결국 정적이지 않다는 것이 관찰 증거로 분명해지기 시작하자 우주 상수를 버렸다. 사실 아인슈타인이 우주 상수를 버린 것은 그의 생애 가장 큰 실수였다. 모순적이게도 우주론자들은 현재 프리드만의 세 가지 시나리오로 예측된 팽창을 설명하기 위해 우주 상수를 다시 도입하고 있다. 우주 상수의 물리적 근거는 현재 분명하지 않고, 보통 가상의 존재인 '암흑 에너지(dark energy)'[d] 측면에서 해석되는데, 암흑 에너지는 ('암흑 물질dark matter'[e]처럼) 보이지 않고 신비롭지

---

d 만유인력과 정반대되는 밀어내는 힘으로, 팽창을 가속화하는 우주 에너지이다. 중력만 있다면 우주가 한 점으로 수축했겠지만, 우주가 계속 팽창하고 있기 때문에 중력보다 강한 척력이 있을 것을 추정하여 나온 개념이다.

e 은하계에 존재하는 물질 중 아무런 빛을 내지 않는 물질이다. 어떠한 전자기파로도 관측되지 않지만, 질량을 가지고 있기 때문에 중력에 의해서만 그 존재를 알 수 있다.

만, 우주 질량 에너지의 70퍼센트를 차지할 수도 있다.[7]

그러나 암흑 에너지의 존재 여부와 상관없이 암울한 미래가 다가오고 있다. 표면적으로는 암흑 에너지와 아인슈타인의 우주 상수가 있든 없든, 이 시나리오들에 따르면 생명이 무한히 생존할 것 같지는 않다. 하지만 지구상의 생명이 이 시나리오들이 제안하는 것보다도 더 빨리 생존 불가능하게 될 것이라는 점을 잊지 말아야 한다. 아마 지금으로부터 50억 년 후, 태양은 적색거성이 되기 위해 팽창하면서 지구를 삼킬 것이다. 그러므로 우주의 중간기에 생존하기 위해서는 인간이 다른 거주지를 알아봐야 하는데, 이때는 심지어 장기적인 문제들이 고려되기도 전이다. 사실 다른 거주지를 발견하는 것 또한 장기적인 문제들에 대한 해결책이 될 수도 있다. 현재 우주론과 분자 물리학 연구는 우리 우주뿐만 아니라 많은 다른 우주가 있을 수 있다고 가정한다. 우주에 있는 블랙홀은 우리 우주가 거주할 수 없는 곳이 되기 전에 다른 더 젊은 우주로 가는 관문(웜홀)이 될 수 있다고 여겨졌다.[8]

그러나 이 우주에서 생물학적 생명이 불가능하게 될 먼 미래에 생존할 수 있는 새로운 방법을 말하는 여러 과학적 제안들이 있었다. 프리먼 다이슨(Freeman Dyson, 1923~)이 1979년에 제시한 영향력 있는 주장에 의하면, 만약 **생물학적** 생명이 정보를 처리할 수 있는, 인공적이지만 의식하는 존재로 대체될 수 있다면 '생명'은 열린 우주에서 영원히 계속될 수 있다. 그가 제안하는 한 가능성은 자기 조직화된 티끌 구름(self-organizing dust cloud)의 가능성이다.[9] 다이슨에 의하면, 만약 그러한 형태의 '생명'이 매우 낮은 온도에서 생존할 수 있다면, 이때 그런 '생명'은 무한이 지속될 수도 있다. 이것은 흥미로운 제안이지만 많은 질문을 야기한다. 생명이 정보 처리(information-processing)로 환원될 수도 있다는 가정은, 물리적 실재가 영적 실재에 비해 환상에 불과하다는 영지주의와 상당히 유사하다. 만약 물리적 실재가 (세 우주론 시나리오가 예측하는 것처럼) 파멸될 수밖에 없다면, 이를 벗어나는 방법은 영적(정보 처리) 영역에서 찾아진다.

다이슨은 '열린' 우주가 장기적으로 생명에 가장 알맞은 미래를 제공한다고 믿었기 때문에 열린 우주 모델을 선호했다. 반면 프랭크 티플러(Frank Tipler, 1947~)는 닫힌 우주를 가정하며 낙관적인 과학적 종말론을 제시했다.[10] 티플러에 의하면, 탄소에 기반한 모든 생명체는 높은 온도 때문에 우주 대수축에 이르면 생존 불가능할 것이다. 그러나 종점(end point)이 특히 중요한데, 티플러는 종점을 '오메가 포인트'라고 부른다. 오메가 포인트는 티플러 도식에서 신에 상응한다. 티플러에 의하면, 인간 기술 능력이 향상됨에 따라 언젠가 생물학적 생명은 사실상 살아 있는 보다 회복력이 뛰어난 컴퓨터 에뮬레이션(emulations)[f]으로 대체될 수 있을 것이다. 오메가 포인트에 가까이 이르러 '생명'은 증가해 우주에 가득 차게 되어, 전 우주를 경험할 수 있을 것이다. 생명은 편재, 전지, 전능해져서, 신처럼 될 것이다. 뿐만 아니라 우주의 과거 모든 지식이 이용 가능해질 것이기 때문에, 한때 존재했던 모든 생명 형태는 오메가 포인트에서 컴퓨터 에뮬레이션으로 부활할 수 있다. 티플러에 따르면 비록 우주가 끝나겠지만 오메가 포인트에 접근할 때, 시간은 사실상 무한히 늘어날 것이고, 여기에서 생명은 실제로 '영원한 생명'이 될 것이다.

티플러의 제안은 상당히 사색적이고, 과학자들과 신학자들로부터 상당히 많은 비판과 불신을 초래했으며, 일부 학자들은 그의 주장을 '공상 과학 소설'이라고 불렀다.[11] 모순적이게도 과학자들은 과학적 방법과 발견을 이용해, 전통 신앙의 주장 못지않게 의기양양하고 본질적으로 낙관적인 가설을 정립할 수 있다. 사실 홍해 사건 같은 기적을 연구하는 것은, 과학자들도 과학을 이용

---

f 한 하드웨어 시스템에 부가 장치를 부착하여 다른 하드웨어를 모방하는 것으로, 하나의 컴퓨터가 다른 컴퓨터와 똑같이 행동하도록 만들어진 마이크로프로그래밍의 소프트웨어를 이용하는 기법이다.

해 성서 기적의 가장 어려운 부분을 설명할 수 있다는 것을 암시한다.[12] 신앙의 주장들을 설명함에 있어서 과학자들의 이해력을 초과하는 것은 거의 없어 보이는데, 이로 인해 과학적·신학적 문제로서 기적의 본성과 정의에 대한 흥미로운 질문들이 제기된다. 이 질문들은 이 책의 범위를 넘어서기에, 겉보기에 (인간 사회에서) 가장 불가능하고 이상한 시나리오들에 대해 자연스러운 설명을 제안한 티플러의 종말론과 같은 과학적 종말론들이 과학적인 만큼 또한 신학적이라는 정도만 말하겠다.

티플러의 제안에 대해, 특히 성서와 교리에 기반해 그의 제안 못지않게 이상하고 기이한 미래를 주장하는 신학자들이 회의적인 태도를 취했다는 것은 주목할 만하다. 이해의 차이는 은유의 차이에 관계되는 듯하다. 티플러는 과학 사상을 이용해서 자신의 모델을 발전시키는데, 이것이 실재(reality)가 **실제로 출현할 수도 있는** 방법이라고 믿는다. 반면 신학자들과 성서학자들은 신앙에 대한 종말론적 묘사가 본성상 은유적이라고 보는데, 우리는 이 부분을 이후에 간략히 살펴볼 것이다. 그러나 우리가 우주에서 실제로 무엇이 일어날지를 더 잘 이해하기 위해 은유들을 검토하고자 한다면 티플러의 접근을 너무 쉽게 묵살할 수는 없다.[13] 티플러의 설명은 가능한 미래에 대한 또 하나의 은유(우리가 현재 우주가 닫혔다기보다는 평탄하다고 믿는다는 것을 고려해볼 때 분명 받아들이기 힘든 은유이지만)로 가장 잘 평가될지 모르지만, 여전히 은유에 불과하다. 이 경우 우주론과 신학이 한 목소리를 내야 할 수도 있다는 것을 인정해야 한다. 왜냐하면 종말론적 미래에서 우주론과 신학은 하나이자 같은 분야가 될 것이기 때문이다. 그렇지만 현재로서는 우주의 미래에 대한 신학적 연구가 우주론에 제한적으로 관계하고, 우주론을 제한적으로 이해하기 때문에, "상당히 실망적이다".[14] 아마도 가장 중요한 것은 우리가 성서적 종말론을 고려할 때, 그것이 **현재 시점**(단지 먼 미래가 아닌)에서 직접적으로 타당한지를 보는 것이다. 이것은 종말론의 현재적 중요함에 관한 성서적 요청이 있다는 것을 암시한다. 아무튼 우리가 살펴보겠지만, 이것은 단지 과학이 세상의 종말에 대해 말할 수 있는 것보다 훨씬 더 자세하고 광범위한 종말론적 관점을 필요로 한다.

## 성서의 종말론

### 새로운 창조

전적으로 새로운 시작에 대한 사상은 성서에, 특히 구약 성서에 상당히 자주 나온다. 이것은 여러 방법으로 표현되는데, 때로는 신화적 언어로, 때로는 이스라엘의 역사에서 가장 중요한 순간(예, 출애굽 또는 다윗 왕)에 대한 은유와 환상으로, 때로는 자연·사회 세계와 상당히 유사한 이미지로 표현된다. 히브리 예언서에서 새로운 창조, 회복, 구속에 대한 예언은 특히 생생한데, 새로운 시작이 새로운 사회를 (그리고 때때로 새로운 자연 세계도) 포함하는 하나님 백성의 구체적인 해방을 수반한다는 것이 중요하다. 해방은 다양한 방법으로 묘사된다. 즉 해방은 이스라엘 역사에서 하나님의 역사의 성취이자 완성으로, 이스라엘의 실수에 대한 최종적인 회복으로, 이방의 압제로부터의 자유로, 이스라엘에서 비할 데 없는 번영과 화합의 시기로, 예루살렘 시온 산에서 야훼를 향한 최고의 예배로 묘사된다(예, 암 9:11~15, 호 14, 사 2, 11, 35, 렘 31~32, 겔 40~48, 욜 3, 슥 8). 비록 구속이 종종 이 세상의 이미지를 사용해서 말해지지만, 구속은 항상 신적 행위다. 특히 후기 예언서인 제2이사야(40~55장)와 제3이사야(56~66장)에서 왜 구속이 창조(세계에서 첫 신적 행위) 사상과 연결되는지를 설명한다. 구속은 '새로운 창조'의 언어에서 절정에 달한다.

내가 이제 새 일을 하려고 한다.

이 일이 이미 드러나고 있는데, 너희가 그것을 알지 못하겠느냐?

내가 광야에 길을 내겠으며, 사막에 강을 내겠다.

(사 43:19)


보아라, 내가 새 하늘과 새 땅을 창조할 것이니,

이전 것들은 기억되거나 마음에 떠오르거나 하지 않을 것이다.

(사 65:17)


포로기에 쓰여진 제2이사야는 출애굽 은유와 함께 자연적·신화적 창조 은유를 통해 창조와 구속을 종종 연결한다(사 40:3~5, 27~31, 41:17~20, 42:5~9, 16, 43:1~2, 5~7, 14~21, 44:1~5, 45:11~13, 48:20~21, 49:8~13, 51:9~11, 55:10~13). 아마 예루살렘 귀환 이후에 쓰여진 제3이사야는 미래의 구속을 새로운 물리 세계를 만드는 것으로 묘사하며, 새로운 창조 사상을 가장 명백하게 보여준다("새 하늘"과 "새 땅", 사 65:17, 66:22).

비록 하늘과 땅(즉 물리 우주)의 재형성을 말하는 '새로운 창조' 사상은 오직 제3이사야에서만 명백하게 진술되지만, 이 사상은 예언서에서 구속에 대한 다양한 언어와 심판의 언어에 연관된다. 이 사상은 비록 (우주적이라기보다) 정치적인 재난을 은유적으로 의미함에도 불구하고, 때때로 우주적 언어로 표현된다(예, 사 2:5~22). 히브리 예언서에서 심판의 메시지와 구속의 메시지는 병치되는 경향이 있다. 히브리 예언서들은 물리적·사회적·정치적, 또는 종교적 세계에 관하여 말할 때, 한편에서는 비판을, 다른 한편에서는 새로운 창조에 대한 희망을 말한다. 구속을 향한 희망의 메시지가 (a) 항상 회복을 말한다는 의미에서 일관되고, (b) 인간과 자연 세계의 많은 다른 이미지들을 포함한다는 의미에서 은유적이기 때문에, 우리는 그 메시지를 '새로운 창조'의 영역에 포함시킬 것이다. '새로운 창조'라는 용어가 이 세상의 문자적 종말에 대한 생각을 떠오르게 하더라도 히브리 예언자들이 그렇게 문자적으로 생각했는지가 분명하지 않다는 것을 우리는 기억해야 한다. 제3이사야는 새로운 물리 세계를 암시하며 하나님이 "새 하늘과 새 땅을 창조할 것"(사 65:17)이라는 예측을 기록했을 수도 있지만, 그가 이것을 이 세상에서의 정치적 변혁에 대한 은유로서 기록했을 수도 있다.[15] 우리는 이 부분을 간략히 탐구할 것이다.

### 묵시적 사조(Apocalyptic)

구속과 새로운 창조가 신약 성서에서 어떻게 드러나는지를 묘사하기 전에, 우리는 틈틈이 하나의 중요한 사조를 고려해야 한다. 이 사조가 어떻게 발생했는지는 정확하지 않지만, (에스라와 느헤미야에 묘사된) 포로 귀환 직후, 기록된 예언 장르가 미래에 대한 새로운 유형의 비전으로 변화된 듯한데, 이것이 바로 '묵시적 사조(apocalyptic)'다.

이 장르를 어떻게 정의해야 하는지에 대한 많은 논의가 있었지만, 의견이 상당히 불일치했다. 그러나 이 장르는 종종 천사 같은 중재자를 동반한 천국 장면과 끔찍한 미래 사건에 대한 비전을 묘사하는 데에, 즉 상징과 난해한 이미지로 암호화된 천국 여정의 비전을 묘사하는 데에 관심이 있다고 일반적으로 일컬어진다. 이 묵시적 사조는 특히 종교적 박해로 인해 어떻게든 고립되고 위협을 느꼈을 공동체에서 발생했다고 여겨진다. 기원전 8세기 히브리 예언서들(아모스, 호세아, 미가, 제1이사야)이 미래를 향한 희망을, **현재** 세계의 사회적·정치적 회복의 측면으로 표현하는 경향이 있었던 반면, 묵시적 공동체들은 종종 하나님에 의한 새로운 시작을 잘 표현하는 보다 우주적인 용어로 공동체의 희망을 묘사했다. 이 새로운 시작은 우선 현재 세계 질서의 극적인 종말을 필요로 하며, 묵시적 공동체의 윤리적 순수성에 대한 하나님의 인정과 심판이 뒤따른다.[16] 문자적으로 받아들이면, 이 공동체의 '새로운 창조'는 이 세상 회복의 상징이 아니라, 완벽하게 "새로운 하늘"과 "새로운 땅"(사 66:22)에 대한 상징이다. 하지만 묵시적 공동체가 이 부분이 문자적으로 읽히도록 의도했는지의 여부는 이후에 살펴볼 중요한 부분이다.

묵시적 본문들은 구약 성서에 비교적 적게 등장하지만(주로 다니엘 7~12장, 아마 이사야 24~27장과 스가랴 9~14장), 구약 이후에는 많이 등장한다. 신약 성서는 수많은 묵시적 개념과 이미지들을 신약의 공용어(lingua franca)처럼 사용한다. 죽은 사람들의 부활에 대한 기독교적 희망은 결국 다니엘 12장에 처음으로 묘사된 부활의 비전으로부터 나온다. "땅 속 티끌 가운데서 잠자는 사람 가운데서도, 많은 사람이 깨어날 것이다. 그들 가운데서, 어떤 사람은 영원한 생명을 얻을 것이며, 또 어떤 사람은 수치와 함께 영원히 모욕을 받을 것이다"(단 12:2). 바울은 그리스도를 이 비전의 "첫 열매"(고전 15:20, 23)로 보았고, 히브리 예언서와 묵시 문학에 표현된 구속과 새로운 창조에 대한 희망의 대부분은 특히 그리스도와 그리스도의 사역에 초점 맞춰지는데, 그러므로 이 희망은 이미 그리스도 안에서 어느 정도 실현되었다.

바울도 유사하게 신자들이 오래된(현재) 세계와 새로운 세계에서 동시에 살고 있다고 가르치고, 그의 윤리적 가르침의 상당 부분은 이런 긴장을 나타낸다(예, 고전 5~7). 사실 '새로운 창조'란 표현을 명백하게 부상시킨 사람이 바로 바울이지만, 그는 이 표현을 새로운 물리 우주를 묘사하는 데 사용하기보다는 완전히 새로운 신자들의 영적 상태를 묘사하는 데 주로 사용한다(고후 5:17, 갈 6:15). 비록 바울이 모든 피조물이 미래에 변할 것이라는 희망을 말하기도 하지만(롬 8:18~25), 새로운 창조는, 특히 성령의 체험을 통해(고후 1:22) 이미 부분적으로 기독교 공동체의 삶에서 실현되었음이 분명하다.

그러나 종말론적 희망이 그리스도의 생명과 사역을 통해, 그리고 신자들과 함께하는 성령의 현존을 통해 일부 실현되었다는 의미와 더불어, 미래에 대한 분명한 희망이 있다. 이 희망은 격변하는 물리적 변화를 상기시키며, 아마 심지어 세상의 종말을 환기시키는 용어로 종종 표현된다(예, 막 13, 히 1:10~12, 계 15~19). 그리스도의 재림은 공관복음서와 바울 서신의 매우 중요한 한 곳(살전 4:13~18)에서 현저하게 이런 비전을 드러낸다. 특히 마태복음은 그리스도의 재림을 심판의 날과 연결시키는데, 심판의 날에 일부는 지옥으로 떨어지며, 다른 일부는 구원을 얻게 될 것이다(예, 마 25:31~46). 요한계시록은 구속이 신실한 사람들에게 임할 때, (글자 그대로) 깜짝 놀랄 만한 미래 사건을 예측하는 묵시록이다. 요한계시록 21장의 "새 하늘"과 "새 땅"은 "이전의 하늘과 이전의 땅이 사라진"(1절) 이후에 있을, 전 우주 영역에 걸친 미래 구속의 비전을 묘사한다. 비슷하게 베드로후서 3장에서 "현재의 하늘과 땅"(7절)은 모두를 향한 심판이 있는 "주님의 날"(10절)에 불에 다 타버릴 것이다. 이런 묘사는 다가올 파괴와 심판에 대한 진지한 메시지를 담은 구약 성서의 수많은 이미지들을 종합한 것이다(예, 사 66, 말 4). 이 메시지가 회개하지 않은 사람들은 심판과 지옥으로, 복 받은 사람들은 천국으로 간다는 전통적인 기독교의 예상을 비교적 글자 그대로 지지해왔다. 그러나 이것이 문자적으로 받아들여지도록 의도되었을까?

### 실재에 대한 질문

여러 학자들은 종말론적이고 묵시적인 성서 언어, 특히 세상의 종말을 예측하는 듯 보이는 성서 언어는 항상 은유적인 의미를 지니고 있었다는 것을 강하게 주장했다.[17] 반면 1906년에 예수는 글자 그대로의 임박한 종말, 즉 세상의 종말을 기대했다는 사상을 제시한 알베르트 슈바이처(Albert Schweitzer,

1875~1965)의 획기적인 역사적 예수 연구 이래, 이런 신앙이 내포하고 있는 희망을 문자적으로 해석하는 것이 20세기 학자들의 지배적인 경향이었다. 또한 그런 언어를 문자적으로 해석하는 경향이 있는 전통적 기독교 신앙에 직면해서, 이런 신앙이 내포하고 있는 무언의 가정에 질문을 제기할 필요가 있다. 결국 성서의 시문학과 예언 문학은 은유적 상상으로 가득 차 있으며, 대개의 경우 유명한 표현인 "여호와는 나의 목자시니"(시 23)처럼, 어느 누구도 시문학과 예언 문학을 문자적으로 받아들인다고 생각할 수는 없다. 성서 언어의 대부분은 분명 하나님의 본성과 세상에서의 현재 사역을 은유적으로 묘사하는데, 이 묘사들이 신성에 관계되기 때문에, 정의상 거의 은유적으로 간주될 수밖에 없다. 하지만 본문이 미래 사건을 말할 때는 더욱 해석하기 어렵다. 예를 들면, 이사야가 "해와 달과 별들이 떨어져서 가루가 되고, 하늘은 마치 두루마리처럼 말릴 것이다"(사 34:4)라고 예언했을 때, 이사야는 세상의 종말을 의미했는가, 아니면 보다 난해한 무엇인가를 의미했는가? 이 경우, 이 본문에는 우리가 이 이미지를 상당히 쉽게 해석하도록 만드는 단서가 있는데, 조지 케어드에 의하면, 이 본문은 문자적으로 물리 세계가 끝나는 것에 대한 기대로 받아들여져서는 안 되고, 적국인 에돔에 대한 생생한 정치적인 문제(사 34:5)로 받아들여져야 한다.[18]

이런 측면에서 예수의 종말론적 가르침은 특히 현대 학자들에게 논란이 되어왔다. 이 가르침을 문자적으로 받아들여야 하는가, 아니면 은유적으로 받아들여야 하는가? 만약 은유적이라면 무엇에 대한 은유인가? 예를 들면 예수가 해와 달이 어둡게 되고, 별들이 하늘에서 떨어지며, 인자가 구름을 타고 다시 오는 것을 예언했을 때(마 13:24~26), 이것이 인자가 하늘에서 육체적으로 재림할 때 세상이 끝난다는 것을 문자적으로 예언한 것이었는가? 아니면 이것이 전적으로 현재 이 세상에서 이스라엘의 사회적·정치적·종교적 변화를 말하기 위해 구약 성서에 나오는 이미지를 사용한 암호화된 언어였는가? 일부 학자들은 우선 예수가 결코 이런 것들을 실제로 말하지 않았고, 이것들은 예수의 육체적 재림을 간절히 원했던 초기 기독교인들에 의해 예수가 한 말처럼 기록되었다고 주장하며, 이 어려운 질문을 피해간다.[19] 예를 들면, 학자들의 모임 중 하나인 예수 세미나(Jesus Seminar)는 예수에 관한 묵시적 가르침이 대부분 예수의 진짜 발언이 아니라 초대 교회의 후기 전승으로 믿었다.[20] 반면에 알베르트 슈바이처를 따르는 일부 학자들은 묵시적 가르침이 역사적 예수의 참된 가르침일 뿐만 아니라, 심지어 예수 가르침의 핵심이라고 믿는다.[21] 여전히 일부 다른 학자들은 이 가르침이 진짜라고 믿지만, 이것들이 은유적으로 해석되어야 한다고 주장한다.[22] 톰 라이트(Nicolas Thomas Wright, 1948~)의 역사적 예수 연구에 의하면, 묵시적 가르침은 이스라엘에 임박한 사회적·정치적 심판에 대한 예수의 암호화된 경고다.[23] 문자적으로 읽으면, 그것들은 세상의 종말을 묘사하는 듯 보이지만, 예수는 그것들을 정치적 대참사에 대한 은유로 언급했다(라이트에 의하면 예수의 청중들도 그렇게 받아들였다). 물론 이 대참사는 기원후 70년 로마에 의해 사실로 드러났다.

우리 논의의 핵심을 라이트가 지적하는데, 그에 의하면, 슈바이처 이래 현대 학자들이 예수의 묵시적 가르침을 문자적으로 해석하려 한 이유가, 현대에 만연해 있지만 포착하기 어려운 이신론의 영향 때문이라는 것이다.[24] 이신론에 의하면 세계가 거의 신의 영향에서 자유로운 독립적인 체계로 여겨지며, 신이 평상시에는 부재하지만 때때로 세계 질서에 상당히 어긋나게 개입할 수도 있다고 여겨진다. 만약 라이트가 옳다면 학자들은 세상의 종말에 대한 묵시적 담론이 오직 문자적으로만 이해될 수 있다는 것을 가정하며, 이신론적 언어로 생각하는 경향이 있었던 것이다. 즉 하나님은 세상의 종말과 새로운 시공간 우주를 다시 창조할 때(문자적 의미의 새로운 창조)를 제외하고는 세상에서 역사하지 않는다는 말이다. 만약 그렇다면, 일부 학자들이 예수의 묵시적 가르침의 진위에 의문을 제기하는 것은 놀라운 일이 아니다. 즉 그들은 실제로 성서의 종말론을 이신론적으로 읽는 것에 의문을 제기한다. 이 경우 우리는 예수의 묵시적 가르침의 진위보다는 이 가르침의 기저에 있는 함축된 실재에 의문을 제기할 필요가 있다.

예수의 묵시적 언어 기저에 있는 실재에 대한 질문은 중요한 논제들을 양산한다. 우리 시대의 과학은 물리 세계의 실재를 구성하는 것에 대한 뛰어난 척도로 여겨지지만, 과학은 실재의 본성을 다루면서 직관에 반대되는 수많은 놀라움과 끊임없는 신비를 드러냈다(2장 참조). 뿐만 아니라 과학 철학자들은 방법론적으로 과학이 간단한 방법으로는 실재를 드러내지 못한다고 주장했다. 이에 대한 자세한 논의는 이 책의 범위를 넘어서기 때문에, 과학 모델이 세계에서 실제로 발생하는 것을 우리에게 말해준다고 주장하는 '소박 실재론(naïve realism)'에서부터, 과학 모델은 관찰과 실험의 결과를 예측하는 유용한 수단(도구)이지만 기저에 있는 실재를 본질적으로 드러내지 않는다고 주장하는 '도구주의(instrumentalism)'에까지 걸친 다양한 학파가 있다는 정도만 말하겠다.[25] 잘 알려진 이 둘의 '중간' 위치는 '비판적 실재론(critical realism)'이다. 소박 실재론과 비슷하게 비판적 실재론은 과학 모델을 실재의 표상으로 여기지만, 과학 모델이 또한 인간의 산물이기 때문에 불완전하고 일시적이라고 인식한다. 비판적 실재론을 성서 본문에서 역사적 실재를 찾아내기 위해 세부 사항에 접근하는 유용한 유비로써 보는 일부 신약 학자들(예, N. T. 라이트와 D. G. 던)처럼, 수많은 저명한 과학-신학자들(바버, 핫슨, 피콕, 폴킹혼)은 비판적 실재론에 대한 지지를 천명했다.

이 연구의 범위는 우선 실재가 정확히 무엇인지, 우리가 실재를 어떻게 설명할 수 있을지에 대한 질문을 포함한다. 특히 성서가 이 세계에 관한 초자연적인 것들을 말할 때, 유사한 질문이 성서 본문에, 그리고 성서가 언급하는 진정한 실재를 발견하기 위한 우리의 능력에 제기될 수 있다. 이런 이유로 성서 본문의 기적, 신적 계시, 하나님의 본성에 대한 해석은 복잡한 해석상의 질문들로 가득 차 있다.

### 예수의 미래 예언

예수의 묵시적 언어가 문자적으로 받아들여지도록 의도되었는지 아니면 은유적으로 받아들여지도록 의도되었는지에 대한 논의는, 본문 기저의 실재를 연구할 때 발생하는 해석학적 어려움을 보여주는 좋은 예다. 어느 분야든 미래를 예측하는 것은 언제나 상당히 불확실하다. 그러나 원리상 우리는 보통 실현될지의 여부에 상관없이, 예측이 가리키는 실재를 우리가 이해할 수 있어야 한다고 믿는다. 하지만 여기에서는 그렇지 않다.

구체적인 예를 들면, 예수는 묵시적 언어로 가르쳤고(막 13, 마 24~25, 눅 21), 특히 "곳곳에서 지진이 일어날 것"(막 13:8)을 예언했다. 이것은 세상의 임박한 종말을 의미하는 징조이며, "큰 권능과 영광에 싸여 구름을 타고 오는"(막 13:26) 인자의 재림에서 정점을 이룬다. 지진이 비교적 지질학적으로 잘 이해되기 때문에, 우리는 현대 과학의 발견을 이 이미지에 적용할 수 있다. 만약 적용한다면, 우리는 이 이미지가 궁극적으로 이스라엘 땅이 사해 단층 때문에 지진이 발생하기 쉽다는 사실에서 기인한다는 것을 곧 발견하게 된다. 지진이 성서의 예언서, 시문학, 묵시 문학에 널리 퍼진 이미지라는 것은 놀라운 일이 아니며, 보통 신적 계시 또는 신적 심판의 이미지로 작용한다(예, 삿 5:5, 욥 9:6, 사 5:25, 슥 14). 과학은 이 이미지를 더 잘 이해하게 도와줄 수 있고, 또한 과학은 아마도 어떻게 개인적 경험이 그 지역에 사는 사람들에게 이 이미지를 더욱 생생하게 만드는지를 설명할 수 있다. 물론 특정한 본문의 지진 이야기들이 실제로 완전히 다른 무엇인가에 대한 암호, 즉 아마 정치적 격변의 암호였다는 것을 그 시대 청자들과 독자들이 널리 이해하고 있었을 가능성이 충분히 있다. 그러나 이것이 그 이미지 기저의 실재였다는 것을 성서 본문이 나타내지 않는다면 우리는 그것을 알 방법이 거의 없다.

사실 복음서 저자들이 적어도 한 이미지, 즉 '황폐하게 하는 가증스러운 물건(desolating sacrilege)'의 이미지 기저에 암호화된 실재가 있다는 것을 분명하게 **암시하는** 곳이 예수의 묵시적 예언에 등장한다. "황폐하게 하는 가증스러운 물건이 서지 못할 곳에 선 것을 보거든 (읽는 사람은 깨달아라), 그때에는 유대에 있는 사람들은 산으로 도망하여라"(막 13:14). 마가의 애매한 편집 의견인 "읽는 사람은 깨달아라"는 여기에 눈에 보이는 것 이상이 있음을 암시한다. 조금 더 늦게 기록된 마태복음에는 황폐하게 하는 가증스러운 물건이 "거룩한 장소(예루살렘 성전?)"에 있을 것이고, 이것은 "예언자 다니엘이 말한"(마 24:15) 것이라는 부분을 덧붙여 더욱 분명하게 하고자 한다. 초기 기독교 공동체에서 종종 읽혔을 다니엘서와 상당한 유사성이 있음을 고려해볼 때, 마태의 부연 설명은 거의 필요하지 않아 보인다. 왜냐하면 '황폐하게 하는 가증스러운 물건'이 아마 기원전 2세기 마카베오 전쟁 시대에 예루살렘 성전의 훼손(1마카 1:54)을 떠올리는 반복되는 주제이기 때문이다(단 9:27, 11:31, 12:11). 마태의 부연 설명은 아마 독자들이 이 예수의 말씀을 의심 없이 기원후 70년 로마에 의한 예루살렘 성전의 파괴에 대한 언급으로 읽도록 하기 위해 첨가되었고, 아마 마태가 기록할 당시에 예루살렘 성전은 이미 파괴되었을 것이다(그러나 여전히 예수에게 있어서는 미래의 일이다). 마가의 "읽는 사람은 깨달아라"(비록 분명하게 암호화된 힌트이지만)라는 표현은 그야말로 마태의 기록만큼 상당히 명확하지 않았다. 복음서 저자들이 (우리의 관점에서 볼 때) 보다 분명히 설명하지 않은 채 이 신비한 단서를 준다는 사실은, 그들이 이 본문을 세상의 종말이

**아니라** 그들의 시대에 발생할 사회적·정치적 실재에 대한 암호로서 여긴다는 것을 암시한다.

그러나 여기에 어느 정도 불확실한 것이 있다. 우리는 마태의 경우 '황폐하게 하는 가증스러운 물건'이 예루살렘 성전의 파괴를 언급한다고 추론할 수도 있지만, 이것은 확실하지 않고, 심지어 이것이 마가가 언급한 것인지도 확신할 수 없다.[26] 또한 이것이 복음서 저자들이 예수의 묵시적 가르침 중 유일하게 의도적으로 암호를 푼 것이었다면, 우리가 이 묵시적 가르침에 포함된 또 다른 징표들의 실재를 알아내고자 할 때에는 심지어 더 큰 어려움에 직면한다. 현대 독자들이 이 가르침을 문자적으로 해석하거나, 그렇지 않으면 그것을 현대 생활과 거의 관계가 없는 기이한 비유로 해석하곤 하는 것도 놀라운 일이 아니다. 그러므로 3장의 "창세기 1장과 현대 과학"에서 살펴본 것처럼, 이것은 더 깊은 기저의 실재들을 다루지 않은 채, 문자적으로 읽히거나 '시'로 읽히는 경향이 있는 창세기 창조 이야기와 유사한 면이 있다. 창세기 본문처럼, 묵시적 가르침은 많은 다른 기저의 실재들을 가리킬 수도 있지만, 우리가 이를 알 수 있는 방법은 거의 없다. 이것은 은유의 단점이자 장점인데, 은유는 너무 성공적으로 은유가 언급하는 대상의 위치에 서게 되어 자기도 모르게 은유가 언급하는 실재가 될 수도 있다.

신적 행위에 대한 어떤 묘사도 정의상 은유적이라는 사실 때문에 더 큰 어려움에 봉착한다. 우리가 미래의 종말론적 사건들을 말하든, 아니면 성서의 기적 전승과 같이 과거의 역사적 사건들을 말하든 이것은 사실이다. 이 사건들은 이 세계의 물리적 실재의 면에서 신적 실재를 말하기 때문에 본질적으로 은유적이다. 이것은 심지어 우리가 기적에 대해 '실제로 무엇이 일어났는지'에 관한 어려운 질문을 제기하기 전에도 사실이다. 우리는 본문이 우리에게 문자적으로 말하는 것을 넘어 본문 기저에 있는 객관적 실재에 분명하게 접근하지 못하는데, 우리가 살펴본 것처럼 이 본문은 실제로 신적 실재에 대한 은유다.

반면에 역사적 연구를 통해 성서는 우리가 우리 자신의 경험으로 이해할 수 있는 역사적·물리적 실재들을 말한다고 여길 만한 곳이 성서에 많이 등장하는데, 그중 일부는 심지어 독립적으로 입증될 수도 있다. 왕과 군사 작전에 대한 설명이 좋은 예이고(5장의 "날짜와 숫자" 참조), 앞에서 언급한 비판적 실재론은 **이런 종류의 본문**을 역사적으로 연구하기에 완전히 적절한 접근 방법이다. 그러나 우리가 기적 또는 신적 행위와 같이 **전적으로 우리의 경험을 넘어서는** 것을 묘사하는 성서 본문을 이해하고자 할 때에는 상당한 차이가 발생한다. 새로운 창조에 대한 예언은 본성상 신적 행위이자 **새로운** 행위에 관계된다. 분명히 신성한 것들과 세속적인 것들 사이의 관계에 대한 모든 논의는 본질상 은유적인데, 이는 초자연적인 것들을 현 세계의 언어로 설명하려는 시도이기 때문이다. 그러나 우리가 할 수 있는 전부는 새로운 창조를 우리의 창조 언어로, 즉 다른 세계의 실재를 우리 세계의 이미지들을 사용해서 말하는 것이다.

새로운 창조는 본성상 미지의 영역이다. 우리는 정말로 새로운 창조의 실재를 (새로운 창조가 어떤 모습일지를) 이해하지 못한다. 왜냐하면 새로운 창조는 근본적으로 **새롭고**, **창조**에 대한 **신적** 행위이기 때문이다. 여기에서 곧바로 세 겹의 은유(new, creation, divine)가 등장하는데, 여기에 더해 우리가 예수에 관계된 많은 묵시적 이미지들의 암호를 풀 열쇠를 갖고 있지 않다는 더 복잡한 문제도 고려해야 한다.

비록 우리가 새로운 창조 기저에 있는 실재를 이해하고자 함에 있어서 망망대해에 있는 것처럼 보이지만, 하나의 신학적인 고정점(fixed point)이 있다.[27] 천사와 함께 구름을 타고 내려오는 그리스도의 재림에 대한 이미지는 근본적인 그리스도인들, 즉 요한계시록 20장 해석을 두고 무천년주의(amillennialist)/후천년주의(post-millennialist)와 대조적으로 전천년주의(pre-millennialist)와 '휴거(Rapture)'의 본성을 주장하는 사람들과 다른 많은 그리스도인들을 구분하는 이미지 중 하나다. 많은 그리스도인들은 의심할 바 없이 이 이미지의 기이하고 신화적인 함축 때문에, 이 이미지에 관해 어느 정도 불가지론으로 흐르는 경향이 있다. 그러나 본질적으로 재림 사상은 새로운 창조에 대한 중요한 신학적 요점을 말한다. 하나님이 성육신을 통해 인간의 모습으로 드러난 것처럼, 하나님은 피조물을 구속하기 위해 완성의 순간에 다시 인간의 모습으로 드러날 것이다. 이것이 신약 성서가 그리스도를 세상의 토대이자, 최후 심판의 날의 궁극적인 완성과 질서로 간주할 수 있는 이유다. 즉 그리스도의 부활은 과거의 창조에서 그리스도의 역할을 보여주고, 현재의 창조에서 신자들에게 희망과 목적을 제공하는 동시에 그리스도의 윤리적 가르침이 진지하게 받아들여져야 함을 나타내며, 새로운 창조에서 미래의 실재를 암시한다. 그리스도의 부활이 핵심이다.

### 부활, 그리고 창조의 세 번째 범주: '오랜 것으로부터의(ex vetere)' 창조

여기에서 창조의 신학적 범주들을 분명하게 할 필요가 있다. 새로운 창조가 **무로부터의 창조** 또는 **계속적 창조**와 일치하는가? 조금만 생각해보면 우리에게 세 번째 범주가 필요하다는 것을 알게 된다. 왜냐하면 오랜 것들의 구속을 의미하는 창조는, 한편으로는 오랜 것들의 변화인 동시에 오랜 것들로부터의 완전한 단절을 의미하기 때문이다. 이것은 '무로부터의' 창조도 아니고, '계속적' 창조도 아니다. 폴킹혼이 제안한 **'오랜 것으로부터의 창조**(creatio ex vetere/creation from the old)'[28]라는 표현이 적절하다.

새로운 창조가 '오랜 것으로부터의' 변화라는 것을 보여주는 가장 중요한 성서의 예가 예수의 부활이다. 빈 무덤 전승(마 28, 막 16, 눅 24, 요 20)은 복음서 저자들이 예수의 육체적 부활(즉 부활한 예수가 전적으로 영적인 존재만은 아니다)을 믿었다는 것을 나타낸다. 그러나 문자적으로 받아들이면 그들은 예수의 부활이 육체적 부활 그 이상을 의미했다고 믿었던 듯하다. 왜냐하면 그들은 예수를 마음대로 나타났다가 사라지고, 벽을 통과해 걸으며, 승천하는 것같이 불가능할 것 같은 능력을 소유한 분으로 묘사하기 때문이다. 유사하게 바울도 고린도전서 15장에서 부활한 몸을 하늘나라와 지상 세계의 여러 이미지를 사용하며 상당히 암시적으로 묘사하는 듯하지만, 그가 고대하는 새로운 종류의 실재는 분명 오랜 것들과 다소 불가분하게 관계되어있다(고전 15:35~57). 바울이 부활한 몸을 '영적인 몸'으로 이해했을 수도 있지만, 여전히 "몸"(고전 15:44)이며, 게다가 '썩지 않고' '멸하지 않는' 몸이다.

복음서와 바울 서신의 '부활한 몸'이란 표현은 대부분 상당히 은유적이다. 부활한 몸은 곧바로 알아볼 수 있을 정도로 인간적이고 육체적인 상태임이 암시되지만, 또한 무엇인가 새롭고 알려지지 않은 상태로의 변화를 의미한다. 기독교 전승은 항상 예수의 부활 상태를 신자들이 새로운 창조 때에 변화될 상태의 전조로 여겼기 때문에, 예수의 부활은 근본적으로 **구속적** 변화다. 즉 예수의 부활은 예수의 십자가 죽음을 보상했으며(redeemed), 또한 "세상 죄"(요 1:29)에 대한 예수의 구속 사역에 관계된다. 오랜 것들이 거부되지 않고 다가올 창조의 원료가 된다는 것은 상당한 희망의 메시지다. 새로운 창조에 대한 기독교 사상은 모두 예수의 부활이 핵심이 되어야 한다.

그러나 이 정도의 기적을 믿기 어려워하는 많은 기독교인들은 예수의 부활을 영적인 용어로, 천국을 복 받은 사람들의 비물리적 영혼이 영원히 거하는 영적인 실재로 생각하기를 선호했다. 이 경우 '부활'은 영혼이 죽음을 통해 물리적 몸에서 자유롭게 되어 하나님과 연합할 수 있다고 말하는 이원론적 은유가 된다. 이런 사고는 물질성(materiality)의 도전을 피할 수 있을지 모르지만, 영지주의적 사고를 드러내는 것이다. 이런 이유로 많은 현대 신학자들은 영혼을 인간 몸에서 분리된 독립체로 말하기를 꺼리며, 대신 인간을 심신상관(psychosomatic)의 연합체로 말하는 경향이 있다. 마스칼(E. L. Mascall, 1905~1993)에 의하면, 기독교는 우리의 마지막 상태가 예수가 보여준 것처럼 영적으로 불멸하며 육체적으로 부활한다는 것을(종종 강한 저항을 무릅쓰고, 종종 난처한 상황에도 처하며) 끊임없이 주장해왔다. 다음은 전 우주를 향한 심오한 결론이다.

> 우리는 본성상 우리 몸의 신진대사에 의해 서로간에, 그리고 물질 세계에 연결된 육체적 존재이기 때문에(de la Mare의 말대로, "Miss T.가 먹는 것은 무엇이든 Miss T.로 변한다"), 우리의 부활은 그야말로 전 물리 질서의 변화를 포함할 것이다.[29]

정확히 말하면, 육체적 부활은 진화의 '어두운 부분'에 굴복하여 현재 고통당하는 모든 피조물을 포함하는 전 우주적 변화를 의미한다. 육체적 부활은 현재 "썩어짐의 종살이"(롬 8:21) 가운데 있고 "썩는"(고전 15:42) 상태에 있는 모든 피조물에게 구원의 가능성을 제공한다.

어느 정도 은유적임에 틀림없는 이런 예언들 기저에 있는 것을 이해하려는 시도는 우리의 상상력을 극도로 자극한다. 성서는 "다시는 죽음이 없고 …… 고통도 없을 것이다"(계 21:4)라고 예언하지만, 현재의 과학 지식을 고려해보면, 어떻게 이런 꿈이 실제 생물학적으로 가능한지를 상상하기는 어렵다. 고통, 통증, 죽음을 초래하는 부패와 썩는 것은 유한한 자원을 가진 이 세계에서 생물학적 생명의 번영에 (역설적이게도) 꼭 필요하다. 예를 들면 육체적 통증을 느끼는 기관은 (적어도 인간에게는) 중요한 생물학적 보호 작용을 한다. 이 보호 작용이 없으면, 우리는 일상생활 속에서 자신도 모르는 사이에 스스로에게 심각한 상처를 가할 수도 있기 때문에, 결국 "통증은 선물"[30]이다. 그러나 우리는 고통과 죽음이 다가올 삶에서는 사라질 것이라는 희망을 품는다. 어떻게 그렇게 될 수 있는지 우리는 알지 못한다. 그러나 우리가 과학에 대해 알면 알수록, 그렇게 변화된 세계는 더욱 이상하고 불가능해 보인다. 하지만 우리는 성서의 예언이 너무 문자적으로만 받아들여져서는 안 되는, 상상도 할 수 없는 희망에 대한 은유라는 것을 잊지 말아야 한다. 그렇게 하지 않으면 전체 장르가 잘못 이해될 것이다.

그럼에도 불구하고 현대 세계에서 이런 은유의 놀라운 속성을 이해하기 위해서는 근본적으로 자연법칙을 거론해야 한다. 즉 그러한 변화가 가능하려면 자연법칙이 어떻게 변해야 하는가? 자연법칙이 우선 변할 수 있는가? 어느 정도까지 현재의 과학이 그런 논의에 기여할 수 있는가? (우주론자들은 이미 물리 법칙이 다중우주의 다른 곳에서는 다를 수도 있다고 추측한다는 것에 주목하자.) 우리는 또한 우리 자신의 정체성과 연속성을 거론해야 한다. 만약 우리가 부활과 변화를 문자적으로 말한다면, 내가 죽을 때의 몸으로 부활할 것인가, 아니면 21살 때의 몸으로 부활할 것인가? 부활한 존재는 '불멸'할 것이기 때문에, 부활한 존재가 나의 현 존재와는 어느 정도 단절된다고 여겨야 한다. 그렇다면 무엇이 단절될 것인가? 내가 '나'로 남기 위해서 계속 남아 있어야 하는 것은 무엇이고, 변화될 수 있는 것은 무엇인가? 이런 질문들은 순식간에 생겨나고, 순식간에 모호해지지만 그것들이 결코 새로운 질문은 아니다. 아우구스티누스는 이런 질문들을 충분히 고려했고,[31] 그보다 몇 세기 전 바울도 이것들을 고려했다(고전 15:35~54).

이 난제에 대한 대답은 **희망적이고**, 순수하며, 간단한 듯 보인다. 희망은 하나님의 목적, 즉 "우리 모두가 변화될 것"(고전 15:51)이라는 위대한 '신비' 가운데 있다. 잭켈렌은 우리가 우리의 현 존재 형태와 다가올 세계 사이의 인간적 연속성을 희망하면 할수록, 창조의 '어두운 면'을 변화시키는 하나님에게 더욱 적은 자유를 주게 되는 것이라고 주장했다.[32] 그러므로 우리는 우리 자신을 하나님의 목적 안에 있는 **무조건적인** 희망에 내어 맡김으로써, 우리의 참된 자아를 발견할 수도 있다.

이렇게 하여 로마서 8장에 대한 새로운 이해가 등장하는데, 이것은 피조물 전체가 현재 불분명한 무엇인가를, 즉 "하나님의 자녀들이 나타나기를"(8:19) 간절히 기다린다는 것이다. 이것은 우리들에게도 불분명하다. 그리스도가 **오랜 것으로부터** 부활한 사건은 부활의 변화 패턴을 보여주는데, 그리스도의 부활이 유일한 고정점이다. 그러나 성서 본문이 우리에게 말하는 것을 제외하고는 실제로 우리는 고정점에 대해서 아무것도 알지 못한다.

그러므로 미래 종말론적 변화의 신비적이고 신성한 본성을 유지시키는 것과, 성서 본문에 어느 정도 비판적인 주의를 기울이는 것은 둘 다 상당히 중요하다. 이것들을 너무 밀접하게 연결시켜서는 안 된다.

그러나 우리는 새로운 창조가 물리적으로 무엇을 의미하는지를 연구하기 위해, 이미 예수의 부활에 과학적 관점을 적용하고자 했던 여러 시도가 있었다는 것에 주목해야 한다. 예를 들면, 새로운 창조는 새로운 차원이거나, 또는 우리 우주와 어떻게든 관계가 있는 평행 우주로서 존재한다는 주장이 있다.[33] 이런 주장들은 아직 잠재적인 문제들을 계획하는 초기 단계에 불과한데,[34] 윌킨슨의 주장[35]을 제외하고는 성서 본문을 거의 고려하지 않는다. 이것은 결정적인 실수인데, 그 이유는 부활 본문이 적절한 해석상의 문제들을 상당수 포함하기 때문이다. 실제로 **자료가 부활한 예수로부터가 아니라 신약 본문으로부터 나올 때** 우리는 신약에 묘사된 부활한 예수가 새로운 창조의 물리적 특징을 재확립하는 자료로써 받아들여질 수 있다고 전적으로 가정할 수는 없다.

우리는 필연적으로 의문의 대상(부활한 예수)으로부터 거리를 두는데, 거리 두기는 해석학적 관점에서 상당히 중요하고 상당히 복잡하다. 다양한 성서의 부활 전승들이 존재하는데, 이것들은 쉽게 조화될 수 없을 정도로 상당히 다양하다. 예를 들면 누가는 부활한 예수의 **현 세상 속성**(earthliness)을 강조하지만(예, 눅 24:39~43), 바울은 부활한 몸의 **다른 세상 속성**(otherworldliness)을 강조한다(고전 15:50). 즉 쉽게 연결되지 않는 두 개의 그럴듯한 기록이 있다. 그러므로 본문의 다양성이 존중된다면, 우리가 부활 전승에서 이끌어내는 어떤 결론도 지금까지의 경우보다 더욱 복잡해지고 모호해질 것이다.

이 지점에서 더욱 어려운 문제들이 발생한다. 예수의 묵시적 가르침에서 부활 전승은 문자적으로 이 세계 밖의 실재에 관계되는데, 이는 현 세계의 용어로 신적인 종말론적 구속을 묘사하려는 시도다. 이것은 우리가 부활 전승에서 도출한 어떤 결론도 신학적 암시이지 과학적으로 다뤄질 수 있는 물리적 증거가 아니라는 말이다. 이것은 결단코 부활을 부인하는 것도 아니고, 복음서의 설명을 거부하는 것도 아니다. 오히려 과학의 한계, 그리고 우리가 다루고 있는 이런 본문의 한계에 대한 방법론적인 경고다. 이런 연구로 도출된 어떤 과학적 결론도 기껏해야 유비에 불과하고, 더군다나 이 결론들은 본문과 분리된 실재를 객관적으로 진술한 것이 아니라 본문에 대한 **해석**일 뿐이다. 이것은 단순한 지적일지 모르나 종종 과학-신학 영역에서 고려되지 않는 부분이다. 신약 성서에서 부활 전승의 지극히 중요한 상황이 과학-신학 영역에서 고려되지 않은 것처럼 말이다. 그것은 바로 부활 전승이 **현 시대** 기독교인들의 삶을 위한 윤리적 안내와 목회적 지원을 위해 기록되었다는 것이며, 또한 부활 전승이 상당히 먼 미래의 삶을, 지금 어떻게 살아야 하는지에 관계된 한에서만 묘사한다는 것이다(예, 고전 6:9~20, 15:58).

### 새로운 창조와 순환적 창조(cyclical creation)의 가능성

성서의 종말론적 세계관을 고려하다 보면, 우리는 성서의 시간관에 대해 더욱 깊이 생각하게 된다. 우리가 이미 논의했듯이(5장의 "시간의 끝?" 참조), 태초부터 종말까지의 장기적인 관점에서 본다면, 직선적 시간관은 보다 순환적인 특성을 받아들여 재해석되어야 한다. 이것은 더 작은 규모의 시간에서도 어느 정도 분명하다. 종종 인용되는 전도서 3장은 시간이 끝없이 작은 (계절) 규모로 순환한다는 것을 암시한다. "모든 일에는 다 때가 있다. 세상에서 일어나는 일마다 알맞은 때가 있다. 태어날 때가 있고, 죽을 때가 있다. 심을 때가 있고, 뽑을 때가 있다"(전 3:1~2). 분명 계절과 자연의 리듬은 순환적이고, 이것들이 직선적 시간관에 연결될 때, 진화적 신기성(evolutionary novelty)이 발생한다.[36] 이것은 종말론적 관점에 의해 좀 더 수정될 수 있는데, 빛과 어둠, 뜨겁고 차가움, 심고 거두는 등의 순환이 종말론적 미래에는 계속해서 대낮만 존재하게 될 것이라는 예언이 있다.

> 그날이 오면, 햇빛도 차가운 달빛도 없어진다. 낮이 따로 없고 밤도 없는 대낮만 이어진다. 그때가 언제 올지는 주님께서만 아신다. 저녁때가 되어도, 여전히 대낮처럼 밝을 것이다. 그날이 오면, 예루살렘에서 생수가 솟아나서, 절반은 동쪽 바다로, 절반은 서쪽 바다로 흐를 것이다. 여름 내내, 겨울 내내, 그렇게 흐를 것이다.
>
> (슥 14:6~8)

이 부분이 구약 성서의 종말론적 시간 표현에서 발견될 수 있는 미묘함을 잘 보여준다. 예수보다 수백 년 앞선 시대에 쓰여졌기 때문에(한편에서는 예수의 십자가와 부활에, 다른 한편에서는 예수의 재림에 초점을 둔) 보다 한결 같은 기독교 시간관이 드러나지 않는다. 구약의 종말론적 시간 표현은, 물론 여전히 구속과 밀접하게 연결되어 있지만, 상당히 다양하다. 구속은 종종 구약에서 세속적 용어로써 야훼가 현세의 역경을 해방시키는 것으로 간주되기 때문에, 최후의 결정적인 새로운 창조 사역 그 이상의 의미가 있다. 하나님의 새로운 창조 사역이 창조, 타락, 구속의 순환을 통해 발생한다는 것을 보여주는 일부 본문들이 있는데, 구속의 때에 오랜 것들은 원 창조 때처럼 예측 불가능한 방법으로 구속된다. 특히 제2이사야에 좋은 예가 나오는데(43:14~19, 51:9~11), 여기에서 출애굽을 통한 구속은 신화적 창조 주제에 연결된다. 하지만 '타락'(바빌론 유수)으로 인해 새로운 창조는 새로운 구속을 가져올 것으로 기대된다. 비슷하게 시편의 여러 부분에서(74, 77, 89), 시편 기자는 창조와 출애굽을 상기시키며, 하나님의 현재적 해방을 간구한다. 이리하여 시편 기자가 기록할 당시에 어떤 상황에 처했던 간에, 희망은 사실상 은유적인 새로운 창조로 표현된다.

따라서 출애굽에서의 새로운 창조, 즉 가나안 땅 정착이 결코 마지막 구속이 아니었다는 것은 흥미롭다. 대신 이것은 곧 수많은 창조, 타락, 구속의 순환으로 이어졌다. 이것이 사사기에서 묘사된다. 이스라엘 백성들은 야훼에게 등을 돌리고 다른 신들을 숭배한다(타락). 결론적으로 이 백성들은 적의 손에 고통을 당하고, 그래서 야훼를 찾는다. 한 사삿(士師)가 그들을 해방시키기 위해 선택되고, 그들을 새로운 번영(새로운 창조)의 시기로 이끈다. 이 패턴은 계속해서 반복된다. 예를 들면, 이 순환은 사사 옷니엘의 행적을 묘사하는 구절(삿 3:7~11)에서 완벽하게 드러난다.

### 과학적 유비(A scientific analogy)

이런 순환적 시간 개념에 대한 흥미로운 과학적 유비가 있는데, 이 중 대부분은 '돌연변이(emergence)', 즉 무질서에서 발생하는 새롭고 예기치 않은 실재 개념에 관계된다(2장 참조). 사실 윌리엄 브라운은 이미 돌연변이를, 제2이 사야가 절망적인 암울한 상황에서 새로운 창조를 예언한 것에 대한 과학적 유비로 주장했다.[37]

이제 자연의 여러 양상들이 우선 대재앙(타락)을 필요로 하는 창조의 순환을 통해 작용한다는 것이 잘 알려졌다. 우리는 유감스럽게도 이것이 비효율적이라고 볼 수도 있지만, 이것은 자연 세계 대부분의 특성인 듯하다. 물리학에서 잘 알려진 예가 '자기 조직적 임계성(self-organized criticality)' 현상인데, 여기에서 창조 사상은 창조의 파괴와 회복에 어울린다.[38] 본질적으로 자기 조직적 임계성은 일부 종(동물, 식물, 또는 광물)의 시스템이 새로운 종류의 존재로 변화되기 직전에 계속해서 불안정하게 움직이는 상태를 말한다. 즉 이 존재는 거의 안정적이라고 볼 수 없는 '임계(critical)' 상태에 있지만, 계속해서 불안정하게 움직이기 때문에 일종의 안정성과 창조성을 보유한다. 가장 단순한 하나의 예는 마른 모래 더미의 움직임이다. 모래가 평탄한 표면에 계속 떨어질 때, 모래는 점점 원뿔 모양으로 쌓인다. 측면은 특정한 임계각에 도달할 때까지 점점 가파르게 된다. 얼마나 많은 모래가 더해지든지 상관없이, 이 더미는 이 임계각을 유지한다. 왜냐하면 모든 사태(沙汰)는 더미의 옆 부분 아래에 쌓이기 때문이다. 더 많은 모래가 더미의 꼭대기에 더해질수록, 사태는 모래를 더 아래로 끌어내리며 균형을 유지한다. 즉 임계각이 유지되는 것이다. 그러나 사태는 크기와 빈도에 있어서 무작위적이다. 때때로 심지어 약간의 모래알의 추가가 전체 더미를 포함하는 상당히 큰 사태를 야기하기도 한다. 그러므로 이 더미는 임계 상태에 있다고 일컬어진다.

자기 조직적 임계성을 따르는 것이 단지 모래 더미뿐만이 아니다. 이에 대한 예는 화석 기록으로 보관된 동물의 멸종에서부터 지진과 화산 폭발의 빈도와 크기, 강과 개울의 분포, 노르웨이 해안의 피오르드(fjords)의 발달은 물론, 교통 체증과 주식 시장의 변동 같은 인간 세계의 예에 이르기까지 많고 다양하다. 크기에 상관없이 하나의 사태 후에 또 다른 사태를 겪으며, 시스템이 최고의 격변 상태에 있는 듯 보이는 임계 상태가 종종 가장 선호되는 상태라는 것이 핵심이다. 사태는 불가피할 뿐만 아니라, 시스템을 매 순간 임계 상태에 이르게 하며, 파괴에 어울리는 일종의 적절한 창조 매개체가 자리잡도록한다. 교통 체증에 걸리는 것은 짜증나는 일이지만, 모순적이게도, 교통 체증은 아마 모두가 일정한 속도로 운전하도록 상당히 통제된 시스템보다 더 원활한 교통의 흐름을 가져오는 것으로 드러난다. 분명 이런 예들은 무질서를 통해 정립된 새로운 유형의 역동적인(격변을 일으키는) 질서의 출현을 가리킨다.

우리는 이 예를 통해 자기 조직적 임계성이 파괴와 재앙의 순환으로 계속 새롭게 되는, 자연 현상의 다양한 유형에 대한 적절한 설명이라는 결론에 도달할 수 있다. 이런 의미에서 자기 조직적 임계성은 창조, 타락, 구속의 순환을 의미하는 성서의 예들과 어울리는 과학적 유비다.

우리가 한 유비를 발견했지만 그것은 분명 성서 본문 기저에 있는 잠재적 실재들에 어떤 존재론적 깊이를 더할 수는 없다. 왜냐하면 유비는 자연 세계에서 연유하는 반면, 성서 본문은 대부분 인간 세계를 묘사하기 때문이다. 이 유비에서 얻을 수 있는 통찰이 있다면 그것은 아마 임계 상태가 결코 불행한 상태가 아니라는 것이다. 즉 임계 상태는 격변할 수도 있고, 이익뿐만 아니라 손해도 가져올 수도 있지만 이 상태는 진보하기 위해 그야말로 가장 선호되는 상태다. 우리는 또한 불완전한 인간 세계에서 새로운 창조가 격변하며 순환하는 것을 환영할 수 있다. 타락은 후회스럽고 고통스럽지만 사실상 우리의 불완전한 세계에서 피할 수 없다. 만약 구속이 타락으로부터 나온다면 우리는 하나님과의 결속을 다시 구축했을 뿐만 아니라 새로운 교훈도 얻었고, 아마 더 강해졌다. 이 모든 것들은 장황한 말이 아니라 어떻게 과학으로부터의 유비가 긍정적인 신학 방향으로 발전할 수도 있는지에 대한 타당한 예다. 물론 이것이 단지 유비, 즉 본문에 새로운 관점을 제공할 수도 있는 하나의 기회에 불과함을 분명히 하면서 말이다.

여기에서 제기되는 또 다른 신학적 요점이 있다. 자기 조직적 임계성에 대한 내 이야기를 해본다면, 나는 성서 본문에 대한 '설명'을 분명하게 발견한 것이 아니라, 성서의 창조, 타락, 구속에서 드러나는 순환이 자연 세계의 일부와 비유적 의미에서 닮았다고 말하는 유비를 발견했다. 그러나 성서 본문은 거의 인간의 상황에서 순환을 묘사하기 때문에(유배, 전쟁, 압제로부터의 해방), 우리는 그 순환의 기저에 있는 실재를 설명하기 위해 과학적 예증을 필요로 하지 않는다. 이 순환은 이미 인간 경험의 중요한 부분이다. 결과적으로 자기 조직적 임계성에 대한 내 예가 엄밀하지 않은 하나의 유비 이상의 심오한 어떤 것을 제공하지는 않는다.

그러나 이제 새로운 창조를 묘사하는 다른 유형의 본문, 즉 (세상의 종말에 대한 묵시적 예측과 같이) **자연** 세계의 이미지를 사용하는 본문을 고려해보자. 우리는 티플러와 다이슨처럼 이 본문을 과학적 종말론에 비교하고자 할 수도 있다. 그러나 만약 그렇다면 우리는 자기 조직적 임계성에 대한 내 유비, 즉 본성상 **은유적인** 본문에 대한 유비가 그런 것처럼, 비교가 유비의 수준에서 작용하고 있다는 것을 기억해야 한다.

만약 내가 유비와 은유에 관련하여 애쓰고 있는 듯 보인다면 그것은 이 부분이 과학-신학 분야에서 너무나 주목받지 못하기 때문이다. 우리는 새로운 창조 언어가 성서에서 희망에 관한 주제 상당수를 포함한다는 것과, 특히 신약 성서에서 예수의 사역과 가르침에, 그리고 미래의 새로운 세계에 대한 희망에 초점을 두고 있다는 것을 살펴보았다. 우리는 새로운 창조 언어 기저에 있는 잠재적 실재에 대한 질문을 폭넓게 논의했고, 이 질문이 항상 **신적** 근원에서 야기되고 **신적** 구속을 위한 희망을 표현하기 때문에 본성상 은유적이라고 주장했다. 비록 대부분의 이미지들이 과학적 방법을 사용하는 해석을 선호할지 모르지만, 이 주장은 과학적 설명의 유비적 본성과 성서 언어의 은유적 본성을 동시에 고려할 실제적 필요성이 있다는 것을 의미한다. 오직 통합된 **신학적** 접근만이 이 둘 사이에 다리를 놓을 수 있다.


## 결론

우리는 이번 장을 지구의 종말과 우주의 종말에 대한 과학적 관점들을 살펴보는 것으로 시작했다. 우리의 관점에서 먼 미래는 암울해 보였다. 반면에 새로운 창조에 관한 성서 자료를 살펴보면서 우리는 하나님이 의도하는 다양한 희망의 표현을 발견했다. 특히 종말론적 본문들은 이것을 현 물리 세계의 종말과 새로운 세계를 향한 희망의 관점에서 다루는 듯 보였다. 그러나 우리는 성서 학자들이 이것을 한때 문자적으로 받아들이기도 했다는 사실을 강조했다. 이에 덧붙여 종말론적 예언들은 기껏해야 본성상 은유적이라는 사실을 고려해야 한다. 최근 연구는 특히 새로운 창조의 핵심 요소인 예수의 부활에 초점을 맞췄다. 그러나 우리는 복음서의 부활 이야기들이 미래에 대한 청사진으로서 읽혀지기 전에, 보다 세심한 해석학적 작업이 행해질 필요가 있다는 것을 우선적으로 논의했다. 과학이 성서의 종말론 해석을 도울 수도 있는 은유적 차원을 해석하는 방법으로서, 우리는 세상의 종말 모델이 아닌, 전적으로 다른 과학 분야에서 '자기 조직적 임계성'으로 알려진 창조와 파괴의 순환을 살펴보았다. 우리는 자기 조직적 임계성이 우주 종말에 대한 모델들보다 성서의 풍부한 새로운 창조 자료에 보다 적절한 과학적 유비를 제공할 수도 있다고 주장했고, 자기 조직적 임계성의 역할을 유비적으로 강조했다.

그동안 과학을 고려하는 신학적 종말론 연구는 상대적으로 적었고, 성서 자료들을 세심하게 고려하지도 않았다.[39] 이런 논의는 이 세계의 물리적 중단을 예측함으로써, 성서의 종말론적 본문들이 비교적 문자적으로 읽혀질 수 있다는 것을 가정하는 경향이 있었다. 이런 이유로 자연스럽게 우리 우주의 가능한 운명에 대한 여러 과학적 예측들이 논의되었다. 나는 이러한 사고방식 안에 상당한 '범주 오인'이 있다고 믿는다는 것을 이제 분명히 하고자 한다. 첫째, 새로운 창조 주제의 전적인 다양성과 미묘함이 고려되지 않았다. 둘째, 새로운 창조가 세상의 실제적 종말을 예측할 만큼 문자적으로 받아들여져 왔는지에 대한 질문이 간과되었다. 분명 이것은 본문이 의미하는 실재에 대한 주의의 부족과, 성서학자들에 의해 제기된 수많은 해석상의 문제들에 대한 주의의 부족을 반영한다.

우리는 6장에서 태초의 창조와 계속적 창조를 다루면서, 과학이 성서의 창조 주제에 대해 비교적 거의 직접적으로 말하지 않았다는 것을 살펴본 한편, 이번 장에서는 과학이 창조 주제의 종말론적 차원에 대해서도 거의 말하지 않는다는 것을 살펴보았다. 우리가 반복적으로 강조한 것처럼 성서적 종말론의 실재는 먼 미래를 설명하는 과학적 모델들이 제시하는 것보다 상당히 더 난해하다. 구약 성서의 종말론은 (비록 우리가 물리적 우주를 전적으로 배제해서는 안 되지만) 물리적 우주의 형태를 말한다기보다 현재의 희망과 염려에 대해, 즉 사회적·정치적 실재들에 대해 보다 예언적으로 말한다. 비록 신약 성서가 전 우주(모든 막대기와 돌)를 위한 미래 구원을 암시하지만, 이것은 성령을 경험하며 사는 기독교 신자들의 일상에 관해 말하는 것이다. 이것의 균형이 삼위일체에서 드러난다. 즉 그리스도의 부활이 **미래**의 우주적인 새로운 창조 사역을 암시하는 반면, 동시에 모든 신자들 안에 있는 성령의 종말론적 사역은 **현**

**재적** 실재를 암시한다.

근본적으로 성서적 종말론은 다른 무엇보다도 희망의 표현, 즉 피조물과 창조주 사이에 존재하는 신앙 관계의 고백이다. 그러므로 보통의 신뢰와 신의의 관계처럼, 과학이 공유할 수 없는 도덕적 차원이 요구된다. 잭켈렌이 지적한 대로, 이것은 "**존재**(is)와 **당위**(ought)의 차이이다 …… 성서적 종말론은 세상의 종말보다는 악의 종말에 더 큰 관심을 갖고 있다."[40] 또한 콜린 건턴(Colin E. Gunton, 1941~2003)이 주장하는 것처럼, "우주론의 치명적인 난제는 …… 우주론이 발생시키는 윤리이다."[41] 그리고 티플러의 세상 종말에 대한 관점이 '과학 기술의 지배'에 대한 윤리인 반면, 그리고 다른 과학적 우주론들이 끊임없는 비관주의만을 말하는 반면, 신약 성서의 우주론은 현시점에 존재하는 순수성과 희망에 관한 종말론적 윤리를 촉진시킨다. 신약 성서의 우주론은 적어도 현재에는 과학으로 거의 이해하기 힘들지만 그렇다고 해서 의미가 없는 것은 아니다.

제10장
결론

## 과학과 창조의 복잡한 관계

창조는 성서에서 많은 다양한 의미의 층을 가진 중요한 신학적 주제이지만, 우리는 현대 과학이 여기에 너무 피상적인 수준으로 영향을 주었다는 것을 살펴보았다. 우리는 성서 본문에서 고대 과학관의 자취를 정확히 묘사할 수 있다. 현대 세계관으로 인해 성서의 지위는 의문시되고 있지만, 성서에 묘사된 고대 과학관은 여전히 타당하고 폭넓은 신학적 목적을 제공한다. 다시 말하면, 성서의 창조 본문들이 과학적 견지에서 상당히 시대에 뒤떨어진다는 사실이, 하나님과 피조물의 관계에 대한 성서 본문의 다양한 묘사들을 무의미하게 만들지는 않는다. 사실 현대 과학은 이 관계에 대해 거의 직접적으로 말할 수 없다. 뿐만 아니라 성서는 과학의 환원주의적 경향과는 반대로 상당히 포괄적인 접근을 필요로 한다. 성서 창조 본문들은 거의 하나의 의미, 하나의 해석, 또는 하나의 설명으로 명확하게 정의될 수 없고, 분명 물리적 실재에 관해서만 설명하는 것도 아니다. 우리가 서로 공존하는 수많은 유형의 창조 본문들을 묘사했다는 사실(예를 들면, 일부 유형은 신화적 언어로 창조를 말했고, 다른 유형은 신적 지혜를 말했다)은 성서가 기본적으로 '다문화주의(multiculturalism)'임을 나타낸다.

반면에 현대 과학은 일부 오래된 창조 해석들이 재평가될 필요가 있다는 것을 드러냄으로써 성서 해석에 도움을 주었다. 적절한 예는 창세기 2~3장을 타락 이야기로 보는 전통적인 서양 기독교의 이해 방식이다(7장 참조). 진화 생물학은 이런 이해 방식에 심각한 문제를 제기하면서, 동시에 성서 본문의 난해한 부분들을 더 잘 평가하게 이끄는, 창조와 구속에 대한 참신한 현대 신학을 고취시켰다. 또한 현대 우주론과 생물학이 우주의 진화 관점을 강조한다는 사실은 **무로부터의 창조**라는 일치된 신학적 관점에 대한 보완으로서 **계속적 창조** 사상을 새롭게 평가하도록 이끌었다(6장 참조). 유사한 방법으로, 우주의 먼 미래에 대한 과학적 예측은 성서의 묵시적 본문과 새로운 창조 사상에 대한 관심으로 이어졌고, 우리는 이것을 세 번째 범주인 **오랜 것으로부터의 창조**로 해석했다(9장 참조). 비록 과학이 성서의 창조 사상을 직접적으로 설명하지는 못하지만, 우리는 과학이 성서의 창조 사상을 새롭게 평가함에 있어서 중요한 부분을 감당한다는 것을 볼 수 있었다. 결국 성서의 창조 본문들은 세계의 물리적 구성에 대해 거의 언급하지 않지만 하나님과 세계의 창조적 관계에 대해서, 그리고 하나님이 누구인지에 대해서는 많이 언급한다.

## 창조주 하나님은 누구인가?

### 단일성과 다양성(Unitary yet diverse)
무로부터의 창조, 계속적 창조, 오랜 것으로부터의 창조 사이에 흥미로운 일관성이 있다. 이 세 창조 범주들은 성서의 창조 주제와 공명을 이루고 있고, 과학적 '설명'에도 잘 맞지만, 물리적 설명의 범위를 넘어서는 신학적 깊이가 있다. 뿐만 아니라 각각의 범주가 표면적으로는 어떻게 창조가 발생하는지를 묘사하지만 실제로 각 범주는 하나님과 세상의 관계를 묘사한다.

- **무로부터의 창조**: 빅뱅 모델과 연결되지만 우리는 이 범주가 하나님의 초월성
에 대한 진술로 가장 잘 표현된다는 것을 살펴보았다. 이것이 우리가 이 범주를 성
서의 창조 신학에 연결할 수 있었던 중요한 증거였다. 그렇지 않으면 창조 신학이
창조가 '무로부터' 발생한다는 사상에 대한 명백한 인식을 보여주지 못하게 된다.
성서의 창조 신학은 종종 하나님이 세상과 초월적 관계를 맺는다는 것을 표현하는
데, 창세기 1장이 이에 대한 좋은 예다.

- **계속적 창조**: 우주론적 · 생물학적 진화와 상당히 잘 연결되고, '돌연변이'에 대
한 과학 사상과도 잘 연결된다. 그러나 이 범주는 하나님의 내재성에 대한 표현으
로 가장 분명하게 드러난다. 하나님을 인간, 그리고 동물과 친밀한 관계를 맺는 분
으로 묘사하는 성서 본문들이 이 관점을 가장 잘 설명한다.

- **오랜 것으로부터의 창조**: 물리 우주론, 특히 우주의 종말에 대한 논의와 연결되
어 있다. 그러나 이 범주는 근본적으로 하나님의 구속적 창조 사역을 묘사하는 용
어이고, 이것은 이 범주가 어떻게 예수의 부활에, 즉 기독교 신앙에서 최고의 구속
적 행위에 가장 잘 연결되는지를 보여준다. '새로운 창조' 범주에 관계된 수많은 성
서 본문들(특히, 히브리 예언서들)이 있는데, 이 본문들은 사회적 · 정치적 실재들을
위한 일종의 '오랜 것으로부터의' 창조를 묘사한다고 일컬어질 수도 있지만, 반드
시 현 물리 세계의 문자적 종말을 의미하는 것은 아니다.

이 범주들은 편리하기는 하지만 성서에 등장하는 하나님에 대한 매우 미
묘하고 복잡한 묘사를 단순화시킨다. 이 범주들이 또한 시대착오적으로 보일
수도 있는데, 그렇다면 '초월'과 '내재'와 같은 중요한 신적 속성들도 마찬가지
로 그렇게 보일 수 있다. 이 범주들과 용어들은 다양한 성서 본문과 연결될 수

있지만, 성서는 이에 상응하는 편리한 용어 자체를 갖지 않는다. 성서는 하나님을 일관성 있게 말하지만 하나님에 대한 묘사와 하나님의 창조 사역에 대한 묘사는 정교하고 다양하다. 이 둘 사이의 긴장은 우리가 창조 언어를 이해하는 방법에 중요한 영향을 끼친다.

우리는 성서에서 단일한 창조 신학을 말하는 것이 부적절하고, 대신에 성서의 창조 신학들, 성서의 창조 관점들로 말하는 것이 적절하다는 것에 주목했다. 이것은 하나님에 대한 성서의 또 다른 역설적 표현이다. 왜냐하면 우리는 성서의 창조 이야기가 하나님의 본성을 말하는 또 다른 방법이라는 것을 살펴보았기 때문이다. 만약 성서가 하나님의 초월적 창조 사역을 말할 수 있다면, 동일하게 하나님의 내재적 창조 사역을 이어서 말할 수 있고, 하나님의 구속 사역 또한 말할 수 있게 된다. 우리가 보통 다양성을 단순화하여, 즉 복잡하고 이해할 수 없는 것들을 단순화된 모델을 이용하여 설명하려 한다는 것을 인정하지 않으면, 이 역설은 발생하지 않는다. 그러나 성서의 하나님 묘사는 과학적 설명에 저항하는 것과 마찬가지로 이런 단순성에도 상당히 저항한다. 성서의 하나님은 단일할 수도 있지만, 성서의 증거를 무시하거나 잘못 전하지 않고는 손쉽게 통합되거나 단순화되지 않을 수도 있다. 그러므로 성서의 창조 이야기가 단일하면서 동시에 다양하게 간주되는 것처럼 성서의 하나님도 단일하면서 동시에 다양하다.

이 말은 창조의 세 범주가 하나님이 행한 서로 다른 유형의 창조 사역이 아니라는 말이다. 성서에서 묘사된 하나님은 단 하나의 행위를 하지만, 역설적이게도 이것은 다른 차원으로 받아들여지거나, 상당히 다르게, 즉 우리 생각과 양립할 수 없게 분리되는 듯 보인다. 이런 관점에서 하나님의 무로부터의 창조, 계속적 창조, 오랜 것으로부터의 창조 사역은 서로 다른 사역이 아니라 하나의 창조 사역이다. 동시에 이것들은 단일한 하나님의 다양성을 나타낸다. 이것이 삼위일체 신관(한 분 안에 세 위격이, 세 위격 안에 한 분이)을 생각나게 하는 것은 우연이 아니다. 왜냐하면 삼위일체의 세 위격이 인식되고 구별되었던 것은 바로 창조와 구속의 무대에서 행해진 하나님의 다양한 사역의 관찰을 통해서였기 때문이다. 그러나 창조 사역에 대한 세 범주가 삼위일체의 세 위격과 동일시되지는 않는다. 오히려 삼위일체 사상의 발전에서 중요하게 여겨졌던 것은 바로 이와 같은 구별이다. 현대 신학은 모든 신학 사상의 고향이 삼위일체 교리이며, 모든 신학은 삼위일체 하나님에 대한 믿음의 다양한 적용이라고 주장하면서,[1] 삼위일체 교리의 중요성을 강조함과 동시에 삼위의 구별을 강조하는 경향이 있다. 이 모든 주장을 마음에 새기고, 우리는 이제 어떻게 삼위일체 신관을 통해 우리가 창조, 과학, 성서에 대해 말했던 것을 계속 이어갈 수 있을지를 생각해보고자 한다.

### 삼위일체, 과학, 창조

4장의 "창조와 삼위일체 신관의 시작"에서 우리는, 시대착오적이라는 문제가 제기됨에도 불구하고, 성서 창조 자료의 삼위일체적 이해를 발전시키는 것이 긍정적인 해석학적 의미가 있다고 주장했다. 이 삼위일체적 이해는 성서 본문이 기독교의 근본적 근거로 간주되는 정경의 맥락을 존중할 뿐만 아니라, 신적 초월성과 내재성의 역설적 균형을 지닌다. 그러므로 창조 자료의 삼위일체적 이해는 우리가 현대 세계에 만연한 이신론에 반대하여 성서의 유신론적 입장을 유지하게 도와준다.

삼위일체 창조관에는 두 가지 이점이 있다.

첫째, 삼위일체 창조관은 성자의 창조적·구속적 역할을 동시에 강조하고(골 1:14~15), 그래서 창조는 창조의 완성, 완전함과 떨어져 이해될 수 없다. 신정론의 문제는 무시되는 것이 아니라, "다시는 고통이 없을 것"(계 21:4)을 말하며 종말론적으로 해결하려 한다.

둘째, 그리스도를 통해 하나님은 눈에 보이게 되었고 육체를 갖게 되었다. 즉 성육신한 하나님은 결코 만질 수 없으며 비인격적인 힘이 아닐 뿐만 아니라 추상적인 철학적 개념도 아니고, 우리와 같은 인간이다.[2] 그러므로 창조주는 가장 기본적인 단계, 즉 물질적이고 '육체'적인 단계에서 피조물과 친밀하게 연결되었다. 동방 정교회 신학에서 종종 강조되어온 것처럼, 이것은 평범한 물질과 평범한 피조물이 '신격화'되거나 '신성화'될 수도 있다는, 즉 신비스러운 모습으로 영화롭고 완전하게 될 수도 있다는 의미에 이른다. 다시 말하면 우리가 하나님의 실제 존재 안에 받아들여져, "하나님의 성품에 참여하게"(벧후 1:4) 된다. 그리스도의 변용(transfiguration, 막 9:1~10, 벧후 1:16~18)과 부활은 우주의 한 부분인 그리스도의 물질적 육체가 이미 종말론적 과정에 참여했다는 것을 분명히 보여준다.[3]

삼위일체 관점은 또한 창조된 세계를 보다 정교하게 이해하도록 돕는다. 서로 역동적인 관계를 지닌 세 신적 위격을 강조하는 '삼위일체의 사회적 교리'는 최근 몇 십 년간 상당한 신학적 흐름을 주도했지만, 이것은 틀림없이 교부(教父)적 사고방식을 재발견하는 것이다. 이것의 장점 중 하나는 인간뿐만 아니라 모든 피조물에게 생기를 불어넣는 효과가 있다는 것이다. 우리는 세 위격의 관계뿐만 아니라 하나님과 창조된 우주의 관계를 강조함으로써(아마 상호의존적인 관계에까지, 4장의 "창조와 이야기" 참조), 비인간 피조물이 하나님에 대한 스스로의 창조적 책임을 갖는 동시에 스스로의 자유를 갖는다는 사실을 강조하고 있다. 예를 들어 만약 우리가 전 피조물이 하나님을 찬양한다고 말하는 성서 본문(예, 사 55:12)을 지지하고자 한다면, 이런 비인간 피조물에 대한 자유의 강조는 필연적이다. 이런 방식으로 우리는 전 우주가, 단순히 존재하기 때문에, 마치 살아 있는 듯 예배한다고 여긴다. 따라서 전 우주는 더 이상 과학으로 설명되거나 과학 기술에 의해 이용되는 순수 물질 상태로 보이지 않는다. 이것은 또 하나의 핵심적인 요점으로 이어진다. 즉 성서의 창조 본문들은 이 본문들이 찬양과 경배의 범위 밖에 있을 때에는 충분히 이해될 수 없는데, 이 범위는 전 우주를 순수한 지적인 논쟁으로써 취급하는 사람들이 종종 이해하지 못하는 범위다(4장의 "결론" 참조).

그러므로 만약 인간이 하나님과의 관계 속에서 존재하는 자유로운 피조물로 창조되었고, 따라서 인간이 이에 대한 응답으로 하나님을 예배한다면, 이것은 전 우주에 동일하게 적용되어야 한다. 즉 하나님은 우주가 창조된 목적대로 되도록 전 우주에 **자유**와 자치를 부여했지만, 특히 계속해서 창조하고 새롭게 하면서 우주를 **지원한다**. 이것은 관계적 용어라서 과학의 언어로는 잘 해석되지 않는다. 사실 아마도 과학의 언어로 잘 해석되지 않는 것이 유익하다. 왜냐하면 세상에서의 신적 행위를 과학적 언어로 말하려는 시도는 '틈새의 신(god of the gaps)' 접근법으로 빠지거나, 특히 우리가 신적 행위를 '개입(intervention)'으로 말할 때, 난해한 이신론으로 빠질 우려가 있기 때문이다. 그리고 모든 신적 행위의 묘사가 어쨌든 은유적이라는 것을 기억할 때, 과학적 묘사는 관계적 묘사를 할 수 있는 내재된 권위가 없는 것이 분명하다. 즉, 이 경우는 그야말로 은유가 가장 성공적으로 사용되는 경우다. 분명히 삼위일체 하나님에 대한 신앙이 고려될 때, 관계적 은유는 과학적 은유보다 하나님과 세상의 관계를 더욱 쉽게 묘사하도록 돕는다.

그러나 이것이 우리가 하나님의 사역을 묘사할 때 오직 관계적 용어만 사용해야 한다는 것을 의미하지는 않는다. 과학적 용어를 사용하면 하나님이 신실하고, 변치 않으며, 의존할 만하다는, 즉 '한결같은 사랑'으로 가득 차고, 법칙과 질서를 기뻐한다는 오랜 신학 사상(예, 출 34:6~7)을 보충해줄 수 있다. 하나님의 속성의 한 부분인 법칙과의 친밀함은 성서에 지속적으로 표현되는

데, 이것은 특히 '모세의 율법'에서뿐 아니라(4장의 "창조와 이야기" 참조) 노아, 아브라함, 다윗과의 언약에서도 잘 드러난다. 이런 상황을 고려해보면, 자연 법칙이 하나님으로부터 나온다고 일컬어질 수도 있다는 것이 전혀 놀랍지 않다. 자연법칙은 일부 물리학 분야에서 실제로 신적 지위를 부여받았고(2장의 "자연법칙" 참조), 하나님의 본성을 반영하는 창조가 질서정연하고 '좋다'는 것을 말하는 기독교 창조 교리로부터 현대 과학의 경험적 방법론이 나왔다고 논의되고 있다. 요약하면, 현대 과학의 전제와 유대교/기독교의 신적 입법자(law-giver)는 아주 많이 비슷하다. 자연법칙이 반드시 신을 제외하고 창조된 이론일 필요는 없을뿐더러, 자연법칙은 신의 본성 자체가 현현한 것일 수도 있다.[4]

### 우연, 법칙, 우발성의 재고

2장에서 살펴본 것처럼, '자연법칙'이라는 포괄적 용어에는 수많은 중요한 세부 요소들이 포함되어 있는데, 여기에는 통계적(즉 확률적)으로 접근해보면 법칙 같은 행위로 간주될 수도 있는 임의 사건(random events)의 중요성도 포함된다. 현대 과학은 자연 세계에 우연과 필연의 복잡한 상호작용이 있다고 간주하고, 각각의 과학 분야들은 우연과 필연의 중요성을 다르게 분석한다.

이것은 신관을 설명할 때 상당히 중요하다.[5] 우리가 세계 구성에 있어서 우연보다 법칙의 중요성을 강조한다면 우리는 초월적 입법자, 그리고 심지어 이신론의 신 부재와 신학적으로 유사한 결정론적 세계관을 강조하는 것이다. 반면에 우리가 법칙보다 우연과 우발성의 중요성을 강조한다면 우리는 창조의 중심에 있는 참신함과 새로움을 강조하는 것이고, 따라서 우리의 신관은 변하게 된다. 그러나 우연을 강조하는 관점은 신학계에서 잘 받아들여지지 않았다. 또한 진화를 다소 목적론적 용어로 해석하며, 진화 생물학에서 말하는 우연의 중요한 역할이 경시되는 것에 대한 우려도 제기되었다.[6] 그러나 창조에서 우연이 하나님의 계속적 창조 모델과 성령의 내재적 사역에 비교될 수 있기 때문에 이 우려는 아마 잘못된 것이다. 창조된 세계가 근본적인 창조적 자유를 부여받았다고 여겨질 수 있는데, 그렇지 않았다면 결정론적 관점이 지배했을 것이다. 인간과 피조물들이 자유 의지를 소유하는 것은 더 이상 (결정된 우주에서 제기되는) 철학적 난제가 아니라, 세계가 자유로이 열매를 맺도록 창조하고 지원하는 하나님의 은혜의 표시다.

이 두 관점이 양립 불가능하다고 여길 필요는 없다. 이 관점들은 세계가 주어진 법칙의 범위 내에서 우연에 의해 진화하는 것으로 보일 수 있다는 점에서 보면 양립할 수 있다. 이런 세계는 '통제'되지 않은 채 전적인 가능성을 실현할 수 있다.[7] 이것은 창조주-피조물의 관계에 의해 가능한데, 이 관계는 성서에서 종종 사용되는 부모와 자식의 관계(예, 사 66:13, 눅 11:11~13)와 다르지 않다. 스스로 진화할 수 있는 세계를 만든 하나님은 자녀가 자유롭고 창조적인 놀이를 통해 배우고 성숙하도록 하는 부모와 비슷하다. 경계가 있지만 경계는 창의성을 제안한다기보다 고무시킨다. 즉 경계는 적응 가능하다.

그러므로 이 모든 것을 정리해보면 단도직입적으로 삼위일체 신관에서 그랬던 것처럼, 이런 다양한 신관을 동시에 명심하는 것이 중요해 보인다.

뿐만 아니라 우연이 창조 신학에 통합되는 것이 어렵다는 보편적인 시각과는 달리, 우연은 창조 과정의 우발성을 강하게 고무시키는 것으로 보일 수 있다. 우리는 2장에서 우발성의 두 유형을 강조했는데, 하나는 우선 신학적으로 우주가 존재한다는 사실로부터 발생하고, 다른 하나는 과학적으로 우주가 계속 진화하고 있다는 사실로부터 발생한다. 6장에서 우리는 **계속적 창조**를 탐구했고, 비록 이 범주가 과학적(진화적) 우발성과 닮았지만, 신학적 범주이므로 다른 종류의 진술을 한다는 것을 살펴보았다. 비록 신학적 우발성과 진화적 우발성이 서로 유사하게 연결될 수 있지만 동일하지는 않다. 그러나 일부 사람들이 창조 신학과 우연을 결합시키는 것에 대해 불안해하는 이유는 이 두 우발성의 형태가 쉽게 혼동되기 때문이다. 유사한 혼동이 진화 과정의 '목적(purpose)'과 목적론(teleology)을 찾고자 하는 신학자들에서도 발생한다. 이런 목적을 찾고자 하면서 신학자들은 과학을 오해하게 되는데, 과학은 체계적인 근거가 없을 때, 이런 '위로부터의' 신학적 설명을 적용하는 것에 상당히 저항한다.[8] 생물학적 진화를 발생시키는 우연의 지배적 힘을 거론하고, 따라서 진화에 어떤 의도적인 방향도 있을 수 없다고 주장하는 많은 과학자들에게 목적론은 받아들여지기 어렵다.[9] 비록 진화가 더 큰 복잡성과 다양성을 지닌 생명 형태로의 발전을 드러낸다고 종종 일컬어지지만[10] 이것조차도 논란이 된다.[11] 아무튼 진화 과정의 발전 또는 '목적'을 말하는 것은 그 나름의 신학적 어려움을 야기하는데, 이것은 목적이 진화 과정 기저에 있는 신적 '안내(guidance)'를 암시하고, 이신론적 담론에서 나오는 신적 '개입(intervention)'에 대한 문제들을 발생시키기 때문이다. 아무튼 왜 자연의 일부가 다른 부분보다 더 많은 안내를 받는 것처럼 간주되어야 하는가? 왜 진화가 나뭇잎이 떨어지는 것과 같은 다른 우연적인 물리 과정보다 더 많은 규제를 받는 것처럼 간주되어야 하는가?

보다 신중한 유신론적 관점은 우연을 피해야 할 문제라기보다는 신학적으로 하나님이 세상에 준 선물인 **자유**의 표현으로 보며, 진화의 우발성과 진화에서 우연의 역할을 받아들인다. 진화 과정의 핵심인 우연은 나뭇잎이 떨어지는 것을 결정하는 바로 그 우연이다. 이 두 우연은 **과학적인** 의미에서 우발적인 과정이고, 모든 창조 과정이 **신학적으로** 하나님의 의지에 달렸다는 의미에서, 신학적으로 우발적이다. 다시 말하면 진화적 우연은 나뭇잎이 떨어지는 것을 결정하는 우연보다 신학적으로 더 '창조적'이지는 않다. 반면에 계속적 창조 관점에서 제기되는 신학적 우발성은 매우 다르게 말한다. 즉 계속적 창조에서의 우발성은 창조에서 **신적 행위**의 새로움과 참신함을 암시하며, 유비에 의해서만 과학적 우연 개념에 연결된다. 요약하면 계속적 창조가 진화와 같지는 않다.

### 로고스와 물리 법칙

우리가 특히 성육신을 통해 연결 고리를 제공하는 그리스도를 고려한다면 삼위일체 관점은 과학적 우발성과 신적 우발성을 서로 보충하는 방법을 한걸음 더 나아가게 만들 수 있다.

구약의 창조 주제의 핵심 요소인 신적 지혜는 신약에 흡수되었고, 특히 나사렛 예수를 통해 표현되었다(4장의 "창조와 그리스도" 참조). 이것은 요한의 **로고스**란 표현에서 분명하게 드러난다. 그래서 우리는 보통의 범죄자로서 죽은 한 사람이, 또한 "태초에"(요 1:1) 세계를 창조했다는 모순적인 주장을 접하게 된다. 구속자는 또한 창조자가 되어야 한다. 그리스도와 지혜의 연합은 어떤 의미에서는 그리스도가 성서(즉 토라)에 기록된 체계와 법칙에 대한 신적 원리들을 형상화했다는 것을 의미한다. 사실 마태복음의 예수는 바로 이점을 지적한다. "내가 율법이나 예언자들의 말을 폐하러 온 줄로 생각하지 말아라. 폐하러 온 것이 아니라, 완성하러 왔다"(마 5:17). 예수가 율법(그리고 예언자들의 말)을 형상화한다고 말하는 것과, 예수가 과학에 의해 자연 세계에서 포착되어온 것을 포함하는 모든 신적 지혜를 형상화한다고 말하는 것은 별반 다르지 않다. 사실 우리는 이미 구약의 창조 주제 표현들이 법칙(토라)과 창조(자연법칙)를 총체적 공생 관계로 여길 수 있다고 주장했다(4장의 "창조와 이야기" 참조). 그리고 중세로 거슬러가면 자연 세계가 성서와 마찬가지로 하나님의 창조 사역을 드러내는 '책'을 구성한다고 보았던 주목할 만한 전통이 있다.[12] 로고스 개념을 통해 그리스도와 과학 사이에서도 비슷한 연결이 가능한데, 우리가 스토아 사상을 통해 요한복음에서 로고스 개념을 추적하든지, 아니면 지혜 문학 전승에서 로고스 개념을 추적하든지의 여부에 상관없이, 로고스 개념은 여전히 "모든 것이 그로 말미암아 창조되었다"(요 1:3)는 사상을 압축하여 보여준다. 그러므로 창조에서 그리스도는 로고스이자 신적 지혜의 화신(embodiment)이기 때문에, 그리스도를 "모든 지혜와 지식의 보화"(골 2:3, 골 1:15~20, 히 1:3 참조)를 소유하는 분으로 확언하는 것이 타당하다. 이것은 또한 그리스도가 과학자들이 발견한 자연법칙들, 즉 예측 가능하고 수학적으로 규칙적인 법칙들뿐만 아니라, 복잡하고 우발적인 속성을 초래하는 법칙들도 포함한다는 말이다. 요약하면 로고스로서의 그리스도는 우연과 필연을, 즉 우주의 모든 창조 과정 기저에 있는 원리를 형상화함에 틀림없다. 만약 그렇다면 성령은 세상의 피조물에게 이런 원리들을 전달해주는 신적 중재자(divine communicator), 즉 모든 창조 과정에 생기를 불어넣는 신적 스파크(divine spark)로서 보일 수 있다. 이것은 성령을 물리학의 전기장, 자기장, 중력장에 대한 유비에 의해 신적 창조 영역으로 본 판넨베르크 사상에 기반을 두고 있다.[13]

물론 이것은 볼 수 없고 만질 수 없는 신적 존재인 성령을 자연법칙의 중재자로 말하는 한 방법이지만(특히 성령이 물리 분야에 비유될 수 있다면), 이것은 우리와 같은 물리적 존재로 성육신한 그리스도를 자연법칙이 **형상화한**(embodying) 것으로 말하는 것과는 상당히 다르다. 어떤 의미에서 이것이 사실이 될 수 있는가? 비록 '성육신'이란 용어는 신약 성서보다 늦게 생겨났지만, 신약 성서는 그리스도가 "살과 뼈"(예, 눅 24:39, 요 1:14, 요일 4:2, 요이 1:7)를 지닌, 정확히 우리와 같은 인간이라는 것을 말한다. 그러므로 그리스도가 자연법칙을 형상화한다는 것이 어떤 의미이든지 간에 성육신 교리는 인간 예수의 살과 뼈를 통해 주장되어야만 한다.

이것을 이해하는 한 방법은 물리 상수와 물리 법칙이 우리와 같은 지적인 인간 생명을 만들기 위해 의도적으로 '미세하게 조정되어왔다'는 인류 원리로 방향을 돌리는 것이다. 만약 그렇다면 이런 법칙들은 살과 뼈를 지닌 그리스도를 만들기 위해 의도적으로 계획되었기 때문에 그리스도는 이 법칙들을 형상화한다고 말할 수 있다.[14] 그러나 이것은 상당히 논란이 되는 주장이고, 철학자들 또는 신학자들은(과학자들은 고사하고) 거의 이 인류 원리에 많은 비중을 두지 않을 뿐만 아니라[15] 테야르 드 샤르댕처럼 그리스도를 과학의 **궁극적 목적**(telos)으로 여기지도 않는다.

'어떻게 그리스도가 자연법칙을 형상화한다고 말할 수 있는지'를 이해하기 위한 또 다른 가능성은 한 중요한 성서 본문에 암시된다. "하나님이 말씀하시기를 '우리가 우리의 형상을 따라서, 우리의 모양대로 사람을 만들자'"(창 1:26). 이 본문이 얼마나 정확하게 이해될 수 있는지는 끊임없이 논쟁 중이다. 아우구스티누스의 영향을 받은 한 중요한 해석은 인간 이성에 기반한 '하나님의 형상(image of God)', 즉 인간에게 부여된 신성에 주목한다.[16] 그러므로 성육신한 그리스도가 정말로 신적 지혜의 형상화라면, 그리스도의 인간 본성은 그리스도가 분명히 하나님의 형상을 반영한다고 여기는 것이 합리적이다. 그러므로 그리스도의 형상과 인간 본성을 함께 지니는 인간들도 합리적인 연구를 통해 신적 지혜의 깊이를 탐구할 수도 있을 것이다.

이런 방법으로 우리는 과학의 신학(theology of science)을 정립하기 위한 근거를 마련했다(맥그라스의 《과학 신학scientific theology》[17] 참조). 왜 일반적으로 과학이, 그리고 특히 수학이 물리 세계를 묘사하는 데에 적절한지에 대해 철학적으로 관심이 있는 과학자들이 종종 의문을 제기했다. 인간의 입장에서 말하자면 과학의 성공은 신비한 무엇인가를 남겼다. 만약 세계 기저에 깊은 이성이 존재하지 않는다면, 그리고 우리가 "그리스도의 마음을 가지고"(고전 2:16) 있지 않다면, 세계는 우리의 이성에 너무 잘 맞을 필요가 없다. 그러므로 성서의 창조 본문은 우리에게 현대 과학의 기적, 즉 물리 세계를 이해하는 데에 있어서 과학의 엄청난 성공을 설명해준다. 이것은 과학이 전 물리 세계를 만든 정신(mind)에 직접적으로 다가가기 때문이다.

## 성서와 과학

이 책에서 우리는 과학-종교 대화에서 성서가 지속적인 관심을 받게 하는 방법을 논증하려고 시도했다.

여기에서 우리는 두 개의 충돌하는 바위 사이에서(하나는 성서 문자주의적 측면에서 표현된 창조 신앙이고, 다른 하나는 성서 창조 본문의 형태와 타당성을 거의 고려하지 않는 입장) 진로를 모색해왔다. 우리는 만들어진 것이지만 신성한 성서의 본성을 중심에 두었다. 그리고 우리는 우리의 연구가 삼위일체 신학의 맥락 안에서 현대 성서 비평학뿐만 아니라 현대 과학과 조화될 때 가장 큰 효과를 발휘할 수 있음을 주장했다. 이런 방법으로 우리는 살아 있는 신앙이 성서의 창조 신학을 발전시키는 수단을 발견하게 할 뿐만 아니라 건설적으로 과학과 조화를 이루는 수단을 발견하게 한다고 주장했다.

그러던 중에 우리는 과학이 성서 창조 본문에 연결되는 많은 방법들을 탐구했다. 대체로 성서 본문이 과학의 제국주의적인 경향에 상당히 잘 대처한다는 것을 발견했다. 성서 본문은 현대 과학에 의해 드러난 것을 넘어서는 실재를 나타내며, 또한 과학의 발견으로 제한되지 않을 뿐만 아니라 과학의 발견에 의해 여러모로 더 풍부하게 되는 창조 신앙을 일관되게 드러냈다. 이것은 과학이 성서가 틀렸음을 입증한다는 보편적인 인식과 분명히 맞지 않는다. 하지만 창조의 본성에 관한 한, 과학은 틀림없이 어느 정도까지만 우리에게 영향을 줄 수 있다.

# 미주

## 1장

1) Arthur McCalla, *The Creationist Debate: The Encounter between the Bible and the Historical Mind* (London ; New York: T. & T. Clark International, 2006), 199.
2) Terence E. Fretheim, *God and World in the Old Testament: A Relational Theology of Creation* (Nashville: Abingdon Press, 2005).
3) William P. Brown, *The Seven Pillars of Creation: The Bible, Science, and the Ecology of Wonder* (Oxford ; New York: Oxford University Press, 2010).
4) Walter Brueggemann, *Theology of the Old Testament: Testimony, Dispute, Advocacy* (Minneapolis: Fortress Press, 1997), 19.
5) John Hedley Brooke, "Science and Theology in the Enlightenment," in *Religion & Science: History, Method, Dialogue*, ed. W. Mark Richardson and Wesley J. Wildman (New York: Routledge, 1996), 18.
6) Alister E. McGrath, *A Scientific Theology: 1. Nature* (Edinburgh: T. & T. Clark, [2002] 2006), 181-84.
7) Mandy Garner, "To Infinities and Beyond ..." *Cambridge Alumni Magazine 58* (2003): 33.
8) Arthur Peacocke, *God and Science: A Quest for Christian Credibility* (London: SCM, 1996), 4.
9) Stephen Hawking, *A Brief History of Time: From the Big Bang to Black Holes* (London: Bantam, 1988), x.
10) Ian G. Barbour, *Religion and Science: Historical and Contemporary Issues*, 1st HarperCollins rev. ed. (New York: HarperOne, 1997), 77-105.
11) John Hedley Brooke, *Science and Religion: Some Historical Perspectives*, Cambridge History of Science (Cambridge: Cambridge University Press, 1991), 42.
12) Norman Cohn, *Noah's Flood: The Genesis Story in Western Thought* (New Haven: Yale University Press, 1996), 95-96.
13) Robert Morgan and John Barton, *Biblical Interpretation* (Oxford: Oxford University Press, 1988), 179.
14) Denis O. Lamoureux, *Evolutionary Creation: A Christian Approach to Evolution* (Cambridge: Lutterworth, 2008), 22.
15) Stephen C. Barton and David Wilkinson, "Introduction," in *Reading Genesis after Darwin*, ed. Stephen C. Barton and David Wilkinson (Oxford: Oxford University Press, 2009), xi.
16) Claus Westermann, *Creation* (Philadelphia: Fortress, 1974), 3-4.
17) Claus Westermann, *Creation* (Philadelphia: Fortress, 1974), 36-37.

## 2장

1 Michael J. Buckley, *At the Origins of Modern Atheism* (New Haven: Yale University Press, 1987), 118.
2 Ibid., 137-138.
3 Paul Copan and William Lane Craig, *Creation out of Nothing: A Biblical, Philosophical, and Scientific Exploration* (Grand Rapids, MI: Apollos and Baker Academic, 2004), 160-161; Keith Ward, *The*

*Big Questions in Science and Religion* (West Conshohocken, PA: Templeton Press, 2008), 120.

4 John Polkinghorne, *Science and Religion in Quest of Truth* (London: SPCK, 2011), 62-65.

5 Werner Heisenberg, *Physics and Philosophy: The Revolution in Modern Science*, 1st Harper Perennial Modern Classics ed. (London: Penguin, 1989), 174.

6 예를 들면, George F. R. Ellis, "Multiverses and Ultimate Causation," in *Creation: Law and Probability*, ed. Fraser Watts(Aldershot: Ashgate, 2008).

7 Ward, 120-123, 233-239.

8 Peter Harrison, "The Development of the Concept of Laws of Nature," in *Creation: Law and Probability*, ed. Fraser Watts (Aldershot: Ashgate, 2008).

9 Ernest Lucas, *Can We Believe Genesis Today? The Bible and the Questions of Science* (Nottingham: IVP, [1989] 2005), 38.

10 Alister E. McGrath, *A Scientific Theology: 1. Nature* (Edinburgh: T. & T. Clark, [2002] 2006a), 227-228.

11 Harrison, 27-28.

12 예를 들면, Stephen Hawking and Leonard Mlodinow, *The Grand Design* (London: Bantam, 2010), 180.

13 Keith Ward, *God, Chance and Necessity* (Oxford: Oneworld, 1996a), 28.

14 McGrath, 212-214.

15 Alister E. McGrath, *A Scientific Theology: 2. Reality* (Edinburgh: T. & T. Clark, [2002] 2006b), 154.

16 Stephen Jay Gould, *Wonderful Life: The Burgess Shale and the Nature of History* (London: Vintage, [1990] 2000), 278.

17 John Polkinghorne, *Science and Christian Belief: Theological Reflections of a Bottom-up Thinker* (London: SPCK, 1994); John Polkinghorne, *Science and Theology: An Introduction*(London: SPCK, 1998).

18 Geoffrey P. Dobson, *A Chaos of Delight: Science, Religion and Myth and the Shaping of Western Thought* (London: Equinox, 2005).

19 Peter E. Hodgson, *Theology and Modern Physics* (Aldershot: Ashgate, 2005).

20 Dobson, 300.

21 William R. Stoeger, "God, Physics and the Big Bang," in *The Cambridge Companion to Science and Religion*, ed. Peter Harrison (Cambridge: Cambridge University Press, 2010), 175-176.

22 Ibid., 178; Hawking and Mlodinow, 134-135.

23 예를 들면, Stephen Hawking, *A Brief History of Time: From the Big Bang to Black Holes* (London: Bantam, 1988), 136.

24 Austin Farrer, *A Science of God?* (London: SPCK, [1966] 2009), 42-43.

25 예를 들면, Dobson, 342.

26 Polkinghorne, *Science and Religion in Quest of Truth,* 59.

27 Arthur Peacocke, "The Cost of New Life," in *The Work of Love*, ed. John Polkinghorne(Grand Rapids, MI: Eerdmans, 2001), 26.

28 Hodgson, 186.

29 Ian G. Barbour, *Religion and Science: Historical and Contemporary Issues* (New York: HarperOne, 1997), 212.

30 Kevin Sharpe and Jonathan Walgate, "The Emergent Order," *Zygon* 38, (2003): 422.

31 Gould, 14.

32 Simon Conway Morris, *Life's Solution: Inevitable Humans in a Lonely Universe* (Cambridge: Cambridge University Press, 2003), 282.

33 Ibid., 157.

34 Ibid., xv-xvi.

35 Alister E. McGrath, *A Scientific Theology: 3. Theology* (Edinburgh: T. & T. Clark, [2003] 2006c), 269.

36 David Fergusson, *The Cosmos and the Creator: An Introduction to the Theology of Creation* (London: SPCK, 1998), 57; Lucas, 113-114.

37 Hodgson, 145-171.

38 Fraser Watts, "Concepts and Law and Probability in Theology and Science," in *Creation: Law and Probability*, ed. Fraser Watts (Aldershot: Ashgate, 2008), 3.

39 John S. Wilkins, "Could God Creat Darwinian Accidents?," *Zygon* 47, (2012).

40 Denis O. Lamoureux, *Evolutionary Creation: A Christian Approach to Evolution* (Cambridge: Lutterworth, 2008), xiv, 377.

## 3장

1 Terence E. Fretheim, *God and World in the Old Testament: A Relational Theology of Creation* (Nashville: Abingdon Press, 2005), 33.

2 Gordon J. Wenham, *Genesis 1-15: Word Biblical Commentary Volume 1* (Nashville, TN: Thomas Nelson, 1987), 8-9.

3 John Day, *Psalms*(Sheffield: Sheffield Academic Press, 1992), 41-42; John Day, *Yahweh and the Gods and Goddesses of Canaan* (Sheffield: Sheffield Academic Press, 2000), 101.

4 예를 들면, Wenham, 6-7.

5 Claus Westermann, *Genesis 1-11: A Commentary* (London: SPCK, 1984), 89.

6 Victor P. Hamilton, *The Book of Genesis Chapters 1-17* (Grand Rapids, MI: Eerdmans, 1990), 56.

7 Fretheim, 36-48.

8 Gerald L. Schroeder, *Genesis and the Big Bang: The Discovery of Harmony between Modern Science and the Bible* (New York: Bantam, [1990] 1992), 84-89; Pirooz Fatoorchi, "Four Conceptions of Creatio Ex Nihilo and the Compatibility Questions," in *Creation and the God of Abraham*, ed. David B. Burrell, Carlo Cogliati, and Janet M. Soskice (Cambridge: Cambridge University Press, 2010), 101.

9 Robert Jastrow, *God and the Astronomers* (New York: W. W. Norton, 1992), 104-105.

10 Ibid., 107.

11 예를 들면, Hamilton, 53-55; Ernest Lucas, *Can We Believe Genesis Today? The Bible and the Questions of Science* (Nottingham: IVP, [1989] 2005).

12 예를 들면, Andrew Parker, *The Genesis Enigma* (London: Doubleday, 2009); John C. Lennox, *Seven Days That Divide the World: The Beginning According to Genesis and Science* (Grand Rapids, MI: Zondervan, 2011), 142-144.

13 예를 들면, Lennox, 54-55, 60-63.

14 John C. Whitcomb and Henry M. Morris, *The Genesis Flood: The Biblical Record and Its Scientific Implications* (Phillipsburg, NJ: Presbyterian and Reformed Pub. Co., 1961), 228.

15 Richard S. Briggs, "The Hermeneutics of Reading Genesis after Darwin," in *Reading Genesis after Darwin*, ed. Stephen C. Barton and David Wilkinson (Oxford: Oxford University Press, 2009), 66-67.

16 Ted Burge, *Science and the Bible: Evidence-Based Christian Belief* (Philadelphia, PA: Templeton Foundation Press, 2005), 82-83.

17 Stanley L. Jaki, "The Universe in the Bible and in Modern Science," *Ex auditu 3*, (1987): 139.

18 Whitcomb and Morris, 238-239.

19 Ibid., 229.

20 Ibid., 77, 121, 240-258, 326.

21 Louis Ginzberg, *Legends of the Jews. Volume One: Bible Times and Characters from the Creation to Moses in the Wilderness* (Philadelphia. PA: Jewish Publication Society, 2003), 12. ; Genesis Rabbah IV: 2.

22 Ibid., 147.

23 Day, *Yahweh and the Gods and Goddesses of Canaan*, 100.

24 David Wilkinson, "Reading Genesis 1-3 in the Light of Modern Science," in *Reading Genesis after Darwin*, ed. Stephen C. Barton and David Wilkinson (Oxford: Oxford University Press, 2009a), 135-136.

25 예를 들면, Lennox.

26 James Barr, *Fundamentalism* (London: SCM, [1977] 1981), 40-42.

27 Schroeder, 52-54.

28 Ibid., 53.

29 Hermann Gunkel, *Genesis*, trans., Mark E. Biddle (Macon, GA: Mercer University Press, 1997), 108-109; Westermann, 33-34, 115-117; Wenham, 8.

30 예를 들면, Geoffrey P. Dobson, *A Chaos of Delight: Science, Religion and Myth and the Shaping of Western Thought* (London: Equinox, 2005).

31 J. W. Rogerson, *Myth in Old Testament Interpretation* (Berlin: De Gruyter, 1974); Robert A. Jr Oden, "Myth and Mythology," in *The Anchor Bible Dictionary*, ed. D. N. Freeman (New York: Doubleday, 1992b); Robert A. Segal, "What Is 'Mythic Reality'?," *Zygon* 46, (2011).

32 Richard E. Averbeck, "Ancient near Eastern Mythography as It Relates to Historiography in the Hebrew Bible: Genesis 3 and the Cosmic Battle," in *The Future of Biblical Archaeology: Reassessing Methodologies and Assumptions*, ed. James K. Hoffmeier and Alan Millard (Grand Rapids, MI: Eerdmans, 2004), 330-334.

33 John H. Walton, *The Lost World of Genesis One: Ancient Cosmology and the Origins Debate* (Downers Grove, IL: IVP, 2009), 84.

34 Ibid., 92.

35 Margaret Barker, *Creation: A Biblical Vision for the Environment* (London: T. & T. Clark, 2010), 22.

36 William P. Brown, *The Seven Pillars of Creation: The Bible, Science, and the Ecology of Wonder* (Oxford ; New York: Oxford University Press, 2010), 40-42.

37 Fretheim, 40-41.

38 Claus Westermann, *Creation* (Philadelphia: Fortress, 1974), 17-19.

39 Ibid., 190.

40 Wenham, 49-51.

41 John J Bimson, "Doctrines of the Fall and Sin after Darwin," in *Theology after Darwin*, ed. Michael S. Northcott and R. J. Berry(Milton Keyes: Paternoster, 2009), 120-122; Michael J. Murray, *Nature Red in Tooth and Claw: Theism and the Problem of Animal Suffering* (Oxford: Oxford University Press, [2008] 2011), 74-80.

42 Hamilton, 156.

43 Brown, 95.

44 예를 들면, 아담과 하와를 속인 뱀에 관해서 Whitcomb and Morris, 464-466. 참조; 하나님께서 하와를 만드시기 위해 아담에게 행한 외과 수술에 관해서는 Leander R. Pimenta, *Fountains of the Great Deep* (Chichester: New Wine Press, 1984), 112. 참조

45 Hamilton, 156-158.

46 창세기 3:22; Wenham, 52-53. 참조

47 Bimson, 108.

48 Wenham, 91.

49 Westermann, *Genesis 1-11: A Commentary*, 196-197.

50 Wenham, 91; Bimson, 109.

51 Bimson, 109.

52 Westermann, *Genesis 1-11: A Commentary*, 212-214; Wenham, 62-64; Hamilton, 162-166.

53 James Barr, *Escaping from Fundamentalism* (London: SCM, 1984), 33-34.

54 Ibid., 34.

55 Hamilton, 52.

56 C. John Collins, *Did Adam and Eve Really Exist? Who They Were and Why It Matters* (Nottingham: IVP, 2011), 66-92.

57 J. W. Rogerson, *The Supernatural in the Old Testament* (Guildford: Lutterworth Press, 1976), 30.

58 Richard F. Carlson and Tremper Longman III, *Science, Creation and the Bible: Reconciling Rival Theories of Origins* (Downers Grove, IL: IVP, 2010), 134-141.

## 4장

1 Walter Brueggemann, *Theology of the Old Testament: Testimony, Dispute, Advocacy* (Minneapolis: Fortress Press, 1997), 163-164.

2 Terence E. Fretheim, *God and World in the Old Testament: A Relational Theology of Creation* (Nashville: Abingdon Press, 2005).

3 Ibid., 16.

4 Ibid., 270-272.

5 Ibid., 110-131.

6 Richard E. Averbeck, "Ancient near Eastern Mythography as It Relates to Historiography in the Hebrew Bible: Genesis 3 and the Cosmic Battle," in *The Future of Biblical Archaeology: Reassessing Methodologies and Assumptions*, ed. James K. Hoffmeier and Alan Millard (Grand Rapids, MI: Eerdmans, 2004).

7 John Day, *God's Conflict with the Dragon and the Sea: Echoes of a Canaanite Myth in the Old Testament* (Cambridge: Cambridge University Press, 1985); John Day, *Yahweh and the Gods and Goddesses of Canaan* (Sheffield: Sheffield Academic Press, 2000), 98-127.

8 Frank Moore Cross, *Canaanite Myth and Hebrew Epic: Essays in the History of the Religion of Israel* (Cambridge, MA: Harvard University Press, 1973), 91-111.

9 Day, *Yahweh and the Gods and Goddesses of Canaan*, 102-103.

10 William P. Brown, *The Seven Pillars of Creation: The Bible, Science, and the Ecology of Wonder* (Oxford ; New York: Oxford University Press, 2010), 141.

11 Alister E. McGrath, *A Scientific Theology: 1. Nature* (Edinburgh: T. & T. Clark, [2002] 2006a), 146.

12 Robert A. Jr Oden, "Cosmogony, Cosmology," in *The Anchor Bible Dictionary*, ed. D. N. Freeman (New York: Doubleday, 1992a), 1166-1167.

13 Brown, 133.

14 Ibid., 186.

15 Gerhard von Rad, *Wisdom in Israel* (London: SCM, 1972), 148.

16 Oden, 1167.

17 Katharine Dell, *'Get Wisdom, Get Insight': An Introduction to Israel's Wisdom Literature* (London:

Darton, Longman & Todd, 200), 20.

18 Roland L. Murphy, "Wisdom in the O.T.," in *The Anchor Bible Dictionary*, ed. D. N. Freedman (New York: Doubleday, 1992), 927.

19 Day, *Yahweh and the Gods and Goddesses of Canaan*, 100.

20 Thomas H. Tobin, "Logos," in *The Anchor Bible Dictionary*, ed. D. N. Freedman (New York: Doubleday, 1992).

21 Stephen C. Barton, "'Male and Female He Created Them' (Genesis 1:27): Interpreting Gender after Darwin," in *Reading Genesis after Darwin*, ed. Stephen C. Barton and David Wilkinson (Oxford: Oxford University Press, 2009), 194-195.

22 John Macquarrie, *Jesus Christ in Modern Thought* (London: SCM, 1990), 43-44, 107-110; Arthur Peacocke, "The Incarnation of the Informing Self-Expressive Word of God," in *Religion & Science: History, Method, Dialogue*, ed. W. Mark Richardson and Wesley J. Wildman (New York: Routledge, 1996), 327.

23 Keith Ward, *The Word of God? The Bible after Modern Scholarship* (London: SPCK, 2010), 78-79.

24 Celia Deane-Drummond, *Christ and Evolution: Wonder and Wisdom* (Minneapolis, MN: Fortress, 2009), 100-107.

25 예를 들면, James D. G. Dunn, *Christology in the Making: A New Testament Inquiry into the Origins of the Doctrine of the Incarnation* (London: SCM, [1980] 1989), 251-258.

26 예를 들면, Larry W. Hurtado, *How on Earth Did Jesus Become a God? Historical Questions About Earliest Devotion to Jesus* (Grand Rapids, MI: Eerdmans, 2005), 29-30.

27 예를 들면, Larry W. Hurtado, *Lord Jesus Christ: Devotion to Jesus in Earliest Christianity* (Grand Rapids, MI: Eerdmans, 2003), 78.

28 Dunn, 259.

29 Wolfhart Pannenberg, *Jesus: God and Man* (London: SCM, 1968), 390-397.

30 Ibid., 396.

31 David Fergusson, *The Cosmos and the Creator: An Introduction to the Theology of Creation* (London: SPCK, 1998), 18.

32 예를 들면, Christopher Southgate, The *Groaning of Creation: God, Evolution, and the Problem of Evil* (Louisville, KY: Westminster John Knox, 2008); Denis Edwards, "Hope for Creation after Darwin: The Redemption of 'All Things'," in *Theology after Darwin*, ed. Michael S. Northcott and R. J. Berry (Milton Keyes: Paternoster, 2009).

33 Richard A. Jr Norris, *The Christological Controversy* (Philadelphia, PA: Fortress, 1980), 159.

34 James D. G. Dunn, *Jesus, Paul, and the Gospels* (Grand Rapids, MI: Eerdmans, 2011), 180.

35 *Against Heresies* IV, 서문 3.

36 Brueggemann, 63.

37 James P. Mackey, *Christianity and Creation: The Essence of the Christian Faith and Its Future among Religions. A Systematic Theology* (New York: Continuum, 2006), 39-40, 47-48.

38 Augustine, *Questionum in Heptateuchum* 2: 73 [J. N. D. Kelly, *Early Christian Doctrines* (London: A. & C. Black, [1960] 1977), 69.에서 재인용]

39 John Webster, *Holy Scripture: A Dogmatic Sketch* (Cambridge: Cambridge University Press, 2003), 21.

40 예를 들면, David G. Horrell, *The Bible and the Environment: Towards a Critical Ecological Biblical Theology* (London: Equinox, 2010), 60-61.

41 David Wilkinson, "Worshipping the Creator God: The Doctrine of Creation," in *Darwin, Creation and the Fall: Theological Challenges*, ed. R. J. Berry and Thomas A. Noble (Nottingham: Apollos, 2009b), 20.

42 Alister E. McGrath, *A Scientific Theology: 2. Reality* (Edinburgh: T. & T. Clark, [2002] 2006b), 246.

43 Daniel W. Hardy, *God's Ways with the World: Thinking and Practising Christian Faith* (Edinburgh: T. & T. Clark, 1996), 169.


# 5장

1 Alister E. McGrath, *A Scientific Theology: 1. Nature* (Edinburgh: T. & T. Clark, [2002] 2006a), 81-133.

2 E. P. Sanders, *The Historical Figure of Jesus* (London: Penguin, 1993), 142.

3 Y. K. Bentor, "Geological Events in the Bible," *Terra Nova* 1, (1989): 327-328.

4 Claus Westermann, *Genesis 1-11: A Commentary* (London: SPCK, 1984), 175.

5 J. W. Rogerson, "The Old Testament View of Nature: Some Preliminary Questions," in *Instruction and Interpretation: Studies in Hebrew Language, Palestinian Archaeology and Biblical Exegesis*, ed. A. S. van der Woude (Leiden: Brill, 1977), 73.

6 Eryl W. Davies, *Numbers*, New Century Bible Commentary (Grand Rapids, MI: Eerdmans, 1995), 176-177.

7 예를 들면, Mary Douglas, *Purity and Danger: An Analysis of Concept of Pollution and Taboo* (London: Routledge, [1966] 2002), 93-95.

8 Nick Wyatt, *The Mythic Mind: Essays on Cosmology and Religion in Ugaritic and Old Testament Literature* (London: Equinox, 2005), 172.

9 Mark Corner, *Signs of God: Miracles and Their Interpretation* (Aldershot: Ashgate, 2005), 179-195.

10 Ibid., 179.

11 W. Waite Willis, "A Theology of Resurrection: Its Meaning for Jesus, Us, and God," in *Resurrection: The Origin and Future of a Biblical Doctrine*, ed. James H. Charlesworth (New York: T. & T. Clark, 2006), 187-188.

12 Antiquities Ⅱ: 16.5

13 Robert Bartlett, *The Natural and the Supernatural in the Middle Ages: The Wiles Lecture Given at the Queen's University of Belfast, 2006* (Cambridge: Cambridge University Press, 2008), 110.

14 William P. Brown, *The Seven Pillars of Creation: The Bible, Science, and the Ecology of Wonder* (Oxford ; New·York: Oxford University Press, 2010), 17-18. 참조

15 Jens Høyrup, "Mathematics, Algebra, and Geometry," in *The Anchor Bible Dictionary*, ed. D. N. Freedman (New York: Doubleday, 1992). 참조

16 J. W. Rogerson, *Myth in Old Testament Interpretation* (Berlin: De Gruyter, 1974), 182-183. 187; Rogerson, "The Old Testament View of Nature: Some Preliminary Questions."; J. W. Rogerson, "The Word-View of the Old Testament," in *Beginning Old Testament Study*, ed. John Rogerson(London: SPCK, 1983).

17 J. W. Rogerson, *The Supernatural in the Old Testament* (Guildford: Lutterworth Press, 1976), 5.

18 Keith Ward, *The Big Questions in Science and Religion* (West Conshohocken, PA: Templeton Press, 2008), 217-218.

19 Rogerson, "The Word-View of the Old Testament," 56-57.

20 H. Frankfort et al., *Before Philosophy: The Intellectual Adventure of Ancient Man. An Essay on Speculative Thought in the Ancient near East* (Harmondsworth: Penguin, [1946], 1949). 참조.

21 Confessions XI: 1, 13-14; City of God XI: 6.

22 Claus Westermann, *Creation* (Philadelphia: Fortress, 1974), 43.

23 Genesis Rabbah Ⅲ: 7.

24 Genesis Rabbah I : 4; Louis Ginzberg, *Legends of the Jews. Volume One: Bible Times and Characters from the Creation to Moses in the Wilderness* (Philadelphia. PA: Jewish Publication Society, 2003), 1; Robert Graves and Raphael Patai, *Hebrew Myths: The Book of Genesis* (Manchester: Carcanet, [1963] 2005), 45.

25 James L. Kugel, *The Bible as It Was* (Cambridge, MA: Belknap Press, 1997), 53-56.

26 William R. Stoeger, "God, Physics and the Big Bang," in *The Cambridge Companion to Science and Religion*, ed. Peter Harrison (Cambridge: Cambridge University Press, 2010), 178-180.

27 Jürgen Moltmann, *God in Creation: A New Theology of Creation and the Spirit of God* (London: SCM, 1985), 276.

28 Terence E. Fretheim, *God and World in the Old Testament: A Relational Theology of Creation* (Nashville: Abingdon Press, 2005), 63.

29 Ted Peters, "Cosmos as Creation," in *Cosmos as Creation: Theology and Science in Consonance*, ed. Ted Peters(Nashville, TN: Abingdon, 1989), 86-87.

30 Oscar Cullmann, *Christ and Time: The Primitive Christian Conception of Time and History* (London: SCM, 1951), 52.

31 Ibid., 32.

32 Ibid., 63.

33 John R. Albright, "Time and Eternity: Hymnic, Biblical, Scientific, and Theological Views," *Zygon* 44, (2009): 991; David Wilkinson, *Christian Eschatology and the Physical Universe* (London: T. & T. Clark, 2010), 120.

34 Antje Jackelén, "A Relativistic Eschatology: Time, Eternity, and Eschatology in Light of the Physics of Relativity," *Zygon* 41, (2006): 966.

35 Antje Jackeleén, *Time and Eternity: The Question of Time in Church, Science, and Theology* (Philadelphia, PA: Templeton Foundation Press, 2005), 74.

36 Wilkinson, 129.

37 Paul D. Hanson, *The Dawn of Apocalyptic*, Rev. ed. (Philadelphia, PA: Fortress, 1975), 11-12.

38 Kathleen S. Nash, "Time," in *Eerdmans Dictionary of the Bible*, ed. David Noel Freedman, Allen C. Myers, and Astrid C. Beck (Grand Rapids, MI: Eerdmans, 2000), 1310.

39 Ward, 120-123. 132-33.

40 *Confessions* XI: 1, 11, 31.

41 Fretheim, 25.

42 Wilkinson, 126.

43 Wolfhart Pannenberg, "Eternity, Time, and Space," *Zygon* 40, (2005): 102.

44 Robert John Russell, "Eschatology and Physical Cosmology: Preliminary Reflection," in *The Far-Future Universe: Eschatology from a Cosmic Perspective*, ed. George F. R. Ellis (Philadelphia, PA: Templeton Foundation Press, 2002a), 275, 301-302; Pannenberg, "Eternity, Time, and Space."; Jackelén, "A Relativistic Eschatology: Time, Eternity, and Eschatology in Light of the Physics of Relativity."

45 Jackelén, 82, 116-117.

46 Norman Cohn, *Noah's Flood: The Genesis Story in Western Thought* (New Haven: Yale University Press, 1996), 94-96.

47 J. Maxwell Miller and John H. Hayes, *A History of Ancient Israel and Judah*, 1st ed. (London: SCM, 1986), 58-59.

48 Lloyd R. Bailey, *Noah: The Person and the Story in History and Tradition*, 1st ed. (Columbia, SC: University of South Carolina Press, 1989), 124.

49 Iain Provan, V. Philips Long, and Tremper Longman, *A Biblical History of Israel* (Louisville,

KY: Westminster John Knox Press, 2003), 131-2.

50 Mordecai Cogan, "Chronology," in *The Anchor Bible Dictionary*, ed. D. N. Freedman (New York: Doubleday, 1992), 1005.

51 Miller and Hayes, 353-365.

52 예를 들면, Philip S. Alexander, "Early Jewish Geography," in *The Anchor Bible Dictionary*, ed. D. N. Freedman (New York: Doubleday, 1992), 979.

53 Lesley B. Cormack, "That Medieval Christians Taught That the Earth Was Flat," in *Galileo Goes to Jail and Other Myths About Science and Religion*, ed. Ronald L. Numbers (Cambridge, MA: Harvard University Press, 2009).

54 Ellen van Wolde, "Why the Verb ברא Does Not Mean 'to Create' in Genesis 1.1-2.4a," *Journal for the Study of the Old Testament* 34, (2009): 9. 참조

55 Robert A. Jr Oden, "Cosmogony, Cosmology," in *The Anchor Bible Dictionary*, ed. D. N. Freeman(New York: Doubleday, 1992a), 1169. 참조

56 Ginzberg, 5-6.

57 Rudolf Bultmann, *Jesus Christ and Mythology* (London: SCM, 1960), 15, 20.

58 G. B. Caird, *The Language and Imagery of the Bible* (London: Duckworth, 1980), 120-121.

59 E. L. Mascall, *Christian Theology and Natural Science: Some Questions on Their Relations* (London: Longmans, Green, 1956), 26.

60 Ibid., 27.

61 Jon D. Levenson, *Sinai and Zion: An Entry into the Jewish Bible* (New York: HarperSanFrancisco, 1985), 141-142.

62 Fretheim, 260-261.

63 Frank Moore Cross, *Canaanite Myth and Hebrew Epic: Essays in the History of the Religion of Israel* (Cambridge, MA: Harvard University Press, 1973), 193-194.

64 Levenson, 89-90.

# 6장

1 William R. Stoeger, "God, Physics and the Big Bang," in *The Cambridge Companion to Science and Religion*, ed. Peter Harrison (Cambridge: Cambridge University Press, 2010), 181.

2 Keith Ward, *Religion and Creation* (Oxford: Clarendon, 1996b), 290.

3 David Fergusson, "Darwin and Providence," in *Theology after Darwin*, ed. Michael S. Northcott and R. J. Berry (Milton Keynes: Paternoster, 2009), 77.

4 Wolfhart Pannenberg, *Systematic Theology: Volume 2*, trans., Geoffrey W. Bromiley (Edinburgh: T. & T. Clark, 1994), 40.

5 *The Christian Faith*, §38; Pannenberg, ibid., 42. 참조

6 Paul Copan and William Lane Craig, *Creation out of Nothing: A Biblical, Philosophical, and Scientific Exploration* (Grand Rapids, MI: Apollos and Baker Academic, 2004), 148-165.

7 Pannenberg, 35.

8 Ibid., 122, n. 323.

9 Ian G. Barbour, *Religion and Science: Historical and Contemporary Issues* (New York: HarperOne, 1997), 284-304.

10 John Polkinghorne, *Science and Theology: An Introduction* (London: SPCK, 1998), 81.

11 John Polkinghorne, *Science and Christian Belief: Theological Reflections of a Bottom-up Thinker* (London: SPCK, 1994), 79; J. Wentzel van Huyssteen, *Duet or Duel? Theology and Science in a*

*Postmodern World* (London: SCM, 1998), 105.

12  Copan and Craig, 18.

13  Robert John Russell, "T = 0: Is It Theologically Significant?," in *Religion and Science: History, Method, Dialogue*, ed. W. Mark Richardson and Wesley J. Wildman (New York: Routledge, 1996), 208-209.

14  Polkinghorne, *Science and Christian Belief: Theological Reflections of a Bottom-up Thinker*, 76.

15  Aubrey Moore, "The Christian Doctrine of God," in *Lux Mundi: A Series of Studies in the Religion of the Incarnation*, ed. Charles Gore (London: John Murray, [1889] 1891), 73.

16  James P. Mackey, *Christianity and Creation: The Essence of the Christian Faith and Its Future among Religions. A Systematic Theology* (New York: Continuum, 2006), 34.

17  Arthur Peacocke, "The Cost of New Life," in *The Work of Love*, ed. John Polkinghorne (Grand Rapids, MI: Eerdmans, 2001), 23.

18  Claus Westermann, *Genesis 1-11: A Commentary* (London: SPCK, 1984), 108-109. 174.

19  Copan and Craig, 124-145.

20  Frances Young, "'Creatio Ex Nihilo': A Context for the Mergence of the Christian Doctrine of Creation," *Scottish Journal of Theology* 44, (1991).

21  Andrew Louth, "The Six Days of Creation According to the Greek Fathers," in *Reading Genesis after Darwin*, ed. Stephen C. Barton and David Wilkinson (Oxford: Oxford University Press, 2009), 42.

22  Victor P. Hamilton, *The Book of Genesis Chapters 1-17* (Grand Rapids, MI: Eerdmans, 1990), 103-108; Copan and Craig, 36-49; Terence E. Fretheim, *God and World in the Old Testament: A Relational Theology of Creation* (Nashville: Abingdon Press, 2005), 35; Margaret Barker, *Creation: A Biblical Vision for the Environment* (London: T. & T. Clark, 2010), 131.

23  David Fergusson, *The Cosmos and the Creator: An Introduction to the Theology of Creation* (London: SPCK, 1998), 12-13.

24  Copan and Craig, 79.

25  Alister E. McGrath, *A Scientific Theology: 1. Nature* (Edinburgh: T. & T. Clark, [2002] 2006a), 160-161.

26  Louth, 43.

27  Westermann, 108.

28  Copan and Craig, 27.

29  David G. Horrell, *The Bible and the Environment: Towards a Critical Ecological Biblical Theology* (London: Equinox, 2010), 49-61.

30  Hans-Joachim Kraus, *Psalms 60–150: A Commentary* (Minneapolism, MN: Augsburg, 1989), 304.

31  Westermann, 175.

32  Fretheim, 4-9.

33  John H. Walton, *The Lost World of Genesis One: Ancient Cosmology and the Origins Debate* (Downers Grove, IL: IVP, 2009), 39-44.

34  Westermann, 34-35.

35  Ellen van Wolde, "Why the Verb ברא Does Not Mean 'to Create' in Genesis 1.1-2.4a," *Journal for the Study of the Old Testament* 34, (2009).

36  Copan and Craig, 49-59.

37  Westermann, 86-87, 98-100.

38  Ibid., 42.

39  J. W. Rogerson, *Myth in Old Testament Interpretation* (Berlin: De Gruyter, 1974), 160-161.

40  Terence L. Nichols, "Evolution: Journey or Random Walk?," *Zygon* 37, (2002): 202.

## 7장

1 예를 들면, Celia Deane-Drummond, *Christ and Evolution: Wonder and Wisdom* (Minneapolis, MN: Fortress, 2009), 221.

2 Henri Blocher, "The Theology of the Fall and the Origins of Evil," in *Darwin, Creation and the Fall: Theological Challenges*, ed. R. J. Berry and Thomas A. Noble (Nottingham: Apollos, 2009), 169.

3 R. J. Berry and T. A. Noble, "Foreword," in *Darwin, Creation and the Fall: Theological Challenges*, ed. R. J. Berry and T. A. Noble (Nottingham: Apollos, 2009), 12.

4 Stephen Lloyd, "Christian Theology and Neo-Darwinism Are Incompatible: An Argument from the Resurrection," in *Debating Darwin. Two Debates: Is Darwinsim True and Does It Matter?*, ed. Graeme Finlay et al. (Milton Keynes: Paternoster, 2009), 1.

5 Ibid., 24-25.

6 Phil Hills and Norman Nevin, in *Should Christians Embrace Evolution? Biblical and Scientific Responses*, ed. Norman C. Nevin (Nottingham: IVP, 2009), 210.

7 R. J. Berry, "This Cursed Earth: Is 'the Fall' Credible?," *Science and Christian Belief* 11, (1999): 35.

8 Francisco J. Ayala, "Being Human after Darwin," in *Theology after Darwin*, ed. Michael S. Northcott and R. J. Berry (Milton Keyes: Paternoster, 2009), 91-94.

9 Richard Dawkins, *River out of Eden: A Darwinian View of Life* (London: Weidenfeld & Nicolson, 1995), 44-57.

10 Denis R. Alexander, *Creation or Evolution? Do We Have to Choose?* (Oxford: Monarch, 2008), 224.

11 R. J. Berry, *God and Evolution: Creation, Evolution and the Bible* (Vancouver: Regent College Publishing, [1988] 2001), 72.

12 Ayala, 94.

13 Berry, "This Cursed Earth: Is 'the Fall' Credible?," 38-39; Alexander, 241.

14 E. K. Victor Pearce, *Who Was Adam?* (Exeter: Paternoster, [1969] 1976), 63.

15 John J Bimson, "Doctrines of the Fall and Sin after Darwin," in *Theology after Darwin*, ed. Michael S. Northcott and R. J. Berry(Milton Keyes: Paternoster, 2009), 115; Blocher, 171-172.

16 Blocher, 155-156.

17 James L. Kugel, *The Bible as It Was* (Cambridge, MA: Belknap Press, 1997), 68-69. 참조.

18 Bimson, 113.

19 Gordon J. Wenham, *Genesis 1-15: Word Biblical Commentary Volume 1* (Nashville, TN: Thomas Nelson, 1987), 85.

20 Terence E. Fretheim, *God and World in the Old Testament: A Relational Theology of Creation* (Nashville: Abingdon Press, 2005), 77.

21 Kugel, 69-71.

22 Claus Westermann, *Creation* (Philadelphia: Fortress, 1974), 109.

23 Ibid., 120-121.

24 J. N. D. Kelly, *Early Christian Doctrines* (London: A. & C. Black, [1960] 1977), 354. 363.

25 예를 들면, R. J. Berry, "Did Darwin Dethrone Humankind?," in *Darwin, Creation and the Fall: Theological Challenges*, ed. R. J. Berry and T. A. Noble (Nottingham: Apollos, 2009), 67-68.

26 Graeme Finlay and Stephen Pattemore, "Christian Theology and Neo-Darwinism Are Compatible," in *Debating Darwin. Two Debates: Is Darwinsim True and Does It Matter?*, ed. Graeme Finlay et al. (Milton Keynes: Paternoster, 2009), 61-63.

27 Alexander, 250-276.

28 David Anderson, "Creation, Redemption and Eschatology," in *Should Christians Embrace Evolution? Biblical and Scientific Responses*, ed. Norman C. Nevin (Nottingham: IVP, 2009), 89.

29 Berry, "Did Darwin Dethrone Humankind?," 67-68.

30 Lloyd, 5.

31 예를 들면, John H. Walton, "Human Origins and the Bible," *Zygon* 47, no. 4 (2012).

32 C. John Collins, *Did Adam and Eve Really Exist? Who They Were and Why It Matters* (Nottingham: IVP, 2011), 130-131.

33 Peter Enns, *The Evolution of Adam: What the Bible Does and Doesn't Say About Human Origins* (Grand Rapids, MI: Brazos, 2012), 121.

34 John Ziesler, *Paul's Letter to the Romans* (London: SMC, 1989), 147.

35 James D. G. Dunn, *Romans 1-8* (Dallas, TX: Word, 1988), 290.

36 T. A. Noble, "Original Sin and the Fall: Definitions and a Proposal," in *Darwin, Creation and the Fall: Theological Challenges*, ed. R. J. Berry and Thomas A. Noble (Nottingham: Apollos, 2009), 116-120.

37 Berry, "Did Darwin Dethrone Humankind?," 67.

## 8장

1 David G. Horrell, *The Bible and the Environment: Towards a Critical Ecological Biblical Theology* (London: Equinox, 2010), 90-95.

2 Christopher Southgate, *The Groaning of Creation: God, Evolution, and the Problem of Evil* (Louisville, KY: Westminster John Knox, 2008), 40.

3 Michael J. Murray, *Nature Red in Tooth and Claw: Theism and the Problem of Animal Suffering* (Oxford: Oxford University Press, [2008] 2011), 74.

4 <www.darwinproject.ac.uk/entry-1924>에서 확인 가능.

5 Christopher Southgate, "Re-Reading Genesis, John, and Job: A Christian Response to Darwinism," *Zygon* 46, no. 2 (2011): 384.

6 Michael Ruse, "Atheism, Naturalism and Science: Three in One?," in *The Cambridge Companion to Science and Religion*, ed. Peter Harrison (Cambridge: Cambridge University Press, 2010), 234.

7 Celia Deane-Drummond, *Christ and Evolution: Wonder and Wisdom* (Minneapolis, MN: Fortress, 2009), 166-167.

8 Ted Peters, "Constructing a Theology of Evolution: Building on John Haught," *Zygon* 45, (2010): 930.

9 Michael Ruse, *Can a Darwinian Be a Christian? The Relationship between Science and Religion* (Cambridge: Cambridge University Press, 2001), 205.

10 Ibid., 210.

11 Arthur Peacocke, "The Cost of New Life," in *The Work of Love*, ed. John Polkinghorne (Grand Rapids, MI: Eerdmans, 2001), 37.

12 Southgate, "Re-Reading Genesis, John, and Job: A Christian Response to Darwinism," 388.

13 Southgate, *The Groaning of Creation: God, Evolution, and the Problem of Evil*; Southgate, "Re-Reading Genesis, John, and Job: A Christian Response to Darwinism."

14 Southgate, "Re-Reading Genesis, John, and Job: A Christian Response to Darwinism," 391. 참조

15 Southgate, *The Groaning of Creation: God, Evolution, and the Problem of Evil*, 100.

16 Ibid., 113-115.

17 Ruse, *Can a Darwinian Be a Christian? The Relationship between Science and Religion*, 134.

18 Pierre Teilhard de Chardin, *The Phenomenon of Man* (London: Collins, 1959), 293-294. 297-98.

19 Ian G. Barbour, *Religion and Science: Historical and Contemporary Issues* (New York: HarperOne, 1997), 247-249; Southgate, *The Groaning of Creation: God, Evolution, and the Problem of Evil*, 25-27, 36; Deane-Drummond, 36-40.

20 Peacocke, 37.

21 Holmes Rolston III, "Kenosis and Nature," in *The Work of Love*, ed. John Polkinghorne (Grand Rapids, MI: Eerdmans, 2001), 60.

22 Peters, "Constructing a Theology of Evolution: Building on John Haught," 929-933.

23 Southgate, *The Groaning of Creation: God, Evolution, and the Problem of Evil*, 76.

24 Ibid.

25 Ibid., 94.

26 Ibid., 94-95.

27 Ibid., 94.

28 Peters, "Constructing a Theology of Evolution: Building on John Haught," 929.

29 *Against Heresies* Ⅳ: 38

30 Colin E. Gunton, *The Triune Creator: A Historical and Systematic Study, Edinburgh Studies in Constructive Theology* (Grand Rapids, MI: Eerdmans, 1998), 56.

31 John J Bimson, "Doctrines of the Fall and Sin after Darwin," in *Theology after Darwin*, ed. Michael S. Northcott and R. J. Berry (Milton Keyes: Paternoster, 2009), 119.

32 *Against Heresies* Ⅳ: 38.4

33 *Against Heresies* Ⅲ: 23.1

34 Robert P. Brown, "On the Necessary Imperfection of Creation: Irenaeus' Adversus Haereses Ⅳ, 38," *Scottish Journal of Theology* 28, (1975): 21.

35 Gunton, 201.

36 David Fergusson, *The Cosmos and the Creator: An Introduction to the Theology of Creation* (London: SPCK, 1998), 87.

37 Warren S. Brown, "Cognitive Contributions to Soul," in *Whatever Happened to the Soul? Scientific and Theological Portraits of Human Nature*, ed. Warren S. Brown, Nancey Murphy, and H. Newton Malony (Minneapolis: Fortress, 1998), 119-120.

38 Lynn White Jr., "The Historical Roots of Our Ecological Crisis," *Science* 155, (1967).

39 Peter Harrison, *The Bible, Protestantism, and the Rise of Natural Science* (Cambridge: Cambridge University Press, 1998), 206. 208.

40 Horrell.

41 Ellen F. Davis, *Scripture, Culture, and Agriculture: An Agrarian Reading of the Bible* (Cambridge: Cambridge University Press, 2009).

42 Ibid., 9.

43 예를 들면, Denis Edwards, "Hope for Creation after Darwin: The Redemption of 'All Things'," in *Theology after Darwin*, ed. Michael S. Northcott and R. J. Berry (Milton Keyes: Paternoster, 2009), 184-189.

44 Walter Brueggemann, *Theology of the Old Testament: Testimony, Dispute, Advocacy* (Minneapolis: Fortress Press, 1997), 163, n. 35.

# 9장

1 Wolfhart Pannenberg, *Systematic Theology: Volume 2*, trans., Geoffrey W. Bromiley (Edinburgh: T. & T. Clark, 1994), 142-146.

2 James Jeans, *The Mysterious Universe* (Cambridge: Cambridge University Press, 1937), 11.

3 Geoffrey P. Dobson, *A Chaos of Delight: Science, Religion and Myth and the Shaping of Western Thought* (London: Equinox, 2005), 309-310.

4 Robert Jastrow, *God and the Astronomers* (New York: W. W. Norton, 1992), 49.

5 Roger Penrose, *Cycles of Time: An Extraordinary New View of the Universe* (London: Bodley Head, 2010), 66; Lawrence M. Krauss, *A Universe from Nothing: Why There Is Something Rather Than Nothing* (New York: Free Press, 2012).

6 Penrose, 59-67.

7 Krauss, 55.

8 David Wilkinson, *Christian Eschatology and the Physical Universe* (London: T. & T. Clark, 2010), 17.

9 Freeman J. Dyson, "Time without End: Physics and Biology in an Open Universe," in *The Far-Future Universe: Eschatology from a Cosmic Perspective*, ed. George F. R. Ellis (Philadelphia, PA: Templeton Foundation Press, [1979] 2002), 122.

10 Frank J. Tipler, *The Physics of Immortality: Modern Cosmology, God and the Resurrection of the Dead* (London: Pan, [1994] 1996).

11 Ian G. Barbour, *Religion and Science: Historical and Contemporary Issues* (New York: HarperOne, 1997), 218-219; David Fergusson, *The Cosmos and the Creator: An Introduction to the Theology of Creation* (London: SPCK, 1998), 90; Antje Jackelén, "A Relativistic Eschatology: Time, Eternity, and Eschatology in Light of the Physics of Relativity," *Zygon* 41, (2006): 961.

12 Mark J. Harris, "How Did Moses Part the Red Sea? Science as Salvation in the Exodus Tradition," in *Moses in Biblical and Extra-Biblical Traditions*, ed. Axel Graupner and Michael Wolter (Berlin: de Gruyter, 2007).

13 Daniel W. Hardy, *God's Ways with the World: Thinking and Practising Christian Faith* (Edinburgh: T. & T. Clark, 1996), 156-157.

14 Wilkinson, 52.

15 Ibid., 63.

16 Paul D. Hanson, *The Dawn of Apocalyptic*, Rev. ed. (Philadelphia, PA: Fortress, 1975), 11-12.

17 예를 들면, G. B. Caird, *The Language and Imagery of the Bible* (London: Duckworth, 1980); N. T. Wright, *The New Testament and the People of God* (London: SPCK, 1992); N. T. Wright, *Jesus and the Victory of God* (London: SPCK, 1996).

18 Caird, 115.

19 예를 들면, Allison[Dale C. Allison, *Jesus of Nazareth: Millenarian Prophet* (Minneapolis, MN: Fortress, 1998).]은 Wright[Wright, *Jesus and the Victory of God*.]에 반대한다; Dale C. Allison et al., eds., *The Apocalyptic Jesus: A Debate* (Santa Rosa, CA: Polebridge, 2001). 참조

20 Robert W. Funk, Roy W. Hoover, and the Jesus Seminar, *The Five Gospels: The Search for the Authentic Words of Jesus* (New York: HarperSanFrancisco, 1993).

21 예를 들면, E. P. Sanders, *Jesus and Judaism* (London: SCM, 1985).

22 특히, Wright, *The New Testament and the People of God*; Wright, *Jesus and the Victory of God*.

23 Wright, *Jesus and the Victory of God*, 96-97.

24 Wright, *The New Testament and the People of God*, 298-299.

25 Ian G. Barbour, *Myth, Models and Paradigms: A Comparative Study in Science and Religion* (New York: HarperSanFrancisco, [1974] 1976), 34-38.

26 Adela Yarbro Collins, *Mark: A Commentary* (Minneapolis, MN: Fortress, 2007), 608-612; Joel Marcus, *Mark 8-16: A New Translation with Introduction and Commentary*, The Anchor Yale Bible (New Haven, CT: Yale University Press, 2009), 889-891.

27 Fergusson, 93-94.

28 John Polkinghorne, *Science and Christian Belief: Theological Reflections of a Bottom-up Thinker* (London: SPCK, 1994), 167.

29 E. L. Mascall, *Christian Theology and Natural Science: Some Questions on Their Relations* (London: Longmans, Green, 1956), 17.

30 Michael J. Murray, *Nature Red in Tooth and Claw: Theism and the Problem of Animal Suffering* (Oxford: Oxford University Press, [2008] 2011), 112-121.

31 Enchiridion 84-92; Mascall, 19. 참조

32 Antje Jackeleén, *Time and Eternity: The Question of Time in Church, Science, and Theology* (Philadelphia, PA: Templeton Foundation Press, 2005), 215.

33 John Polkinghorne, *Science and Religion in Quest of Truth* (London: SPCK, 2011), 107.

34 Polkinghorne, *Science and Christian Belief: Theological Reflections of a Bottom-up Thinker*; John Polkinghorne, *The God of Hope and the End of the World* (London: SPCK, 2002); John Polkinghorne, *Exploring Reality: The Intertwining of Science and Religion* (New Haven, CT: Yale University Press, 2005); Robert John Russell, "Eschatology and Physical Cosmology: Preliminary Reflection," in *The Far-Future Universe: Eschatology from a Cosmic Perspective*, ed. George F. R. Ellis (Philadelphia, PA: Templeton Foundation Press, 2002a); Robert John Russell, "Bodily Resurrection, Eschatology, and Scientific Cosmology," in *Resurrection: Theological and Scientific Assessments*, ed. Ted Peters, Robert John Russell, and Michael Welker (Grand Rapids, MI: Eerdmans, 2002b).

35 Wilkinson.

36 Ibid., 35.

37 William P. Brown, *The Seven Pillars of Creation: The Bible, Science, and the Ecology of Wonder* (Oxford ; New York: Oxford University Press, 2010), 210-220.

38 Per Bak, *How Nature Works: The Science of Self-Organized Criticality* (Oxford: Oxford University Press, 1997).

39 Jackelén, "A Relativistic Eschatology: Time, Eternity, and Eschatology in Light of the Physics of Relativity," 959; Wilkinson, 52.

40 Jackelén, "A Relativistic Eschatology: Time, Eternity, and Eschatology in Light of the Physics of Relativity," 962.

41 Colin E. Gunton, *The Triune Creator: A Historical and Systematic Study, Edinburgh Studies in Constructive Theology* (Grand Rapids, MI: Eerdmans, 1998), 225-226.

## 10장

1 예를 들면, John Webster, *Holy Scripture: A Dogmatic Sketch* (Cambridge: Cambridge University Press, 2003), 43.

2 David Wilkinson, "Worshipping the Creator God: The Doctrine of Creation," in *Darwin, Creation and the Fall: Theological Challenges*, ed. R. J. Berry and Thomas A. Noble (Nottingham: Apollos, 2009b).

3 Denis Edwards, "Hope for Creation after Darwin: The Redemption of 'All Things'," in *Theology after Darwin*, ed. Michael S. Northcott and R. J. Berry (Milton Keyes: Paternoster, 2009), 181.

4 Alister E. McGrath, *A Scientific Theology: 1. Nature* (Edinburgh: T. & T. Clark, [2002] 2006a), 225-232.

5 Philip Clayton, "Contemporary Philosophical Concepts of Laws of Nature: The Quest for Broad Explanatory Consonance," in *Creation: Law and Probability*, ed. Fraser Watts (Aldershot: Ashgate, 2008), 41-42.

6 David Fergusson, "Darwin and Providence," in *Theology after Darwin*, ed. Michael S. Northcott and R. J. Berry (Milton Keynes: Paternoster, 2009), 78.

7 Paul. H. Carr, "Does God Play Dice? Insights from the Fractal Geometry of Nature," *Zygon* 39, (2004): 939.

8 Ted Peters, "Constructing a Theology of Evolution: Building on John Haught," *Zygon* 45, (2010): 925-929.

9 Holmes III Rolston, "Inevitable Humans: Simon Conway Morris's Evolutionary Paleontology," *Zygon* 40, (2005): 222.

10 Terence L. Nichols, "Evolution: Journey or Random Walk?," *Zygon* 37, (2002): 193-195.

11 Jeffrey P. Schloss, "From Evolution to Eschatology," in *Resurrection: Theological and Scientific Assessments*, ed. Ted Peters, Robert John Russell, and Michael Welker (Grand Rapids, MI: Eerdmans, 2002), 72-76.

12 Peter Harrison, *The Bible, Protestantism, and the Rise of Natural Science* (Cambridge: Cambridge University Press, 1998), 3.

13 Wolfhart Pannenberg, *Systematic Theology: Volume 2*, trans., Geoffrey W. Bromiley (Edinburgh: T. & T. Clark, 1994), 209-210.

14 George L. Murphy, "Cosmology and Christology," *Science and Christian Belief* 6, (1994): 111.

15 Keith Ward, *The Big Questions in Science and Religion* (West Conshohocken, PA: Templeton Press, 2008), 236-239.

16 McGrath, 200-204.

17 Alister E. McGrath, *A Scientific Theology: 2. Reality* (Edinburgh: T. & T. Clark, [2002] 2006b), 297-313.

# 찾아보기

## ㄱ

갈등 모델  22
갈릴레이, 갈릴레오  19, 169
건턴, 콜린  292
계속적 창조  173, 178, 179, 184–191, 197–207, 295–297, 302–304
《고백록》  36
고정점  154–155, 278, 283
공관복음(서)  119, 271
과학적 종말론  258–259, 265, 266, 289
광자  39
괴델, 쿠르트  57
굴드, 스티븐 제이  46, 54, 60–64
궁켈, 헤르만  108
《그리스도와 시간》  151

## ㄴ

내재(론적)  64, 126, 173–175
네안데르탈인  214
노블, 토머스  212, 230–231
노아  93, 157
노아의 홍수  78, 79, 101, 180
뉴턴, 아이작  19–20, 36–39, 46, 56, 146, 151, 152, 181, 182

## ㄷ

다윈, 찰스  29, 51–55, 111–113, 213, 238, 240

다윈주의  64, 182, 189, 210–213, 228, 238
신다윈주의  54, 188–189, 212
다이슨, 프리먼  264–265, 289
다중 우주(이론)  41–42, 83, 188
대홍수  24, 77, 101, 124, 151, 162
던, 제임스  227, 274
데이, 존  108, 109
데이비스, 엘런  254
데이비스, 폴  44
데카르트, 르네  19
도킨스, 리처드  21, 29, 240
돌연변이  55, 58–59, 74, 187, 287, 296
돕슨, 제프리  47

## ㄹ

라무뢰, 데니스  28, 63
라이트, 톰  274, 275
라플라스, 피에르  20
레비브륄, 루시앙  141
레위기  102
로고스  117–120, 128, 304–305
로이드, 스티븐  212, 213
롤스턴, 홈스  246
루스, 마이클  240–242, 244
르메트르, 조르주  49, 261
리바이어던  108, 109

## ㅁ

마르둑  84, 108, 109
《만들어진 신》  29
만물 이론  44, 57, 58

매키, 제임스  127, 189

모리스, 콘웨이  60-62, 64

모리스, 헨리  72, 78

모세오경  25, 97

무로부터의 창조  51, 110, 147, 178-197, 205-206, 279, 295-297

무목적론적 진화  63

무신론  20, 21, 63

새로운 무신론  54, 132

새로운 무신론자  29, 30, 113

무어, 오브리  189

무천년주의  279

묵시적 사조  122, 269

문서설  25, 66, 88

미가엘  230


## ㅂ

바라(bara')  200-201

바르, 제임스  95

바버, 이안  22-23, 57, 186, 274

바벨탑  221

바빌론  67, 82-84, 92, 106, 108, 144, 162, 193

바빌론 포로(기)  67, 105, 106

바알  84, 108, 109

《바알 신화집》  84, 108

바울  91, 120-124, 126, 174, 204, 217-218, 221, 223-227, 239, 251, 252, 255, 270, 282, 284

바울 서신  119, 124, 126, 229, 271, 280

바커, 마거릿  85

뱀  91, 92, 95, 108, 219

버지스 셰일  60, 61

버클리 주교  37

범신론  179

범재신론  179, 186

범주 오인  80, 291

베스터만, 클라우스  31, 90, 93, 192, 196, 199, 204, 205, 220-222

베헤못  109

벨하우젠, 율리우스  25, 66, 67, 88

부활  121-123, 150, 174, 212, 218, 225-226, 245, 248, 250-251, 270, 279-284, 290, 291

불순종  90, 95, 96, 219, 221, 224, 228, 232

불확정성 원리  40

브라운, 윌리엄  85, 109, 111, 287

브라운, 로버트  250

브루그만, 월터  17, 100

블랙홀  264

블로처, 헨리  217, 218

블록 타임  39

비글 호  111

비터, 헤닝  25

빅뱅 (모델)  38, 48, 49, 54-57, 70, 71, 148-149, 179, 187-190, 261, 262, 296


## ㅅ

사우스게이트, 크리스토퍼  237, 243, 246-248, 251

삼위일체  101, 124-127, 298-300, 307

삼위일체 신관(관점)  16, 125-130, 192, 205, 298, 299, 302, 304

삼위일체 교리  20, 129, 130, 298

3층 우주(론)  75-77, 164-172, 175

새로운 창조  28, 80, 94, 101, 106, 121, 140, 152, 174, 184, 203-204, 207, 225, 231, 246,

248, 258, 267–270, 278–280, 283, 285–291, 295

생명 나무  95

샤르댕, 테야르 드  23, 244–245, 306

설계  53, 60, 85, 183

설계 논증  20, 21, 60, 63

성서 비평(학)  15, 16, 24

세이건, 칼  22

소박 실재론  274

슈뢰더, 제럴드  81

슈바이처, 알베르트  272, 273

슐라이허마허, 프리드리히  185

스토저, 윌리엄  179

《시간의 역사》  22

시계장치  56

시온 산  172, 267

신명기  102

신정론  239, 242–245, 256

실재의 층  74, 86


## ㅇ

아담과 하와  15, 53, 90, 95, 108, 210, 215, 216, 220, 223, 227, 228, 232, 239, 249, 250

아브라함  92, 96, 301

아우구스티누스  36, 91, 93, 128, 147, 156, 217, 224, 228, 233, 249, 250, 252, 255, 282

아원자  39, 46, 48

아인슈타인, 알베르트  22, 37, 38, 48, 81, 261, 263, 264

아퀴나스, 토마스  185

아프리카/미토콘드리아 하와  215, 216

안디옥의 테오필루스  161, 193, 194

알렉산더, 필리프  225

알렉산드로스  143

암흑의 시대  143

야훼 엘로힘(YHWH Elohim)  25

얌(Yam)  84, 108

양자 역학  39, 40, 41, 57, 62

양자 우주론  50, 188

어셔 학파  161

어셔, 제임스  23–24, 161, 259

《에누마 엘리쉬》  67, 84, 108

에덴동산  90, 210, 218–223, 225, 239, 249

에뮬레이션  265

엔트로피  149, 260, 261

엘로힘(Elohim)  25

역사 비평  24, 25, 84, 85

역사적 아담  214–217, 225, 227, 228

역사적 타락  210, 228–233, 236, 250, 255

열린 우주  262, 264–265

열사  260, 261

예수 세미나  273

오랜 것으로부터의 창조  207, 279–280, 295–297

오메가 포인트  244, 245, 265

요세푸스, 플라비우스  143

요한계시록  167, 229, 271

요한복음  117–120, 126, 305

욥기  108, 111–114, 132, 198, 199

욥  132

용/바다  108, 110, 167

우발성  51, 55–56, 60, 64, 104, 184, 206, 207, 301–305

우연  46–47, 52–64, 140, 187, 189, 191, 207, 301–305

우주 대수축  262, 264

우주 배경 복사 48, 49
우주 상수 26, 264
《우주 전쟁》 259
우주론적 진화 모델 188
워드, 케이스 44
원죄 213, 217, 223, 224, 226, 233, 239, 240, 252
원죄 교리 213
월턴, 존 82, 83, 200
웰스, 허버트 조지 259
웹스터, 존 129-130
윌슨, 로버트 48
윌킨슨, 데이비드 29, 132, 283
유니테리언 20
율법 101-104, 301, 304
이레니우스(에이레나이오스) 127, 193, 194, 211, 249-250, 256
이신론 20, 56, 128-129, 146, 181-184, 188, 273, 298, 301
이중 나선 구조 55
《인간 현상》 244
인간악 232, 233, 236
일반 상대성 이론 37, 38, 48, 261-263
일신론 83, 211
임계(값/성) 262, 263, 287-291


ㅈ

자연법칙 38, 43-45, 116, 140, 282, 301, 304-306
자연악 90, 225, 232-233, 238-239
잠언 27, 79, 112-115, 119
재스트로, 로버트 71

재키, 스탠리 77
젊은 지구 창조론 15, 28, 31
정경 66, 128, 298
제1이사야 269
제2이사야 105-107, 267, 268, 286
《종의 기원》 52, 54, 210, 213
직선적 시간관 151-154, 285
진스, 제임스 260, 261
진화 신학 132, 228, 236, 243-249, 256
진화적 신기성 285
집회의 산 172


ㅊ

창공(궁창) 76-79, 82, 108, 166, 167
창발 111, 186, 189
《창세기 라바》 147
초끈 (이론) 43, 44, 50
초자연적 136-138, 190-191, 229, 230, 278
출애굽 102, 104-107, 110, 143, 154, 162, 268, 286


ㅋ

카오스 이론 57, 182
카이로스 155
칸트, 이매뉴얼 19
칼케톤 공의회 124, 125
《캉디드》 243
케어드, 조지 169
코너, 마크 142
코판, 파울 187, 188, 197, 201
코페르니쿠스, 니콜라우스 19, 54, 137, 169
코펜하겐 해석 40, 41, 62

쿨만, 오스카 151, 159
크레이그, 윌리엄 187, 188, 197, 201
킹 제임스 바이블 24

## ㅌ

타락 90, 93, 210-214, 217-218, 223-225, 228-233, 236-241, 250-256, 288, 295
테르툴리아누스 126, 193
토라 103, 148, 149, 194, 304
통합 모델 23
틈새의 신 8
티아맛 106, 108
티플러, 프랭크 265-266, 289, 292

## ㅍ

판넨베르크, 볼프하르트 121, 159, 305
퍼지 40
페미니스트 26
페일리, 윌리엄 132
펜로즈, 로저 44
펜지어스, 아노 48, 49
펠라기우스 223, 224, 252
평행 우주 41, 283
폰 라트, 게르하르트 113
폴킹혼, 존 47, 186, 189, 274, 279
프레트하임, 테런스 101, 102, 173, 199, 204-205
《프린키피아》 19
플라톤(주의) 44, 45, 193
플랑크 시대 50, 70
플랑크 온도 50

플레이아데스 79
피오, 파드레 142
피콕, 아서 21, 186, 190, 242, 245
피터스, 테드 150
필요악 211

## ㅎ

하나님의 본성 87, 95-96, 100-101, 130, 172, 175, 211, 272, 275, 297, 301
하나님의 형상 76, 85, 87, 216, 220, 243, 306
하이젠베르크 40
해리슨, 피터 253-254
해밀턴, 빅터 69
호모 디비누스 216
호모 사피엔스 214-216, 225
호모 에렉투스 214
호지슨, 피터 47
호킹, 스티븐 22, 49, 50
홍수 이야기 25, 101, 167, 229
화이트, 린 253
후마니 제네리스 213, 214
후천년주의 279
휘트콤, 존 72, 78
휴거 279

## A-Z

DNA 55, 214-215